백투더 바이블 05 Deuteronomy

BACK TO THE BIBLE

신명기

장종길 지음

김희원 박사 추천

Back to the Bible

by

JANG Jong-Gil

Grisim Publishing Co.
Seoul, Korea

이 책의 주된 목적은

Back to the Bible

신학자들의 연구를 한 단계 낮추고,
일반 신도의 수준을 한 단계 끌어올려
누구나 쉽게 접근할 수 있도록
인도하려는 데 그 목적이 있습니다.

신앙생활을 오래하셨는데도
성경이 여전히 수학문제같이 어렵게만 느껴지시는
분들에게 도움을 줄 것입니다.

특히 일반 성도들에게는
성경에 대한 지식이 풍부하더라도
성경 전체를 조망할 수 있는 훈련이 부족합니다.

따라서 이 교재는
성경 본문에 충실하면서도
성경의 통일성을 견지하고 구속사적 해석의 원리를
적용하여 설명하려고 노력하였습니다.
그것은 곧 하나님의 위대하신 섭리를 이해하는
빠른 길이기도 하기 때문입니다.

무엇보다도, 이 교재는
누구나 성경에 친근해질 수 있도록
쉽게 접근했다는 것입니다.
그러므로
아주 자세한 해설과 자료보다는
전체적인 흐름을 잡으려
강해식으로 설명했습니다.

지금, 곧 연필을 들고 시작하십시오.
여러분의 가장 친한 친구가
옆에서 설명해 주는 느낌을 받을 수 있을 것입니다.

저자 장 종 길

4

추천사

현재 우리는 범세계적인 정보 시대에 살고 있습니다. 정보의 부재 시대는 이미 갔습니다. 원하는 분야에 대해 조회만 하면 얼마든지 많은 정보를 확보할 수 있습니다. 그래서 정보 홍수라는 말이 우리에게 익숙해져 있습니다. 그런데 막상 접수한 정보를 대하면 정보의 빈곤을 느끼지 않을 수 없습니다. 질적 수준에 문제가 있는 정보들 때문입니다. 사회가 이런 문제를 안고 속앓이를 하고 있음을 우리는 익히 알고 있습니다.

이른바 초고속 정보화 시대에 있는 교회도 풍부한 목회 자료와 이들 자료들의 질적 난해성 사이에서 많은 고민을 하고 있습니다. 현재 우리 한국 교회는 컴퓨터에 의한 자료보다는 출판물에 의한 자료 의존도가 아직은 높은 상태입니다. 그러므로 질적으로 우수한 자료의 출판이 시급하다 할 수 있습니다. 질적인 우수성의 기준 중 하나는 정보를 사용하는 현장 사역자들의 필요를 정확하게 이해하고 있는지의 여부입니다. 그 자료를 수집한 현장 사역자들이 친근성을 가지고 쉽게 사용할 수 있게 해야 합니다. 많은 번역서들이 이 문제를 안고 있음을 우리는 알아야 합니다. 단순한 소개 정도로 정보를 전달하는 것은 또 다른 문제, 즉 현장화라는 과정을 요구하기 때문입니다. 다른 하나는 자료의 신뢰성입니다. 정확한 정보를 적절하게 인용한 자료를 간직하는 것은 필수적인 도리입니다. 이것이 부족할 경우 선의의 피해자를 계속해서 낳을 수 있습니다.

추천자는 새로운 출판물, 새로운 정보를 접할 때마다 이런 염려로부터 해방될 수 있기를 늘 바라고 있는 사람 중의 한 명입니다. 그런데 본서는 이런 점으로부터 필자를 안심시키는 책이라고 봅니다. 우리 한국의 목회자들은 굵게 잘라 놓은 정보보다는 잘게 정리된 정보에 익숙합니다. 한국적인 상황이 특수하기 때문입니다. 확신하건대 이 책을 접하는 분들은 이런 면에서 공감할 것입니다. 또한 본서의 필자는 많은 출판 경험을 통해 인용되는 정보를 어떻게 사용해야 한국의 사역자들이 잘 활용할 수 있는지를 잘 알고 있는 분이라고 봅니다. 다른 책들이 외국의 좋은 내용을 단순히 알려주고 있는 반면에, 본서의 필자는 내용을 잘 요리해서 일정한 분야의 독자들이 효과적으로 사용할 수 있게 배려했다는 점이 본서의 장점이라 할 수 있습니다. 앞으로 출판 매체를 통해 정보를 제공하려는 분들이 참고하여 따라야 할 모델이라 생각하여 자신 있게 추천합니다.

김 의 원 박사 (총신대학교 총장)

5

내가 공을 세우나 은혜 갚지 못하네

- 우리 교회 김상옥 장로님은 이 책을 쓰는데 늘 용기를 주시곤 합니다. '큰 일났다. 언제 66권을 다 쓰지?!'
- "주 날개 밑 내가 편안히 쉬네 밤깊고 비바람 불어쳐도" - 찬송가 몇 장이더라?

6 이 교재의 특징

본 교재는 무엇보다 성경 본문에 충실하려고 노력했다. 그러면서도 자칫 성경의 통일성을 놓치기가 쉬운 것을 감안, 언약 개념이 성경을 이해하는 데 중요한 요소라고 여겨, 성경 전체를 관통하는 언약의 흐름을 파악할 수 있도록 안내했다. 아래에 안내한 교재의 특징들을 잘 활용하면서 성경을 읽어나가면 성경을 보는 재미가 생겨날 것이다. 이 교재의 최선의 목표는 성경을 혼자 공부할 수 있는 수준

장별 제목

중심내용 : 본문의 내용이 무엇인가를 간단하게 숙지할 수 있도록 요약해 놓았다. 이 요약은 본 과에서 배울 내용을 한눈에 볼 수 있게 해준다.

도입 부분 : 본과에 들어가기 전에 지난 과에서 배운 내용을 간단히 이야기하고 이번 과에서 어떤 내용을 공부할 것인가를 안내했다. 이 부분은 음악에서 서곡(序曲)에 해당하는 부분으로 대단히 중요하므로 꼭 읽어야 한다. 그래야 전체의 흐름을 이해할 수 있기 때문이다.

본문개관 : 매장마다 본문의 내용을 간단하게 요약, 정리했다. 이 부분은 각 장을 정리하는데 도움을 준다.

확대경 : 본문에서 신학적인 정리 및 자세한 설명이 필요할 때는 확대 설명해 놓았다. 내용이 그리 쉽지 않기 때문에 깊이 있게 공부하지 않을 분은 그냥 지나가도 된다. 만약 리더자가 있다면 안내를 받자. 그러나 확대경은 본문의 이해를 위해 꼭 필요한 신학적 내용의 요약 정리이다. 이 부분을 더욱 확대하여 교회에서 특강으로 해결하는 것도 좋은 방법이다.

까지 끌어올리는 것이다. 그것은 끊임없는 노력이 필요함은 두말할 나위가 없다. 너무 쉬운 것만 찾다 보면 우리의 믿음이 성장할 수 없다. 어려운 내용을 쉽게 설명하려고 노력했으나 한계가 있었다. 다만 성경(말씀) 동산에는 무궁무진한 보화가 있다는 사실을 알려주려고 애를 썼을 뿐이다. 말할 수 없는 보화를 캐내는 작업은 여러분 스스로가 해야 한다. 안내자는 안내자일 뿐이다.

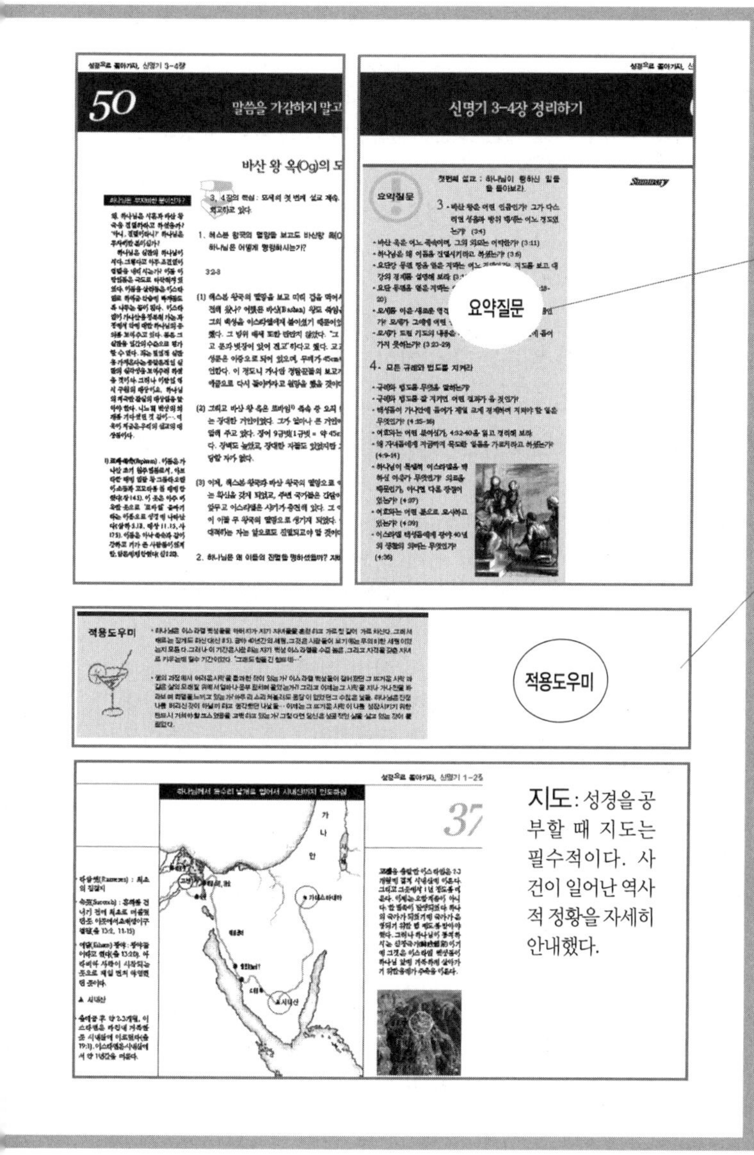

용어해설 : 본문에서 꼭 설명이 필요한 부분은 간단하게 내용의 도움을 위해 적어두었다. 최근에 발간된 주석성경에 이에 대한 해설이 잘 되어 있기에 꼭 필요한 것이 아니면 설명을 생략했다.

요약정리 및 질문 : 매과마다 요약 질문을 넣어 그 장의 내용을 정리했다. 질문을 통해 내용을 정리해보자. 리더자는 숙제로도 활용할 수 있다. 더욱이 연구과제를 통해 신학적인 문제도 정립해 보자.

적용도우미 : 말씀이 우리의 삶에서 적용되지 못한다면 지식만을 자랑하는 공부가 되기 쉽다. 삶의 적용을 위한 묵상을 실었다. 그러나 그 적용은 개인에 따라 달라질 수 있다. 본문에 대한 정확한 이해가 먼저 선행되어야 하고, 또한 그 말씀이 우리 삶에 적용되어야 한다. 각자가 더 추가적인 적용을 이끌어내자.

질문식 문제 및 해설 : 본 교재는 먼저 질문을 하고 그 질문에 해설을 하는 식으로 정리하되 전체의 흐름을 강해식으로 설명했다. 따라서 차례대로 답을 적어 간다면 성경 본문의 내용을 아주 쉽게 이해할 수 있을 것이다.

8

혼자 공부하시는 분에게

첫 째 물론, 성경공부를 하기 전에 기도하셔야지요! 본문을 잘 이해하게 해달라고 성령님께 지혜를 부탁하세요.

둘 째 오늘 배울 본문을 정독하면서 여러 번 읽으십시오. 혹시 영어 성경을 보신다면 함께 읽으십시오. 그리고 필요한 부분에는 구문분석을 소개했습니다. 내용의 흐름을 이해하는 데 도움을 줄 것입니다.

셋 째 이 교재는 문제를 먼저 던지고, 그에 대한 해설을 소개했습니다. 그런데 그 해설을 먼저 읽어보려는 유혹에서 벗어나야 성공합니다. 반드시 본인의 말로 답을 쓰십시오. 그리고 설명을 참고하세요.

넷 째 이 교재의 설명이 부족하신 분은 간단한 주석 또는 강해서를 참고하십시오. 그러나 이 교재의 주 목적이 전체의 흐름을 잡는 것이고 또 너무 자세한 주석은 진도에 방해를 가져오기에 많이 생략했습니다.

다섯째 혼자 공부하시다 이해가 잘 안 가는 문제는 여백에다 기록했다가 나중에 교역자의 인내를 받으십시오.

여섯째 꼭 한 번에 한 과씩 진도를 나갈 필요는 없습니다. 맛있는 뷔페에 가서는 정량보다 더 많이 먹는 것처럼 여러 과를 하셔도 됩니다. 따라서 이 교재가 어떤 사람에게는 몇 주나 한달이 걸릴 수 있고 어떤 사람에게는 더 걸릴 수도 있습니다.

일곱째 그 날 배운 내용을 주위 사람들에게 교재를 보지 않고 설명해 보십시오. 물론 완전히 자기 것으로 소화해서 여러분의 말로 전달하셔야 합니다. 정 그럴 상대가 없다면, 자녀나 친구에게, 그래도 없으면 이불 속에서라도 혼자 중얼거려보세요. 그 효과가 배로 나타날 것입니다.

여덟째 소개된 성경 구절을 다 찾아 적으신다면 그보다 더 좋은 효과는 없겠지요. 그렇지 못하더라도 소개된 성경 구절은 꼭 찾아보아야 합니다. 아주 반드시.

아홉째 확대경 및 권말 부록은 어떤 사람에게는 너무 어렵고, 어떤 사람에게는 도움이 될 것입니다. 잘 활용하시면 이해에 큰 도움이 될 것입니다. 책 소개는 필요하신 분을 위해 안내했습니다.

열 째 분명한 것은 이 교재가 반드시 완전하다는 것은 아닙니다. 성경에서 보다 풍성한 꼴을 얻게 하기 위한 기초과정을 안내한 것입니다. 보다 깊은 연구는 여러분 스스로 하셔야 합니다. 꼭 부탁드리는 것은 잘 성장하셔서 교회에서 성경을 지도하는 교사가 되기를 바랄 뿐입니다. 노력하십시오.

구역공부 교재로 사용하시는 분들께

첫 째 구역의 활성화가 교회부흥의 첩경임은 누구나 다 아는 사실입니다. 그러나 말씀 중심으로 모이는 모임이 아니면, 그 모임이 계속 불타오를 수 없습니다. 인위적인 열심은 곧 시들해질 것이니까요.

먼저, 교재를 나누어 주시고 집에서 숙제를 해오게 하십시오. 성경 구절을 적어 오게 하되 바쁜 사람은 성경을 찾아보았다는 증거로 성경 페이지 숫자라도 적어 오게 하세요. 물론 안 해 오는 분에게는 벌금을 물리세요. 집에서 이 교재를 사용하시는 방법은 위의 내용을 참고하십시오.

둘 째 만약 당신이 인도자라면, 앞에서 '혼자서 공부하는 사람에게' 말했던 내용대로 하십시오. 철저히 준비하셔서 속이 후련하게 해주셔야 합니다. 자세한 설명보다는 그 본문이 의미하는 내용을 아주 간단하고 알기 쉽게 설명해 주셔야 합니다.

셋 째 구역 모임은 시간을 그리 길게 잡을 수는 없을 테니까, 짧은 시간 내에 그 내용을 소화할 수 있도록 지도자나 지도를 받는 분들이 미리 준비를 잘 해오셔야 합니다. 그래서 구역 모임에서는 중요 내용을 토론, 요약해 주는 방법이 나을 것입니다. 물론 잘 이해가 안 되는 부분은 지도자가 설명해 주셔야 합니다.

넷 째 나머지 재미나는 프로그램은 지도자가 안내하십시오. 이 교재에 나와 있는 삽화를 예쁘게 색칠해 오게 하는 방법도 그 하나입니다. 또는 좋은 책을 선정, 그 내용을 서로 소개하는 방법도 있을 것입니다.

성경공부 모임의 교재로 사용하시는 분들께

첫 째 우선 위의 내용을 참고하십시오. 성경공부 시간이 얼마나 되는지 잘 모르겠지만, 물론 집에서 각자 충분히 공부를 해오게 하시는 것이 효과적입니다. 주로 교역자나 전문 성경공부 리더자가 인도하게 되겠기에 보다 깊은 토론을 할 수 있을 것입니다.

둘 째 그러나 어느 한 주제를 가지고 너무 깊은 토론을 하는 것은 유익하지 못합니다. 더욱이 교역자가 없는 성경공부 모임에서는 너무 깊은 토론은 하지 않는 것이 좋습니다. 이런 문제는 교인 전체를 대상으로 강사를 모시거나 본 교회 교역자의 특강으로 해결하는 것이 좋습니다.

셋 째 그보다는 성경 전체의 맥을 잡아 가는 것이 효과적입니다. 우리의 논쟁거리는 신학자들 사이에서도 논쟁이 되는 것이 대부분입니다. 만약, 성경공부 모임에 처음 참석하는 분이 있다면 더더욱 비효과적입니다. 많은 지식보다 성경 본문이 전하려는 핵심 메시지가 무엇인지를 알려고 노력하십시오.

목 차

확대경

확대경은 성경본문을 공부하다 조금 자세하게 다루어야 할 부분을 확대 설명한 것입니다. 전문적인 내용도 있습니다. 일반 신도는 그냥 지나가도 됩니다.

주요 내용

Deuteronomy

서론

갱신된 언약

이스라엘은 지금 광야생활을 마치고 모압 평지에 와 있다. 지금 모세는 더이상 약속의 땅 가나안에 들어가지 못한다. 그가 하나님 앞에 지은 죄 때문이다(민 20:1-13). 여기 모압 광야에서 '시내산 언약'이 갱신된다. 이를 '모압 언약'이라고 부른다(신 29:1 참조). 모세는 이스라엘 백성을 앞에 놓고 곧 당도하게 될 약속의 땅에서 온 백성이 명심해서 지켜야 할 주의 사항들을 주지시키고 있다. 이 과정에서 언약이 상세히 소개되고 있다. 특별히 신명기 4:23에서 나타나는 베리트(בְּרִית)는 '잊어버려서는' 안될 언약으로 묘사되고 있다. 그래서 신명기 5:2-3에서는 십계명을 반복 설명하기에 앞서 다시한번 '언약'을 상기시키고 있다. 이 언약은 모든 세대가 지켜야 할 기본적 지침이기 때문이다. 다시 말해 모세는 백성들에게 '그 언약의 요구사항들을 계속해서 이행함으로써 과거 조상들의 광야에서의 실패를 반복하지 말라' 고 당부하고 있다. 이스라엘 백성들이 언제든지 배교할 수 있는 위험 요소들이 가나안에는 너무 많았기 때문이다.

출애굽 제 1세대는 이미 광야에서 다 죽었고, 이제 출애굽 제 2세대가 약속의 땅에 들어가려 하고 있다. 신명기는 크게 3편의 설교와 모세의 고별사로 구성되어 있다. 신명기에서 언약 '갱신' 이 강조하고 있는 주된 관점은 무엇일까? 그것은 약속의 땅에서 믿음 가운데서 신실하게 살아가는 일일 것이다. 약속의 땅은 여호와의 성소로서 기대되어 왔기 때문에 회복된 낙원으로 묘사되어 있다. 물론 언약을 어기지만 않는다면 말이다.

신명기 서론

신명기는 시내산에서부터 모세의 죽음까지 이저지는 광야에서의 이야기를 다루고 있다. 율법뿐만 아니라 하나님과 그의 백성 사이의 역사와 관계성에 대한 비전을 담고 있다. 신명기는 성경 전반에 걸쳐 많은 영향을

12

신명기 프로필

신명기를 언제 썼고, 누가 썼으며, 그리고 그 기원과 관련된 문제들은 구약학에서 가장 열띤 논쟁을 불러 일으키는 과제 중 하나이다. 신명기는 구조적으로 가장 복잡하고 신학적으로 깊이 있는 책이다.

1. 신명기(申命記)라는 명칭은 어디서 유래한 것일까?

(1) 신명기(Deuteronomy)라는 말은 '율법의 반복' 이라는 뜻이고, 그 이름은 70인경에서 붙여진 이름이다. 그러나 이 명칭은 엄격히 말하면 정확한 것이 아니라고 한다. 왜 그런가 아래의 설명을 참고해 보자.

- 70인경의 번역자들은 신 17:18을 "토 튜테로노미온 투토"(τὸ δευτερονόμιον τοῦτο, Second 또는 Repeated Law, 이 둘째 율법)로 번역했다. 그리고 이 말을 따서 '튜테로노미온'이란 말을 신명기의 제목으로 했다. 이 단어는 '두 번째'(deutero)와 '법'(nomion)이 합성된 말로 '두 번째 법' 또는 '법의 반복' 이라는 의미이다. 신명기의 대 부분이 이미 앞에서(출, 레, 민) 언급된 율법의 내용을 재진술하고 있기 때문이다. 결국 이렇게 이름 붙인 것은 17:18의 "율법서를 등사"('미시네 하토라 하조트', מִשְׁנֵה הַתּוֹרָה הַזֹּאת, a Copy of this Law)라는 말을 그렇게 잘못 번역한데서 온 것이라고 한다(J.A. Thompson). 그후 벌게잇역(라틴어 역본)에서도 같은 말을 채용했다(듀테로노미움). 이스라엘의 왕이 되는 자는 등극할 때 자신을 위해 이 법을 '복사한 두루마리 위에' 기록해야 했다. 여기서 법의 복사(등사)본은 신명기를 의미한다. 왕은 하나님의 법의 권위 아래 있으면서 그 법에 순종해야 한다는 것을 가르친다. 70인경의 번역자가 이를 '두 번째 법', 즉 신학적으로 이해했다. 영어도 70인역을 따라 그런 뜻으로 채용했고, 한역 역시도 둘째 번의 책이라는 뜻으로 신명기(申命記)라고 했다.[1)]

1) 자세한 것은 김영욱, 신명기[1], 도서출판 그리심, 19-21면을 참조.

(2) 어쨌든, 이 이름은 이미 받은 율법을 그 후 세대들에게 가르쳐주었다는 의미에서 신명기(또는 再命記)란 뜻이다. 신명기는 약속의 땅을 바라보면서 요단강을 눈 앞에 두고 모압 광야에서 행한 모세의 연설이다. 하나님은 시내산에서 십계명과 율법을 주셨다. 이것을 첫 번째 법이라고 할 수 있고, 가나안 진입을 앞둔 출애굽 제 2세대들에게 다시 한번 그 율법을 설명할 필요가 있었다. 물론 시내산 언약보다 추가적인 내용들이 있다. 상황이 바뀌였기 때문이다. 따라서 신명기는 두 번째 혹은 반복된 법의 성격을 갖는다. 그래서 학자들은 이를 '모압 언약'[2)]이라고 부른다.

(3) 모세는 더이상 가나안 땅에 들어가지 못한다. 따라서 모세는 죽음을 앞에 놓고 유언적 설교를 하고 있다. 마치 요한복음 15장의 예수님의 고별 설교처럼. 그 때가 "제 40년 11월 1일"이라고 했으니(신 1:3), 그들이 요단을 건너기 두 달 열흘 전이었다(수 4:19, 요단을 건넌 것은 1월 11일).

2. 「신명기」는 누가, 언제 썼을까?

(1) 신명기가 '언제 기록되었느냐'라는 문제는 '누가 썼는냐'라는 문제와 함께 많은 논란의 대상이 되어 왔다. 저자는 모세, 사무엘, 레위 지파 출신의 제사장들, 예루살렘 출신 제사장들, 혹은 예언자 집단 등으로 추정되어 왔다. 물론 장소도 예루살렘, 세겜, 벧엘 등 여러 곳으로 주장되었다.

(2) 그런데, 비평가들은 신명기는 모세가 쓴 것이 아니고, 그는 단지 이 율법의 기초가 되는 전승의 창작자일뿐이라고 주장한다. 이들은 B.C. 621년 요시야 통치 기간 중 성전에서 율법책이 발견되기 얼마 전에 무명의 저자에 의해 기록되었다고 주장한다. 이들이 주장하는 내용이 무엇인지 간단하게 살펴보는 것도 재미 있을 것이다. 물론 이 책의 독자들에게 더이상 깊은 논란은 도움이 되지 않는다.

☞ 이 부분은 너무 전문적인 분야이기 때문에 그냥 지나치셔도 됩니다.

1805년 드 베테(W.M. L. de Wette)라는 학자는 두 권의 책을 펴낸다. 이 책에서 그는 요시야 왕 통치 기간 중 성전에서 율법책이 발견되었는데(왕하 22장, 주전 621년), 이 책이 신명기의 내용을 담고 있으며, 이 책이 발견되기 얼마 전에 기록되었다고 주장했다. 이런 견해는 19세기 벨하우젠 학파(벨하우젠 이론에 의하면, 모세 오경은 적어도 J, E, D, P 라는 4개의 문서로 되어 있다고 주장한다. 이들은 D문서는 신명기의 대부분을 구성한다고 주장한다)가 만들어낸 오경의 기원에 대한 가설을 뒷받침해주는 계기가 된다. 물론 드 베테 이전에도 이런 가설을 주장한 사람이 있었다. 따라서 이런 비평 이론은 율법책이 모세가 기록한 고대 법전이 아니라 훨씬

'신명기 사가' 란?

▲ 19세기 비평학자들에 의해 율법책의 저작 연대를 주년 621년(요시야 왕 때 성전에서 발견) 직전에 만들어졌다는 학설이 제기되었다. 그래서 신명기가 모세 오경의 처음 네 권의 책보다는 열왕기상 · 하와 공통점이 더 많이 있음을 발견했다. 이런 여러 가지 결론으로 '신명기 기자'(Deuteronomist)라는 용어가 더욱 일반적이 되었다. 그래서 학자들은 4경(창-출-레-민)과 '신명기적 역사'(Deutero-nomic history, 신, 수, 삿, 삼상하, 왕상하)라는 용어를 사용하기 시작했다.

▲ 1920년대의 어떤 학자(A.C. Welch)는 신명기가 몇 가지 점에서 호세아와 비슷하다는 점을 지적했다. 따라서 신명기는 남왕국의 작품이 아니라 북왕국에서 산출된 저작이라고 주장했다. 신명기의 북쪽 기원설을 가장 급진적인 입장에서 제시한 사람은 알트(A. Alt)인데, 그는 신명기를 주전 721년 대재난 후 북이스라엘에서 작성된 하나의 회복 프래그램으로 보았다.

▲ 그런데 이 책이 북쪽 어느 집단에 의하여 요시야 통치 시기에 예루살렘으로 오게 되었다는 것이다. 그러나 웰치는 주전 7세기가 아닌 주전 10세기에 작성된 것으로 보았다. 이에 대한 전문적인 내용은 E.W. 니콜슨, 장영일 역, 신명기와 전승(장로회 신학대학교출판부, 2003년), 제4장(111-150면)을 참조해 보라. 신명기와 남유다에 대해서는 5장에 설명되어 있다.

후대에 기원했다는 (적어도 신명기 12장에 있는 성서의 중앙화[1] 개념에 관한 것) 주장이 된다. 그래서 신명기는 요시야 당대나 아니면 그보다 조금 이른 시대(예, 히스기야 왕 때)에 왕의 개혁 정책의 토대로 사용되었다고 한다.

성서의 중앙화(단일화) 명령(신 12장)은 '산당'에서 제사드림을 방지하기 위해 제정되었다. 이 일이 요시야 왕 때 종교개혁으로 이루어졌다. 따라서 이러한 사고가 모세시대의 것일 수 없고, 오히려 호세아서에 담긴 것과 같은 초기 선지자들의 작품이라는 것이다. 호세아는 '산당'에서 제사드리는 이교적 행사를 맹렬하게 정죄했다. 남유다에서는 722년 북왕국의 멸망에 충격을 받아 순수한 야웨 신앙으로 돌이키고자 하는 운동이 일어났다는 것이다.

이들이 주장하는, 즉 신명기 12장이 후대 산물이라는 성경의 증거 구절은 대개 다음과 같다.

1) 성소의 중앙화 : 신명기 법전의 기본적인 강조점이 제사를 오로지 한 중앙 성소(후에 예루살렘)에서 바쳐져야 한다는 신명기 12장의 규정. 즉 중앙 성소에 의한 예배의 통일을 말한다. 이에 대해서는 확대경No-11(126면)을 참조하라.

① 출애굽기 20:24 "내게 토단을 쌓고 그 위에 네 양과 소로 네 번제와 화목제를 드리라." 이 말씀을 비평가들은 이스라엘의 가장 오래된 법들(즉, 언약서)에 속하는 것으로 본다. 그러니까 이 법은 하나님을 기쁘시게 하기 위하여 여러 장소에서 제사 드릴 수 있는 것으로 말한 것이라는 것이다. 따라서 이 고대의 율법 수여자는 이렇게 한 중앙 성소에서 제사를 드려야 한다는 사고를 전연 알지 못했다고 주장한다.
② 고대 이스라엘의 관습도 이런 견해와 일치한다. 예를 들어 기드온(삿 6:26), 사무엘(벧엘, 길갈, 미스바, 라마 등에서 제사), 솔로몬(왕상 3:4-5)의 경우이다.
③ 초기의 성경 기록자들(요시아 이전)은 산당에서 제사드리는 것 자체를 정죄하지 않았다.

[위의 비평이론의 반대 견해]

[1] 신명기의 내용과 성격이 요시야 왕의 시대 보다는 모세시대를 더 뚜렷하게 반영해 준다.[2] 모세의 말이 갖는 어조나 내용이 이스라엘이 가나안 진입 당시 정황과 전적으로 일치한다. 예를 들어;

① 애굽을 상기시켜주는 것들(5:15, 7:15, 11:10, 15:15, 16:12 등)
② 가나안 족속과 조약 또는 혼합을 금지하면서("전부 멸하라") 7:1이하에 규정들은 요시야 왕이나 히스기야 왕 시대와는 전연 무의미하다.
③ 12-16장도 요시야 시대에다 그 기원을 둘 수 없다.
④ 왕에 대한 규정(신 17:14이하)에서 왕이 이방인이어서는 안 된다는 규정도 세습적인 왕정 시대인 요시야 시대를 반영한다고는 할 수 없다.
⑤ 가나안 족속(20:16-18)과 아말렉 족속(25:17-19)을 멸하라는 명령도 요시야 시대와는 맞지 않는다.

2) 만약 비평가들의 말대로라면 이 신명기의 말들을 모세가 말한 것처럼 제시해야 한다. 성경 기록자는 그런 특이한 재능을 가진 자여야 한다.

[2] 어떤 비평가들은 이 신명기가 요시야 시대의 최근 기록인데, 그 율법서가

마치 모세가 살아 있을 때의 정황처럼 당시 대중에게 성공적으로 유포되었다고 주장한다. 너무 성공적이어서 종교개혁의 기초를 제공했다고 주장한다. 그러나 어떻게 그러한 일이 가능했겠는가? 너무 터무니 없는 주장이다.

[3] 요사야 왕의 종교개혁과 신명기 12장 사이의 구체적 연결은 문제가 많다. 요시야의 개혁에 대한 성경 기사는 우상 숭배에 초점을 맞추고 있다. 그리고 요시야의 개혁운동은 이 율법서가 발견되기 이전에 시작되었다(그의 통치 8년과 12년에 시작, 대하 34장 참조).

[4] 예루살렘 성전이 완공되기 전까지는 당분간 '산당'에서 제사드리는 것은 형편상 불가피했다(왕상 3:2-3 참조). 산당에서의 제사는 이교적인 관습을 따르지 않는 한 허용적이었다. 결국 신명기 12장의 중앙성소화는 우상숭배 방지(예배의 정화)에 있었음을 본다.[1]

3. 물론 저자 문제 역시 학자들 간의 의견이 일치되지 않는다. 최근에는 신명기가 상당히 초기의 요소들을 갖고 있다는 것을 인정하게 되었다. 특히 1954년 멘델홀(G.E. Mendenhall)은 "이스라엘 전승의 언약 형태들"이란 글에서 구약의 언약들(모세언약, 수 24장 세겜언약 등)의 형태와 고대 근동 국가들(특히 헷 족속)의 종주권 조약들이 형태상 유사하다고 지적했다. 이 글은 신명기 연구에 신기원을 가져오게 한 결정적 동기가 되었다. 이 연구를 통해 신명기는 어떤 가상의 신학자의 작품이 아니라 역사성을 가진 문서임을 증명했다. 즉 신명기는 더욱 이른 시기의 연대를 갖고 있다는 것을 시사해 주었다. 따라서 초기 선지자들이 신명기를 만들었다기보다는 오히려 신명기가 이들 선지자들에게 영향을 주었다는 것이 더 타당할 것이다.[2]

4. 물론 모세 자신의 죽음에 대한 기사(34장)는 후대에 다른 사람이 기록했을 것이다. 어쨌든 이 책 스스로가 모세가 썼다고 기록하고 있다(1:5, 31:9, 22, 24 등을 읽어보자). 다른 구약 책에서의 구절도 함께 참조해 보라(왕상 2:3, 8:53, 왕하 14:6, 18:12). 예수님은 오경을 누구의 저작으로 보았는가?

예수님의 증거(마 19:7,8, 막 10:3-5, 요 5:46,47): 예수님은 구약의 율법을 인용하시면서 신명기의 말씀을 자주 인용하곤 하셨다. 물론 오경이 모세의 저작임을 말씀하셨다. 특히 광야에서 마귀에게 시험 받으실 때, 대답하신 말씀이 3번 모두 신명기에서 인용하신 말씀이었다(마 4:4, 7, 10 ⇔ 신 6:13, 16, 8:3 비교).

1) 반즈 주석, J. 리더보스, 최종태 역, 신명기 서론을 중심해서 요약 정리했다. 이 부분은 일반 신도들에게는 너무 전문적인 분야이다. 여기서 이런 문제를 더 깊이 다루지 않기로 하자.

2) 윌리암 라솔 외, 박철현 역, 구약개관, 크리스챤다이제스트, 276면.

- **다른 신약 성경 증거**
  행 3:22, 23; 7:37, 38 ; 롬 10:19
- 예수님도 신명기를 권위 있는 것으로 인정하셨다 (마 4:4, 7, 10).
- 그 당시 전통도 이 책의 모세 저작권을 인정하고 있다(막 12:19 참조).

16

신명기의 내용 요약

지나간 날들을 상고해 보라(1-4장)

1-4장

역사 회고와 권면

1. 역사 회고(1:6-3:29)

① 가나안으로(1:6-8)
② 지도자 임명(1:9-18)
③ 가데스바네아(불신앙과 처벌, 1:19-46)
④ 에돔 변경으로(2:1-8)
⑤ 아모리 족속 변경으로(2:9-25)
⑥ 시혼 왕국 정복 (2:26-37)
⑦ 옥 왕국의 정복(3:1-7)
⑧ 요단 동편 분활 (3:8-20)
⑨ 모세의 후계자, 여호수아 임명(3:21-29)

2. 율법을 지키라는 권면

① 율법을 칭송함(4:1-8)
② 우상숭배 경고(4:9-31)
③ 오직 여호와만 하나님이시다(4:32-40)

1. 곧 가나안 땅에 들어가게 될 출애굽 제 2세대들에게 그의 부모들이 어떻게 광야생활을 했는가를 역사적 사건들을 들어 교훈하고(1:6-4:43), 약속의 땅에 들어가서 그 축복을 누리려면 하나님을 전적으로 신뢰해야 된다는 사실을 강조하고 있다. 따라서 모세는 과거를 회상시킨다(4:4-8).

(1) 애굽에서 나온 세대는 반역과 불순종으로 멸망했다(1:34, 35, 2:14-15).
(2) 그렇다면 이 사건들이 언약 백성에게 무슨 의미가 있는가?
(3) 시내산 계시와 언약은 이스라엘의 불순종으로 무효화 되는 것이 아니다. 다만 하나님은 신실하시므로 자기 백성들이 멸망받지 않도록 충성을 원하신다(4:25-28).

• 신 4:25-28 "네가 그 땅에서 아들을 낳고 손자를 얻으며 오래 살 때에 만일 스스로 부패하여 무슨 형상의 우상이든지 조각하여 네 하나님 여호와 앞에 악을 행함으로 그의 노를 일으키면 26내가 오늘 천지를 불러 증거를 삼노니 너희가 요단을 건너가서 얻는 땅에서 속히 망할 것이라 너희가 거기서 너희의 날이 길지 못하고 전멸될 것이니라 27여호와께서 너희를 여러 민족 중에 흩으실 것이요 여호와께서 너희를 쫓아 보내실 그 여러 민족 중에 너희의 남은 수가 많지 못할 것이며 28너희는 거기서 사람의 손으로 만든 바 보지도 못하며 듣지도 못하며 먹지도 못하며 냄새도 맡지 못하는 목석의 신들을 섬기리라."

(4) 배교하고 심판을 받을 때라도 전심으로 주께 돌아온다면 희망은 있다(4:29). 30-31절을 읽어보라.

• 신 4:29-31 "그러나 네가 거기서 네 하나님 여호와를 찾게 되리니 만일 마음을 다하고 뜻을 다하여 그를 찾으면 만나리라 30이 모든 일이 네게 임하여 환난을 당하다가 끝날에 네가 네 하나님 여호와께로 돌아와서 그의 말씀을 청종하리니 31네 하나님 여호와는 자비하신 하나님이심이라 그가 너를 버리지 아니하시며 너를 멸하지 아니하시며 네 조상들에게 맹세하신 언약을 잊지 아니하시리라."

2. 모세는 지금 과거 광야의 이스라엘 역사를 되돌아보며 이스라엘 백성의 존재의 의미를 진술한다. 모세는 신명기 1-4장에서, 이스라엘 역사의 기원은 '이스라엘을 선택하시고, 또 그들과 언약을 맺으시고 그들을 인도하시는 하나님께'

제 1설교	1:1 - 4:43	하나님께서 우리를 위해 행하신 일(하나님의 사역을 회고함)
제 2설교	4:44 - 26:32	율법언약 하에서의 생활(율법을 다시 설교하고 있다. 십계명 해설)
제 3설교	29:1-30:20	헌신을 요구함(앞으로 말씀대로 살 것을 권면하고 있다.)
모세의 말년	31:1 - 34:12	모세의 노래, 유언, 죽음

있다고 가르치면서 하나님의 신실하심과 유일성을 강조한다. 즉 여호와는 역사를 창조하시고 구현하시는 위대한 하나님이시라는 것이다.

(1) 모세는 백성들 앞에서 하나님의 계시된 규례를 모두 선포한다(1:3). 그렇다고 새로운 것은 아니었다. 이미 계시된 규례였다(1:5). 신명기는 분명히 다른 언약을 언급하고 있으나 이는 시내산에서 맺으신 그 언약에 더해진 것으로 본질상 시내산에서 맺으신 언약의 확인(갱신)이라고 할 수 있다.

(2) 모세는 시내산을 출발하라는 하나님의 명령을 상기시키면서 그의 설교를 시작한다(1:6-8). 그리고 요단 동편에 거주하기까지의 여정을 설명한다. 이방 민족의 도전도 있었고, 조상들의 반역도 있었지만(민 13-14장) 하나님은 이들을 이곳까지 인도하셨다는 것이다.

(3) 가나안 땅을 점령하는 일은 출애굽 제 1세대의 불순종으로 아직 이루어지지 않았다. 그러나 새로운 세대는 요단 동편의 헤스본과 바산의 땅을 점령하면서 지금 모압 평지에 와 있다. 따라서 가나안 점령을 눈 앞에 둔 새로운 세대에게 요구하시는 것은 바로 모세가 전달한 규례를 준행하라는 것이었다(4:1).

만약 행복하게 살려면 조상들이 광야에서 행했던 것처럼(민 25:1-18) 죄악을 자행해서는 안 된다(4:5-14). 그러나 가나안은 부패할 가능성이 상존해 있다. 특히 우상 숭배에 빠지면 열국으로 쫓아버리실 것이다(4:27). 물론 하나님은 자비하신 분이지만, 그래서 백성과 맺은 언약을 중히 여기시지만(29-31절), 그렇다고 죄악까지 눈감아주시는 분이 아니시다(27-28절).

(4) 여호와 하나님은 어떤 분이신가?

① 그는 이 땅을 창조하신 분이요(4:32),
② 이스라엘은 창조주 하나님의 특별한 인도를 받은 민족이요(33절),
③ 오직 하나님만이 기사와 이적을 베푸시는 분이시다(34절).
④ 모든 역사적 사건들은 오직 여호와만이 하나님이요 다른 신은 없음을 증거해 준다(39절).

▶ 그러므로 여호와께 반드시 순종해야 한다(40절).

지난날을 상고하여 보라

▶ 모세는 지금 출애굽 제 2세대들에게 지난간 날들을 상고해보라고 촉구한다. 그는 시내산을 출발해서 일어났던 대소사를 압축하면서 하나님의 신실하심을 설파한다. 여호와 하나님이 얼마나 백성들에게 자비로우셨던가. 그런데 그의 백성 이스라엘은 얼마나 하나님께 불성실했던가!

▶ 그 동안 이스라엘이 징계를 받고 어려움 속에 처해 있다면 그것은 분명히 하나님의 언약을 어겼기 때문이라고 설명한다. 따라서 가나안 진입을 앞둔 새로운 세대에게 율법애 철저히 순종할 것을 권고하고 있다.

▶ 이후 선지자들은 오경, 특히 신명기에 나타난 말씀을 근거로 평가하곤 했다. 전기예언서(수, 삿, 삼상하, 왕상하)의 일관된 주장은 이스라엘이 얼마나 하나님께 성실한가, 그리고 하나님이 얼마나 이스라엘에게 자비로우신가에 근거하여 사건의 원인 및 결과를 해석한다. 성문서 역시도 이와 같은 흡사한 방식으로 이스라엘 역사를 조명한다. 시편 78편과 106편은 모세의 신학적 관점을 통해 이스라엘의 과거를 해석한다. (폴 R. 하우스, 구약신학)

언약을 다시금 새로운 세대에게 가르침(5-26장)

Ⅰ. 신명기 5-11장 : 십계명(헌법적인 부분) 반복 설명

5-26 장

- 4:44-49 표제 : 두번 째 설교를 하게 된 배경
- 5:1-11:32 헌법적인 부분
- 12:1-26:19구체적인 법규들
  - 12장:하나님이 택하신 곳에서(성소의 중앙화)
  - 13장:거짓 선지자의 관한 명령
  - 14장:십일조 규례
  - 15-17장:안식년 규정, 절기 규례, 우상숭배 처형, 왕을 세울 때 주의(17:14-20)
  - 18-20장:사회적 규례, 나 같은 선지자 하나
  - 21-23장:살인, 가족법, 각종 법규들
  - 24-25장: 이혼 법규, 공정한 상거래
  - 26장:처음 열매. 승리 선언

▶ 여호와의 법규가 과연 우리들에게도 적법한가? 이렇게 생각할지도 모르는 새로운 세대에게 하나님의 말씀을 듣고, 또 배우며, 그 말씀에 순종할 것을 요청한다.

- 4:44-49 **두 번째 설교를 하게 된 배경 설명**
- 5:1-5 서론 : 이 규례를 반드시 지켜라. 지금 설교하고 있는 시내산 언약이 그들과 맺어진 언약임을 기억해라. 이것이 역사 속에서 체결된 영원한 언약이다. 이 규례는 하나님으로부터 직접 전달된 것이며 이스라엘의 미래를 위한 기초가 될 것이다.
- 5:6-21 **십계명 : 시내산 계시의 내용**(출 20, 레 27장의 내용)
- 6:1-25 여호와를 순종하라
  - 6:1-3 그러면 축복해 주겠다: 언약의 정신은 강제적 또는 의무적 순종이 아닌 바로 사랑이다.
  - 6:4-9 쉐마(=들으라) : 그 순종의 중요성 – 율법을 마음에 새기도록 호소함으로써 언약의 의무를 새 세대들에게 확장한다. 그리고 자손들에게 철서하세 가르치도록 권고한다(6:6-9).
  - 6:10-19 조금 잘 살게 될 때 까불지 마라 : 다른 신을 따를 것이다.
  - 6:20-25 자녀들 율법 교육을 철저히 시켜라.

- 7:1-11 선주민을 진멸시키고, 가나안 족속과 혼합하지 말라.
- 7:12-16 규례와 법도를 지키면 형통케 하실 것이다.
- 7:17-26 가나안 족속을 두려워하지 말고, 저들의 우상들을 멸하라.
- 8:1-10 광야에서 이스라엘을 어떻게 훈련시키셨나?
- 8:11-20 교만하지 말고, 우상을 멀리해라.
- 9:1-6 가나안 정복이 네 힘으로 되어질 것이 아니다.
- 9:7-29 금송아지 사건을 기억하고 자만하지 말라.
- 10:1-11 언약의 돌판을 다시 주신 사건 회고
- 10:12-22 그러면 어떻게 하나님께 반응해야 할까?
- 11:1-7 직임과 법도와 규례와 명령을 항상 지켜라.
- 11:8-25 명령을 지키면 강성할 것이다.
  순종 여하에 따라 화복(禍福)이 결정된다.
- 11:26-32 축복과 저주를 네 앞에 두었으니 : 에발산과 그리심산

Ⅱ. 신명기 12-26장(구체적 법규들)

새로운 세대들에게 복합적 율법을 제시하고 있다. 출애굽기, 레위기, 민수기에 나오는 율법과 여기 나오는 율법 사이에 약간의 차이가 있다. 이는 시대변화에 맞추어 적용함으로써 생긴 해석상의 차이로 보아야 한다. 이스라엘이 장막 체제에서 나와서(민 2-3장) 약속된 땅에서 거주할 상황에 맞추어 적용하고 있다. 6-11장에 강조된 사항을 여기서 구체화시키고 있다.

A. 주로 의식적인 법규들(12:2-16:17)

- 12:1-3 가나안 땅에 들어가거든 모든 우상을 파괴하라.
- 12:1-14 성소에 관한 규례, 중앙 성소
- 12:15-28 예배 시에 드릴 식용 짐승의 규례
- 12:29-32 우상 숭배를 하지 말라
- 13:1-18 거짓 선지자에 관한 명령
- 14:1-2 특정한 애도 습관을 금지하라.
- 14:3-21 정하고 부정한 동물
- 14:22-29 십일조 규례:
  - 14:22-27 연례적 십일조
  - 14:28-29 3년마다 드리는 십일조
- 15:1-23 안식년에 대한 규정 : 안식일의 근거를 출애굽에 둠
  - 1-11 채무 탕감
  - 12-18 종의 해방
  - 19-23 초태생 규례
- 16:1-17 절기에 대한 규례

B. 주로 공민적 성격을 띤 법규들(16:18-26:19)

- 16:18-20 지도자들, 재판관, 유사 : 재판을 공정하게
- 16:21-22 주상(柱像)을 세우지 말 것
- 17:1-7 우상 숭배자들을 처형시켜라.
- 17:8-13 지방 재판소에서 해결하기 어려운 것은 중앙성소로
- 17:14-20 왕을 세울 때 : 왕이 해야 할 일
- 18:1-8 가나안에서는 레위인을 어떻게 처우해야 하나?

하나님이 주신 약속의 땅

- 이제 이스라엘 백성은 요단강을 건너 약속의 땅 가나안에 진입하게 된다. 이들에게 주어질 땅은 이미 아브라함에게 약속한 땅이다. 따라서 그 약속의 땅에 들어가서 어떻게 그 땅을 유지할 것인가는 전적으로 이스라엘의 계속적인 순종 여하에 달려 있다고 강조한다(신 5:32-33, 6:3, 8:19-20, 11:8-9, 13-15).
- 가나안 정복과 삶에서 실패하는 것은 백성 자신들의 불순종과 반역의 때문이다(신 1:26-36, 43-46). 따라서 모세는 새로운 세대에게 규례와 법도에 순종할 것을 강력히 권고한다. 이들이 들어갈 땅에 대한 신명기의 독특한 진술이 12:8-32에 나타난다. 9절에서 이 땅을 '안식과 기업'으로 불리고 있다. 그곳이 하나님이 장차 "자기의 이름을 두실"(11절) 자리로 선택하실 곳이다.
- 신명기에 나타난 땅의 약속의 또다른 양상은 땅이 선물이라는 점이다. 하나님이 땅의 주인이시라는 말이다(레 25:23 참조). 따라서 이스라엘은 단지 그것을 소유하고 있었을 뿐이다(신 5:31). 그 땅에 국가적 안전이 이루어지고(12:10), 그 안전이란 정황 속에서 순종하는 백성이 하나님을 경배하며 섬기는 모습, 그것이 신명기가 그리는 이상적 그림이다.

일상생활의 구체적 요소까지

▶ 이스라엘의 하나님은 거룩의 하나님이시다. 따라서 그의 백성 역시 거룩해야 한다. 따라서 구체적 언약법들(신 19-26장)은 제사제도는 물론 지도자에 대한 규례 및 일상생활에 구체적인 요소들까지도 포함한다. 하나님이 주신 약속의 땅에서 하나님의 성품을 반영해야 한다면 거룩은 필수적이라는 것이다.

▶ 거기에 따르는 덕목들은 자비(도피성 건립), 공평(계획적인 살인에 대해서는 처형해라), 성실 및 정의 등이다. 즉 하나님의 성품과 특성이 백성들의 삶에서 나타나야 한다. 무죄한 자의 피를 흘려서는 안 된다. 자비, 공평, 정의 등은 전쟁시에도 유지해야 된다. 하나님은 백성에게 온 마음과 정성을 다해 율법을 준수할 것을 명하신다 (26:16).

- 18:9-14 거짓 예언자를 좇지 말라.
- 18:15-22 나와 같은 선지자 하나를 세우리라.
- 19:1-13 도피성의 규례 • 경계표 14절, • 증인의 규례 19:15-21
- 20:1-20 전쟁에 관하여
    - 20:1-9 ① 출전할 수 있는 자
    - 20:10-18 ② 적군을 어떻게 대할까?
    - 20:19-20 ③ 점령지의 과목을 보호하라.
- 21:1-9 살인자가 누구인지 모를 때 어떻게 할까?
- 21:10-14 포로로 잡은 여인과 결혼해도 되는가?
- 21:22-22:12 각종 법규들
- 22:13-30 부부 관계에 대한 제반 문제들
- 23:1-8 총회에 들어오지 못할 자는 어떤 사람들인가?
- 23:9-14 진중(陣中)에서도 성결을 지켜라.
- 23:19-25 약자를 보호하라.
- 24:1-4 약자를 위한 규례
- 24:5-25:4 각종 규례
- 25:5-19 계대 상속법
- 25:13-16 공정한 상거래
- 25:17-19 아말렉을 진멸하라.
- 26:1-11 처음 열매를 바치는 예식
- 26:12-15 삼년 후 십일조를 드리는 예배
- 26:16-19 승리의 선언: 가나안에 들어가서 율법을 기억하라.

Ⅲ. 축복과 저주가 네 앞에 놓여 있으니 (27–28장)[1]

이스라엘 백성이 가나안에 들어가서 지켜야 할 구체적인 율례를 설교한 후에 모세는 이 언약의 말씀대로 순종하면 복되고, 그렇치 않으면 저주를 받을 것이라고 그 결단을 촉구한다. 그들 앞에 그 두 길이 놓여 있음을 가르쳤다(27-30장). 그런 면에서 신명기는 구원을 다루는 책이 아니라 이미 구속함을 받은 백성의 생활을 다루는 책이다. 따라서 신명기에서 제기된 삶과 죽음의 문제는 영원한 생명이나 영원한 멸망에 대한 문제가 아니라 지상에서 즉, 하나님께서 그의 백성을 인도해 가신 땅에서의 삶과 죽음의 문제이다.

1) 27-28장에서는 언약을 준수할 때 받을 축복과 언약을 파괴할 때 저주가 임할 것이라고 설명한다.

- 27:1-10 에발산에 제단을 세워라
- 27:11-26 에발산과 그리심산의 선포(언약갱신)[2]
- 28:1-14 순종하면 축복
- 28:15-68 불순종하면 저주
- 28:25-41 전쟁의 참화

2) 이렇게 축복과 저주는 언약이 법규정에 뒤따라 나온다. 고대 근동 당시에는 이 같은 법 절차가 일반이었다고 한다(예; 힛타이트 조약). 이 언약을 기념하기 위해 특별한 처소로 구별된 곳이 에발산이었다. 여섯 지파는 저주를 소개하기 위해 에발산 위에 선다. 그리고 나머지 여섯 지파는 축복을 상징하기 위해 비옥한 그리심산에 선다. 이들은 이곳에서 여호와의 율법에 절대 순종할 것을 선서한다.

제 3 설교 (29:1–30:20)

모압에서 언약 갱신 때 행해진 설교(29–30장)

▶ 새로운 세대에게 주어진 언약의 말씀은 시내산 언약에 덧붙여진 것이다. 모세는 첫 세대와 새로운 세대를 연결시키면서 이들에게 과거를 회고시킨다. 앞으로 이들의 삶과 죽음이 이 언약 준수 여부에 달려 있다고 강조한다.

- 29:1-15 과거를 회고하고 약속을 지켜라. 이 언약은 개별적이며, 물론 이해할 수 있는 것이며, 지킬 수 있는 것이다.
- 29:16-29 우상 숭배를 할까 두렵다. 하나님은 진노의 하나님이시기도 하다.
- 30:1-14 포로로 끌려가게 되더라도 회개하면 회복되리라.
- 30:15-20 생명과 복과 사망과 화 : 순종에 대한 실패는 이스라엘에게 물리적, 영적 축복의 상실로 나타날 것이다.

▶ 29-30장에서는 이스라엘 백성에게 언약 갱신에 순응할 것을 요청한다. 이는 레위기 26장과도 유비를 이룬다.

모세의 노래, 권면, 축복, 죽음(31-34장)

송별의 유언을 노래로 남김(31-32장)

• **31장 후계자 여호수아**

지금까지 이스라엘을 인도했던 모세는 먼저 하늘나라로 가야 한다. 그의 뒤를 이를 여호수아가 등장한다. 지도자가 새로 바뀐다 해도 여호와께서 그의 백성에게 요구하시는 것은 결코 변치 않는다. 모세는 여기서 다시 한번 말씀의 중요성을 강조한다. 이 언약의 말씀은 개인은 물론 민족이 살아가야 할 유일한 지침서가 된다. 하나님이 선포하신 영원하고도 거룩한 규례이다. 따라서 백성들은 이 말씀을 부지런히 배워야 하며 또한 지켜야 한다. 그래서 그의 유언을 노래로 만들어 부르게 했다.

느보산에서 가나안을 바라보는 모세,
그는 그곳에 가지 못한다.

• **32:1-32:47 모세의 노래**

노래를 지어부르게 한 것이 과연 얼마나 효과가 있을까? 율법 교육은 반복적으로 해야 한다. 그래서 과거를 돌아보게 한다. 지나온 과거에 역사적 교훈이 너무 많기 때문이다. 항상 말씀이 생활 속에서 떠나지 않게 하기 위하여 모세는 특별 암기 교육을 시키고 있다. 이 율법을 지키는 것이 곧 생명의 길이기 때문에 그는 특별히 신경을 쓰고 있다.

• **32:48-33:29 모세의 유언**

하나님께서는 모세를 대신할 새로운 중보자를 세우신다. 여호수아, 그는 또 그가 맡은 일이 있다. 따라서 그에게도 모세에게 주었던 똑같은 능력과 권위를 부여하신다. 모세는 느보산에 오른다. 그리고 가나안 땅을 바라본다. 인간은 가지만 하나님의 역사는 중단되지 않는다.

• **34장 모세의 죽음**

모세가 전하는 율법은 바로 이스라엘 백성들이 꼭 지켜 나가야 할 생명의 법이다. 이 내용을 어떻게 늘 기억할 수 있을까? 율법은 너무 방대하고 복잡하지 않은가! 하나님은 모세를 부르시어 노래로 지어 부르게 하셨다. 이 시가(詩歌)는 민요처럼 쉽게 배울 수 있고, 그래서 대대로 전승되기도 쉬었을 것이다. 이제, 하나님은 모세를 통해, 노래로 부르게 함으로써 장차, 이스라엘 백성이 하나님의 언약을 어기고 배반하게 될 때(틀림없이 그렇게 되기 쉬울 것이다.) 하나님의 은총을 기억하게 하려 했을 것이다.

야웨 하나님과 이스라엘

▶ 왜 배반을 떡 먹듯이 하는 백성을 자기 소유와 제사장 나라로 삼으셨을까? 이 세상의 모든 나라가 이들을 통하여 축복을 받도록 하시려는 의도였다. 그런데 가나안 땅은 세계 전체로 통하는 전략적 중요성을 갖는 곳이었다. 3개의 대륙이 이곳을 통하여 연결되어 있다. 따라서 이곳은 늘 강대국의 각축장이 되었다. 이곳에서 제사장들, 왕들, 선지자들이 등장한다.

1. 출애굽의 제 1세대는 여호수아와 갈렙을 제외하고는 전부 광야에서 죽었다. 이제 제 2세대와도 언약을 확인할 필요가 있었다. 광야생활은 제 1세대의 반역행위에 대한 하나님의 심판이었다. 이제 새로운 세대가 그들의 조상에게 약속한 가나안 땅에 들어갈 채비를 하고 있다.

(1) 신명기는 여호와를 언약의 하나님, 역사의 하나님으로 제시한다.

그래서 "야웨 우리 하나님"이란 말이 반복되어 나타난다. 그러므로 백성들은 이 율법을 법률적인 것으로 대해서는 안 된다. 언제나 하나님과 그 언약 백성간에 이미 존재하는 개인적 시각에서 율법을 언약으로 이해해야 한다. 이 책의 목적은 10:12-22에 말씀한 바와 같이 가나안 진입을 앞둔 새로운 세대들로 하여금 여호와께 순종하고 복종하도록 하려는 데 있다. 앞에서 살펴본 바와 같이 어떤 문서비평가들은 신명기가 7세기경에 선지자들과 제사장들 사이에 타협의 결과로 쓰여졌다고 주장하나 이를 뒷받침할 만한 증거가 없다.

(2) 아브라함에게 주신 약속을 상기시키고 있다.

이스라엘의 가나안 진입은 이미 아브라함에게 주신 약속의 성취였다(창 15:18-21, 신 11:24 참조). 아브라함에게 주신 약속들은 택함 받은 백성들의 역사에 반복적으로 나타난다. 따라서 모세는 백성들에게 하나님의 위대하신 능력으로 애굽에서 해방받은 사실을 상기시킨다(신 7:9). 모세는 하나님이 왜 이스라엘을 사랑으로 간섭하시는가를 다음과 같은 말로 확증한다. 신명기 29:13을 읽어보자.

(3) 왜 이스라엘에게 가나안 땅을 기업으로 주시려 하는가?

신명기 7:6을 보자. "너는 여호와 네 하나님의 성민이라 네 하나님 여호와께서 지상 만민 중에서 너를 자기 기업의 백성으로 택하셨나니." 이 말씀이 언제 누구에게 주어진 약속의 말씀인가 출애굽기 19:5-6을 찾아보자. 결국 하나님이 이스라엘을 부르신 것은 하나님의 특수한 사명을 위하여 부르신 것임을 볼 수 있다. 물론 이스라엘이 다른 민족보다 선하기 때문에 택한 것이 아님을 분명히 하신다(신 9:4, 5).

확대경(No.1)

야웨 하나님과 이스라엘

신명기는 미래에 대한 안목을 가지고 과거를 회상하고 있다. 또한 신명기는 순종에 대한 교훈서라고 할 수 있다. 이스라엘 백성들의 율법에의 순종 여부가 어떤 결과를 가져왔는가는 모세가 그 산 증인이었다(민 20:1-6). 따라서 그는 새로운 세대들에게 순종의 중요성을 설명하고 있다. 율법은 생활 속에서 쉽게 잊기 쉽다. 그래서 하나님은 백성들로 하여금 하나님의 크신 은혜를 기억케 하기 위해 노래로 만들어 부르게 했다(32장). 그리고 모세는 하나님이 그에게 맡겨주신 소명을 다 마치고 하나님께로 간다. 꿈에 그리던 가나안 땅은 들어가지 못하지만…

아론의 장래

▶ 출 19:5-6 "세계가 다 내게 속하였나니 너희가 내 말을 잘 듣고 내 언약을 지키면 너희는 열국 중에서 ① 내 소유가 되겠고 너희가 내게 대하여 ② 제사장 나라가 되며 ③ 거룩한 백성이 되리라 너는 이 말을 이스라엘 자손에게 고할지니라."

2. 가나안 정복시 남녀 노소를 막론하고 적들을 진멸하라는 명령은 너무 지나친 명령이 아닌가? 하나님은 자비가 없으신 분인가?

(1) 다음 구절들을 읽어보자(신명기 2:34*; 3:6*; 7:2*, 16, 22, 23; 9:4-6; 20:1-4). 참고로 민수기 21:1-3, 25:16-18도 읽어보자.

• 신 2:34 "그 때에 우리가 그 모든 성읍을 취하고 그 각 성읍을 그 남녀와 유아와 함께 하나도 남기지 아니하고 **진멸하였고**."

• 신 3:6 "우리가 헤스본 왕 시혼에게 행한 것과 같이 그 성읍들을 **진멸하되** 각 성읍의 남녀와 유아를 **진멸하였으니**."

• 신 7:2 "네 하나님 여호와께서 그들을 네게 붙여 너로 치게 하시리니 그 때에 너는 그들을 **진멸할 것이라** 그들과 무슨 언약도 말 것이요 그들을 불쌍히 여기지도 말 것이며."

(2) 우리가 이해하기 힘든 내용이지만 우선 신명기 9:4을 읽어보자.

▶ 신 9:4 "네 하나님 여호와께서 그들을 네 앞에서 쫓아내신 후에 네가 심중에 이르기를 나의 의로움을 인하여 여호와께서 나를 이 땅으로인도하여 들여서 그것을 얻게 하셨다 하지 말라 실상은 이 민족들이 악함을 인하여 여호와께서 그들을 네 앞에서 쫓아내심이니라."

이렇게 가나안 족속의 멸망은 분명 그들 자신의 죄에 대한 심판의 결과라고 말씀하신다. 하나님이 아브라함과 약속하시면서, "아모리 족속의 죄악이 관영치 아니했기"(창 15:16) 때문에 그의 후손들이 4대만에 가나안 땅을 얻게 될 것이라고 말씀하셨다. 그후로 가나안에 거주하던 족속들은 진멸해도 될만큼 죄악이 관영했다.

(3) 역사 전체를 통해서 하나님은 악한 나라들을 심판하셨다. 또한 이스라엘은 아직 "이웃을 사랑하라"는 예수님의 말씀이나 바울의 권면(롬 12:19, 마 5:44 참조)을 받아들일 만큼 성숙하지 못하였으므로 이들을 멸망의 도구로 사용하셨다. 이스라엘은 복수의 수행으로부터 이를 하나님의 진노에 맡기기까지 그 영적 이해에 진보가 필요했다. 인간은 이웃에 대한 심판에 참여할 자격이 없다(체스터 레만, 성경신학구약, 크리스챤다이제스트, 1993, 222면).

3. 신명기는 하나님의 성품과 그의 사역을 다른 율법서보다 훨씬 더 많이 드러내고 있다. 신명기에서 드러내고 있는 특성들을 알아보자(위와 같은 책, 223면).

(1) 전능하시고 유일하신 하나님 :
모세는 신명기 서두에서 이스라엘의 역사를 회고한다. 그러면서 이스라엘의 패역에도 불구하고 이스라엘을 사랑과 자비로 이끄셨던 하나님의 신실하심을 소개한다. 먼저, 광야를 통해 이스라엘을 인도하셨던 하나님의 전능하심과 유일성을 강조한다(신 3:4*). 하나님은 그의 위대한 사역을 통해 하나님의 위대하심을 드러내셨다. "나 외에는 이런 신이 없음"을 천명하셨다(신 4:34, 39).

▶ 신 3:24 "주 여호와여 주께서 **주의 크심과 주의 권능**을 주의 종에게 나타내시기를 시작하였사오니 천지간에 무슨 신이 능히 주의 행하신 일 곧 주의 큰 능력으로 행하신 일같이 행할 수 있으리이까."

(2) 기록된 말씀의 중요성 :
신명기 전체를 중요하게 만드는 것은 이 책이 하

나님께서 모세에게 주신 말씀으로 기록되었기 때문이다. 따라서 우리는 기록된 말씀의 권위를 바로 이해하는것이 필요하다. 기록된 말씀의 중요성을 어떻게 명령하고 계시는가? (신 6:6을 읽어보라.)

(3) 언약을 지키시며 자비를 베푸시는 하나님 :
언약(berith)이란 무엇인가? '언약은 단순한 약속도, 어떤 선물을 주는 것도 아니다. 그것은 ① 인격 당사자 간에 ② 공적인 관계가 ③ 법적으로 형성되는 것을 말한다.'[1] 구약에서 '언약'이란 단어가 '맹세' 또는 '서약'의 의미로도 쓰였다(창 21:31, 신 29:12, 14).[2] 이런 의미의 언약이 구약에서 이스라엘의 본질적인 종교였다. 이런 언약은 당시 이스라엘이나 근동에 많이 있었는데 예를 들면 결혼제도, 입양제도, 강대국과 약소국 간에 봉신조약 등이다. 무엇보다 성경의 언약과 가장 닮은 것이 헷 족속(지금의 터키 지방)의 조약이라고 인정되고 있다.[3]

4. 신명기에서도 아래와 같이 다양한 언약이 나타난다.[4]

- 이스라엘 조상들과 세우신 언약과 관련된 것 : 4:31, 7:12, 8:18,
- 시내산 언약과 관련된 것 : 4:13, 23, 5:2, 3, 9:9, 11, 15,
- 모압 언약과 관련된 것 : 29:1, 9, 12, 14, 21, 25,
- 이스라엘이 언약을 어기고 다른 신을 섬기는 것 : 17:2, 31:16, 20,
- 하나님이 언약을 지키시는 분으로 나타나는 곳은 7:9,
- 이스라엘은 가나안 백성들과 언약을 맺어서는 안 된다는 경고는 7:2,
- 언약의 궤를 언급하는 곳은 10:8, 31:9, 25, 26,
- 레위인들이 하나님의 언약을 지켰다는 것은

33:9에 나타난다.

▲ 이렇게 하나님은 언약 관계를 통해 이스라엘에게 그의 신실하심을 가르침으로써 그의 백성 역시 신실해야함을 말씀하셨다. 하나님의 백성 이스라엘은 최선을 다하여 언약에 충실해야 한다. 여호와의 말씀에 순종하고, 여호와께서 명한 명령을 행해야 한다(신 30:6-7).

- 신 5:10 "나를 사랑하고 내 계명을 지키는 자에게는 천 대까지 은혜를 베푸느니라."

---

1) 송제근, 오경과 구약의 언약신학 (두란노, 2003), 300이하.
2) 구약에서는 다양한 언약들이 나타난다. 이에 대해 자세히 보려면 김영욱, 신명기(1), (그리심, 2003), 36-42면을 참조해보자.
3) 송제근, 위와 같은 책, 301-302.
4) 김영욱, 신명기(1), (그리심, 2003), 44면

신명기는 사랑의 복음을 드러낸다

확대경(No.2)

신명기는 사랑의 복음을 드러낸다

1. 하나님의 택자, 이스라엘

(1) 하나님은 왜 이스라엘을 택하셨나? 출애굽기 19:5, 6에서 어떻게 언급하고 있는가?

- 출 19:5-6 "세계가 다 내게 속하였나니 너희가 내 말을 잘 듣고 내 언약을 지키면 너희는 모든 민족 중에서 내 소유가 되겠고 너희가 내게 대하여 제사장 나라가 되며 거룩한 백성이 되리라 너는 이 말을 이스라엘 자손에게 전할지니라."

(2) 하나님은 세상 모든 민족 가운데서 이스라엘을 택하여 특별한 자기 소유(시킬투, 보물)로 삼으셨다. 물론 이들을 통해 모든 인류를 구원하시기 위해서였다. 베드로는 성도들의 지위를 다음과 같이 표현했다.

- 벧전 2:9 "그러나 너희는 택하신 족속이요 왕 같은 제사장들이요 거룩한 나라요 그의 소유가 된 백성이니 이는 너희를 어두운 데서 불러 내어 그의 기이한 빛에 들어가게 하신 이의 아름다운 덕을 선포하게 하려 하심이라."

2. 믿음은 곧 순종(순종, 의지, 인내)이 필요하다.

(1) 이스라엘이 광야 40년의 생활에서 체득한 진리는 무엇인가? 신명기 8:1-10의 답변을 들어보자. 하나님은 이 시험을 통해 백성들에게 겸손을 가르치려 하셨다. 이들은 광야 생활을 통해서 존재 자체가 자신에게 있지 않다는 것을 배웠다. 믿음은 곧 순종이었음을 보여주었다.

(2) 모세는 이스라엘에게 하나님의 구원 역사를 믿는 데는 무조건적 신앙, 완전한 의존, 오래 참는 인내심이 있어야 함을 보여주고 있다.

3. 하나님을 사랑한다는 것은 곧 철저히 순종함을 의미한다.

(1) 신명기 5:10을 읽어보자. 이 말씀 속에서 사랑과 순종이 함께 긴밀하게 연결되어 있음을 본다. 즉 순종은 사랑에서 우러나온다는 말이다. 그런데 하나님을 향한 진실한 사랑은 그의 존재 전체를 바쳐야 한다("너는 마음을 다하고 뜻을 다하고 힘을 다하여 네 하나님 여호와를 사랑하라", 신 6:5).

(2) "이스라엘아 네 하나님 여호와께서 네게 요구하시는 것이 무엇이냐?" 이에 대한 대답을 들어보자(신 10:12, 13을 보라). 이렇게 사랑과 순종은 서로 분리될 수 없음을 본다.

4. 가나안 족속의 추악한 풍습에서 떠나라.

(1) 하나님의 백성은 거룩해야 한다. 왜? 하나님이 거룩하시기 때문이다. 따라서 이방의 풍습과 거짓 선지자를 좇지 말아야 한다(신 18:9-14). 이렇게 하나님께서 철저하게 금하신 이유는 가나안 족속들의 모든 행위들이 죄악이었고 따라서 그들의 풍습에 쉽게 동화될 수 있기 때문이었다.

(2) 하나님의 명령은 적극적이시다. 즉 "너는 네 하나님 앞에서 완전하라"고 요구하신다.

5. 부패에 부패를 거듭하면 그 땅에서 멸망, 소멸

이스라엘의 부패를 경고하기 위해 하나님의 말씀은 매우 엄중하시다(신 28:59을 보라).

6. 이스라엘의 신앙은 예배 중심적 위치에 의하여 강화된다.

모세는 수차례에 걸쳐 성소의 중앙화(단일화)에 대해 언급하고 있다(신 12:11-21, 14:23-25, 16:2-16, 26:1-16).

<체스터 레만, 성경신학, 크리스찬다이제스트, 225-232면>

신명기와 십계명

확대경(No.3)

신명기와 십계명의 관계

(1) 신명기는 오경(五經)의 요약이라고 할 수 있다. 즉 신명기는 10계명을 기초로 하고 있다. 신명기 5:3을 보라. 그 언약(십계명)은 "여호와께서 우리 조상들과 세우신 것이 아니요 오늘 여기 살아 있는 우리 곧 우리와 세우신 것이라."

여기서 언약 말씀의 영원성과 보편성을 볼 수 있다. 이와 같이 모세의 설교는 언약에 기초를 두고 있다. 모세는 족장들에게 약속된 바의 성취인 시내산 언약을 해설하는 데 역점을 두었다. 즉 새로운 세대들에게 선택된 백성다운 삶의 모습을 유지하도록 권고하고 있는 내용이다.

그래서 첫번 째 설교에서는 모세 언약이 주어지게 된 역사적 상황을 회상하고 있다. 즉 호렙산으로부터 모압 광야에 이르는 이스라엘의 여정을 되돌아보며 하나님의 신실하심을 증언한다. 그리고 두번 째 설교에서는 언약이 수반되는 어러가지 규례와 법도를 설명하고 있다.

(2) 신명기의 모든 내용은 '시내산 언약' 인 십계명을 기초로한 설교이다(모압 광야에서 언약 갱신). 그렇다면 신명기의 내용은 십계명의 확대요, 적용이라고 할 수 있다. 신명기 4:13의 말씀처럼("여호와께서 그의 언약을 너희에게 반포하시고 너희에게 지키라 명령하셨으니 곧 십계명이며 두 돌판에 친히 쓰신 것이라.") 언약과 율법 간의 긴밀한 관계를 묘사하고 있다. 이렇게 언약(베리트)은 '잊어버려서는' 안 될 언약이다. 즉 이스라엘 백성은 그 언약의 요구사항들을 계속적으로 이행함으로써 구체적 삶 가운데 언약을 실천해 보여야 한다. 특별히 4:23의 말씀처럼 언약의 본질을 망각케 하는 배교(背敎)의 위함을 경고하신다.

2. 신명기 12-26장의 각 법들을 십계명을 따라서 정리하면 다음과 같다.[1)]

- 1계명은 12:2-13:19
- 2계명은 14:1-21
- 3계명은 14:22-16:17
- 4계명은 16:18-18:22
- 5계명은 19:1-22:12,
- 6계명은 22:13-23:15
- 7계명은 23:16-24:7
- 8계명은 24:8-25:4
- 9계명은 25:5-12
- 10계명은 25:13-26:15

---

1) 월튼(Walton)은 십계명이 4가지 중요한 주제 – 권위, 존엄성, 충성, 권리와 특권 – 를 갖고 있으며 이 주제들을 신명기 6-26장에 나오는 율법들이 주해 설명하고 있다고 말한다.

① **권위**는 제1계명의 하나님과 관련하여 신명기 6-11장에 그리고 5계명의 인간과 관련하여 신명기 16:18-18:22에 나온다.
② **존엄성** 또는 **위엄**은 제2계명의 하나님과 관련하여 신명기 12장에 그리고 제 6, 7, 8계명의 인간과 관련하여 신명기 19:1-21:23, 22:1-23:14, 23:15-24:7에 나타난다.
③ **충성** 또는 **헌신**은 제3계명의 하나님과 관련하여 신명기 13:1-14:21에, 그리고 제9계명의 인간과 관련하여 신명기 24:8-16에 나온다.
④ **권리**와 **특권**은 제4계명의 하나님과 관련하여 신명기 14:22-16:17에, 그리고 제10계명의 인간과 관련하여 신명기 24: 17-26:15에 나타난다.

(김영욱, 신명기, 그리심, 51면)

출애굽(1446 B.C.)

아브라함 ➔ 이삭 ➔ 야곱 ➔ 요셉 | 애굽 (430년) | 1406 사사시대 | 사울 ➔ 다윗 ➔ 솔로몬 | 북왕국 / 남왕국

세계사	B.C.	이스라엘
애굽 18왕조	1526	• 모세 출생
	1500 ?	• 여호수아 출생
투드모스 3세	1486	• 모세-미디안으로
이멘호텝 2세 훗날 모세와 대결한 왕 (10대 재앙)	1446	• 출애굽 • 아말렉과의 싸움
	1406	• 모세의 죽음 • 가나안 입성
		• 가나안 정복 7년간
애굽 19왕조		• 사사 옷니엘 (1367-1327)
• 라메세스 1세/1317 • 세티 1세 • 라메세스 2세		

신 명 기

모세는 고생스럽고 힘들었던 광야 40년의 생활을 정리하면서 출애굽 제2세대들 앞에서 설교(권고)하고 있다. 지금은 가나안이 바라보이는 모압 평지, 모세는 가나안 땅을 가고 싶었지만 그럴 수 없었다. 하나님이 허락치 않으셨기 때문이었다. 이 망나니 같은 백성들이 가나안 땅에 가서 과연 잘 살게 될까?

그는 지나간 날들을 회고하면서 하나님의 신실하심을 강조하고 있었다. 끔직이도 하나님을 원망하며 배반을 떡먹듯 했던 이들의 부모 세대, 이들은 광야에서 다 죽지 않았는가! 모세의 눈에는 새로운 세대들이 가나안에 입성해서 하나님의 말씀대로 잘 살아갈 수 있을까 그게 걱정이었다. 가나안에는 사람들로 하여금 현란함에 빠져들어갈 수 있는 악마의 매력이 있기 때문이었다.

가나안에 들어가거든 제발, 규례와 법도를 지켜 하나님의 축복을 받아라. 모세는 이곳 모압 평지에서 언약 갱신의식을 베풀고 있다. 백성들은 하나님의 말씀대로 살아가겠다고 큰 소리 친다. 과연 그렇게 살아갈까? 요단강을 바라보면서도 모세는 가나안 땅에 들어가지 못한다. 그래서 더 안타까운 것이다. (❖)

Deuteronomy

1-2장

첫 번째 설교
뒤를 돌아보며(1-4장)

1. 제40년 11월 1일, 모세가 이스라엘 자손에게(1:3): 요단 저편 숲(Suph) 맞은편 아라바 광야에서
2. 시내산에서 이스라엘(1:6-18)
3. 가데스 바네아에서의 이스라엘(1:19-46)
4. 가데스에서 트랜스요르단까지(2:1-23)
5. 아모리 족속 진멸(2:24-37)

여리고 맞은편 광야
지금의 요르단 지역

하나님의 인도하심 회고 (1)

하나님의 역사하심을 되돌아보는 일, 그것은 우리 성도들에게는 아주 의미 있는 일이다. 시내산(=호렙산)에서 가나안까지는 열 하룻길(257km). 만약 이들이 하나님의 말씀에 즉시 순종했더라면 38여년 전에 이미 가나안에 들어갔을 것이다. 그러나 가데스 바네아에서 지은 결정적인 죄, 곧 출애굽 제 1세대의 불신앙은 이들로 하여금 열 하룻길을 40년의 기나긴 여정으로 바꾸어 버렸다. 오죽했으면 이들을 전부 멸하고 모세로 하여금 새로운 민족을 세우시려고 하셨을까! 이렇게 끝도 없는 반역에도 불구하고 하나님은 부모가 자녀를 안음 같이 하셨다. 그리고 40년이 지난 후, 지금 이들은 요단강을 바라보고 서 있다. 모세는 지나온 날들을 회고하며 하나님의 신실하심을 설교(권고)하고 있다. 자, 이제 그의 첫 번째 설교를 들어보자.

제 1설교	1:1-4:43	하나님께서 우리를 위해 행하신 일(하나님의 사역을 회고함)
제 2설교	4:44 - 26:32	율법언약 하에서의 생활(율법을 다시 설교하고 있다. 십계명 해설)
제 3설교	29:1 - 30:20	헌신을 요구함(앞으로 말씀대로 살 것을 권면하고 있다.)
모세의 말년	31:1 - 34:12	모세의 노래, 유언, 죽음

30

하나님이 행하신 일들을 되돌아 보라!

시내산 정상

▲ 역사를 회고하면서 백성들의 실패를 언급하고 있다(1:1-3:29)

▲ 땅을 차지하라는 하나님의 명령을 받고도 너희들은 진정으로 순종하지 않았다. 아버지가 아들을 안음같이 너희를 안아 인도하였음에도 불구하고 너희들은 하나님을 신뢰하지 않았다. 그것은 곧 불신앙이었다. 믿음이 없었기에 가나안 땅에 들어가지 못하지 않았느냐!

1장 : 시내산에서부터 가데스까지의 여정

- 1-5절 : 모세는 역사적 정황을 설명함으로써 그 첫번 째 설교를 시작하고 있다. 이스라엘의 역사의 기원은 어디에 근거하고 있는가? 모세는 그 역사의 기원이 이스라엘을 선택하시며 그들과 언약을 맺으시며 그들을 인도하시는 하나님으로부터임을 논증한다. 즉 모세는 지나온 날을 회상하며 하나님의 신실하심과 유일성을 증거하고 있다. 모세는 요단 저편 숲(Suph) 맞은편 아라바 광야에 이스라엘 자손에게 설교하고 있다. 그는 새로이 전달받은 규례보다는 이미 계시된 규례, 즉 시내산에서 주신 율법을 다시 설명하고 있다.
- 7-11절 : 아브라함의 언약에서 약속된 모든 땅을 소유해야 한다(7-8절). 물론, 그 언약이 어느 정도 성취되기는 했으나(10절). 그러나, 그 언약은 보다 큰 약속의 성취를 바라고 있다(11절).
- 19-21절 : 가데스 바네아의 일을 기억해 보라. 땅을 주시겠다는 약속의 성취가 실현되기 시작했으나, 그때 너희들의 행동을 기억해 보라.
- 26-28절 : 결국, 하나님의 약속에 대한 너희들의 믿음이 없지 않았는가?! 울며 불며 원망하지 않았는가!
- 29-31절 : 그때 모세가 백성들에게 어떻게 했는가? 하나님의 주권을 상기시킨다
- 32절 : 결국, "이 일에 너희가 너희 하나님 여호와를 믿지 아니하였도다."
- 34-38절 : 불신앙 때문에 그 땅에 못 들어갔으나 갈렙과 여호수아는 그 약속을 받았다. 그들에게는 <믿음>이 있었기 때문이었다(히 3:19).

2장 : 가데스에서 헤스본까지의 여정

- 1-8절 : 가나안으로 진격하려던 최초의 계획을 변경, 그 진로를 홍해 길로 회정(回程)하지 않았느냐? (가데스에서 헤스본까지의 여정) 38년간을 세일산에서 유랑했다. 성경은 그 동안의 생활에 대해 침묵하고 있다.
- 9-25절 : 모압과 암몬 국경을 따라 아모리 족속의 변경(邊境)으로 진행. "너희는 에돔(5절), 모압(9절), 암몬(19절)과는 싸우지 말라." 왜?
- 26-37절 : 시혼 왕국의 정복. 요단 동쪽(트랜스요르단)의 정복은 가나안족들에게는 두려움을, 이스라엘 백성들에게는 용기와 자신감을 주었다.

제 1 설교 : 지나온 날을 회고하며 (1:1-4:43)

Historical Prologue

1. 지금 이스라엘 백성은 어디에 진치고 있나?

1:1 "이는 모세가 요단 저편 숲 맞은편의 ( ) 광야 곧 바란[1]과…사이에서 이스라엘 무리에게 선포한 말씀이니라."

(1) 출애굽 40년 11월 1일, 모세는 지금 요단 동편 아라바(Arabah) 광야에 서 있다. 이스라엘 백성들을 앞에 두고 지금 그는 고별 설교를 하고 있다. 그는 머지않아 영원한 나라 하나님의 품으로 돌아갈 것이다. 따라서 그는 (출애굽 1세대는 모두 갔고) 새로 태어난 제 2세대들에게 지나온 광야 40년을 회고하며 하나님의 신실하심을 말해 주어야 할 필요성을 느꼈을 것이다. 물론 하나님이 주신 율법도 다시 설명해 주어야 했다. 그리고 하나님의 말씀대로 살아야 할 것도 권면해야 했을 것이다.

- **율법 설명**(to expound law) : 여기 나오는 5절에 '설명' 이라는 말을 유의하여 보자. 이 단어에서 볼 수 있듯이 모세는 지금 모압 땅에서 가나안 입성을 앞에 둔 백성들에게 하나님의 말씀을 잘 이해할 수 있도록 율법을 자세하게 풀어 설명할 필요가 있었다. 이들은 더욱이 출애굽 제 2세대들이 아닌가! '바아르'(בָּאַר)라는 말은 이곳과 신명기 27:8('명백히' 라고 번역, 석판 위에 분명하고도 뚜렷하게 적혀 있는 기록)과 하박국 2:2(명백히, 급히 보아서도 쉽게 읽을 수 있도록 판 위에 새겨진 기록)에서만 사용된 말로서 '새기다, 파다, 선언하다, 한정하다' 라는 뜻이 있다. 여기서는 '**설명하여 분명하게 하다**' (신 1:5)라는 뜻으로 쓰였다. 모세는 이들에게 하나님의 말씀에 순종케 하기 위해 하나님의 심판과 말씀을 지킴으로 오는 축복, 하나님의 자비하심 등을 역설함으로써 설교를 이끌어가고 있다.

(2) 율법(תּוֹרָה, 토라)[2]이라고 번역된 말은 사실상 '지시' 를 의미하는 것으로 오늘날 우리가 생각하는 것처럼 법 전체를 의미하는 것이 아니다. 그것은 어떻게 하나님과 함께 사느냐 하는 '지시' 이다. 따라서 이 규례들은 자질구레한 것을 망라해서 피곤케 하는 법규가 아니라 삶의 길을 제시한 것이다.

2. 이스라엘의 앞길을 가로막으며 나타났던 헤스본에 거하는 아모리 왕 시혼과 바

1)
- 숲(Suph) : <히> 쑤프 (= '갈대' 라는 뜻이다) 보통 홍해를 가리킨다.
- 바란(Paran) : 가데스 바네아 남쪽 광야
- 도벨(Tophel) : 사해 동남쪽 지역. 이 지역은 사해 남남동 약 25km 떨어진 Tafyleh와 같은 곳으로 여겨진다.
- 라 반 (Laban) : 립 나 (민 33:20?). 모압 땅에 속한 것 같다. 시내산에서 에시온게벨 사이로 본다.
- 하세롯(Hazeroth) : 아론과 미리암이 모세에게 대항했던 곳(민 11:35). 시내산에서 북동쪽 약 48km 지점
- 디사합(Dizahab) : 요단 동편 황색 사암이 많은 곳으로 장소 불분명.

2) 토라 : 율법, 지시, 가르침, 훈계, 계명, 법령

시내산을 향하여

라암셋 ➔ 숙곳 ➔ 에담 ➔ 엘림 ➔ 시내산

▲ **라암셋**(Rameses) : 이 도시의 정확한 위치는 아직도 논란이 있으나 '다니스'(조안, Zoan)와 타니스(Tanis) 남쪽 24km 지점인 '칸티르'가 가장 유력시 되고 있다. 라암세스 시대(19-20왕조)의 수도였다. 그러나 이 국고성이 19왕조의 세티 1세에 의해 시작되고 그의 후계자인 라암세스 2세 때에 완성되었는지는 학자마다 다른 의견이 있어 확실치 않다. 성경에서 비돔과 라암셋을 건축한 것은 제 18 왕조에서 이루어진 것이라는 주장도 있기 때문이다.

▲ **엘림**(Elim) : 마라에서 남쪽으로 6마일 정도 떨어진 엘림에 도착했다. 이곳은 샘열 둘이 있었고 종려나무 70주가 있는 오아시스였다(출 15:27). 지금도 이곳에는 물들이 많다고 한다.

산 왕 옥을 쳐죽인 후의 일이었다. 이 일로 인해 이스라엘 백성들의 사기는 충천했고, 모두 가나안 진입에 대한 자신과 희망에 부풀어 있었을 것이다. 그들 앞에서 지금 모세는 설교하고 있다.

(1) 산전수전(山戰水戰)을 다 겪은 노병(老兵) 모세(Moses), 그의 숨소리까지 들으려는 이스라엘 백성들의 얼굴, 얼굴들. 그는 마침내, 광야 40년의 여정을 압축하며, 그 역경의 고비 고비마다 살아 역사하셨던 하나님의 신실하심을 선포하고 있다. "모세가 요단 저편 모압 땅에서 이 율법 설명하기를 시작하였더라"(1:5). 그는, 지금 지나온 날을 회고하며 앞으로 가나안에 들어가서는 절대로 우상 숭배를 하지 말 것이며 하나님의 명령을 철저히 이행할 것을 '권면'하고 있다.

(2) 지금 이곳은 시내산(=호렙산)에서 열 하룻길(257km) 밖에 되지 않는 모압 땅이다. 이스라엘 제 1세대의 불신앙은 이들로 하여금 열 하룻길을 40년의 길고 긴 고난의 여정으로 바꾸어 버렸다. 열 하룻길과 40년, 그 사이에는 이스라엘의 반역과 불순종이라는 엄청난 수렁이 있었다.

3. 자, 이제 모세가 40년간의 광야의 생활을 회고하는 장면을 따라가 보자. 우선 어디서부터 시작할까?

1:6-18

(1) 출애굽 40년의 광야 생활, 그 여정(旅程)은 참으로 힘들고 어려웠다. 그 기간은 고난과 시련의 연속이었다. 그러나 지금 이들은 가나안 진입을 목전에 두고 있다. 이스라엘이 과연 의로웠기 때문에 이곳까지 온 것이었을까? 지금, 그 고된 여정을 모두 끝내고 바로 적이 보이는 모압 땅에 서 있는 모세, 그는 이 백성들에게 참으로 권면할 말이 많았을 것이다. 하나님의 인자하심이 없었다면 광야에서 다 멸망을 받을 수밖에 없는 백성들이었다. 너희들이 얼마나 목이 곧은 백성인가를 지금부터 말해줄까?

(2) "그러므로 네가 알 것은 네 하나님 여호와께서 네게 이 아름다운 땅을 기업으로 주신 것이 네 공의로 말미암음이 아니니라 너는 목이 곧은 백성이니라"(신 9:6). 그들이 얼마나 말을 듣지 않는 망나니였나는 민수기에서 보여주고 있지 아니한가!

(3) 어쨌든, 이들은 하나님의 손에 이끌리어, 요단 동편 모압 땅까지 왔다. 모세는

지난 40년 동안의 하나님의 기적 같은 인도하심을 회고(回顧)해 간다. 어디서부터 그 서두를 꺼낼까? 출애굽부터 시내산까지는 생략을 하자. 모세는 시내산(호렙산)에서 진(陣)을 철수하는 데서부터 그 첫 번째 설교를 시작하고 있다.

시내산에서 가데스까지 (1:6-46)

A. 시내산 출발(1:6-8)

1. 이스라엘 백성이 시내산에 머문지 거의 일년, 이스라엘은 마침내 시내산을 출발, 가나안 땅에 이르는 여행을 시작한다. 나팔을 만들게 하여 그 나팔소리로 백성들을 통솔하며 진군을 시작했다. 그러니까 출애굽 제 2년 2월 20일, 증거막 위에 있던 구름이 떠오르기 시작했고, 하나님의 임재를 나타내는 구름 기둥을 따라 거대한 행군을 시작한다. 어디를 향하여?

이들은 기브롯 핫다아와(민 11:34)[1] 하세롯[2] 등에서(민 12:16) 머물면서 계속 진행하여 바란(Paran) 광야까지 와서 일단 정착한다. 그들은 가데스 바네아를 가나안 정복 거점으로 사용하기로 결정하고, 12정탐꾼이 가나안을 정탐하는 동안 이곳에 진을 치고 머문다(민 13:26).

2. 이들이 궁극적으로 들어가야 할 땅은 어디인가?

1:7-8

(1) "방향을 돌려 진행하여 아모리 족속의 산지로 가고…큰 강 유브라데까지 가

시내산에서 가데스까지

▶ 우리 하나님 여호와께서 (יְהוָה אֱלֹהֵינוּ) :

이 말은 신명기에서 아주 많이 나타나는 말이다. 또 "너희 하나님"이라는 말은 200회 이상 나타난다고 한다. 이렇게 신명기에서도 야웨께서 이스라엘의 하나님이 되시고 이스라엘이 그 분의 백성이라는 사실이 구체적으로 드러나고 있다. 이스라엘과 하나님과의 친밀한 관계를 묘사하는 말이다.

1) **기브롯-핫다와**: '탐욕의 무덤들' 이라는 뜻이다. 이스라엘 백성이 시내 광야를 발행하여 처음으로 진을 쳤던 장소(시내산 동쪽 50km 지점)

2) 하세롯: '정착지' 라는 뜻. 이곳에서 백성들은 미리암과 아론이 모세에게 원망을 했다. 이로인해 미리암은 문둥병에 걸렸었다.

아니, 얼마나 덥길래 !

▲ 시내산을 가기 위해 이 길을 지나갔다. 차에서 찍은 광경이다. 시내 반도를 지나가기 바로 전에 버스의 에어컨이 고장나 몇 시간을 잃어버렸다. 시간이 아까와 그냥가자고 했으나 운전 기사가 막무가내였다. 왜 그랬는가는 그 다음날 시내산을 내려와 이 길을 통과하면서 알았다. 에어컨이 없었다면 도저히 통과할 수 없는 더위였기 때문이었다.

▲ 민 11:1-3 "백성이 여호와의 들으시기에 악한 말로 원망하매 여호와께서 들으시고 진노하사 여호와의 불로 그들 중에 붙어서 진 끝을 사르게 하시매 백성이 모세에게 부르짖으므로 모세가 여호와께 기도하니 불이 꺼졌더라 그곳 이름을 **다베라**라 칭하였으니 이는 여호와의 불이 그들 중에 붙은 연고였더라."

▲ 시내산에서 출발 가데스로 향하던 이스라엘 백성은 초장부터 원망을 드러냈다. **다베라**는 시내산 남동쪽에 위치한 곳이다. 시내산에서부터 가데스까지 여러 곳에 진을 치며 행군을 계속했다(민 33:3). 시내산에 거의 일년을 머물면서 훈련을 받았지만 결코 이들의 성품은 고쳐지지 않았다. 아니 더욱 패역해졌다. 백성들은 너무 자주자주 범죄했다. 조상들에게 약속하셨던 그 언약의 땅 경계 지역인 가데스 바네아에서 진치고, 가나안 입성만을 기다리고 있었으나 결국 불신으로 38년간을 배회하게 된다.

라 하셨나니"(1:7)

(2) 가나안 땅을 그의 후손들에게 주시겠다는 약속은 이스라엘의 족장 아브라함 때부터 시작되었다. 특별히 창세기 48:3-4을 읽어보자. 아브라함에게 주신 약속은(창 12:2) 이삭에게도 주신 약속이었다(창 26:4). 이스라엘에게 주어졌던 무수한 후손에 대한 약속은 땅에 대한 약속과 함께 주어지곤 했다. 하늘의 별과 바닷가의 모래와 같은 후손들이 살아가기 위해서는 그들이 살아가야 할 땅이 있어야 했다. 따라서 하나님은 족장들에게 가나안 땅을 약속하셨다.

(3) 이제, 때가 되어서 하나님은 이스라엘 백성들에게 신명기 1:7에 언급된 땅을 정복하라고 명령하신다. 이제, 이들 백성들에게 남은 것은 그 가나안 땅을 하나님께서 주실 것이라는 확실한 믿음만 있으면 된다. 왜냐하면 그 가나안 땅을 주시겠다는 약속은 그의 조상들에게와 모세에게도, 백성들에게도 수없이 들려주셨던 변할 수 없는 하나님의 약속이기 때문이다.

"여호와께서 너희의 열조 아브라함과 이삭과 야곱에게 맹세하사 그들과 그 후손에게 주리라 하신 땅이 너희 앞에 있으니 들어가서 얻을지니라"(1:8).

3. 물론, 그들 조상 아브라함과 이삭과 야곱에게 약속하신 축복은 어느 정도 성취되었다고 볼 수 있다. "너희 하나님 여호와께서 너희를 번성케 하셨으므로 너희가 오늘날 하늘의 별과 같이"(1:10) 많아졌다.

그러나 우리 하나님이 이스라엘 백성에게 원하시는 것은 무엇인가?

1:11 "너희 열조의 하나님 여호와께서 너희를 현재보다 **천배**나 많게 하시며 너희에게 허락하신 것 같이 너희에게 복 주시기를 원하노라."

B. 천부장 · 백부장 제도(1:9-18)

1. 모세는 이번에는 천부장(千夫長), 백부장, 십부장 제도를 세우게 된 동기를 회고하고 있다. 이 제도는 어떻게 해서 생겼나?

שַׂר(사르) : 방백

• 부장(사르) : 우두머리, 방백, 두목을 가리킨다. 제사장 계급의 우두머리(chief, head)나 지파의 우두머리(대상 27:22), 장로들을 가리킬 때도 있다.

1:9-18

(1) 수백만의 이스라엘 백성이 광야 생활을 하는데 어찌 다툼이 없었겠는가. 서로 송사할 일이 많았을 것이다. 모세는 백성들 간의 일어나는 문제를 판결하느라고 피곤해 했고, 백성들은 백성들대로 재판 차례를 기다리느라 지쳐 있었다. 이 일을 보고 있던 모세의 장인 이드로는 재판(裁判)이 아주 비효율적임을 지적했다. 따라서 새로운 제안을 한다.

(2) 그 제안은 모세 혼자서 모든 세세한 것까지 재판할 것이 아니라 책임을 나누어질 대리자를 뽑아 재판하라는 것이었다. 모세는 이를 기뻐했고, 이 제안을 받아들였다.

2. 어떤 사람을 그 대상자로 뽑았는가? (지도자의 자격)

1:13 "너희의 각 지파에서 (　　　)와 (　　　)이 있는 유명한 자를 택하라 내가 그들을 세워 너희 (　　　)을 삼으리라."

(1) 출애굽기에 보면, 이들은 재덕(才德)이 겸비한 자, 곧 하나님을 두려워하며 진실무망(眞實無妄, trustworthy)하여 불의한 이(利)를 미워하는 자 중에서 뽑았다고 했다(출 18:21). 이들은 모세의 명을 따라 공정한 재판을 했을 것이다. 따라서, 모세는 그 짐이 한결 가벼워졌을 것이고 보다 중요한 일에 더 관심을 갖게 되었을 것이다.

• 민 11:15-16 "주께서 내게 이 같이 행하실진대 구하옵나니 내게 은혜를 베푸사 즉시 나를 죽여 나로 나의 곤고함을 보지 않게 하옵소서 여호와께서 모세에게 이르시되 이스라엘 노인 중 백성의 장로와 유사 되는 줄을 네가 아는 자 칠십 인을 모아 데리고 회막 내 앞에 이르러 거기서 너와 함께 서게 하라."

(2) 모세는 이 외에도 70인 장로를 세웠다(민 11:15-16, 24*). 천부장, 백부장, 오십부장, 십부장 등은 군대 조직체가 되어 군사 업무를 담당한 듯하다(민 31:14). 이들 외에도 '패장들'(officials)을 언급하고 있다. 이들이 하는 일이 정확히 명시되어 있지 않지만, 만약 사법상의 일일 경우에는 서기나 계약을 작성하는 공증인을 말할 것이다. 군대의 행정요원일 수도 있다.

• 민 31:14 "모세가 군대의 장관 곧 싸움에서 돌아온 천부장들과 백부장들에게 노하니라."

3. 재판할 때 반드시 지켜야 할 일은 무엇인가?

▲ 사진 : 이스라엘은 그들의 잘못을 깨닫고 뒤늦게 만용을 부렸지만 대패(大敗)하고 만다.

▲ 각 지파에서 1명씩 12명의 정탐꾼들이 약 40일간에 걸쳐서 적정을 살피고 돌아왔다. 이들의 보고는 서로 상반되었다. 그 땅이 비옥한 것은 사실이지만 그곳은 장대한 아낙 자손이 산다는 것이다. 그래서 가나안 정복은 불가능하다는 것이었다. 여호수아와 갈렙은 옷을 찢으며 정복 가능을 외쳐댔지만 백성들은 다수의 말을 듣고, 마침내 대성통곡 한다. 그리고 내린 결정은 애굽으로 다시 돌아가자는 것이었다.

▲ 하나님의 진노 : 이런 불신앙의 행위는 하나님의 엄청난 형벌을 가져왔다. 하나님은 이 백성을 다쓸어 버리고 모세로 하여금 새로운 나라를 만드시겠다는 통보를 하신다. 하나님은 모세의 중보의 기도로 이들의 죄악을 용서하셨지만 이들 백성들의 불순종으로 인해 38년간을 더 광야에서 배회하게 된다.

1:16 너희가 너희 형제 중에 송사를 들을 때에 양방간에 (　　　　　) 판결할 것이며 그들 중의 (　　　　　)에게도 그리할 것이라

물론, 재판이 사사로운 감정에 이끌리어 그릇 판단되는 일이 없도록 특별히 당부하고 있다. 재판은 하나님께 속한 것이니까 외모를 보지 말고, 돈 많은 사람이라고 봐주지 말고, 권력이 있는 사람이라고 깜박 죽지 말라고 당부한다. 물론 해결하기 어려운 것은 모세가 해결했다(17절). 출애굽기 18장을 읽어보자.

C. 가데스 바네아에서(1:19-46)

1. 호렙(시내)산을 떠나 가데스 바네아까지 오는 길이 결코 쉬운 길이 아니었음을 상기시킨다.

1:19 "우리 하나님 여호와께서 우리에게 명하신 대로 우리가 호렙산에서 발행하여 너희의 본 바 크고 (　　　　) 광야를 지나"

(1) 호렙산을 떠날 때가 출애굽 제 2년 2월 20일이라고 했다(민 10:11). 호렙산에서 가데스까지 100마일이 넘는다는데, 그 과정이 쉬었을 리 없다. 그래서 "크고 두려운 광야"라고 했음을 본다. 신명기 8:15에서는 그 여정의 힘들었음을 다음과 같이 표현했다 : "너를 인도하여 그 광대하고 위험한 광야 곧 불뱀과 전갈이 있고 물이 없는 건조한 땅을 지나게 하셨으며"

(2) 가데스 바네아(Kadesh Barnea), 이곳은 가나안 점령의 전초 기지였다. 하나님은 이들에게 가나안 점령을 명하셨다.

"너희 하나님 여호와께서 이 땅을 너희 앞에 두셨은즉 너희 열조의 하나님 여호와께서 너희에게 이르신 대로 **<올라가서 얻으라 두려워 말라 주저하지 말라>**" (21절) 이 땅은 하나님께서 이들의 열조에게 수없이 약속하신 땅이었다. 담대한 믿음을 가지고 점령했으면 모든 것이 해결되는 것이었다. 모세는 거듭 두려워하지 말라고 권면했었다.

2. 하나님은 족장 아브라함에게 가나안 땅을 약속하셨다. 그러나 그때는 아직 가나안 족속들의 죄악이 관영치 아니했다(창 15:16). 이스라엘이 들어가기전 가나안 땅에는 이미 많은 족속들이 살고 있었다. 르바 족속, 엠 족속, 아낙 족속 같은

• 라암셋(Rameses) : 최초의 집결지

• 숙곳(Succoth) : 홍해를 건너기 전에 최초로 머물렀던 곳. 이곳에서 초태생이 구별됨(출 13:2, 11-15)

• 에담(Etham) 광야 : 광야 끝이라고 했다(출 13:20). 아라비아 사막이 시작되는 곳으로 제일 먼저 야영했던 곳이다.

▲ 시내산

• 출애굽 후 약 2-3개월, 이스라엘은 마침내 거룩한 곳 시내산에 이르렀다(출 19:1). 이스라엘은 시내산에서 약 1년간을 머문다.

하나님께서 독수리 날개로 업어서 시내산까지 인도하심

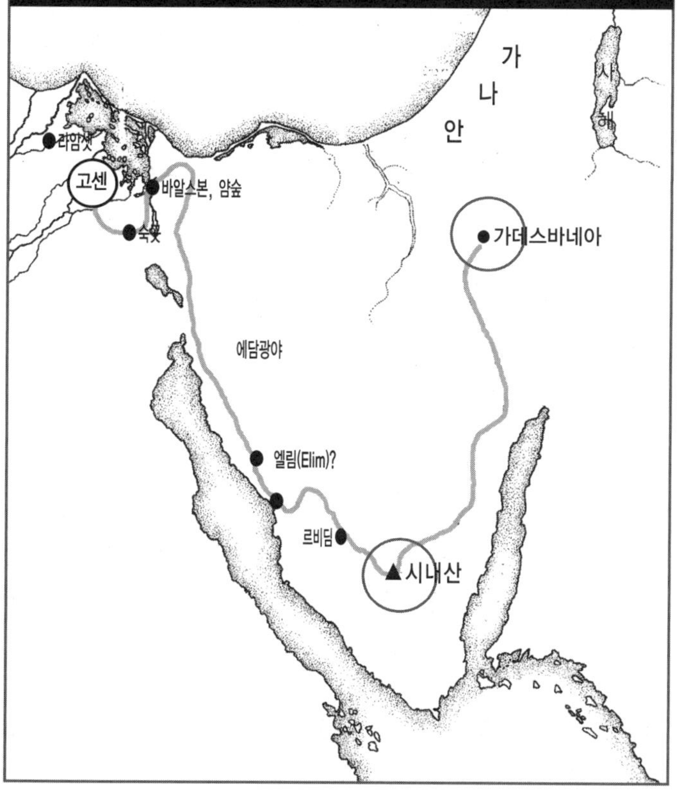

고센을 출발한 이스라엘은 2-3개월에 걸쳐 시내산에 이른다. 그리고 그곳에서 1년 정도를 머문다. 이제는 오합지졸이 아니다. 한 민족이 탄생되었다. 하나의 국가가 되었기에 국가가 운영되기 위한 법 제도를 받아야 했다. 그러나 하나님이 통치하시는 신정국가(神政國家)이기에 그것은 이스라엘 백성들이 하나님 앞에 거룩하게 살아가기 위한 율례가 주축을 이룬다.

시내산 정상

시내산에서 가데스 바네아까지

1. 이스라엘은 시내산에서 거의 일년을 머물면서 십계명과 율법을 받았다. 하나님은 이스라엘 백성과 언약을 맺으셨다. 이들 모두는 하나님의 계명을 철저히 지키겠다고 큰 소리쳤지만(출 24:1-8), 그들은 40일도 가지 못해 국가적인 패역을 저지른다. 그들은 언약을 어기고 우상 숭배의 죄를 짓는다.

2. 마침내 이스라엘은 꿈에 그리던 가나안 땅을 향하여 행군한다. 기쁨에 들떠 행군을 하며 드디어 가나안 변경 가데스 바네아에 도착했다. 그곳만 넘어서면 젖과 꿀이 흐른다는 가나안 땅이었다. 이스라엘 백성들은 그렇게 고대해 왔던 가나안 진입을 앞두고 망설인다. 백성들은 자연히 우선 그 땅을 먼저 정탐해 보자는 의견을 내게 되었고, 결국 12명을 선발 가나안 땅을 정탐하게 한다. 그러나 정탐꾼들의 보고는 두 패로 갈라지게 되었고, 가나안 정복(征服) 불가(不可)쪽으로 백성들의 마음은 돌아서 버렸다. 그리고 울고불고, 마침내 하나님을 향하여 극단의 반역적인 행동을 하게 된다. 하나님이 치르신 시험에 불합격이 되고 말았다. 그들의 눈에는 가나안 정복은 전혀 불가능한 것처럼 보였다. 그리고 밤새도록 대성 통곡한다. 하나님의 전능성을 무시했던 것이다. 히브리서에서는 이런 이들의 행동을 "불신앙적인" 행동이었다고 한 마디로 잘라 말한다(히 3:19).

3. 이로 인한 하나님의 징계는 실로 무서운 것이었다. 이런 불신앙적 행동으로 인해, 그들의 가나안 입성은 이로부터 38년 뒤로 미뤄진다. 그 동안 이들은 가데스와 홍해의 에시온게벨 사이의(민 33:36) 메마르고, 황량한 광야를 유리하게 될 것이다. 그리고 출애굽 1세대는 그 광야에서 다 죽게 될 것이라는 선고를 받는다. 하나님은 이런 사건을 두고 "나를 멸시한 행동"(민 14:11)이었다고 말씀하신다. 한순간의 실수가 아니라 "몸에 배인 습관성 범죄 행위"(민 14:22)였다고 분노하신다.

시내산을 출발, 가데스 바네아를 향하여…

• 민 14:1-4 "온 회중이 소리를 높여 부르짖으며 밤새도록 백성이 곡(哭)하였더라 이스라엘 자손이 다 모세와 아론을 원망하며 온 회중이 그들에게 이르되 우리가 애굽 땅에서 죽었거나 이 광야에서 죽었더면 좋았을 것을 어찌하여 여호와가 우리를 그 땅으로 인도하여 칼에 망하게 하려하는고 우리 처자가 사로잡히리니 애굽으로 돌아가는 것이 낫지 아니하랴 이에 서로 말하되 우리가 한 장관을 세우고 애굽으로 돌아가자 하매."

크고 강한 민족이 살고 있었다. 그들은 키가 커서 백향목 높이와 같고, 강하기가 상수리나무 같다고 했다(암 2:9). 그래서 이스라엘 정탐꾼들은 그들을 보고 "우리는 스스로 보기에 메뚜기 같으니"(민 13:32,33, 신 1:28)라고 했다. 그러나 그 족속이 아무리 강하더라도 하나님은 그 땅을 주시겠다고 약속하셨다(창 15:18-21).

(1) 그러나 이런 약속에도 불구하고 이스라엘 백성들은 일단 주춤했다. 그 이유가 우선 적정(敵情)을 살피자는 것이었다. 누가 보더라도 이런 제안은 합리적인 것이었다. 적을 공격하는 마당에서 적정을 살피는 것은 당연하고도 전쟁의 기본 상식이었기 때문이었다.

(2) 결국, 모세는 정탐꾼을 보내기로 한다. 정탐꾼을 보냈을 때, 그들의 정탐 결과를 듣고 난 후 이들 백성들이 행했던 불신앙을 말해 보라. 이들은 10명의 정탐꾼의 말을 듣고 밤새도록 통곡하고 애굽으로 돌아가자고 충동질을 했다(민 14:1-4을 읽어보자).

3. 이들이 가나안 땅에 들어가지 못한 이유가 무엇인가? 악한 일이란 어떤 면을 가리키는가?

1:35

4. 모세는 어떤 이유에서 못 들어가게 되었나?

1:37

5. 그렇다면 어떤 사람들만이 가나안 땅에 들어가게 되었는가?

1:38-39

물론 이들 이스라엘 백성들은 나중에 하나님 앞에 그들의 잘못을 회개했지만 피상적 회개였다고 말하고 있다(40-46절).

가데스에서 헤스본까지(2:1-25)

D. 세일 산에서 유랑(2:1-8)

1. 가데스에서 가나안으로 진격하려던 당초의 계획이 무산된 후 이스라엘은 그 방향을 돌려(回程) 홍해 길로(=아카바만) 들어섰다. 하나님이 그렇게 명하셨던 것이다(1:40). 그러니까 가데스 바네아에서 세렛 시냇가를 건너기까지 몇 년이 걸렸나?

   2:14

(1) 그 동안 세일 산을 두루 행했다고 했다. 성경에는 그 38년간의 생활에 대해 침묵한다. 만약, 모세오경이 문서설자들의 주장대로 후기의 여러 문서들의 모자이크라고 한다면 그 여러 문서들 중, 어찌 한곳에서도 이 38년간의 생활에 대해 한결같이 침묵하고 있단말인가? 이는 분명히 한 명의 저자가 어떤 목적 하에 의도적으로 저작한 것이 확실하다.

(2) 어쨌든, 그 38년간의 생활이 어찌 행복한 날들이었겠는가! 세일(Seir)은 에돔의 초기 명칭이었다(창 32:3, 신 2:4-5). 거기서 제 1세대들은 거의 다 죽는다. 그리고 제 2세대들이 태어난다. 이제 그 고난의 기간이 끝나고, 하나님은 북으로 나아가라고 명하셨다(2:3).

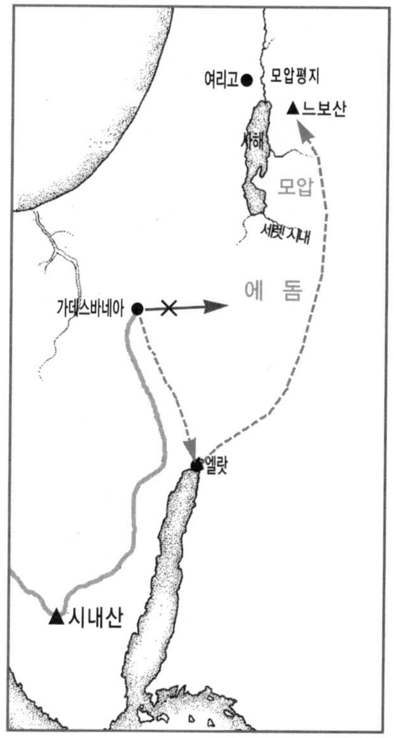

• 하나님의 명령으로 이들은 에돔과 모압을 통하여 갈 수 있는 길을 나두고 다시 홍해 길로 남하하여 우회하여 '왕의 도로'를 따라 북진한다.

• 세렛(Zered): 에돔과 모압 국경을 따라 흐르는 강이다(민 21:12). 이스라엘은 가데스 바네아를 떠나 이 시내를 건너는데 38년이 걸렸다고 했다(신 2:13-14).

2. 하나님은 이스라엘과 혈연(血緣) 관계에 있는 족속을 멸하지 말라고 하셨다. 어떤 나라들인가?

(A) 에돔(Edom)

2:5 그들과 다투지 말라 그들의 땅은 한 발자국도 너희에게 주지 아니하리니 이는 내가 세일 산을 (   )에게 기업으로 주었음이라

① 에돔은 누구인가? 이들은 에서의 후손들이다(창 36:8). 하나님은 이스라엘의 동족을 해치 못하게 하셨다. 따라서 이들의 영토를 통과할 때

젖과 꿀이 흐른다는 땅, 가나안에서 포도를 메고 왔다.

• 아르(Ar, 신 2:8)는 모압의 수도인 것 같다. 그러나 여기서는 모압 영토 전체를 말하고 있다. 모압과 암몬은 아브라함의 조카 롯의 자손들이다. 따라서 이들은 이스라엘과 혈연 관계에 있으므로 이들을 해치지 못하게 하셨다. 그러나 모압은 우리가 이미 공부했던 것처럼, 발람을 고용 이스라엘을 파멸시키려 공작을 꾸민다.

에는 물까지도 사 먹어야 했다(5절). 물론 에돔은 이스라엘의 이동에 신경을 썼을 것이고 방어 태세를 갖췄다(민 20:18-20을 참조하라).

② 그러나 광야의 생활이 비록 힘든 것은 사실이었지만 하나님은 그 40년 동안 부족함이 없이 이스라엘을 이끌어 오셨음을 상기시킨다(7절). "네 하나님 여호와가 너의 하는 모든 일에 네게 복을 주고 네가 이 큰 광야에 두루 행함을 알고 네 하나님 여호와가 이 사십 년 동안을 너와 함께 하였으므로 네게 부족함이 없었느니라"(2:7).

(B) 모압(Moab)

2:9 "여호와께서 내게 이르시되 모압을 괴롭히지 말라 그와 싸우지도 말라 그 땅을 내가 네게 기업으로 주지 아니하리니 이는 내가 (　　　　) 자손에게 아르를 기업으로 주었음이로라."

(C) 암몬(Ammon)

2:19 "암몬 족속에게 가까이 이르거든 그들을 괴롭히지 말고 그들과 다투지도 말라 암몬 족속의 땅은 내가 네게 기업으로 주지 아니하리니 이는 내가 그것을 (　　　　) 자손에게 기업으로 주었음이라."

3. 모압, 에돔, 암몬 족속이 이곳에 살기 전에는 어떤 족속(선주민)이 있었나?

2:10-12 (이전에는 에밈 사람이 거기 거주하였는데 (　　　　) 족속 같이 강하고 많고 키가 크므로 11그들을 아낙 족속과 같이 (　　　　)이라 불렀으나 모압 사람은 그들을 에밈이라 불렀으며 12(　　　　) 사람도 세일에 거주하였는데 에서의 자손이 그들을 멸하고 그 땅에 거주하였으니 이스라엘이 여호와께서 주신 기업의 땅에서 행한 것과 같았느니라)

• **엠 족속(Emim)** : '엠' 이라는 말은 '두려움'이라는 뜻. 이 족속은 키가 크고 호전적인 백성이었다(창 14:5을 참조). 이들은 아낙 족속과 같이 장대한 족속으로 르바임 족속의 한 가지였다(창 14:5, 15:20 참조). 모압 사람은 르바임을 에밈(무서운 자, 두려운 자)이라고 불렀다. 이렇게 모압 사람들이 아낙 족속(에밈 족속)과 같은 원주민을 몰아내고 그곳을 점령할 수 있었다면, 이스라엘은 넉넉히 이들을 격퇴할 수 있었을 것이라는 암시가 깔려 있다.

• **호리 족속(Horim)** : 호리 족속이 한때 세일(에돔)에 살았다고 기록하고 있다

(창 36:20, 29). 호리족은 에서의 후손들에게 쫓겨났다. 이들은 세일만 아니라 팔레스틴 중앙 지대에 널리 퍼져 살았고, 세겜과 길갈에도 살았다(창 34:2, 수 9:6,7 - 히위 족속은 70인경에는 호리족으로 되어 있다.) 이들은 비(非) 셈계 족속으로 코카사스 남방에서부터 메소포타미아 동쪽으로 흘러 들어온 후리 족속(Hurrians)과 동일 족속으로 학자들은 본다. 물론 이들의 영토는 앗수르에 들어갔고 역사에서 사라졌다.

여기 가데스까지는 잘 왔는데…

- **삼숨민 족속(Zamzummites)** : 암몬의 선주민으로 거인족이었다(창 14:5 수스 족속과 동일인인지 모른다).

- **아위 족속(Avvites)** : 암몬의 선주민(수 13:3 참조) - 이들은 갑돌(Caphtor, 아마 갑돌은 크레테 Crete) 사람일 것이다.

▶ 이들 모압과 에돔이 원주민을 몰아내고 그곳에 정착한 사실은 마치 이스라엘 백성들이 가나안 7족을 멸하고 가나안을 차지한 것과 같다는 말이다(12절). 여기 10-12절은 아마 후대에 삽입된 것으로 보인다. 물론 이 부분이 후대에 삽입되었다고 해서 성경이 하나님의 영감으로 기록되었다는 사실을 훼손시키지 아니한다.

4. 그리고 하나님은 세렛 시내를 건너라고 명하셨다. 거기까지 38년이란 세월이 흘렀다. 세렛 시내가 어디인지 확실하지는 않지만, 에돔과 모압의 국경으로, 동쪽에서 사해 남단으로 흘러 들어가는 간헐적으로 흐르는 시내를 말하는 것 같다.

적용도우미

- 모세는 지금, 지나간 40년을 회고하고 있다. 비록 짧은 기간이지만 과거를 되돌아본다는 것은 의미 있는 일이다. 과거를 돌아보며, 현재의 모습을 비춰 볼 수 있다. 그리고 새로운 각오를 다짐하는 계기가 된다. 우리는 가끔 지나간 날들을 회고해 보는가? 그랬더니 어떤 영적 잘못이 있었던가? 과거를 회상해 보기에는 너무 젊다고? 그러나 너무 자랑하지 말자. 세월은 얼마나 신속히 날아가는가! 뒤돌아 볼 사이도 없이 지나가지 않던가? 그치?

- 스데반의 설교를 들어보라(행 7장). 스데반도 이스라엘의 긴 역사를 회고하면서 강퍅한 유대인들에게 설교하고 있지 아니한가! 우리도 이런 기독교적 역사관을 정립해 보자. 기독교 사관(史觀)을 정립할 수 있는 서적을 몇 권 소개했는데, 글쎄 이 책을 구입해서 읽으실 분이 얼마나 될까 모르겠네.

헤스본 왕 시혼을 정복 (2:26-37)

헤스본(Heshbon)

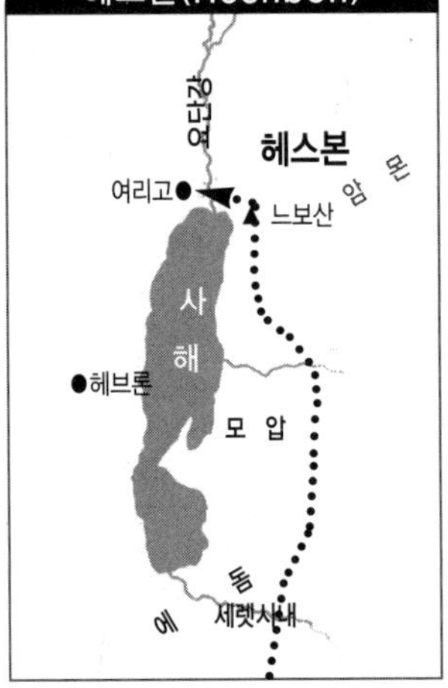

이스라엘은 에돔과 모압 지역을 우회하여 북진한다.

1. 가데스바네아에서 가나안 입성에 실패 후 몇년이 흘렀을까?

(1) 신명기 2:14를 보면 "가데스바네아에서 떠나 세렛 시내를 건너기까지 (　　)년 동안"이라고 했다. 이제 광야 생활을 끝내고 이스라엘은 여리고 맞은 편 모압 평지까지 북진을 하려 한다. 아마 지금의 요르단의 페트라 지역(사해 남쪽)에서 오래 머물렀을 것이다. 그래서 세렛(Zered) 시내(동쪽에서 사해 남쪽으로 흘러 들어가는 작은 시내)를 통과하여 트랜스요르단(요단 동편)을 향하여 북진(北進)하게 되었다(신 2:3). 그러나 이곳에 도착하기 위해서는 에돔, 모압, 암몬 땅을 지나야 했다.

(2) 그런데 하나님은 모세에게 이들 백성들을 어떻게 대하라고 명령하셨나?
(신 2:4-6, 9, 10　　　　　　　　　　　　　　　　　　　　　　　　　　　　)

(3) 왜 이들과 싸우지 말라(=전쟁으로 괴롭히지 말라)고 하셨는가?[1)]

땅의 소유권은 하나님께 있다. 하나님은 에돔과 모압 땅을 이스라엘에게 주지 아니하겠다고 말씀하신다.

1) 에돔 : 에서의 후손이다. 이들에게는 세일 지역을 주셨다(신 2:5)

모압, 암몬 : 롯의 후손들이다. 아르 지역을 주셨다(신 2:9,19).

(4) 그러나, 헤스본(Heshbon) 왕국과 바산(Bashan) 왕국은 점령하라고 명하셨다(신 2:24, 3:1-2). 따라서 모세는 에돔, 모압을 피하여 먼 동쪽으로 우회하여 헤스본 왕국으로 침입하는 길을 택했다.

2. 모세는 헤스본 왕 시혼(Sihon)에게 가나안 진입을 위해 통과를 허락해 줄 것을 요청했다. 그런데 시혼의 태도가 마음에 들지 아니했다. "왜 뭐라그랬는데?"

민 21:23

(1) 물론 이번에도 모세는 먼저번 에돔 왕에게 한 것 같이 조용히 통과할 터이니 길만 빌려 달라고 했다. 그러나 아모리 왕 시혼은 강퍅했다. 야하스에서 이스라엘에게 대적한다(신 2:30-32을 보라).

(2) 이스라엘은 이들을 쳐서 크게 승리했다. 그리고 시혼 왕을 죽이고 여러 성읍을 취했다(신 2:36). 이스라엘은 아모리인을 쳐부수고 아르논 강에서부터 북쪽으로

Heshbon(חֶשְׁבּוֹן) : 사해 동쪽에 위치한 모압 도시 / 아모리 왕 시혼은 그의 영토를 통과하기 원하는 이스라엘 자손의 요청을 거부한다. 따라서 "이스라엘은 칼날로 그들을 쳐서 파하고 그 땅을 아르논부터 얍복까지 점령하여 암몬 자손에게까지 미쳤다"(민 21:24). 이들을 물리친 후에 르우벤 지파와 갓 지파가 이 지역에 정착했다(민 32장, 수 13:15-28).

얍복까지 점령했다고 했다.

(3) 본래 이곳은 모압인의 소유였었다. 그런데, 시혼이 빼앗었다. 그때 이곳을 정복할 때 시혼은 크게 명성을 날렸다고 했다. 시혼이 모압의 아르를 점령한 사실을 노래한 시가 있다. 민수기 21:27-30*까지 읽어보라.

민 21:27-29
"그러므로 시인이 읊어 가로되
너희는 헤스본으로 올지어다
시혼의 성을 세워 견고히 할지어다
헤스본의 불이 나오며
시혼의 성에서 화염이 나와서
모압의 아르를 삼키며
아르논 높은 곳의
주인을 멸하였도다
모압아
네가 화를 당하였도다
그모스의 백성아
네가 멸망하였도다
그가 그 아들들로 도망케 하였고

3. 가나안 정복시 하나님은 자기 백성을 지키기 위해 어떻게 하셨나?

2:25 오늘부터 내가 천하 만민이 너를 무서워하며 너를 두려워하게 하리니 그들이 네 명 성을 듣고 (　　　　) 너로 말미암아 (　　　　)하리라 하셨느니라

이스라엘이 요단 동쪽, 트랜스요르단을 정복한 사건은 가나안에 있는 민족들에게 하나의 큰 경고가 되었다. 이 정복 사건은 그 아무도 이스라엘을 대적할 민족이 없음을 알리는 신호탄이었다. 이스라엘을 가로막고 나서는 민족들의 간담이 서늘케 하는 정복 사건이었다.

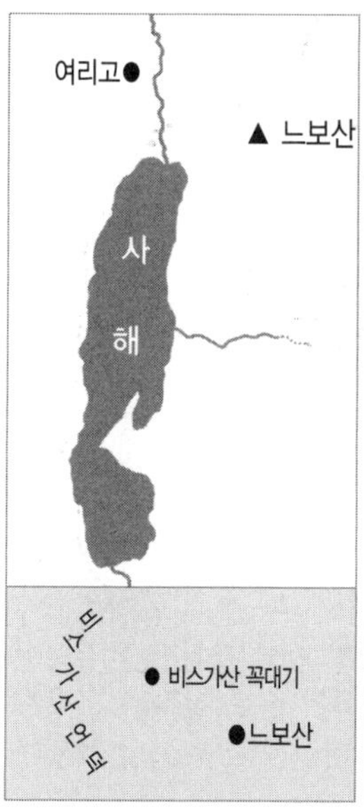

지금, 느보산 정상에는

▲ 느보산 정상은 사해 수면에서 1200m가 넘는 산이다(요르단 지역). 모세는 이곳에서 약속의 땅을 내려다 보았다(신 32:49, 34:1).

❶ Mount Nebo Siyagha Memorial of Moses
❷ 느보산 정상에서 사해 북단과 여리고, 쿰란 동굴을 바라볼 수 있다. 여리고는 27km, 예루살렘은 46km, 쿰란은 25km, 헤브론은 65km라고 적혀 있다. 화살표는 해당 도시의 방향이다.
❸느보산 정상에서 바로 여리고 앞, 모압 평지로 내려가는 길이 잘 포장되어 있다.

'기독교 역사관' 정립하기

우리 주위에서 일반 성도들이 읽어 역사관 정립에 도움이 될 만한 책들은 어떤 것이 있을까? 우선 주위에서 역사를 전공하신 분의 도움을 받아 보자. 아래의 책들은 기독교 서점에서 일반 성도들이 쉽게 찾아 읽어볼 수 있는 책들이다. 도움이 될 만한 책을 몇 권을 선정, 기독교 역사관을 정립해 보자. 물론, 처음에는 아주 보잘 것 없겠지만.

1 김기홍, 「**역사와 신앙**」, 두란노서원, 274면

이 책은 역사를 공부하지 않은 성도라도 쉽게 접근할 수 있다. 기독교인들의 역사관 정립을 위한 좋은 지침서이다. "역사는 간단한 것이 아니다. 교훈을 줄 것 같아서 연구하다 보면 너무 복잡하고 어려워 신비한 느낌까지 든다. 역사란 인간사의 모든 면을 포함하기 때문이다. 얼마나 많은 눈물과 기쁨, 성공과 실패가 역사를 수놓았던가! 참으로 인간사는 복잡한 것이다. 그러기에 하나님도 인간을 소홀히 다룰 수 없어서 그렇게 두꺼운 성경을 주셨나보다!" – 이 책의 저자가 쓴 서문 첫마디의 말이다. (이 책은 꼭 보세요)

2 로날드 내쉬, 문석호 역, 「**기독교 신앙과 역사이해**」, 성광문화사, 216면

저자는 역사에 근거하지 않고서는 미래에 대한 소망 역시 기대할 수 없다는 논지 아래, 몇몇 현대 신학자들의 이론을 분석하면서 이를 비판하고 있다. 특히 현대신학의 두드러진 네 명의 신학자, 즉 불투만, 바르트, 판넨버어그, 래드 등의 역사관을 다루고 있다.

3 이장식, 「**기독교사관의 역사**」, 대한기독교서회, 342면

이 책은 기독교사관의 시원과 발전과 계보를 정리해 보려는 의도에서 쓰여졌다. 따라서 기독교사관에 영향을 준 희랍-로마의 고전적 사관과 서양의 사관을 연계해서 다루어야 하겠기에 역사인식론과 역사서술의 방법론을 도입, 하나님의 창조와 구원의 역사를 설명해 갔다(서문에서).

4 로날드 웰즈(Wells), 「**신앙의 눈으로 본 역사**」, IVP. 288면

이 책은 [신앙의 눈으로 본 시리즈] 중의 하나로, 서구 문명에 대한 역사적 관점과 기독교 신앙을 통합한 것이다. 저자는 고대 그리스인과 히브리인의 역할, 중세, 르네쌍스, 근대, 현대에 이르기까지의 서양 역사를 신앙의 눈을 통해 분명하게 조명하고 있다. 저자는 역사가들 사이의 주요 논쟁을 소개하고 기독 신앙과 인간적 이해를 함께 엮는 기독교적 시각 – 하나님 나라의 비전 – 을 제공하고 있다.

5 G. 마르스텐, 프랑크 로버츠, 홍치모 역, 「**기독교와 역사이해**」, 총신대학교 출판부

6 데오도르 플랜팅어, 김영철 역, 「**성경과 구원역사**」(여수룬)

위의 책은 성경을 이해하는데 크게 도움이 된다. 물론 이 책은 기독교사관을 다룬 책이 아니다. 저자는 이렇게 말하고 있다. 성경은 역사책인가? 성경은 단순히 역사책이 아닌 훨씬 그 이상의 역사책이라고 말한다. 역사적 진리란 단지 사건들과 그 세부 사항들에 의해서 판가름나는 문제가 아니라는 점이다. 역사적 진리라는 것은, 본질적인 의미로 가늠하자면, 역사를 살아있게 만들며 내적인 상호 연관성을 갖도록 하는 성격을 지닌 진리이므로, 어떤 관점을 떠나서는 존재할 수 없다. 저자는 성경이 역사책이라면 성경이 우리에게 알려주고자 하는 것은 무엇인가, 성경 안에 펼쳐진 우주적인 드라마의 목적은 무엇인가? 등을 질문하고 성경 속의 역사는 곧 현재 우리의 역사임을 설명해 가고 있다. 꼭 보세요 (*)

신명기 1-2장 정리하기

이번 과에서 배운 내용 요약 정리(숙제)

요약질문

첫번째 설교 : 하나님이 행하신 일들을 돌아보라.

1 • 모세가 설교한 곳은 어디인가? 아라바 광야는 어디를 가리키는가? (1:1-3)

• 모세는 그의 설교를 무엇으로부터 시작하고 있는가? 과거를 회상하는 주 목적은 무엇인가?

• 모세는 시내산에서 주신 율법을 다시 설명하고 있다. 시내산 율법이란 무엇을 말하는가?

• 아브라함의 언약은 현시점에서 어떤 면에서 성취되었고, 또 어떤 면에서 그 성취를 바라보아야 하는가? (1:6-18)

• 가데스 바네아의 일을 기억해 보라했는데, 어떤 사건을 말하는가? (1:19-21)

• 결국, 이스라엘의 실패의 원인이 어디에 있다고 말하는가? (1:26-28)

• 그때 모세가 백성들에게 어떻게 했는가? (1:29-32) 이 사건에서 하나님의 주권에 대해 말해 보라.

• 이스라엘 백성은 불신앙 때문에 그 땅에 못 들어갔다. 그렇다면 갈렙과 여호수아는 어떤 약속을 어떻게 받았는가? 그들이 약속을 받은 것은 무엇 때문이었는가? (1:34-38)

2 • 이스라엘 백성은 가나안으로 진격하려던 최초의 계획을 변경, 그 진로를 홍해 길로 회정(回程)했다(2:1-8). 지도를 보고 그들의 진로를 설명해 보라.

• 가데스에서 여리고 맞은 편 헤스본까지 가는데 38년간의 세월이 걸렸다. 그 38년간의 세월은 허송세월이었을까?

• 에돔(5절), 모압(9절), 암몬(19절)과는 왜 싸우지 말라고 하셨는가?

• 시혼 왕국의 정복과 요단 동쪽(트랜스요르단)의 정복을 통해 이스라엘은 어떤 확신을 얻었는가?

• 족장들에게 가나안 땅을 주시겠다는 약속은 그 땅이 자동적으로 주어진다는 말인가? 인간의 노력은? 거기에 따르는 믿음이란 무엇인가?

Summary

역사를 회고하면서 백성들의 실패를 언급하고 있다(1:1-3:29). 이들의 실패의 원인은 무엇인가? 하나님의 명령과 우리의 순종의 관계를 설명해 보자.

종주권 조약과 신명기

확대경(No.4)

☞ 모세오경은 모세 때에 쓰여진 것이 아니라 바벨론 포로 후에(주전 7세기경) 쓰여졌다는 주장이 크게 받아들여진적이 있다. 그러나 최근에는 이런 주장이 점차 그 설득력을 잃어가고 있다. 좀더 자세한 것을 원하시는 분은 송제근, 신명기의 통일성에 관한 연구, 신학지남, 95-봄호를 참조하라. 그리고 송제근, 오경과 구약의 언약신학(두란노, 2003), 3부, 105면 이하를 참조해 보라.

1. 시내산 언약의 형식은 당시 힛타이트(Hittite, 성경에서는 헷 족속으로 언급됨) 문서들 가운데 종주권 조약에서 그 모델을 발견할 수 있다. 물론 여러 차이점도 있는 것이 사실이다. 그러나 그 유사성을 간과할 수 없다.

(1) 1954년 멘델홀(G.E. Mendenhall)이라는 학자는 "이스라엘 전승의 언약 형태들"이란 글에서 구약의 언약들(모세언약, 수 24장 언약 등)의 형태가 고대 근동 국가들(특히 헷 족속)의 종주권 조약(계약)들과 형태상 유사하다는 점을 지적했다. 그런데 이 글이 신명기 연구에 신기원을 가져오게 한 결정적 동기가 되었다. 이 연구를 통해 신명기는 어떤 가상의 신학자의 작품이 아니라 역사성을 가진 문서임을 증명하였다. 헷 족속은 이미 족장 시대부터 가나안 땅에 거주하여(창 15:20) 이스라엘의 가나안 정복 이후까지도 거주했다(신 7:1, 삿 3:5).

(2) 헷(힛타이트) 제국은 주전 2000년경 소아시아 지방에 정착한 인도-유로피안들에 의하여 주전 1800년경에 세워졌다. 이 제국은 애굽의 제 18왕조(모세는 18왕조에 태어난다)와 세력권 다툼을 벌이기도 했다. 주전 1200년경 힛타이트 제국은 멸망하고, 그후 군소국가들이 존속하다가 이들 역시 주전 700년경 앗수르 제국에 의해 멸망당한다. 그런데, 이 힛타이트 족속의 종주권 조약 형태는 힛타이트 제국의 수도 핫투사(현재, 보가즈코이)에서 1900년대 초에 발굴된 왕궁문서 보관소 소장 문서들에 의해 알려지게 되었다. 힛타이트 종주권 조약과 구약의 언약들과의 유사점은 옆페이지의 도표를 참조해 보라.

2. 종주권 조약(suzerainty covenant)은 종주*국의 황제와 봉신(vassal, 封臣)* 사이에 일방적으로 맺어진 조약을 말한다.

- 종주(宗主): 봉건 시대의 제후 중에서 패권을 잡은 맹주
- 봉신(封臣) : 봉건 사회에서 땅을 하사받은 신하

(1) 종주국(宗主國)의 황제는 자기가 다스리는 거대한 영토 안에 어떤 특정 지역이나 소도시 국가를 다스리도록 통치자를 세워 놓고 자기의 통제 하에 둔다. 그리고 조약을 만든다. 자기가 정복한 나라이기에 일방적인 선언을 한다. 이런 면에서 하나님은 우리의 종주이고 우리는 그의 봉신이기에 힛타이트 조약과 성경의 언약이 비슷한 언약이라고 볼 수 있다는 것이다.

(2) 이런 연구 결과로 인해 모세 오경이 바벨론 포로 후에 쓰여졌다는 주장은 설득력을 잃게 되었다. 학자들 중에는 모세오경이 주전 7세기에 기록되었다고 주장하는 사람들이 있다. 특별히 신명기의 후기 연대를 주장하는 사람들이 있다. 그러나 이 율법이 아래의 설명과 같이 헷(힛타이트) 당시의 전형적인 종주권 조약의 형식을 따르고 있음을 볼 때, 설득력 없는 주장임이 드러난다.

따라서 다음의 종주권 조약의 형식은 신명기 저작이 초기 연대를 입증해 주는 것이라 할 수 있다. 물론 신명기에서는 출애굽기의 기록보다는 대체로 설교조로 언급한 것이 사실이다.

☞ 이 부분은 일반 성도는 읽지 않고 지나가셔도 됩니다.

3. 여호와의 봉신(封臣)으로서의 이스라엘 :

이제 이스라엘의 장래는 확고히 보장되었지만, 신명기에 명확히 밝혀져 있듯이 시내산에서 마련된 정치 체제의 안정은 하나님께로부터 수여 받은 은혜에 대해 백성들의 반응이 어떠할 것이냐에 전적으로 달려 있었다. 이스라엘은 주어진 명령에 순종하기만 된다. 순종이냐 불순종이냐의 문제였다.

〈 힛타이트 조약 〉 6가지 요소로 구성

前 文	**군주 소개 :** 나라를 정복하고 언약을 맺는다(일방적으로)	출 20:2	"나는…한 하나님 여호와다"	신명기 ○ 서언 1:6-3:29 ○ 기본규정 5:1-11:32 ○ 상세한 규정 12:1-26:19 ○ 증명조항 27:1-26 ○ 축복 28:1-4 ○ 저주 28:15-68 ○ 요약 29:1-30:10
역사적 서문	**군주의 위대한 업적 소개:** "내가 너희를 정복했다."	출 19:4, 5	"나는 애굽땅에서 너희를 이끌어 냈다." 하나님이 戰士로 나타나신다.	
조약 규정들	완전한 충성 요구, 외국과 동맹 일체 금함	출 20:2-17	"나 외에 다른 신을 섬기지 말라"	
신들을 부름	쌍방이 신들께 기원 - 이방신들 나열	신 31:28, 32:1	성경 : 하나님-"하늘과 땅이 증인이 된다"	
복과 저주의 선포	이 조약을 지킬 경우 받을 복, 그것을 어길 경우 저주 언급	2,3계명-저주 2,5계명-축복과 저주(출 23:20-33)	구체적 축복과 저주는 신 37-31장에 나온다. 신 30:19, 20이 결론이다.	
조약의 영구화를 위한 조치	조약 문서 보관, 속국 왕의 계승자와 조약을 갱신하는 일포함. 보관하고 매 기간마다 읽게 했다.	출 24:1-8 렘 34장 신 31:10	십계명을 읽고 인준한다(출 24:1-8). 렘 34장 – 율법낭독 (이렇게 함으로써 전 국민이 언약 조항을 읽게 했다) 7년마다 율법을 낭독(신 31:10) – 증거궤 보관	

(*) 그 외에도 속국 왕이 군주국 왕 앞에 일년 일차씩 배알하는 규정, 조공의 규정도 발견된다. 외부 내부적 위협이 있을 시 보호 규정이 있다. 그리고 조약의 요구 조건들이 군주국 왕에 의해 속국 왕에게 낭독되었다. 기록으로 남겨진 조약 내용 변개될 수 없다. 조약은 해당 지역 성소에 보관되었다.

(*) 십계명이 종주권(君臣) 조약의 특성을 띤 형식으로 시작된다.
군주 – 여호와 / 다른 동맹을 금지 – 다른 신과의 관계 금지
증인 – 하나님께서 자기 자신이 증인이시다.

첫 번째 설교
뒤를 돌아보며(1-4장)

1. 바산 왕 옥(Og) 정복 (3:1-11)
2. 정복한 요단 땅 분할 (3:12-22)
3. 여호수아를 모세의 후계자로 임명(3:21-20)
4. 모세의 기도 : 기도 응답 받지 못함(3:23-29)
5. 모압 평지 : 율법을 지켜라(4:1-40)
   율법을 준행하라, 우상숭배를 하지 마라.
6. 요단 동쪽의 도피성들 (4:41-43)

The Stipulations of the Covenant
(4:44-26:19)

Deuteronomy

3-4장

하나님의 인도하심 회고(2)

모세의 지나간 40년의 회고는 계속된다. 헤스본 왕국을 점령하고, 계속 북진을 계속하는데, 이번에는 바산 왕 옥(Og)이 도전한다. 그러나 바산 왕 옥도 무너져내렸다. 이제 트랜스요르단, 즉 요단 동쪽이 이스라엘 수중에 떨어지게 되었다. 그 때에 빼앗지 않은 성읍이 하나도 없다고 했다. 그렇다고 그들이 종이 호랑이는 아니었다. 성곽은 높았고, 문과 빗장이 있어 견고하기 그지없었다. 물론 성벽 없는 고을도 많았었다. 그러나 하나님의 인도하심으로 이들은 이스라엘의 발 아래 초토화 되었다. 하나님은 그 성읍들은 진멸하라고 명령하신다(3:6). 왜, 하나님은 이들을 진멸하라고 하시는가? 하나님은 전혀 자비가 없는 분이신가? 아니라면, 왜 그들을 진멸해야 하는가?(9:4) 에돔과 모압, 그리고 암몬, 이들이라고 하나님의 사랑이 비켜간 것은 아니었다. 그러나 이들이 구원받기에는 너무 타락해 있었다. 이미 이들은 진멸의 대상 안으로 들어가 버렸다. 하나님이 자비가 없어서가 아니라 그들의 도덕성이 이미 징계의 수위를 넘었기 때문이다.

이제 모세는 과거의 일을 회상시키시면서 하나님이 주신 말씀을 가감(加減)하지 말고 순종할 것을 권면한다. 앞으로 이들은 하나님의 영광과 위대하심을 잊어버릴 위험에 처해 있을 수 있을 것이기 때문이었다(4:9, 23, 31 참조).

율법을 듣고 삼가 지켜라. 그리하면…

3장 : 하나님의 영광을 가로채는 일은 얼마나 무서운 일인가?!

• 1-11절 : • 바산왕 옥(Og)의 도전 : 시혼 왕국의 정복에 이어 바산 왕국도 정복당한다. 이로인해 주변 국가들은 이스라엘을 두려워했다. 가나안 진입을 앞두고 이스라엘은 사기가 충천했다.

• 12-20절 : • 정복한 요단 땅 분할 : 땅 분배에 대한 자세한 내용은 민수기 32장을 참조하라. 요단 동편은 이스라엘 두 지파 반에게 주어졌다. 어떤 조건으로? (18-20절)

• 21-22절 : • 여호수아를 새로운 후계자로 임명함: 하나님은 여호수아를 담대케 하신다(1:38 참조). 여호수아는 두려워 해서는 안 된다. 왜냐하면, 여호와는 1:29-30과 같은 분이시기 때문이다.

• 23-29절 : • 모세의 기도가 응답 받지 못함 : 가나안 땅은 그가 꿈에도 가보고 싶은 곳이었을 것이다. 민수기 20장의 므리바 사건으로 인해 가나안에 들어가지 못하게 되었다(민 20:12). 그것은 하나님의 영광을 자기가 가로챈 사건이다. 그 후에도 그곳에 가고 싶다고 간절히 기도했지만 "그만해도 족하니 다시 내게 말하지 말라"는 응답만 받았을 뿐이다.

4장 : 하나님의 법도에 순종하라. 그것은 지킬만한 가치가 있다.

• 1-8절 • 하나님의 법도에 순종하라 : 율법은 지킬만한 가치가 있는 것인가? 그렇다. 그것을 지켜 행하면 살 것이다. 모세가 설교하고 있는 율법은 어떤 추상적인 개념이 아니다. 실제로 생활 속에서 철저히 지켜져야 할 규례와 법도들이다. 그것은 반드시 준행되어야 한다. 조상들이 저지른 죄를 되풀이 해서는 안 된다.

• 9-31절 • 자녀들에게 부지런히 가르치고 지키도록 격려하라. 그리고 마음에 새겨라. 지금까지 목도한 일들을 네 아들과 네 손자들에게 알게 하라. 그렇지 않으면 하나님을 잊고 타락하게 될 것이다(9-14절).

• 도대체 구체적으로 무엇을 삼가 지키라는 말인가? 무엇보다도 제일 중요한 것은 제발, 우상 숭배하지 말라는 것이다. 우상을 만들지도 말고, 일월성신에게도 절하지 말라. 이 사실을 "깊이 삼가며 지키라." 그렇지 않으면 비록 내 아들이라도 열국에 흩어버릴 것이다(15-31절).

• 32-40절 : • 여호와는 과연 어떤 분이신가? 상천하지에 오직 여호와는 하나님이요 다른 신이 없음을 기억하라(39절).

▲ 역사를 회고하면서 백성들의 실패를 언급하고 있다 (1:1-3:29)

▲ 율법을 철저히 지켜 행하라. 그리고 무엇보다 우상을 숭배하지 말라. 상천하지에 여호와 같으신 분이 없음을 기억하고 그의 명령을 지켜라 (4:1-43).

▲ 언약(베리트)을 잊어버려서는 안 된다. 그 언약의 요구사항들을 계속 이행함으로써 그들의 삶 가운데 구체적으로 나타내야 한다(4:23).

▲ 규례와 법도들을 잘 지킬 때에 이스라엘은 부강하게 될 것이고, 이를 바라보는 열국들은 이스라엘에 대한 존경심을 갖게 될 것이다.

Historical Prologue(1:6-4:43)

바산 왕 옥(Og)의 도전 (3:1-11)

3, 4장의 핵심 : 모세의 첫 번째 설교 계속. 바산왕의 도전. 점령지 분배 등을 회고하고 있다.

1. 헤스본 왕국의 멸망을 보고도 바산왕 옥(Og)이 자발적인 도전을 해 왔다. 하나님은 어떻게 명령하시는가?

3:2-3

(1) 헤스본 왕국의 멸망을 보고 미리 겁을 먹어서 그랬나, 아니면 겁이 없어서 도전해 왔나? 어쨌든 바산(Bashan) 왕도 죽임을 당한다. 하나님이 바산 왕 옥과 그의 백성을 이스라엘에게 붙이셨기 때문이었다. 그들의 성읍이 60개나 된다고 했다. 그 방위 태세 또한 만만치 않았다. "그 모든 성읍에 높은 성벽이 둘려 있고 문과 빗장이 있어 견고"하다고 했다. 고고학은 성들의 두께가 9m나 되며, 성문은 이중으로 되어 있으며, 두께가 45cm나 되는 돌로 만든 문이었다고 증언한다. 이 정도니 가나안 정탐꾼들의 보고가 거짓은 아니였을테고 백성들은 애굽으로 다시 돌아가자고 원망을 했을 것이다.

(2) 그리고 바산 왕 옥은 르바임[1)] 족속 중 오직 한 사람의 생존자였었다(11절). 그는 장대한 거인이었다. 그가 얼마나 큰 거인이었는가를 그의 철 침대의 크기가 말해 주고 있다. 장이 9규빗(1규빗 = 약 45cm) 그 폭이 4규빗이나 된다고 했다. 장벽도 높았고, 장대한 자들도 있었지만 그러나, 하나님이 이끄시는 전쟁은 당할 자가 없다.

(3) 이제, 헤스본 왕국과 바산 왕국의 멸망으로 이스라엘은 가나안을 이길 수 있다는 확신을 갖게 되었고, 주변 국가들은 간담이 녹아들었다. 가나안 진입을 바로 앞두고 이스라엘은 사기가 충천해 있다. 그 어떤 대적도 이길 수 있다는 확신이 이들 두 왕국의 멸망으로 생기게 되었다. 이렇게 하나님의 백성 이스라엘을 대적하는 자는 앞으로도 진멸되고야 말 것이다.

2. 하나님은 왜 이들의 진멸을 명하셨을까? 자비가 없으신 분이신가? 아니라면?

하나님은 무자비한 분이신가?

왜, 하나님은 시혼과 바산 왕국을 진멸하라고 하셨을까? '아니, 진멸이라니?' 하나님은 무자비한 분이신가?

하나님은 심판의 하나님이시다. 그렇다고 아무 조건없이 형벌을 내리시는가? 이들 이방인들은 극도로 타락해져 있었다. 이들을 살려둠은 이스라엘로 하여금 악습에 빠져들도록 나두는 꼴이 된다. 이스라엘이 가나안을 정복해 가는 과정에서 악에 대한 하나님의 공의를 보여주고 있다. 물론 그 심판을 인간의 수준으로 평가할 수 없다. 죄는 필연적 심판을 가져온다는 종말론적인 심판의 심각성을 보여주려 하셨을 것이다. 그러나 이방인 역시 구원의 대상이요, 하나님의 지극한 관심의 대상임을 알아야 한다. 니느웨 백성의 회개를 기다셨던 것 같이…. 더욱이 지금은 우리의 선교의 대상들이다.

1) **르바 족속**(Rephaim) : 이들은 가나안 초기 원주민들로서, 아브라함 때에 엘람 왕 그돌라오멜이 소돔과 고모라를 칠 때에 망했다(창 14:5). 이곳은 아주 비옥한 곳으로 '르바임' 골짜기라는 이름으로 성경에 나타난다(삼하 5:18, 대상 11:15, 사 17:5). 이들은 아낙 족속과 같이 강하고 키가 큰 사람들이었지만, 암몬에게 망했다(신 2:20).

3:6 "우리가 헤스본 왕 시혼에게 행한 것과 같이 그 성읍들을 멸망시키되 각 성읍의 남녀와 유아를 멸망시켰으나"

이스라엘을 대적하는 민족은 모두 진멸하라는 명령이시다. 또한 이들은 죄가 관영했다(창 15:16, 신 9:4). 만약 사악하고 타락의 극치를 가고 있는 이런 족속들을 살려 둔다면 틀림없이 이스라엘은 이들의 악한 풍습에 물들 것이기 때문이다(신 20:17,18 참조). 썩은 부위는 과감하게 도려내야 한다. 그것은 곧 전체를 살리는 일이기 때문이다. 이 문제는 7장에 가서 조금 더 자세히 언급된다.

• **아르논**(Arnon) : 엔게디 맞은편의 사해로 흘러 들어가는 요단 동편의 강으로 모압과 아모리 사이의 경계가 되었다. 이 강은 많은 지류와 시내로 형성되어 있고 그 길이가 21km나 된다고 한다.

3. 그래서 이스라엘은 **아르논** 골짜기에서부터 **헤르몬** 산까지 정복했다. 그러니까 이 지역은 헤스본 왕국과 바산 왕국을 점령한 지역을 말한다. 그래서 남쪽으로는 아르논강이고 북쪽으로는 바산 왕국의 북단인 헤르몬 산까지였다. 결국 트랜스요르단 전부를 점령했다는 말이다.

이 땅을 너희에게 주어 (3:12-20)

1. 땅 분배의 내용은 민수기 32장을 참조해 보자.

2. 요단강 동편 땅을 얻은 지파는 어느 지파인가?

3:12-17

(1) 두 패배당한 왕들이 차지했던 지역을 소개하고 있다(8-11절). 그 지역은 남쪽으로는 아르논 골짜기에서 북쪽으로는 헤르몬 산까지라고 했다. 시돈 사람들은 헤르몬 산을 '시룐'이라고 불렀고, 아모리 사람들은 '스닐'이라고 불렀다는 것이다. 그런데, 이들 영토가 모두 이스라엘 백성의 수중에 떨어지게 되었다. 아가페성서지도 52번을 보라. '없다고?'

(2) 특히 옥(Og)은 바산에서 살았던 르바임 족속의 마지막 왕이었다. 물론 그는 거인이었다. 그가 얼마나 큰 거인이었나 앞에서 살펴보았다. 그런데 이런 거인들을 물리치고 지금 이들이 거했던 곳을 이스라엘 백성들이 차지하게 된 것이다. 하나님의 위대하신 승리를 말해주고 있다. 그래서 이곳을 누구에게 나누어 주었는가?

▲ 헤르몬산(Hermon M.) : 성지(聖地)에서 가장 높은 산이다. 이 산은 일년 중 오랜 기간이 눈으로 덮여 있다고 한다. 시돈 사람은 이 산을 '시룐'이라고 불렀고 아모리 족속은 '스닐'이라고 불렀다(신 3:9). 3개의 봉우리로 되어 있는데, 가장 높은 산이 2804m에 이른다.

▲ 산록(山麓, 3:17) : 경사지, 기슭

염해(鹽海) : 사해 바다

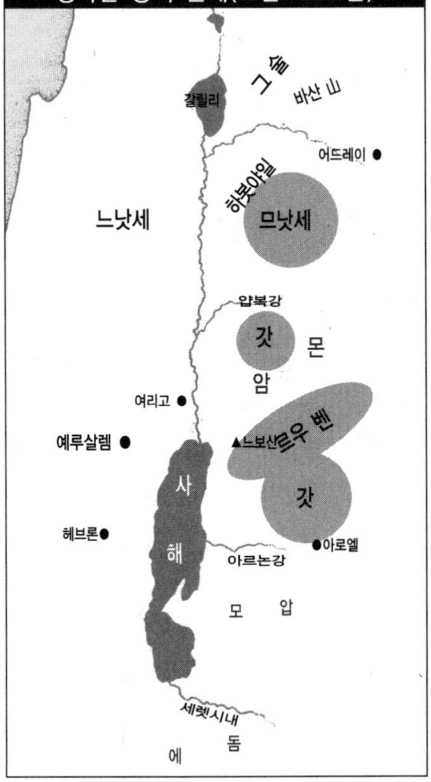

정복한 땅의 분배(트랜스요르단)

• 트랜스요르단은 어떤 곳인가?

이들이 요청했던 요단 동편은 어떤 땅이길래 그렇게 그곳에 정착하기를 원했을까? 이 곳은 미디안 전쟁으로 하나님이 허락하신 땅으로, 서쪽에는 요단강, 남쪽에는 아르논강, 북쪽에는 얍복강이 흐르고 있어 목축하기에 아주 적합한 곳이다.

이 지역은 바산, 길르앗, 암몬, 모압 땅으로 되어 있었다. 결국은 모세에게 청원한 대로 이 곳에 르우벤 지파와 갓 지파와 므낫세 반(半) 지파가 정착하게 된다(민 32장, 수 13:8-33). 그러나 이 곡창 지대는 늘 이방인들에게 표적이 되었다. 사사 시대에 에훗, 기드온, 입다 같은 사사가 쳐들어오는 이방족들과 힘겨운 싸움을 계속 싸워야 했다.

(1) 남쪽 아로엘(Aroer)에서 얍복 시내까지 : 르우벤과 갓 자손에게

16-17절에서 다시 그 영토에 대해 언급하고 있다. 긴네렛(갈릴리 바다 주변 지역, 겐네사렛, 눅 5:1)에서 아라바(사해지방), 곧 염해(사해)와 비스가(느보산) 산록에 이르기까지 두 지파에게 주었다.

(2) 길르앗 북부 지역과 바산(옥의 나라렸던 아르곱) 지역 : 므낫세 반지파에게

① 야일(Jair) : 므낫세의 아들(자손), 마길의 증손(대상 2:21-22, 수 13:13 야일은 외가쪽으로 므낫세 자손 자손이고 부계는 유다인이었다) : 그술(Geshur) 족속과 마아갓 족속 경계까지의 아르곱(바산) 땅을 취하고 이곳 이름을 자기의 이름을 따서 하봇야일(Havvoth Jair)이라고 했다. 훗날 다윗은 바로 이 그술 왕 달매의 딸을 통하여 압살롬을 낳는다(삼하 3:3).

② 마길(Makir) : 마길은 므낫세의 장자였다(창 50:23). 결국 므낫세 자손에게(마길 자손들) 길르앗을 주었다는 것이다.

3. 그리고 이들은 어떤 조건에서 요단 동편 땅을 허락했는가? (민 32장 참조)

3:18-20 "그 때에 내가 너희에게 명령하여 이르기를 너희의 하나님 여호와께서 이 땅을 너희에게 주어 기업이 되게 하셨은즉 너희의 군인들은 무장하고 너희의 형제 이스라엘 자손의 선봉이 되어 건너가되 19너희에게 가축이 많은 줄 내가 아노니 너희의 처자와 가축은 내가 너희에게 준 성읍에 머무르게 하라 20여호와께서 너희에게 주신 것 같이 너희의 형제에게도 안식을 주시리니 그들도 요단 저쪽에서 너희의 하나님 여호와께서 그들에게 주시는 땅을 받아 기업을 삼기에 이르거든 너희는 각기 내가 준 기업으로 돌아갈 것이니라 하고"

요단 동편 땅을 할당받은 지파는 다른 지파들보다 먼저 요단강을 건너가 가나안 정복 전쟁에 참여해야 했다. 이에 대한 자세한 것은 이미 민수기 32장에서 다룬 내용이다. 그곳을 참조해 보자.

모세의 기도 – 응답치 않으심 (3:23–29)

1. 모세의 기도의 내용은 무엇이었나?

가고싶은 곳
가나안 땅

3:25 "구하옵나니 나로 건너가게 하사 (   ) 저쪽에 있는 아름다운 땅, 아름다운 산과 레바논을 보게 하옵소서"

(1) 모세, 그는 얼마나 가나안 땅을 가고 싶었을까? 아마, 이런 기도를 드린 것은 여호수아를 후계자로 임명하기 전이었나보다. 그는 하나님께 기도한다. "저도 저 아름다운 땅, 풍요한 산과 레바논을 보게 해주십시오." 그 험악한 광야 길을 인도해 오던 모세, 그는 꿈에라도 하나님이 약속하신 가나안을 들어가고 싶었을 것이다. 모세의 이러한 간청에도 불구하고 하나님은 그의 간청을 거절하신다. 하나님은 모세에게 므리바 사건을 기억케 하신다.

(2) 민수기 20:2-13을 다시 한번 읽어보자. 그는 물이 없다고 울부짖는 백성들 앞에서 반석을 두번 내리침으로써 하나님께 돌아가야 할 영광을 가로챘던 일이 있었다. 그는 마치 물을 반석에서 낼 수 있는 것이 자신에게 있는 것처럼 백성 앞에서 폼을 잡았다. 하나님은 그 때 모세에게 가나안 땅에 들어가지 못하게 될 것이라고 말씀하셨다(민 20:12*).

• 민 20:12 "여호와께서 모세와 아론에게 이르시되 너희가 나를 믿지 아니하고 **이스라엘 자손의 목전에서 내 거룩함을 나타내지 아니한 고로** 너희는 이 회중을 내가 그들에게 준 땅으로 인도하여 들이지 못하리라 하시니라 13 이스라엘 자손이 여호와와 다투었으므로 이를 므리바 물이라 하니라 여호와께서 그들 중에서 그 거룩함을 나타내셨더라."

(3) 하나님은 모세에게 이제 두번 다시 그런 일로 기도하지 말라고 하신다. "그만해도 족하니 다시 내게 말하지 말라"(26절). 모세는 하나님께 간절히 기도했지만 기도 응답을 받지 못했다. 사도 바울에게도 이런 기도 응답을 받지 못한 일이 있음을 기억한다. 사도 바울은 몸의 가시가 제거되기 위해 세번씩이나 간구했지만, 네가 받은 은혜가 족하다는 응답만 받았다(고후 12:9). 예수님도 겟세마네 동산에서 할 수만 있다면 십자가를 지나가게 해달라고 간구하셨었다.

2. 하나님은 모세에게 산에 오르도록 하신다. 어떤 산에? 왜?

3:27 "너는 (비스가 산) 꼭대기에 올라가서 눈을 들어 동서남북을 바라고 네 눈으로 그 땅을 바라보라 너는 이 요단을 (   )것임이니라."

(1) 하나님은 모세에게 가나안 땅을 조망하기 위해 비스가(Pisgah) 산에 오르도록 하신다. 신명기 32:48-52을 미리 읽어보자. 이 일로 족하다는 것이다. 그 대신

가나안 땅에 들어가는 일은 여호수아에게 명하고 오히려 그를 격려하라고 하신다. 이 모든 사실은 이스라엘이 벧브올(Beth Peor, 수 13:20) 맞은편 골짜기(=모압 땅)에 거하였을 때의 일이었다.

3. 모세가 가나안에 들어가지 못하게 되었다. 그렇다면 이 많은 백성을 누가 이끌고 가나안 적진을 들어가야 할까? 이스라엘은 혼란 속에 빠지게 될 것인가? 위대한 지도자가 없어지니까 말이다. 그러나, 하나님의 역사는 그렇지않다. 하나님은 모세에게 어떻게 명하시는가?

3:28 "너는 여호수아에게 명하고 그를 (   )하며 그를 (   )하라 그는 이 백성을 거느리고 건너가서 네가 볼 땅을 그들로 기업으로 얻게 하리라."

(1) 이제, 모세가 할 일은 무엇인가? 그는 가나안 땅에 들어가게 해달라고 계속해서 떼를 써서는 안 된다. 이제는 "그만해도 족하다"는 하나님의 말씀이 계셨기 때문이다. 가나안에 들어가는 것에 연연하기 보다는 새로운 지도자 여호수아를 담대케 하고 강건케 하여(encourage and strengthen him) 그로 하여금 그 임무를 감당할 수 있도록 지도해야 한다.

모세가 없다고 해서 하나님의 거룩하신 역사는 중단되지 아니한다. 이제, 이스라엘 백성을 가나안에 인도하는 사명은 여호수아에게 맡겨진다. 모세의 역할은 모압 땅까지 인도하는 것으로 끝나야 한다. 많은 학자들은 여호수아는 예수 그리스도의 모형으로 설명하고 있다.

4. 영적 후계자를 키우는 일은 얼마나 중요한가? 그런데 대체로 교회가 이 일을 게을리 하는 것 같다. 사람을 키우는 것보다는 즉각 가시적인 효과에만 노력을 기울인다. 선교도, 교육도 그렇다. 하나님은 친히 주도권을 가지시고 인류의 역사를 주관해 가신다. 그 거룩한 역사를 진행시키는 과정에서 모세를 부르셨다. 그런데, 모세는 그 부르심에 합당한 일을 충성스럽게 해냈다. 그러나, 모세가 할 일이 있고, 여호수아가 할 일이 있다.

(1) 하나님은 시내산에서 인간의 삶과 그 역사가 바르게 전개되도록 일반적인 삶의 지침을 주셨다. 이 지침들을 묶어서 **율법**이라고 한다. 그러나 이 율법만으

- **비스가산**(3:17, 27) : 여리고 맞은편(신 34:1)으로 모압 왕 발락이 비스가산 꼭대기에다 일곱 개의 제단을 쌓았다(민 23:14). 이곳에서 모세가 가나안 땅을 바라볼 수 있었다. 모세가 죽은 곳도 바로 여기다(신 34:1-5). 어떤 학자는 아바림 산맥 안에 느보산과 비스가 산이 있다고 주장한다.

- 신 34:1 "모세가 모압 평지에서 느보 산에 올라가 여리고 맞은편 비스가 산 꼭대기에 이르매 여호와께서 길르앗 온 땅을 단까지 보이시고"

- 민 21:20 "바못에서 모압 들에 있는 골짜기에 이르러 광야가 내려다 보이는 비스가 산 꼭대기에 이르렀더라."

로는 결코 인간의 역사를 구원이라는 목표에 인도하지 못한다. 따라서 때때로 어떤 사람을 부르셔서 그에게 특별한 임무나 과업을 맡기심으로써 역사에 간여하신다. 그래서 모세를 부르시고 여호수아를 부르시고 또 선지자들을 세우시는 것이다.

(2) 그리고 오늘도, 비록 성경의 인물과 비할 수 없는(?) 우리들이지만 역사의 한 부분을 맡기기 위해서 하나님은 우리에게 사명을 주신다. 그 사명을 잘 준수할 것인가, 그렇지 못할 것인가, 그것은 우리 각자의 선택이요, 책임이다.

느보산 정상에 있는 모세 기념비

모든 규례와 법도를 준행하라 (4:1-31)

1. 모세는 계속 과거의 일을 회상시키면서 하나님이 주신 말씀을 가감(加減) 하지 말고 순종할 것을 권면한다. 어떤 사건을 회고하고 있는가? (1-8절)

4:1 "이스라엘아 이제 내가 너희에게 가르치는 (　　　)와 (　　　)를 듣고 준행하라 **그리하면** 너희가 살 것이요 너희 조상의 하나님 여호와께서 너희에게 주시는 땅에 들어가서 그것을 얻게 되리라

(1) 하나님의 법도(法道)에 순종할 것을 간곡하게 권면한다. "하나님이 명하신 법도를 가감하지(12:32) 말고 다 지켜 행하라." 왜 주의 **법도**(法, the laws-NIV, judgments-AV)[1)]와 **규례**(the decrees-NIV, statutes-AV, 보다 세부적 지침)[2)], 즉 율법을 지켜야 하는가? 이런 명령은 신명기의 특징이기도 하다(6:4-9). 조상들이 범한 잘못을 되풀이하지 말라는 것이었다. 모세는 특히 음행 사건으로 회오리바람을 일으켰던 바알브올 사건을 기억케 했다. 지금까지 여호와께 붙어 떠나지 않은 자들은 다 생존하지 않았느냐(5절). 이 바알브올 사건은 그 중요성으로 인해 후대에 자주 언급된다(시 106:28-29, 호 9:10).

(2) 여호와께서 너희와 세우신 언약을 잊어버리지 말라(신 4:23 참조).

이제 가나안 땅에 들어가 살 때 하나님이 명하신 규례와 법도를 지켜야 할 것을 권면한다. 그리할 때 열국이 하나님께 영광을 돌리게 될 것이다(5-6절). 하나님은 의로우시며 이스라엘 백성이 기도할 때마다 도와주셨던 분이 아닌가!

1) 규례(호크, חֹק) - 규정(규칙), 법령(법규, statute), 관습, 의무 / 이 단어와 함께 가장 자주 사용되는 동사는 '샤마르'(keep, 지키다)인데, חֻקִּים(חֹק의 복수형)이 복종해야 할 교훈이자 규칙이라는 개념을 강조한다. 이 단어가 '베리트'(언약)와 관련하여 사용할 대는 이 단어는 하나님께서 그의 언약의 백성들에게 하신 요구를 가리킨다.

2) 미쉬파트(מִשְׁפָּט) - 재판, 공의, 법령

우상 숭배

▲ 이스라엘의 삶과 신앙의 근본을 이루는 것은 첫번째 계명과 그에 대한 쉐마의 해설이었다(신 6:4-5). 우상 숭배는 "하나님에 대한 불신앙의 결정적 표현이며", 그렇게 때문에 가혹한 신적 형벌을 초래한다(레 26:27-33, 민 33:51-56); 신 29:16-28). 훗날 이스라엘 열왕들에 대해 선한 왕인가, 나쁜 왕인가를 평가할 때 우상들을 파괴했느냐 아니했느냐를 따졌다.

▲ 우상 숭배에 대한 심판의 신학적 근거는 무엇일까? 그것은 하나님의 질투다. 우상숭배가 하나님의 질투를 일으킨다는 사상은 구약에 널리 퍼져 있다(출 20:5; 신 5:8-10). 출애굽기 34:14를 보라. 하나님의 질투 역시 가차 없는 행동으로 이어진다. 이스라엘에게는 형상의 사용이 금지되었다(출 20:4-5, 신 4:15-19, 25-26). 선지자들은 우상은 단순한 돌이나 인간의 수공예품에 불과하다고 신랄하게 공박했다. 마치 전장에서 상대 적장에게 퍼붓는 조롱을 연상케 한다(사 57:13, 왕상 18:27). 우상은 마치 허수아비 같은 존재여서 말하지도 못하고 움직이지도 못한다(렘 10:5). 우상에 대한 성격과 규정은 매우 다양하다. 그러나 한 마디로 하나님의 율법을 범하는 것은 모두 우상숭배가 되고, 우상이란 반기독교적인 모든 것들에 대한 이미지요 이름이라고 할 수 있다(요일 5:21).

(IVP성경신학사전, 성경이미지 사전)

(7-8절) 이스라엘이 가진 것이란 무엇인가? 아무 것도 없다. 다만 하나님을 신뢰하는 믿음만 필요할 뿐이다. 그러니 앞으로 들어가서 살게 될 가나안에서 요구되는 것은 하나님을 신뢰하는 것 외에는 없다는 것이다. 하나님을 신뢰한다는 것은 곧 하나님의 규례와 법도를 지키는 일이다.

"그렇게 하나님의 법도와 규례를 준행할 때, 다른 이방 족속들이 너희가 지혜와 지식이 있는 백성임을 알게 될 것 아니겠는가? 도대체 기도할 때마다 가까이서 응답하시는 신이 이 세상 어디에 있단 말이냐!"(6-7절)

2. 모세는 무엇보다 율법을 자녀에게 가르쳐 지키게 할 것을 권면한다. 지금까지 너희들이 광야 생활하는 중에 보고들은 것을 명심하고 너희 생전에 지켜 행할 뿐만 아니라 자녀들에게 가르쳐 지키게 하라는 것이다. 하나님이 행하신 일들을 마음에 새기고 늘 잊지 말도록 당부한다. 무엇보다 호렙산에서 일어났던 모든 일들을 잊지 말라는 것이다. "율법을 받는 과정, 그리고 그 비준 과정에서(출 24장) 일어났던 모든 일들을 잊지 말고 기억하라."

3. 더욱이 이들이 삼가야 할 일의 첫째는 무엇인가? 도대체 무엇을 기억하라는 말일까?

4:15 "여호와께서 호렙 산 불길 중에서 너희에게 말씀하시던 날에 너희가 어떤 형상도 보지 못하였은즉 너희는 깊이 삼가라 [16]그리하여 스스로 부패하여 자기를 위해 어떤 형상대로든지 (   )을 새겨 만들지 말라 남자의 형상이든지, 여자의 형상이든지"

(1) 무엇보다 하나님을 대신할 그 어떤 우상도 만들지 말라는 것이다. 시내산에 있을 때 말소리만 듣고 그 하나님의 형상을 보지 못했음을 상기시킨다. 하나님의 종교는 그 어떤 형상을 보고 섬기는 것이 아니다(12절).

(2) 따라서 우상을 만들지 말고, 일월성신에게도 절하며 섬기지 말라(19절).

(3) 하나님께서 세우신 언약을 잊어버리고 우상을 만들지 말라(23절). 만약 가나안 땅에 들어가 아들, 손자를 낳으며 평안할 때 우상을 섬긴다면 그 땅에서 열국으로 흩어 버릴 것이라고 경고하신다(27절). 물론 이 경고는 경고로서 그치지 아니했다. 정말로 이들은 남북이 갈린 것은 고사하고 북쪽은 앗수르에 망하였고(주전 722년), 남쪽은 조금 더 존속했지만 바벨론에 포로로 끌려가는(주전 586년)

엄청난 하나님의 징계를 맛보게 된다.

(4) 하나님은 소멸하시는 불이요 질투하시는 하나님이시다(24절). 우상 숭배 하는 일은 마치 간음을 한 부정한 여인의 행동과 같은 것이다. 따라서 하나님 앞에 매를 맞고 버림을 당하게 될 것이다. 물론 이방에 끌려가더라도 진정 회개하기만 하면 다시 회복하실 것이라고 약속하신다(29절).

4. 너희는 깊이 삼가라(9, 15, 23절). 왜?

4:9 "오직 너는 스스로 삼가며 네 마음을 힘써 지키라 그리하여 네가 눈으로 본 그 일을 (   ) 말라 네가 생존하는 날 동안에 그 일들이 네 마음에서 (   ) 않도록 조심하라 너는 그 일들을 네 아들들과 네 손자들에게 알게 하라."

5. 여호와는 과연 어떤 분이신가? 32-40절을 읽어보고 그 위대하심과 자비하심을 말해 보라.

(1) 왜 하나님은 34절과 같은 기적적인 역사를 일으키면서까지 이스라엘 백성들을 인도하셨는가? 이는 상천하지(上天下地)에 오직 여호와는 하나님이시요 다른 신이 없음을 기억하게 하려 하심이었다(39절).

(2) "너를 교훈하시려고"(36절) : 이스라엘의 광야의 고통은 의미없는 세월이 아니었다. 이런 훈련을 통과한 백성만이 하나님의 뜻을 이해하고 가나안에서 하나님의 나라를 실현시킬 수 있다.

삼가며 지키라

▲ 아무리 모세가 강하게 권면해도 이것을 마음에 새기지 않으면 소용이 없다.

"너는 스스로 삼가며"

▲ 이 말은 신명기에서 수없이 등장하는 말이다. 이스라엘 백성들이 얼마나 극악된 죄악에 빠져 있었는지를 기억케 해주는 말이다. "네 마음을 힘써 지키라" 만약 이들이 이 권면의 말씀을 힘써 지키지 않으면 생명을 잃게 될지도 모른다(26절). 마음에 새겨라, 그것도 마음 속 깊이 새기고, 너희 자녀들에게 가르쳐라. 그것만이 너희들이 살 수 있는 길이다.

적용도우미

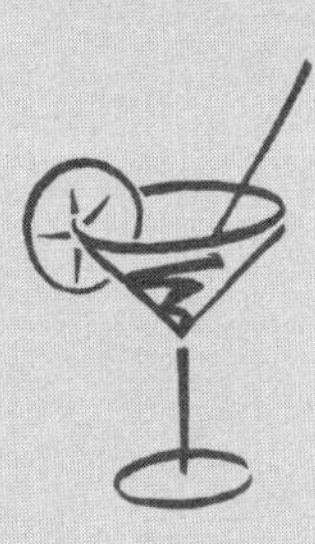

• 하나님은 이스라엘 백성들을 아버지가 자기 자녀들을 훈련하고 가르침 같이 가르치신다. 그래서 때로는 징계도 하신다(신 8:5). 광야 40년간의 세월, 그것은 사람들이 보기에는 무의미한 세월이었는지 모른다. 그러나 이 기간은 사랑하는 자기 백성 이스라엘을 수준 높은, 그리고 자격을 갖춘 자녀로 키우는데 필수 기간이었다. "그래도 힘들긴 힘드네…"

• 생의 과정에서 어려운 사막을 통과한 적이 있는가? 이스라엘 백성들이 걸어왔던 그 뜨거운 사막과 같은 삶의 모래밭 위에서 얼마나 몸부림치며 울었는가? 그리고 이제는 그 사막을 지나 가나안을 바라보며 희열을 느끼고 있는가? 아무리 소리쳐 불러도 응답이 없었던 그 수많은 날들. 하나님은 진정 나를 버리신 것이 아닐까 하고 생각했던 나날들… 이제는 그 뜨거운 사막이 나를 성장시키기 위한 반드시 거쳐야 할 코스였음을 고백하고 있는가? 그렇다면 당신은 성공적인 삶을 살고 있는 것이 틀림없다.

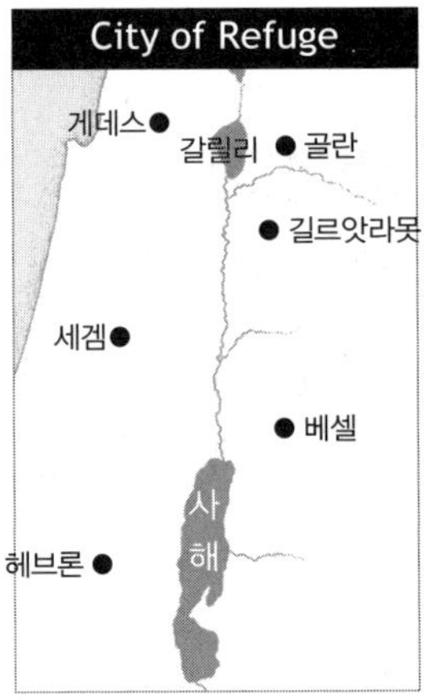

▲ 과실로 사람을 죽였을 때, 이를 복수하려는 자들로부터 보호할 필요가 있었다. 요단강을 중심으로 양쪽으로 3개씩 6개의 도피성을 만들었다(민 35:6-8, 신 4:41-43, 수 20:2, 21:13-38).

▲ 만약 고의적으로 살인한 것이 아닌 것이 증명되면 대제사장이 죽을 때까지 보호받으며 살 수 있었다(민 35:28).

광야로 진군하는 이스라엘 백성

(3) "여호와께서 네 조상들을 사랑하신고로 그 후손인 너를 택하시고"(37절) : 이스라엘의 어떤 장점이 있어서 택하신 것이 아니라 하나님의 은혜로 택하신 것이다.

(4) 왜 이스라엘을 출애굽 시키셨는가? (38절) : 강대한 열국들을 내쫓고 그 땅을 이스라엘에게 주시기 위해서 이들을 이끌어 내셨다.

(5) 위와 같은 사실을 제발, 제발 "명심하라."(39절)

6. **도피성** : 레위인들의 거처가 되는 성읍은 매 지파에서 3 내지 4개의 성읍을 공출케 했는데, 그렇게 얻은 것이 48개의 성읍이 되었다(민 35:1-8, 수 21:1-41). 그 중에서 여섯 개의 성을 택하여 도피성으로 삼게 했다. 왜, 도피성을 만들게 되었나? 민수기 35장을 다시 한번 읽어보자.

첫번째 설교 스케치

1. 이스라엘 백성의 출애굽을 진두 지휘했던 노장(老將) 모세.
그는 가나안 입성을 앞에 둔 출애굽 제 2세대들에게
강력한 메시지를 선포한다.
그 설교는 하나님의 신실하심을 회고하는 것으로 그 서두를 시작한다.

구원(救援), 애굽으로부터의 대탈출,
그들 스스로는 도저히 헤어나올 수 없는 심연(深淵)에서,
구원의 밧줄을 던진 분은 누구인가?
그 분은 아브라함과 이삭과 야곱에게 나타나셨던
이스라엘의 하나님 여호와였다.

"나는 너를 애굽 땅에서 종 되었던 집에서 인도하여 낸
너희 하나님 여호와로라"(신 5:6).

모세는 지금 그 하나님의 신실하심을 노래하며,
그 하나님의 인도하심을 회고하고 있다.

2. 너희가 이곳까지 온 것이 너희의 의로움 때문이었겠는가?
아니다.
너희가 하나님 앞에 얼마나 형편없는 백성이었나를 내가 증명해 볼까?!

시내산에서부터 출발해 보자.
거의 일년간을 머물면서 하나님이 우리들에게 주신 복을 생각해 보라.
우리들이 살아갈 규례와 법도(십계명과 언약서)를 주시지 않았는가!
그리고 하나님과 교제할 수 있는 성막도 주지시 않았는가!
그래, 너희 부모들이 송아지 우상을 만들고 범죄했던 일은
너무 창피하니까 생각지 말기로 하자.

가데스 바네아에서의 일을 생각해보라.
하나님이 분명히 우리에게 허락하신 땅이기에
우리가 믿음을 갖고 가나안을 진입했다면 분명히 승리할 수 있었다.
그런데 너희 부모들의 발광(?)을 기억하는가?[1)]

두려워 말라, 두려워 말라, 두려워 하지 말라.
그러나 너희가 얼마나 울면서 거역했는가!
얼마나 애굽으로 돌아가자고 발버둥쳤는가.[2)]

너희는 하나님의 진노하심을 기억해야 한다.
그 일이 얼마나 불신앙적인 태도였는가를…
하나님이 너희를 광야에서 다 진멸하시려 하던 일을 기억하는가?
그러나 너희들을 얼마나 끔찍이도 사랑하셨는가![3)]
너희가 말썽을 부렸어도
오직 두 사람만은 하나님 앞에 합격이었네. 그 사람들이 누군지 아는가?[4)]

그리고 뒤늦게 너희 자신들의 잘못을 깨닫고 만용을 부리며,
우리가 올라가서 싸우자 하며
가나안으로 진격하던 꼴을 기억하는가? (1:41)
그때에 내가 말리지 않던가?
그래도 껍적대고 올라가더니만 꼴 좋게 되지 않았는가!
너희가 왕창 패하고 호르마까지 쫓겨온 꼴이라니![5)]

1) 신 1:21 "너희의 하나님 여호와께서 이 땅을 너희 앞에 두셨은즉 너희 조상의 하나님 여호와께서 너희에게 이르신 대로 올라가서 차지하라 두려워하지 말라 주저하지 말라."

2) 신 1:26 "그러나 너희가 올라가기를 원하지 아니하고 너희의 하나님 여호와의 명령을 거역하여"

3) 신 1:31 "광야에서도 너희가 당하였거니와 사람이 자기의 아들을 안는 것 같이 너희의 하나님 여호와께서 너희가 걸어온 길에서 너희를 안으사 이 곳까지 이르게 하셨느니라."

4) 신 1:36 "오직 여분네의 아들 갈렙은 온전히 여호와께 순종하였은즉 그는 그것을 볼 것이요 그가 밟은 땅을 내가 그와 그의 자손에게 주리라 하시고"

신 1:38 "네 앞에 서 있는 눈의 아들 여호수아는 그리로 들어갈 것이니 너는 그를 담대하게 하라 그가 이스라엘에게 그 땅을 기업으로 차지하게 하리라"

5) 신 1:43 "내가 너희에게 말하였으나 너희가 듣지 아니하고 여호와의 명령을 거역하고 거리낌 없이 산지로 올라가매"

신 1:45 "너희가 돌아와 여호와 앞에서 **통곡하나** 여호와께서 너희의 소리를 듣지 아니하시며 너희에게 귀를 기울이지 아니하셨으므로"

아론의 싹난 지팡이

1) 신 2:7 "네 하나님 여호와께서 네가 하는 모든 일에 네게 복을 주시고 네가 이 큰 광야에 두루 다님을 알고 네 하나님 여호와께서 이 사십 년 동안을 너와 함께 하셨으므로 네게 부족함이 없었느니라."

2) 신 2:34 "그 때에 우리가 그의 모든 성읍을 점령하고 그의 각 성읍을 그 남녀와 유아와 함께 하나도 남기지 아니하고 진멸하였고"

3) 신 3:22 "너희는 그들을 두려워하지 말라 너희의 하나님 **여호와께서** 친히 **너희를 위하여** 싸우시리라 하였노라."

3. 광야의 방랑생활, 38년간.

그것은 우리의 불신에 대한 하나님의 형벌이었다.
누가 하나님의 매를 가볍다 하는가?
이스라엘 백성들의 결정적 반역(민 13, 14장),
그것은 치명적인 죄였다.
하나님의 전능하심을 정면에서 무시한 것이 아닌가!
그렇게 수많은 하나님의 기적을 목도했으면서도
너희 부모들은 좀채로 신앙의 눈을 뜨지 못했다.

가나안의 장대 같은 아낙 자손들,
그들은 하나님의 전능하심을 뛰어넘는 장벽이었는가?
그래, 그렇다고 해서 하나님이 너희들을
뜨거운 광야에다 내팽개쳐 버리시던가?
광야 생활하는 동안 부족함이 없이 채워 주시지 않았던가.[1)]

그 광야를 지나오는 동안 우리에게 도전장을 낸 족속들이 있었단다.
그러나 모압과 암몬과 에돔은 괴롭게 말라고 하셨다(2:9).
그들은 우리와 혈연 관계가 있었기 때문이었다.

4. 그리고 마침내 우리는 지금 거하고 있는 이곳 모압 땅까지 오게 되었다.

이 곳에 올 때, 우리를 정면으로 대적한 헤스본과 바산이 있었다.
이들이 우리들의 통과를 허락지 않기에(2:30),
하나님의 허락하심 하에 우리가 한방 먹여 주지 않았는가![2)]

왜, 하나님이 이런 민족을 진멸(殄滅)하라고 하셨느냐고?
하나님이 너무 잔인하시다고 생각하는가?
물론, 우리 백성을 못살게 굴었던 이유도 있겠지만,
이 민족이 얼마나 타락한 족속인가를 몰라서 하는 소리다.
이들의 사악함이 그들 스스로의 멸망을 자초한 것이다(9:4).
그때, 용감하게 싸우던 장군이 우리 옆에 있지 아니하냐?
그 싸움에서 하나님이 친히 우리의 용사가 되셔서 싸우시던 일을 기억하느냐?[3)]
그리고 참, 나(모세)도 너희들이 들어가고 싶어하는
가나안 땅을 같이 가고 싶어 하나님께 기도하던 일이 있었다.

아마, 모르는 사람도 있을 터이지만.
그래서 내가 어떻게 기도했겠는가?
그러자 하나님이 나에게 무엇이라고 말씀하셨는지 아는가?[1)]

자, 그러면 이제 우리는 어떻게 살아야 할까?

이제 설교의 결론을 내리려 한다.
나는 이제 얼마 있으면 하나님 앞에 돌아갈 것이니,
내가 지금 하는 말을 명심하여 잘 들어라.
지금부터 내가 하는 말을 듣고 잘 순종하면 복이 되려니와
그렇지 않으면 화가 너희에게 임할 것이다(4:1).
그러니까 한 마디로 "하나님께 순종하라"는 얘기다.

무엇을 먼저 해야 할까?
우선, 규례와 법도를 지켜라.
절대로 가감(加減)해서는 안 된다.
내가 부지런히 너희들에게 '규례와 법도'[2)]를 가르치지 않았느냐 (4:5)

그리고 무엇보다도
너희 조상들이 저지른 죄를 되풀이하지 말라는 말이다.
그게 무슨 죄냐고?
너희들, <바알브올> 사건을 아느냐?
그때 어려서 기억이 안 날지 모르겠지만,
너희 부모들이 아주 개판(?)을 쳤단다.
무슨 사건인지 잘 모르는 사람은 민수기 23장을 보거라.

자, 너희들은 하나님의 자비하심과 인내를 기억하느냐?
4:7-8을 읽어보라. 그러니 제발 스스로 삼가서(정신좀 차려서),
마음을 지켜라. 왜냐고?[3)]
그리고 제발, 우상 숭배하지 말아라.
이 일은 우리 하나님이 제일 싫어하시는 것이다.
만약 이 명령을 어기면 너희는 어떻게 되는 줄 아느냐?
어떻게 되는데? (4:25을 읽어보라)

1) 신 3:25 "구하옵나니 나를 건너가게 하사 요단 저쪽에 있는 아름다운 땅, 아름다운 산과 레바논을 보게 하옵소서 하되"

신 3:26 "여호와께서 너희 때문에 내게 진노하사 내 말을 듣지 아니하시고 내게 이르시기를 **그만해도 족하니 이 일로 다시 내게 말하지 말라**."

2) 신 4:1 "이스라엘아 이제 내가 너희에게 가르치는 규례와 법도를 듣고 준행하라 그리하면 너희가 살 것이요 너희 조상의 하나님 여호와께서 너희에게 주시는 땅에 들어가서 그것을 얻게 되리라."

3) 신 4:9 "오직 너는 스스로 삼가며 네 마음을 힘써 지키라 그리하여 네가 눈으로 본 그 일을 잊어버리지 말라 네가 생존하는 날 동안에 그 일들이 **네 마음에서 떠나지 않도록** 조심하라 너는 그 일들을 네 아들들과 네 손자들에게 알게 하라."

❖ 자, 너희가 지금 이곳 모압 평지까지 오게 된 것이 너희의 의로움 때문이라고 생각하는가? 아니지 않느냐? 이제 너희는 그 말씀 많은 백성들을 인도하신 하나님의 자비와 그의 신실하심을 기억해라.

• 신 4:26 "내가 오늘 천지를 불러 증거를 삼노니 너희가 요단을 건너가서 얻는 땅에서 속히 망할 것이라 너희가 거기서 너희의 날이 길지 못하고 전멸될 것이니라"

• 신 4:27 "여호와께서 너희를 여러 민족 중에 흩으실 것이요 여호와께서 너희를 쫓아 보내실 그 여러 민족 중에 너희의 남은 수가 많지 못할 것이며 며"

그리고, 마지막으로 한마디만 더하자.
지루하겠지만.

무슨 이야기냐 하면,
너희들이 살다가 낙심되는 일이 생기거든, 먼저,
우리 하나님이 어떤 분이신가를 먼저 생각하거라.
우리 하나님은 다음과 같은 분이시다.
다같이 4:32-40을 큰 소리로 읽고 오늘 설교를 끝내자.
외울 사람은 외어도 좋다.

"네가 있기 전 하나님이 세상을 창조하신 날부터…네 하나님 여호와께서 네가 주시는 땅에서 한없이 오래 살리라."

◀ 모세는 느보산 꼭대기에서 약속의 땅을 내려다 보았다(신 32:49, 34:1). 이 산 꼭대기는 사해 수면에서 1200m가 넘는 산이다. 이곳에서 발굴된 유적들은 나바테아족의 요새를 비롯하여 동방정교회 건물과 그 부속 수도원, 비잔틴 시대에 죽은 이스라엘 사람들의 무덤 등이 있다. 그리고 여러 종족들의 비문이 있다.

◀ 사진 (상) : 뒤에 보이는 건물이 느보산 정상에 있는 교회 건물이다.

◀ 사진(하) : 뒤에 보이는 십자가는 놋뱀을 상징하는 철제 구조물이다.

신명기 3-4장 정리하기

요약질문

첫번째 설교 : 하나님이 행하신 일들을 돌아보라.

Summary

3 • 바산 왕은 어떤 인물인가? 그가 다스리던 성읍과 방위 태세는 어느 정도였는가? (3:4)

- 바산 옥은 어느 족속이며, 그의 외모는 어떠한가? (3:11)
- 하나님은 왜 이들을 진멸시키라고 하셨는가? (3:6)
- 요단강 동편 땅을 얻은 지파는 어느 지파인가? 지도를 보고 대강의 경계를 설명해 보라. (3:12-17)
- 요단 동편을 얻은 지파는 어떤 조건을 받아들였는가? (3:18-20)
- 모세를 이은 새로운 영적 지도자, 여호수아 그는 어떤 인물인가? 모세가 그에게 어떤 권면의 말을 하는가? (3:21-22)
- 모세가 드린 기도의 내용은 무엇이며, 왜 그는 가나안에 들어가지 못하는가? (3:23-29)

4• 모든 규례와 법도를 지켜라

- 규례와 법도를 무엇을 말하는가?
- 규례와 법도를 잘 지키면 어떤 결과가 올 것인가?
- 백성들이 가나안에 들어가 제일 크게 경계하며 지켜야 할 일은 무엇인가? (4:15-16)
- 여호와는 어떤 분이신가, 4:32-40을 읽고 정리해 보라.
- 왜 자녀들에게 지금까지 목도한 일들을 가르치라고 하셨는가? (4:9-14)
- 하나님이 특별히 이스라엘을 택하신 이유가 무엇인가? 의로움 때문인가, 아니면 다른 장점이 있는가? (4:37)
- 여호와는 어떤 분으로 묘사하고 있는가? (4:39)
- 이스라엘 백성들에게 광야 40년의 생활의 의미는 무엇인가? (4:36)

The Stipulations of the Covenant
(4:44-26:19)

두 번째 설교 :
신 4:44-26:19

1. 두 번째 설교를 하게 된 배경 설명(4:44-49)
2. 서론(5:1-5) : 이 규례를 반드시 지켜라
3. 십계명(5:6-21)
4. 여호와를 순종하라(6:1-25)
   - 그러면 축복해 주겠다(6:1-3)
   - 쉐마(=들으라) : 그 순종의 중요성(6:4-9)
   - 조금 잘 살게 될 때 까불지 마라(6:10-19)
   - 자녀들 율법 교육을 철저히 시켜라(6:20-25)

Deuteronomy

5-6장

이스라엘이여 들으라!

모세의 첫 번째 설교가 끝이 났다. 그 첫 번째 설교의 주 내용이 무엇이었나? 그것은 지금까지 어려움 속에서도 이스라엘을 품에 안으신 하나님의 "신실하심"이었다. 그래서 과거를 회상한다. 숨막히는 고난이 줄을 이었지만 그 험준한 시련의 산맥을 넘을 수 있었던 것은 하나님의 끝없는 인내의 결과였음을 회고한다. 잠잠하면 터지는 원망, 그리고 패역된 삶의 모습들. 어떤 사건은 백성들 전체가 전멸될 위기까지도 몰고 온 대형 폭탄들이었다. 그 고난을 넘고 넘어 지금 꿈에도 그리던 가나안 땅을 바라보고 있다. 어찌 모세의 설교에 가슴 벅찬 감동이 없었겠는가?! 숙연해지는 백성들.

잠깐 쉬었을까? 그랬겠지. 그리고 이제, 두 번째 설교를 시작한다. 지금까지 지내 온 것이 하나님의 은혜였다면, 하나님의 백성 이스라엘은 어떻게 살아가야 할 것인가? 물론 마땅히 하나님의 백성다운 삶을 살아가야 한다. 그들이 삶을 살아가야 할 법도와 규례는 이미 주어져 있었다. 물론 시내산에서 주어진 십계명과 언약서였다. 모세는 이제 다시 그 율법의 의미를 부각시키며, 그 율법대로의 준행을 철저히 요구하고 있다. 그런데, 출애굽기에서 언급된 십계명과 율례들이 왜 신명기에서 다시 언급되었을까? 이 둘 사이에는 무엇이 어떻게 같으며, 무엇이 더욱 강조되었을까?

이스라엘이여 들으라!

5장 : 규례와 법도를 듣고, 배우고, 지켜 행하라

- 4:44-49 • 두 번째 설교를 하게 된 배경 : 이제 앞으로 설교하게 될 내용이 '율법' 이라는 사실을 강조하고 있다(5-11장). 그리고 '규례와 법도들' 을 언급하고 있다(12장부터 나오는 말씀).
- 5:1-5 • 서론 : 규례와 법도를 듣고 배우고 지켜 행하라. 시내산에서 주셨던 율법은 반드시 지켜야 할 하나님의 절대적 명령이다.
- 5:6-12 • 십계명 : 이 부분은 출 20:2-17과 문자적으로 공통된다. 물론 문자적으로 근소한 차이가 있다. 이에 대한 설명은 본문에서 설명하자.
- 5:23-33 • 모세가 시내산에서 율법을 받을 때, 어떻게 중재자의 역할을 했는가를 설명하고 있다(출 20:18-21 참조). 출애굽기에서보다 더 자세하게 설명하고 있다.

6장 : 왜 율법을 철저히 지켜야 하는가?

- 6:1-3 • 하나님의 규례와 법도를 잘 지키는 것에서 하나님을 경외함이 드러나기 때문이다. 율법을 잘 지키면 장수와 번성의 축복이 있을 것이다.
- 6:4-9 • 쉐마(들으라) - 마음을 다하고 성품을 다하고 힘을 다하여 하나님을 사랑하라. 그리고 이 말씀을 마음에 새기고, 이 말씀을 자녀들에게 늘 가르치라. 이스라엘은 여호와만 사랑하고 순종해야 한다. 이들의 교육 목표는 물론 생활 중심의 교육이다.
- 6:10-19 • 가나안에서 번영하게 될 때, 하나님을 떠나 그의 계명을 저버리지 말라. 맛사에서 한 것처럼 하나님을 시험하지 말라. 율법을 지키면 복을 받을 것이다.
- 6:20-25 • 자녀들을 율법으로 교훈해야 한다. 후일에 자녀들이 규례와 법도를 무슨 뜻이냐고 묻거든 율법의 동기와 내용에 대해 잘 가르쳐야 한다.

  • "우리가 그 명하신 대로 이 모든 명령을 우리 하나님 여호와 앞에서 삼가 지키면 그것이 곧 우리의 의로움이니라."

▲ 십계명과 거기에 내포된 의미
(5~11장)

▲ 시내산 율법의 의미는 무엇인가? 그것은 또 하나의 무거운 짐인가?

▲ 율법은 이미 구원 받은 백성들이 마땅히 지켜나가야 할 헌법이다. 그러므로 이 율법은 무거운 짐을 지우게 하려는 의도에서 주신 것이 아니다.

Second Adress
(4:44-26:32)

- 첫 번째 설교는 언약이 주어지게 된 역사적 상황을 회고하였지만,
- 두 번째 설교는 언약에 수반되는 여러 가지 규례와 법도를 설명하고 있다.

• 5 -11장 : 십계명과 거기에 내포된 의미
• 12-26장 : 여러 사회적 법규들로 출21-23장의 내용과 매우 유사하다.
• 27-28장 : 언약 준수 여부에 따른 축복과 저주를 언급하고 있다.
• 29-30장 : 제 3 설교에서는 과거를 회고하고 약속의 땅에서 성공적인 삶을 살려면 말씀(율법)을 철저하게 지키라고 권면하고 있다.

5장의 핵심 : 두 번째 설교는 십계명을 반복함으로 시작하고 있다. 호렙산(시내산)에서 이스라엘 백성과 맺은 하나님의 언약을 지금 새로운 세대들에게 다시 상기시키고 있다. 그리고 이 언약을 지킬 것을 강력하게 권고하고 있다.

1. 모세의 명령과 권고를 보라. 규례와 법도를 따르는 것은 해도 좋고 안해도 좋은데, 하면 더 좋다는 요구 정도인가?

5:1 모세가 온 이스라엘을 불러 그들에게 이르되 이스라엘아 오늘 내가 너희 귀에 말하는 <규례와 법도>를 (　　　) 그것을 (　　　) 지켜 행하라

(1) 법도와 규례를 지키는 것, 그것은 곧 이스라엘 백성의 존폐(存廢)에 관한 일이었다. 그 율법은 반드시 지켜야 하는 하나님의 절대적 명령이었다. 시내산에서 세우신 그 언약의 말씀, 그 속에는 하나님과 그 백성들 간에 사랑의 유대 관계가 두드러지게 나타나 있음을 보게 된다. 하나님은 오직 강요가 아니라 자발적인 율법에의 순종을 원하고 계신다.

(2) 그러나, 타락한 인간은 그 하나님의 규례와 법도를 무거운 멍에로만 여긴다. 그래서 자꾸만 그 율법의 울타리 밖으로 나가려고 끊임없이 발버둥을 친다. 그 울타리 밖은 멸망인 줄도 모르고….

2. 이 시내산 언약은 누구와 맺어진 것인가?

5:3 "이 언약은 여호와께서 우리 (조상들)과 세우신 것이 아니요 오늘 여기 살아 있는 (우리)곧 우리와 세우신 것이라."

(1) 3절의 내용만 얼른 읽어보아서는 조금은 이해가 가지 않는 듯한 말씀이다. 여기서 모세가 말하려고 하는 점이 무엇일까? 이 언약이 우리 조상과 세운 것이 아니라니? 물론, 모세는 지금 이곳에 모인 이스라엘 백성들에게 시내산 언약이 구속력을 갖고 있다는 점을 강조하고 있는

것이다.

(2) 이 언약은 어쨌든 한 백성으로서의 전체 민족과 맺어졌으므로, 그 말씀의 영원성과 보편성을 강조하고 있음을 본다. 자, 이제 출애굽기에서도 언급되었던 십계명에 대해서 좀더 연구해 보자. 그러기 전에 조금 관찰되어야 할 것들이 몇 가지 있다. 다음의 설명을 참고해 보자.

십계명 (신 5:6-22 · 출 20장)

십계명을 반복 설명하기에 앞서 언약을 상기시킨다(5:2-3). 여기서 언약은 단순한 역사적 배경으로서 언급된 것이 아니라 모든 세대에 명심되어야 할 기본적 지침으로서 언급되었다.

1. 십계명에 대한 해설은 출애굽기 교재에서 이미 다루었던 내용이다. 확대경(No-5, 72면)에서 아주 간단하게 요약 정리했다. 따라서 여기서 십계명에 대해 구체적으로 언급하기보다는 왜 처음 언약(시내산에서 맺은 언약)을 갱신하고 다시 주어야 했는가에 대해 조금 다루어 보기로 하자.

2. 주님은 전체 율법을 크게 두 가지로 요약해 주셨다. 그 두 가지는?

• 막 12:28-31 "서기관 중 한 사람이 그들이 변론하는 것을 듣고 예수께서 잘 대답하신 줄을 알고 나아와 묻되 모든 계명 중에 첫째가 무엇이니이까 29 예수께서 대답하시되 **첫째는** 이것이니 이스라엘아 들으라 주 곧 우리 하나님은 유일한 주시라 30 네 마음을 다하고 목숨을 다하고 뜻을 다하고 힘을 다하여 주 너의 하나님을 사랑하라 하신 것이요 31 **둘째는** 이것이니 네 이웃을 네 자신과 같이 사랑하라 하신 것이라 이보다 더 큰 계명이 없느니라(신 6:4 이하 ; 레 19:18)."

3. 그러면 왜, 이들에게 언약을 갱신하는 일이 필요했을까? 언약 갱신이란 무엇을 뜻하는가?

(1) 언약 '갱신'(更新)이란 언약을 대신할 어떤 다른 것을 도입하는 것을 뜻하지 않는다. 오히려 언약의 갱신은 이스라엘 백성들에게 그들의 조상들과 이미 맺은 언약의 규정들과 의미들을 지키라고 다시 지시하는 것이다. 오늘 우리가 다루고자 하는 본문은 그런 언약 갱신들 중의 하나이다.

> **십계명이 뭐야?**
>
> ▲ 십계명은 신명기 메시지의 핵심 부분이다. 십계명은 이스라엘 백성에게 향하신 관심의 친밀성을 고조하기 위한 10가지 말씀으로 일종의 원칙이라고 할 수 있다. 따라서 특정한 사회적 상황에 국한하지 않는다. 그러므로 형벌이나 벌금에 관한 규정이 없다. 또한 기초적이며 영원하다. 모든 백성들에게 직접적이며 개인적으로 주어졌다.
>
> ▲ 그러므로 하나님의 백성을 통치하기 위한 헌법이요, 통치의 근본 사상의 요약이라 할 수 있다. 따라서 십계명은 마지 못한 의무감으로 지킬 것이 아니라 자녀로서 마땅히 지켜야할 계명이다.
>
> ▲ 언약 법전, 법령(출 20:22-23:33) : 사회, 경제, 농경상의 율법들로 '판결'(미쉬파트)이라고 번역된다. 이 법은 신생 사회의 특정한 요구 사항들을 충족시키기 위한 법령들이다. 따라서 형벌이나 벌금이 있다.
>
> ▲ 율례(미쉬파트) : 공도(창 18:19, 공의(창 18:25, 신 16:18) 율례(창 15:25, 출 21:1), 공평(출 23:6), 판결(출 28:15), 법도(레 18:4), 판단(신 16:19), 심판(신 32:41), 등등 (동교재, 출애굽기, 188면에서)

율법은 이스라엘에게 무거운 짐이었나?

• 출20장과 신5장에 나오는 십계명의 내용은 문자적으로 약간의 차이를 보이고 있다. 왜 그런 차이점이 있을까? 이에 대한 자세한 설명은 확대경 No. 5(75면)를 참조해 보라.

(2) 출애굽 제1세대는 불신앙으로 광야에서 다 죽고, 약속의 땅으로 들어가지 못한다. 심지어 시내산 언약의 중보자라고 할 수 있는 모세까지도 그 땅에 들어갈 수 없었다. 이들은 그 동안 언약을 지켜 오지 못했다. 그래서 새로운 세대에게 그 언약을 재인준 해야 했다.

(3) 이런 언약의 갱신은 이스라엘 역사 속에 계속 나타난다. 이들의 신앙이 느슨해질 때마다 다시금 신앙을 죄이는 일이 필요했다. 유월절 행사는 이런 해이해지기 쉬운 신앙을 다시금 죄이는 언약 갱신의 의미를 갖고 있는 절기이기도 했다. 어쨌든, 재인준 과정은 먼저 지난날을 돌이켜 보는 일로부터 시작한다. 모세는 첫 번째 설교를 통해 하나님의 신실하심을 노래한다(신 1-4장). 지나간 날들을 회고해 보는 일은 시내산 언약에서도 나타난다. 출 19:4-6을 읽어보자.*

• 출 19:4-6 "나의 애굽 사람에게 어떻게 행하였음과 내가 어떻게 독수리 날개로 너희를 업어 내게로 인도하였음을 너희가 보았느니라 세계가 다 내게 속하였나니 너희가 내 말을 잘 듣고 내 언약을 지키면 너희는 열국 중에서 내 소유가 되겠고 너희가 내게 대하여 제사장 나라가 되며 거룩한 백성이 되리라 너는 이 말을 이스라엘 자손에게 고할지니라."

4. 시내산에서 주신 율법은 이스라엘 백성들에게 무거운 짐이었나?

(1) 먼저, 출애굽의 의미를 생각해 보자. 그것은 지금까지의 억압으로부터의 자유가 아니었던가! 자유를 주시려고 애굽으로부터 그들을 이끌어 내셨다면, 그런 백성에게 다른 형태이긴 하지만 또다시 무거운 속박으로 끌고 간다는 것은 있을 수 없지 않은가! 출애굽기 2:23-25의 말씀은 아브라함에게 하신 약속을 성취하시려고 일어서시는 모습을 묘사하고 있다. 하나님은 아브라함과 언약을 맺으셨다(창 12, 15장). 물론 그 언약은 은혜의 언약이었다. 따라서 출애굽 사건은 아브라함에게 약속하신 그 언약을 성취하시려고 구원을 베푸신 사건이다.

출 2:23 여러 해 후에 애굽 왕은 죽었고
이스라엘 자손은 고된 노동으로 말미암아 탄식하며 부르짖으니
그 고된 노동으로 말미암아 부르짖는 소리가 하나님께 상달된지라

24 하나님이 그들의 고통 소리를 들으시고 하나님이
아브라함과 이삭과 야곱에게 세운 **그의 언약을(אֶת־בְּרִיתוֹ)** 기억하사

25 하나님이 이스라엘 자손을 돌보셨고 하나님이 그들을 기억하셨더라

(2) 그런 백성들에게 아브라함과의 언약을 무시해 버리고 또다시 무거운 멍에가 되는 율법을 주셨을 리가 있겠는가? 그렇다면 시내산 율법을 주신 것도 아브라함에게 주신 약속을 성취하시려고 일해 나가시는 은혜의 과정 속에 일부임을 알

수 있다. 그래서 십계명 서문에서 다음과 같이 말씀하신다 :

"나는 너를 애굽 땅, 종 되었던 집에서 인도하여 낸 네 하나님 여호와니라"(출 20:2).

(3) 그러므로 이 율법은 결코 구원을 이루기 위한 과정으로 주어진 것이 아님을 알 수 있다. 이들 이스라엘 백성들은 이미 구원을 받은 자들이었다. 이미 은혜로 하나님의 백성이 되어 있었다.

(4) 그렇다면, 율법을 주신 목적은 무엇일까? 애굽에서 막 탈출해 온 이스라엘 백성들은 한마디로 왕국 백성의 개념이 없었을 것이다. 하나님의 백성들은 하나님이 원하시는 방법대로 살아가야 한다. 만약 율법을 통해 이런 사실을 가르쳐 주지 않는다면 부름 받은 것에 대한 합당한 삶을 살아가지 못할 것이다. 이제 이 율법을 통해 백성들은 하나님의 성품을 이해하게 될 것이며, 또 그에게 어떤 방법으로 나아갈 수 있는 가도 배우게 될 것이다. 그러므로 율법은 하나님의 백성들이 살아가야 하는데 필요한 '헌법'이라고 할 수 있다.

(5) 그래서 하나님은 아주 자세한 규정들을 제정하셨다. 그것은 생활 전반에 관한 것이었다. 제사 드리는 법, 먹는 음식도 정한 것과 부정한 것을 가려야 했으며, 성 생활까지도 성결해야 함을 가르쳐 주셨다. 그렇다면 시내산 언약의 요지는 무엇일까? 언약의 핵심이 늘 그러하듯이 "나는 너희 하나님이 되고 너희는 나의 백성이 될 것이니라"는 점이 시내산 언약의 핵심이다. 또한 하나님은 거룩하신 분이기에 그의 백성들 역시 거룩해야 함은 당연한 것이었다 (레 19:2).

레 19:2 "너는 이스라엘 자손의 온 회중에게 말하여 이르라
너희는 ——— **거룩하라**
//(이유: for, כִּי)
나 여호와 너희 하나님이 ——— 거룩함이니라(=때문이다)

(6) 신명기에서는 아브라함에게 약속하신 언약을 이루시려고 자기 백성을 위해 은혜로 모든 것을 예비하셨음을 한번 더 강조하고 있다. 이렇게 신명기는 율법과 은혜의 연관성을 강조하고 있는 중요한 책이다. 그래서 신명기 1-4장에서는 과거를 되돌아보며 이스라엘의 신실치 못함에도 불구하고 하나님의 사랑이 계속되었다는 점을 강조하고 있다.

▲ 시내산에서 십계명을 받고 있는 모습. 그때 백성들은 너무 두려워 떨었다. 따라서 하나님이 직접 말씀하시지 말고 모세를 통해 전달해주시기를 원했다(출 20:18-21, 신 5:4-5 참조).

출 19:16-19

셋째 날 아침에
우레와 번개와 빽빽한 구름이
산 위에 있고
나팔 소리가 매우 크게 들리니
진중에 있는 모든 백성이
다 떨더라
모세가 하나님을 맞으려고
백성을 거느리고 진에서 나오매
그들이 산 기슭에 서 있는데
시내 산에 연기가 자욱하니
여호와께서 불 가운데서
거기 강림하심이라
그 연기가 옹기 가마 연기 같이
떠오르고
온 산이 크게 진동하며
나팔 소리가 점점 커질 때에
모세가 말한즉
하나님이 음성으로
대답하시더라

좌로나 우로나 치우치지 말고 (5:23-33)

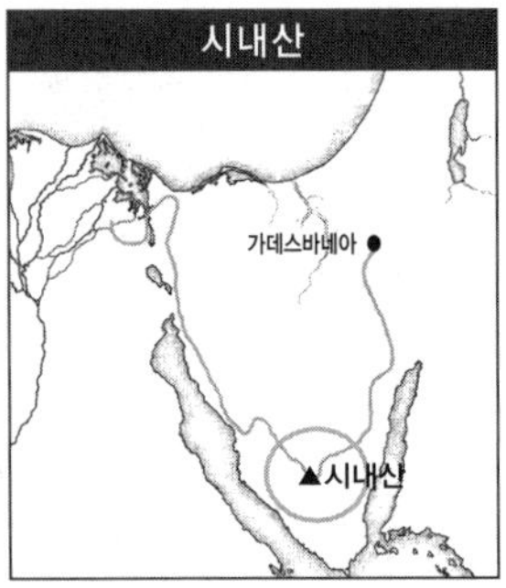

시내산

1. 모세는 이렇게 율법을 주신 역사적 사실을 회고하면서, 이 십계명은 하나님이 직접 모세를 통해서 주셨음을 상기시킨다. 그 율법을 받을 때의 광경을 자세히 묘사하고 있다. 5:23-27까지 읽어보라. 모세는 하나님과의 언약 체결의 당사자로서 하나님과 "(얼굴과 얼굴을) 대면하여" 그 말씀을 주셨음을 이야기한다.

5:4 "여호와께서 산 위 불 가운데서 너희와 **대면하여**(face to face) 말씀하시매"

(1) "대면하여" : פָּנִים① בְּפָנִים②

① 파님(얼굴, face) - 이 단어는 항상 복수형으로 나오는데, 얼굴이 수많은 부분들의 복합체라는 사실에서 연유된 듯하다. 사람의 얼굴(창 31:2), 그의 외모(창 4:5), 한 인간 전체를 뜻하는 대용어(신 7:10)로 사용되었다.

② 전치사(ב)와 함께 사용되어서 '~면전에서, ~앞에서, ~의 정면으로' 등의 뜻으로 쓰였다. 그러니까 '얼굴과 얼굴을 대하고'라는 의미를 갖는다(출 33:11, 신 34:10). 이렇게 하나님과 그의 백성 이스라엘 사이는 특별한 관계임을 보여준다.

(2) 그때 하나님이 '불 가운데서'[1] 말씀하셨기에(신 5:4), 백성들이 두려워하여 모세가 중간에서 중보 역할을 했다(5절). 백성들이 이 불로 인하여 산 위로 올라가려 하지 않았기 때문이다(출 20:18-21 참조).

1) 성경에서 하나님이 불과 함께 나타내시 는 것은 하나님의 임재를 의미한다(출 3:2; 19:18; 신 9:10; 행 7:30). 혹은 이스라엘과 동행하심을 의미한다(출 13:21-22; 시 78:14; 사 4:5).

2. 자, 이제 이 언약은 지켜져야 한다. 이 언약을 어기는 것은 곧 멸망의 저주를 불러들인다. 그러나 이 언약을 잘 지킬 경우에는 어떤 축복을 받을 것인가?

5:32-33 그런즉 너희 하나님 여호와께서 너희에게 명령하신 대로

- 너희는 삼가 행하여 좌로나 우로나 (치우치지) 말고
- 너희 하나님 여호와께서 너희에게 명하신 모든 도를 (행하라)
- 그리하면 너희가 (살 것이요)
- 복이 너희에게 있을 것이며

• 너희가 차지한 땅에서 너희의 날이 (길리라)

3. 그러나 우리는 이 언약을 신실되이 지켜지지 아니했음을 이스라엘 역사를 통해서 보게 된다. 개인적으로도 그러했고, 국가적으로도 그러했다. 육체적인 범죄뿐만 아니라, 영적 간음도 자행했다. 나중에는 언약책까지도 잃어버리는 일까지도 벌어졌다. 왕들도 부패했고, 백성들도 부패해졌다. 이스라엘은 하나님의 언약을 깨뜨렸다(렘 31:32).

• 렘 31:32 "이 언약은 내가 그들의 조상들의 손을 잡고 애굽 땅에서 인도하여 내던 날에 맺은 것과 같지 아니할 것은 **내가 그들의 남편이 되었어도** 그들이 **내 언약을 깨뜨렸음이라** 여호와의 말씀이니라."

그러나 하나님은 그 언약을 거듭 갱신하신다. 하나님은 예레미야를 통해 새 언약을 세우실 것을 말씀하신다(렘 31:31-37).

4. 이렇게 신명기는 다시한번 이스라엘이 하나님의 언약을 잊지 말기를 간곡하게 권면하고 있다.

▲ 출 32:4 "아론이 그들의 손에서 금 고리를 받아 부어서 조각칼로 새겨 송아지 형상을 만드니 그들이 말하되 이스라엘아 이는 너희를 애굽 땅에서 인도하여 낸 너희의 신이로다 하는지라 5아론이 보고 그 앞에 제단을 쌓고 이에 아론이 공포하여 이르되 내일은 여호와의 절일이니라 하니 6이튿날에 그들이 일찍이 일어나 번제를 드리며 화목제를 드리고 백성이 앉아서 먹고 마시며 일어나서 뛰놀더라 7여호와께서 모세에게 이르시되 너는 내려가라 네가 애굽 땅에서 인도하여 낸 네 백성이 부패하였도다."

적용도우미

• 하나님이 십계명과 언약서를 우리에게 주신 목적이 무엇일까? 그것은 우리에게 올무를 주시기 위한 수단이 아니었다. 그것은 하나님을 사랑하는 백성들이 마땅히 지켜야할 의무였다. 만약, 그들이 진실로 하나님을 사랑한다면 율법은 지키기 어려운 법도가 아니다. 그것을 지키는 것이 곧 생명의 길이기 때문이다. 우리는 하나님의 말씀을 어떤 태도로 지키는가? 지키지 않으면 형벌이 있을 것이기 때문인가? 우리는 하나님을 사랑한다는 것을 무엇으로 증명할 수 있는가?

• "좌로나 우로나 치우치지 말라" - 이 말이 의미하는 뜻은 무엇일까? 정의를 외치다가 그것이 지나치면 포악이 되기 쉽고, 사랑을 외치다가 그것이 지나치면 나약해지기 쉽다고 한다. 좌우로 치우치는 것은 하나님의 뜻을 정확히 이해하지 못하고 자기 뜻대로 하는데서 오게 된다. 우리는 말씀을 지키면서 좀 정도가 지나치다 하는 점이 없었는가?

• 바르게 살아야 한다고, 신학이 정통이라고, 우리 교단이 보수라고 두 손 불끈 쥐고 열을 올리면서 뭐 어쩌고 저쩌고 하지만, 그런데 삶의 변화가 없다. '자기 자신이 바르다고 하면 뭘해! 다른 사람이 바르게 산다고 칭찬해야지.'

확대경(No.5)

▶ 동교재, 출애굽기, 20장에서 인용 정리

1. 십계명은 무엇이고 법령(언약서)은 무엇인가?

- **십계명** : 이스라엘 백성에게 향하신 관심의 친밀성을 고조하기 위한 10가지 말씀으로 일종의 원칙이라고 할 수 있다. 따라서 특정한 사회적 상황에 국한하지 않는다. 그러므로 형벌이나 벌금에 관한 규정이 없다. 또한 기초적이며 영원하다. 모든 백성들에게 직접적이며 개인적으로 주어졌다. 그러므로 하나님의 백성을 통치하기 위한 헌법이요, 통치의 근본 사상의 요약이라 할 수 있다.
- **언약 법전 · 법령**(출 20:22-23:33) : 사회, 경제, 농경상의 율법들로 '판결'(미쉬파트)이라고 번역된다. 이 법은 신생 사회의 특정한 요구 사항들을 충족시키기 위한 법령들이다. 따라서 형벌이나 벌금이 있다.
- **율례**(미쉬파트, מִשְׁפָּט)라는 말은 다음과 같이 번역되었다 : 공도(창 18:19, 공의(창 18:25, 신 16:18) 율례(창 15:25, 출 21:1), 공평(출 23:6), 판결(출 28:15), 법도(레 18:4), 판단(신 16:19), 심판(신 32:41) 등등.

2. 하나님은 자신을 어떻게 소개하시는가? (출 20:2)

(1) 애굽에서의 구원, 그리고 해방, 이것은 곧 새생명의 삶이 시작됨을 의미한다. 그렇다면 이 새로운 생명을 주신 분은 누구인가? 물론 여호와 하나님이시다. 따라서 십계명을 주기 전에 이 율법을 주시는 분이 여호와 하나님이심을 밝히신다.

(2) 하나님은 율법을 주기 이전에 먼저 하나님의 은혜를 상기시키고 계신다(20:2). 그러므로 이스라엘 백성이 자신들이 누리고 있는 은혜의 상태를 자각하지 않는 한 율법이 주어질 수 없었다. 하나님은 지금 이들을 인도해 낸 이유를 분명히 말씀하신다. 자기 백성 삼으려고 이스라엘을 불러냈다고 강조하여 말씀하신다. 하나님은 거룩한 분이시니 그의 백성 역시 거룩해야 한다. 그 거룩한 백성이(출 19:6) 살아가야 할 법이 필요했다.

(3) 그러니까 율법은 언약 백성의 생활 규범이라고 할 수 있다. 물론 구원의 길로서 주신 것이 아니었다. 율법은 하나님이 자기 백성과 맺은 언약을 거룩히 지키기 위한 울타리였다. 그런데 훗날 유대인은 이러한 율법의 의도를 왜곡했다. 율법을 주신 하나님은 그의 백성에게 기계적 순종을 원치 아니하신다. 하나님은 기쁜 마음으로 이 율법을 순종하기를 원하셨다. 하나님은 자신과 그의 백성 사이에 인격적 관계가 흐르기를 원하신다.

십계명을 주신 목적

1. 십계명 서문에서는 무엇이 강조되고 있나? (출 20:1-2)

(1) 하나님은 조약 서문에서 이렇게 자기 자신을 소개하신다. : "나는 너의 하나님이다."

신 5:6 I am the **LORD** thy God
(אָנֹכִי יְהוָה אֱלֹהֶיךָ)
/너를 인도하여 낸
/애굽 땅,
/종 되었던 집에서

하나님의 주재권(主宰權)이 강조되고 있다. 즉 여호와가 우리의 주인되심을 인정해야 한다는 말이다. 여기서 하나님은 직접 자기 자신을 소개하신다.

(2) 그렇다면 하나님이 자기 백성 이스라엘을 위해 하신 일은 무엇인가? "나는 너를 애굽 땅, 종 되었던 집에서 인도하여 낸 너희 하나님 여호와로라." 하나

님은 지금 이스라엘 백성에게 독수리 날개로 업어 인도해 낸 '하나님이심'을 강조하고 계신다.

(3) 왜 애굽에서 이끌어 내셨을까? 그것은 이스라엘로 자기 백성을 삼기 위해서였다(출 19:4-6). 이제 이들은 아무렇게나 살아가도 되는 존재들이 아니다. 하나님은 거룩하시기에 그의 백성 역시 거룩히 살아가야 한다는 것이다. 이렇게 해서 이제 새로 태어난 이스라엘은 신정국(神政國)의 모습을 갖춰 가게 되었다. 따라서 하나님이 왕이요, 이스라엘은 그의 백성이라는 사실을 늘 인정해야 한다. 하나님의 백성은 하나님의 뜻을 행하고 그의 말씀을 생명의 법으로 알고 사는 사람들이기 때문이다.

2. 율법의 특성

(1) 자기 백성 이스라엘에게 주신 율법은 이들 백성들의 윤리적 삶의 기초가 된다. 이 율법은 하나님의 성품에 뿌리를 내리고 있기 때문이다. 이들 백성이 이 율법에 어떻게 반응하느냐에 따라서 그 축복은 달라질 것이다. 그의 언약은 한편으로는 두렵다. 왜냐하면 언약이 축복만을 말하고 있지 않기 때문이다. 만약 불복종의 삶을 살아간다면 하나님의 진노가 임하는 결과를 초래하게 될 것이다. 이제 이스라엘 사람들은 이 언약의 테두리 속에 살아가게 된다. 그래서 거기에는 늘 긴장이 존재할 것이다.

(2) 이들에게 주어진 십계명, 이는 언약 공동체가 이 세상에서 질서를 유지하고 하나님을 경외하기 위해 필요한 일반적인 원칙이다. 따라서 거기에는 아무런 벌칙이 없다. 그러나 계속되는 "언약의 책"(출 20:23-23:33, 십계명과 율례)에서 십계명의 원리가 실제로 구체화 되어 나타난다.

(3) 율법, 하나님의 백성이 거룩을 유지하며 살아가야 할 헌법, 그리고 멸망의 낭떨어지로 치닫는 백성을 끌어안기 위하여 주어진 울타리, 이 율법을 잘 지킨다면 이스라엘은 엄청난 축복 속에 살아가게 될 것이다. 그러나 우리가 이미 알고 있는 것과 같이 이스라엘은 이 언약을 떡먹듯 배반하게 된다. 사사시대에 그 배반은 절정을 이룬다. 하나님은 인내를 가지고 역사하셨지만, 하나님의 택한 백성이라도 세상 족속들과 죄악면에서 결코 낫지 않다는 것을 증명하는 시대가 된다. 물론 이들은 훗날 하나님이 왕되심을 원치 않고, 인간 왕을 세워 달라고 떼를 쓰기도 한다.

시내산 언약과 모압언약

출애굽 제2세대에게 주어진 권고의 말씀

(1) 이스라엘은 모압 평지에 와 있다. 이곳 모압 평지에서 '시내산 언약'이 갱신된다. 이 갱신된 언약을 '모압(세겜) 언약'이라고 부른다(신 29:1 "호렙에서 이스라엘 자손과 세우신 **언약 외에** 여호와께서 모세에게 명령하여 **모압 땅에서** '또' 그들과 세우신 **언약의 말씀**이 이러하니라.")

(2) 모세는 약속의 땅에서 온 백성이 명심해서 지켜야 할 주의 사항들을 주지시키고 있다. 이 과정에서 언약이 상세히 소개되고 있다. 특별히 신명기 4:23에서 나타나는 베리트(언약, בְּרִית)는 '잊어버려서는' 안될 언약으로 묘사되고 있다. 그래서 신명기 5:2-3에서는 십계명을 반복 설명하기에 앞서 다시한번 '언약'을 상기시키고 있다. 이 언약은 모든 세대가 지켜야 할 기본적 지침이기 때문이다.

(3) 다시 말해 백성들은 그 언약의 요구사항들을 계속해서 이행함으로써 과거 조상들의 광야에서의 실패를 반복하지 말라고 당부한다. 이스라엘 백성들로 하여금 언제든지 배교할 수 있는 위험 요소들이 가나안에는 너무 많았기 때문이다.

시내산 언약과 모압(세겜)언약의 차이점은 본문에서 설명할 것이다.

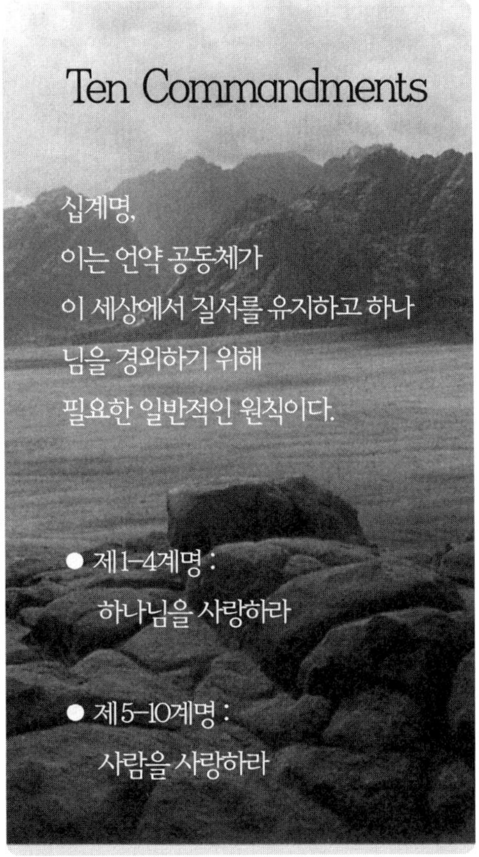

▶ 지금 모세가 이스라엘 백성에게 전하려고 하는 메시지는 새로운 것이 아니라 이미 40여 년전 시내산에서 백성과 언약을 맺을 때(출 24장), 이미 주어진 말씀들이다. 이 말씀이 지금 모압 평지에 서있는 새로운 세대(출애굽 제2세대)에게 다시 전달되고 있다. 그러니까 이 새로운 세대도 그들의 조상들에게 주어진 똑같은 말씀에 순종해야 된다.

▶ 이들의 조상들은 이 말씀을 지키는데 실패했다는 것이다. 그러니 이제 가나안에 들어가거든 이 언약을 철저히 지키라는 것이다. 그래야 가나안이 젖과 꿀이 흐르는 땅이 될 것이다.

확대경(No.6)

● 제1-4계명 : 하나님을 사랑하라

제1 계명 : 나 외에는 다른 신들을 네게 두지 말지니라(5:7).

(1) 우상 숭배를 절대적으로 금하고 있다. 어떤 학자는(W. J. Harrelson) '나 외에는'라는 말을 '나에 대항하여'라고 번역하는 것이 가장 적당할 것이라고 했다(עַל־פָּנָי). 하나님은 그의 권위에 대적하는 어떤 존재도 인정하지 않으신다는 의미이다.

(2) 첫번째 계명은 가장 강조해야 할 계명으로 "예배의 대상"에 대한 문제이다.

제2 계명 : "너는 자기를 위하여 새긴 우상을 만들지 말고 위로 하늘에 있는 것이나 아래로 땅에 있는 것이나 땅 밑 물 속에 있는 것의 어떤 형상이든지 만들지 말며"(5:8)

(1) "우리가 어떻게 예배해야 할까"에 대한 예배 방법의 문제. 물론 하나님이 명하신 방법대로 섬겨야 한다. 우상을 섬기는 것은 물론 안 되고(3절), 하나님의 형상을 만들어서도 안 된다. 하늘에 있는 것(태양, 달, 별), 땅에 있는 것(짐승), 물 속에 있는 것(물고기, 악어 등) 등의 우상을 만들지 말라.

(2) 여기서 죄는 하나님의 계명을 지키지 않는 것임을 알 수 있다. 하나님을 섬기는 것은 곧 그의 계명을 지키는 것이다. 비록 죄를 지었어도 회개하고 돌아서면 축복을 받을 수 있다. 하나님은 자비하신 분이기 때문이다. 그러나 우상 숭배의 죄를 결코 가볍게 보아서는 안 된다고 강하게 경고하고 있다.

제3 계명 : "너는 너의 하나님 여호와의 이름을 망령되이(텅빈, 헛됨, 무가치함, 무의미한 말) 일컫지 말라 나 여호와는 나의 이름을 망령되이 일컫는 자를 죄 없는 줄로 인정하지 아니하리라"(5:11).

(1) 하나님을 예배하는 자들이 누구인가를 가르쳐 주고 있다. "예배의 정신"에 대한 문제이다. 참되고 신실한 마음으로 주의 이름을 고백하는 자들이 되어야 한다. 불성실한 목적을 위해서 하나님의 이름을 사용해서는 안 된다(레 19:12 출 23:13과 레 24:15-16 참고).

(2) 이 계명은 우리 신자들의 삶의 전 과정에서 하나님께 영광을 돌려야 할 의무가 있음을 말하려 하신 것이다. 공경과 두려움(경외함)으로 하나님께 영광 돌리는 삶을 살아야 한다. 따라서, 아무 의미없이 헛되이 하나님의 이름을 부르지 말라는 것이다. 하나님을 영화롭게 하지 않는 것이 가장 큰 죄이다(롬 1:18이하).

제4계명 : "네 하나님 여호와가 네게 명령한대로 안식일을 지켜 거룩하게 하라"(5:12).

(1) 안식일을 거룩히 지키라는 명령이다. 제 7일은 여호와께 대한 특별한 경배의 날로 다른 엿새 동안과는 구별하여 예배하여야 한다. 이 안식일의 기원은 엿새 동안 우주를 창조하시고 이레 되는 날 창조의 일을 쉬신 안식(창 2:2-3)을 기원으로 한다.

(2) 이 안식일을 제정하시어 이 날을 구별하시고 특별히 하나님을 섬기고 하나님을 배울 수 있는 날로 하셨다. 하나님은 모든 날의 주인이시나 특별히 제 7일은 거룩한 날로 성별하셨다. "제 7일은 너희 하나님 여호와의 안식일인즉" 아무 일도 하지 말라. 누구까지도? 또 무엇까지도 금하셨나? (출 16:26, 출 35:3)

(3) 출 31:13-14에서는 안식일을 주신 목적을 무엇이라 하셨나? 안식일을 지킨다는 것은 하나님을 절대적으로 신뢰한다는 것이다. 안식을 통해 하나님을 신뢰하는 법을 배워가는 것이다. 하나님이 창조주로서 기억되는 방식을 세우셨다. 또 안식일, 월삭, 안식년, 희년까지도 더하여 기념토록 강조하셨다. 점차로 이 안식의 개념은 구속사적인 개념을 띠면서 그리스도 안에서의 구원을 가리키게 된다(히 4장).

(4) 물론 신자들은 이미 안식에 들어간 자들이며 영원한 안식을 미리 앞당겨 그 기쁨을 누리고 있다. 이 안식일은 신약시대에서는 주일로 지켜졌다. (안식일의 점진성과 통일성에 대해서는 동교재, 공교재 레위기를 참조해 보자).

(5) 이 개념은 신약 시대에 와서는 구속의 은총 가운데, 주님의 부르심에 응답하는 사실로 받은 안식으로서, 즉, 예수 그리스도를 받아들이는 믿음으로 얻는 안식을 가리킨다(마 11:28, 29). 따라서 예수를 믿는 신자는 이미 안식에 들어간 것이라고 말하고 있다(히 4:10). 물론 우리에게 영원한 안식이 아직 남아 있다. 이미와 아직 사이에 긴장이 존재한다.

제4계명에서 출애굽기와 신명기의 차이점

(1) 신명기에서는 안식일을 지켜야 하는 이유가 출애굽기에서 제시한 '창조'라는 주제에서 '구속과 해방'을 기념하는 의미로서의 안식을 가리키는 말로 점진되어 간다(신 5:15). 즉, 이스라엘 백성에게 안식의 개념을 말씀하실 때, 그 '안식' 의 근거가 애굽으로부터 해방되어 구원받은 사실이 강조되어 있다.

(2) 그러므로 처음 창조시 안식은 영원한 안식의 시발점이 된다. 그래서 '쉰다'(to rest)는 개념은 '안식일'의 개념으로 바뀐다(출 20:8-11, 31:15을 보라). 그러므로 안식일은 쉼의 원리를 지님과 동시에 다른 절기와 더불어 주된 예배의 날이다(겔 46:3). 역사 속에서 안식의 개념이 계속 발전되어 나타난다.

● 제5-10계명 : 사람을 사랑하라

제5계명 : "너는 네 하나님 여호와께서 명령한 대로 네 부모를 공경하라 그리하면 네 하나님 여호와가 네게 준 땅에서 네가 생명이 길고 복을 누리리라" (5:16).

(1) 부모에 대한 공경을 말하고 있다. 그렇게하면, 장수의 축복을 약속하고 있다. 가정의 질서가 사회를 견고하게 만든다(출 21:15-17, 신 21:18-21). 부모가 가지는 권위는 하나님으로부터 온 것이다. 물론 부모의 책임 또한 적지 않다.

(2) 부모가 자녀에게 해야 할 일은 무엇인가?
- 자녀에게 부지런히 하나님의 규례와 법도를 가르쳐야 한다(신 6:4-9, 엡 6:4).

(3) 부모의 권위만을 강조할 것이 아니라 그 자녀에게 하나님 경외함을 가르쳐야 한다. 자녀들에게 훈계와 책망을 통하여 바른 신앙을 갖도록 키워야 한다(잠 22:6, 23:14, 6:23). 특히 교육은 부모가 시키는 것이다. 주일학교나 다른 학교는 위탁 기관일 뿐이다.

(4) 이 계명이 단순히 부모만을 섬기라는 것이 아니다. 권위에 복종해야 할 것을 가르치고 있다. 따라서 선생님도, 어른도 공경할 줄 알아야 한다.

제6계명 : "살인하지 말지니라"(5:17).

살인하다(라짜흐) : '학살하다, 살해하다, 죽이다'라는 뜻이다.

(1) 하나님의 공동체를 보존하기 위해서는 인간 생명을 경외해야 함을 가르쳐야 한다. 왜냐하면 인간은 하나님의 형상으로 지음 받았기 때문이다. 인간은 비록 타락했지만 아직도 하나님의 형상을 지니고 있다. 따라서 생명의 근원이 어디에 있는가를 깨닫고 자신과 이웃을 하나님 앞에서 존귀하게 여겨야 함을 가르치고 있다(창 9:4-6).

(2) 정당 방위(개인이나 국가)는 하나님이 인정하고 계심을 본다(민 35:31, 출 22:2, 롬 13:1이하). 물론 이를 잘못 악용하여 해를 끼쳐온 사례들이 많음을 부인할 수 없다.

(3) 예수님은 살인의 의미를 어떻게 설명해 주셨나? (마 5:21-22) 형제를 미워하면 이미 살인한 자라고 말씀하신다. 그 개연성까지도 살인으로 인정하신다. 그러니까 십계명에서 살인하지 말라는 그 근본 뜻은 형제까지도 미워하지 말라는 것이었다. 레 19:16,17에서 이미 살인의 의미를 말해 주셨다.

(4) 그러나 우리는 우리의 삶 속에서 얼마나 많은 영적 살인을 하고 있는가? 최초의 살인을 했던 가인도 처음에 아우 아벨을 미워하는 마음부터 시작했다. 그 미움이 마음 속에 잉태되면, 그리고 그것을 계속 키우면 결국 살인을 불러오게 된다. 따라서 주님께서는 형제를 미워했다면 이미 살인한 자라 하셨다.

(5) 또한 어렵고 가난한 자들을 돌아보지 않는 것도 중대한 살인 행위이다. 가난은 여러 가지 이유로 생긴다. 질병, 재난, 폭정, 전쟁 등. 이유야 어쨌든 그들을 돌아보지 않는다면 간접 살인을 하고 있는 것이다.

제7계명 : "간음하지 말지니라"(5:18).

(1) "성(性)과 결혼의 순결"을 위해 이 계명을 명하신다. 물론 인간들은 타락으로 인해 성을 올바로 쓰지 못하고 오용하여 엄청난 재앙을 가져오고 있다(롬 1:24-27). 성(性)을 만드신 분은 하나님이시다. 하나님은 성교(性交)와 관련된 모든 감각을 선물로 설계하셨고 우리가 그것을 즐기기를 원하셨다. 남녀간의 평생 위탁이라는 면에서 볼 때, 섹스는 대단한 기쁨의 원천이다. 그러나 육체적 쾌락만을 위하여 (타인과의) 섹스를 사용하는 것은 잘못이다. 그렇다고 섹스를 불결한 것이요, 속된 것으로 보는 것도 또한 잘못이다. 결혼 관계 안에서 성적 기쁨을 주고받는 것

이 하나님의 뜻이다

(2) 성(性)은 왜 필요했을까? 남자를 지으시고 그를 위해 '돕는 배필'을 주셨다. 독처하는 것이 좋지 못했기 때문이었다(창 2:18). 따라서 양성(兩性)간에 상호 협조가 필요하다. 또 완전한 인간을 위해서도 마찬가지로 필요했다(마 19:4-6). 그러므로 남성과 여성은 모두 하나님 앞에서 동등하다. 그러나 각자 임무는 구별된다. 이는 남녀간의 성의 성격과 생리 구조 때문이다.

(3) 그러나 제 7계명에서 명령하고 있는 것은 무엇인가? 그것은 앞에서 말했듯이 성의 오용(誤用) 때문이다. 성(性)을 이용한 금전 수입, 매춘 행위, 동성(同性)간, 수간(獸姦) 등은 성행위의 목적에 위반되므로 준엄한 처벌을 받는다. 이에 대해서는 레위기 18장을 참조해 보자. 여러 가지 성금기(性禁忌) 사항이 나와 있다.

(4) 자, 그러면 예수님은 간음을 어떻게 보셨나? (마 5:27-32) 예수님은 마음 속에 증오를 살인으로 보신다. 마찬가지로 마음 속에서 이루어지는 음욕을 간음이라고 하셨다(마 15:19 참조).

제 8 계명 : "도둑질하지 말지니라"(5:19).

- **도적질하다**(가나브) : '도적질하다(창 31:30, 잠 30:9), 가만히 가져오다(삼하 21:12), 투절하다(호 4:2), 훔치다, 몰래 운반하다' 등의 뜻이 있다. '다른 사람에게 소속된 것을 그의 허락없이' 혹은 '그가 모르게 가져가는 것'을 의미한다.

(1) 성경은 사유재산을 인정하고 있는가? 어떤 사람들은 공동체적 삶과 재화(財貨)의 균등한 분배만이 기독교가 받아들일 수 있는 유일한 규범이라고 주장한다. 창조 시에 하나님은 우리에게 노동을 의무로 주셨다. 그것은 축복이요 저주가 아니다. 타락으로 인해 그 과정이 힘들어져서 문제이지 노동은 마땅히 해야 할 인간의 의무이다. 타락 후에도 사유 재산을 금하셨다는 성경의 내용은 없다.

(2) 여기 8계명과 10계명 등은 사유재산을 전제로 명령하신 것이다. 엿새 동안에 힘써서 노동을 해야 한다. 우리는 노동의 열매로서 사유 재산을 가질 권리를 갖는다. 따라서 부지런히 일해야 한다. 성경은 게을러서 가난하게 된 자를 책망하고 있다. 그러나 이렇게 노동을 통한 부를 얻는 것도 하나님의 영광을 위해서 해야 한다. 만약에 부를 얻는데 착취라든가, 사기, 부정직, 학대, 권력의 남용 등을 통해서 얻는 것은 분명한 죄다. 성경은 이를 크게 정죄하고 있다. 따라서 내가 도둑질과 같은 탐욕을 갖는다는 것은 하나님이 행하시는 부의 분배에 대한 반항이라고 할 수 있다. 하나님은 정당하게 벌어들인 부에 대해 정죄하지 않으셨다.

(3) 재산에 대한 기본적 원리는 무엇인가?

우리는 우리가 받은 것을 어떻게 관리해야 할 것인가에 대해 관심을 가져야 한다. 기독교적 삶의 특징은 공산주의가 아니라 '자비'이다. 청지기는 주인이 아니다. 주인의 재산을 관리하는 자일 뿐이다. 하나님이 주신 재물을 어떻게 사용했느냐에 따라 우리에게 상급 심판이 있게 될 것이다.

(5) 그렇다면 성경에서 말하는 도둑질에 대한 것은 어떤 것들인가?

- 물론 남의 재산(물건)을 가져오는 것은 명백한 절도 행위이다.

• 사기, 계약을 지키지 않는 것, 눈금을 속이는 것, 위조 지폐를 만드는 것.
• 정치 체제를 이용하여 부를 챙기는 것
• 일꾼의 삯을 안주거나 고의로 늦게 주는 것, 나그네를 압제하는 행위.
• 십일조를 드리지 않는 것, 뇌물을 받는 것, 부당한 이익을 취하는 것
• 세금을 안내는 것(물론, 세금 체계가 문제시 될 수 있지만…그래도.)
• 시험 부정행위, 복사, 학생들의 리포트 복사 등등.

제9계명 : "네 이웃에 대하여 거짓 증거하지 말지니라"(5:20).

• **증거**(에드) : '증거(창 31:44, 출 20:16), 증언, 증인(레 5:1, 민 5:13)' 증인이란 어떤 사건에 대한 직접적인 지식을 가지고 있는 사람이거나 그가 들은 보고에 근거하여 증언할 수 있는 사람이다(레 5:1). 그런 사람은 증언할 의무가 있다(잠 29:24). 율법은 유죄 판결을 내리기 위해서 적어도 두 증인이 증거를 요구하고 있다(민 35:30, 신 17:6, 19:15). 돌로 쳐 죽이는 경우에 증인은 첫번째 돌을 집어 던졌다(신 17:7, 행 7:58 참조).

(1) 이 계명은 '진리의 존엄성'을 가르치고 있다. 참이 아닌 것을 진실인 것처럼 말한다든가, 또 참인 것을 불성실하게 말해서는 안 된다. 특히 형제나 이웃을 귀히 여기지 않고 나의 거짓말로 해를 끼쳤다면 나의 책임이 큰 것이다.

(2) 특히 법정에서의 위증을 해서는 안 된다. 위증은 남의 명예를 훼손시키는 범죄 행위요, 때로는 살인까지 가져올 수 있다(왕상 21:13).

증인은 신실한 증인도 있고 거짓 증인도 있다고 했다(잠 14:5, 19:5 참조). 거짓 증인은 이웃의 권리를 박탈한다. 거짓 증거가 얼마나 큰 악인가를 구약의 잠 25:18과 신약의 약 4:11의 말씀에서 들어보자.

제10계명 : "네 이웃의 아내를 탐내지 말지니라 네 이웃의 집이나 그의 밭이나 그의 남종이나 그의 여종이나 그의 소나 그의 나귀나 무릇 네 이웃의 모든 소유를 탐내지 말지니라"(5:21).

• 탐내다(하마드) : '갈망하다, 즐거워하다, 탐하다, 탐내다, 흠모하다, 탐스럽다' 등의 뜻으로 긍정적으로는 '아름다움, 즐거움'을 말한다. 그러나 부정적인 뜻으로는 '절제 없고 방종하며 이기적인 욕망'을 가리킨다.

(1) 십계명의 마지막 결론으로 마음의 탐심을 경계하고 있다. 탐심은 어디에서 오는 것일까? 그것은 자기 자신의 소유물에 만족할 줄을 모르는 데서 나온다. 죄는 내 마음으로부터 나온다. 성경 여러 곳에서 죄의 근원을 마음으로부터 출발하고 있다고 지적한다.

(2) 왜 우리는 하나님이 우리에게 주신 것으로 만족하지 못하는가? 특히 상대적 빈곤으로 오는 불만들을 볼 수 있다. 성경은 시기, 탐욕, 불만을 하나님의 섭리에 대한 불평이라고 말한다. 특히 탐욕은 하나님의 권세에 대한 도전이다. 따라서 탐심은 우상숭배라고 했다. 이는 또다른 죄들의 뿌리가 되기 때문이다.

(3) 탐심의 대상은 누구인가? 그 대상이 바로 우리의 이웃임을 알 수 있다. 우리의 이웃이 가지고 있는 것들을 자기의 것으로 갖고자 하는 것은 곧 하나님에 대한 도전이라고 할 수 있다.

제10계명에서 출애굽기(출 20:17)와 신명기(신 5:21)의 차이점

시내산 언약에서는 집이 먼저 소개되고 그것이 모든 이것의 소유를 다 포괄한 반면, 모압언약에서는 이웃의 아내가 가장 먼저 독립적으로 소개되었고 나머지는 뒤이어 소개되었다. 여기서 아내의 위치를 강조한 것이라고 볼 수 있다. (*)

이스라엘아 '들으라'(שְׁמַע 쉐마, 6:1-9)

6장의 핵심 : 애굽 땅 종 되었던 집에서 인도하여 내신 여호와를 잊지 말라고 하신다(6:12). 물질적인 풍요를 누릴 때 영적으로는 타락하기 쉽기 때문이다. 따라서 여호와를 경외하되 "마음을 다하고 성품을 다하고, 힘을 다하여 네 하나님 여호와를 사랑하라"고 하신다.

1. 왜, 규례와 법도를 철저히 지켜야 하는가?

- 6:2, 3 "곧 너와 네 아들과 네 손자들이 평생에 **네 하나님 여호와를 경외하며** 내가 너희에게 명한 그 **모든 규례와 명령을 지키게 하기 위한 것이며** 또 네 날을 장구하게 하기 위한 것이라 3이스라엘아 듣고 삼가 그것을 **행하라** *그리하면* 네가 복을 받고 네 조상들의 하나님 여호와께서 네게 허락하심 같이 젖과 꿀이 흐르는 땅에서 네가 **크게 번성하리라**."

(1) "평생에 네 하나님 여호와를 경외하라." 네 아들들과 손자들에게도 규례와 법도를 지키도록 힘써야 한다고 명령한다. 그 계명을 지키는 것에서 하나님을 경외(敬畏)하는 것이 드러날 것이기 때문이다. 그렇게 하면,

① 네 날이 장구(長久)할 것이다 : 단, 그 규례와 법도를 잘 지킨다면.
② 가나안 땅에서 너희 수효가 심히 번성하리라 : 이런 축복은 이 말씀을 듣고 행하는 데서 그 축복이 오게 된다.

2. 유대인들은 이 말씀을 날마다 되새기며 종교적 훈련을 해 왔다. 이들은 이 구절을 작은 금속 상자나 가죽 상자(옆 그림)에 넣어 9절과 같이 실행했다. 6:7을 보라. 부모가 자기 자녀들에게 하나님의 말씀을 가르칠 의무가 있음을 본다. 자녀들에게 하나님을 사랑하고, 하나님에게 순종하는 법을 가르쳐야 한다.

(1) 그러나 이들이 원하는 교육의 목표는 무엇일까? 그것은 무조건 율법을 암송만 하는 지식 위주의 교육이 아니라, 하나님을 경외하는 경건한 개인을 양육하는 데 주 목적이 있었다. 지식 있는 사람이 교만해지기 쉬운 우리네 현실에서 이들의 토라 교육에서 어떤 귀감(龜鑑)을 볼 수 있을까?

(2) 그래서 대체로 우등생들에게서 인격을 찾아보기가 힘들다. 암기 위주의 교육이 낳은 잘못된 교육관 때문일까? 전인격의 변화가 없는 교육은 이 사회를 더욱 어두운 면으로 끌고 갈 뿐이다.

유대교의 기본적인 신앙고백이 되는 말씀 (신 6:4-9)

4 **이스라엘아 들으라** 우리 하
나님 여호와는 오직 유일한
여호와이시니
5 너는 마음을 다하고 뜻을 다
하고 힘을 다하여 네 하나님
여호와를 사랑하라
6 오늘 내가 네게 명하는 이
말씀을 너는 마음에 새기고
7 네 자녀에게 부지런히 가르
치며 집에 앉았을 때에든지
길을 갈 때에든지 누워 있을
때에든지 일어날 때에든지
이 말씀을 강론할 것이며
8 너는 또 그것을 **네 손목에
매어 기호를 삼으며 네 미간
에 붙여** 표로 삼고
9 또 네 집 문설주와 바깥 문
에 기록할지니라

☞ 미간(眉間)이 어디냐고? 양미간(兩眉間) = 두 눈썹 사이(middle of the forehead)

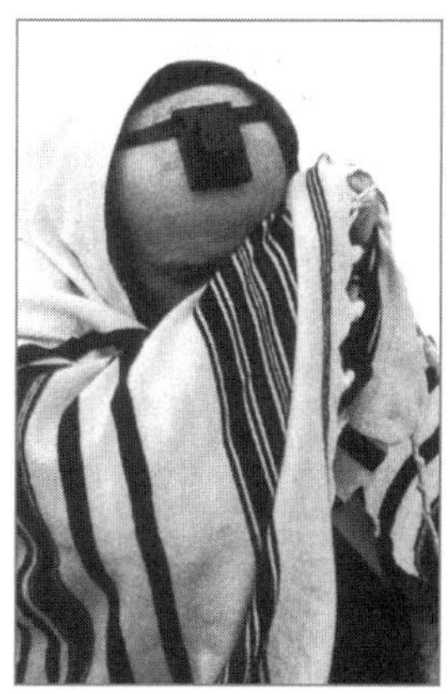

3. 예수님은 바리새인들의 어떤 점을 잘못했다고 지적하셨는가?

마 23:5 "그들의 모든 (   )를 사람에게 보이고자 하나니 곧 경문띠 (phylactery)[1]를 넓게 하며 옷술을 길게 하고."

(1) 마태복음 23장을 읽어보면 예수님은 서기관과 바리새인들의 유별나게 세세하고, 정밀한 종교가 갖는 허황됨과 가식을 폭로하고 있다. 이들의 가르침은 모세의 율법을 존중하려 했고, 그러한 면에서는 그들의 가르침에 어느 정도 복종할만 했다(마 23:1-3). 그러나, 그들의 삶 자체는 결코 본 받을 수 없다고 하셨다. 왜, 어떻게 했길래?

(2) 말만 번지르르하고, 또 가르치기만 하고, 본인은 손가락 하나 움직이지 않는 지도자들이 의외로 많다(?). 얼마 없다고(?) 거의 다라고(?) 이런 지도자들은 대체로 남의 잘못을 지적하기만을 잘한다. 어떻게 이런 사람들의 인격을 본받을 수 있겠는가!

4. 이 신조(쉐마)는 이스라엘의 하나님 여호와가 한 분이심과 독특하심을 그와 백성간에 확립된 관계 속에서 구체적으로 제시한다.

쇄마(שְׁמַע)의 칼 동사 명령법 / 들으라!

6:4 שְׁמַע יִשְׂרָאֵל יְהוָה① אֱלֹהֵינוּ יְהוָה אֶחָד②

Hear O Israel, The LORD our God the LORD is one

• 여기 본문은 몇 가지로 해석이 가능하다. 문자 그대로 보면 "여호와(아도나이) 우리 하나님, 여호와(아도나이)① 한분"이라는 말이다. 여기서 중요한 표현은 '하나'(에하드, אֶחָד)②라는 단어이다. 이 단어의 뜻은 '하나' '유일한'이라는 뜻을 갖는다. 당시 근동 세계는 다신론이었다. 여기 신명기 6:4, 5에서는 다신론적인 개념을 완전히 배제시키고 있다.

(1) 이런 유일하신 하나님을 사랑해야 된다고 말하고 있다(5절, 너는 **마음을 다하고 뜻을 다하고 힘을 다하여** 네 하나님 여호와를 사랑하라). 그것도 온 마음으로, 그리고 온 영혼으로, 온 힘을 다해 '사랑하라'(칼동사 완료형이지만 명령형으로도 번역될 수 있다)고 명령하고 있다.

(2) 사랑하되 **온**(with all, בְּכָל)[2] '마음'(레바브)을 다하여, **온** '영혼'(네페쉬)[3]을 다하고, 또 **온** '힘'(מְאֹד, 메오드)을 다하여 하나님을 사랑하라는 것이다.[4]

1) **경문**(經文) : 출 13:16의 말씀을 그대로 순종해서 양피지에 율법의 구절들을 써넣은 다음, 그것을 가죽 상자에 담아서 봉한 것이다(출 13:3-10, 11-16, 신 6:5-9, 11:13-21 = 4부분으로). 그런데 어떤 자들은 이것을 타인보다 더 길게 하여 더 종교적임을 나타내려 했다. 그들은 하나님의 말씀을 그들 마음에 두지 아니했다(시 119:11).

2) 즉 인간의 모든 것으로 하나님을 사랑하라고 명령한다. 온전한(100%) 충성과 헌신을 요구하신다는 말이다.

3) 개역성경은 "성품을 다하여"라고 번역했다.

4)

בְּכָל = (ב,with) + (כֹּל,all)

ב, with는 수단과 방법을 가리킨다.

아버지로부터
토라를 배우고 있는
자녀들

막내는 아직 무슨 소린지 모르는가보다.

어떻게 가르칠까? (7절)

▶ **아이들을 가리킬 때 어떤 방법으로 지도해야 될까?**

(1) **부지런히 가르치며**(teach them diligently) : 사난(שָׁנַן)의 피엘(강의형 능동), 완료 2인칭으로 '사난'은 "뾰족하게 하다, 찌르다, 날카롭게 하다, (칼 따위를) 갈다"라는 뜻이 있다. 그렇다면 이렇게 해석할 수도 있겠다. 즉 가르치되 '**날카롭게**, 또는 **엄하게 가르치다**'라는 뜻이다. '의식 또는 기억을 날카롭게' 하라는 것이다. 일부 학자들은 이 단어를 '반복하다'로 해석한다. 이 해석 역시 '반복' 교육을 통해 감명을 주는 것으로 하나님의 말씀을 마음에 교육하기 위한 교육 방법이다.[1]

(2) **강론할 것이며**(shalt talk of them): 다바르(דָּבַר)의 피엘 동사 완료 2인칭으로 기본 어미는 '말하다'를 의미한다. '선언하다. 담화하다, 명령하다, 약속하다, 경고하다, 노래하다' 등의 뜻도 있다. **자녀들에게 부지런히(엄하게) 가르치되 시간과 장소를 구애받지 않고 가르쳐야 한다는 말이다.** 물론 자녀들에게만 해당되는 것은 아니다. 이 말씀은 누구든지 매일의 사고에서 이 계명들을 되살리며 자신에게나 타인에게 이 말씀들을 상기시켜야 함을 의미한다. 하나님께서 명령하는 말씀들이 우리 '마음' 속에 있어야 한다고 말씀하셨기 때문이다(6절, 예레미야 31:33을 참조해 보라). 여기서 '마음'은 생각과 기억, 사랑의 좌소를 가리킨다.

(3) 또한 손에 매거나 집 문설주와 바깥 문에 기록함으로써 이 계명을 상기시켜야 한다.[2]

1) 김영욱, 신명기(1), 그리심, 379면.

2) 훗날 이 명령은 문자적으로 취하여 작은 가죽 두루마기를 팔 위나 이마 주위에, 또 집의 문설주나 바깥문(메주자)에 붙였다. 이런 일은 말씀들이 끊임없이 상기되게 한다는 것을 말해 준다. 물론 이 계명들이 마음에만 있거나(6절) 말로만 표현될 것이 아니라(7절) 행실로 이행되어야 함을 보여주기도 한다.

이스라엘의 신조(Creed)

확대경(No.6)

신명기 6:4, 5은 이스라엘의 신조(Creed), 곧 쉐마이다. 이 '쉐마'는 유대인들이 신조를 지칭할 때 부르는 이름이다.

이 말씀은 유대인들의 가슴에 새겨져야 했으며 또 자손들에게 부지런히 전수되어야 했다.

이 말씀은 '기호'로서 손목에 채워야 했으며, 표(경찰, 經札)로서 눈섶 사이에 붙였다. 집의 문기둥과 문 위에도 기록했다.

이스라엘이여 "들으라"(쉐마)

1. 쉐마(שְׁמַע): 들으라

원래는 신명기 6:4의 말씀만을 쉐마라고 했는데, A.D. 2세기에 와서 신명기 6:5-9, 11:13-21, 민수기 15:37-41이 포함되어 오늘날까지도 유대인들이 아침 저녁으로 암송되어지고 있다고 한다. '쉐마' 라는 말은 신명기 6:4의 문두에 나오는 '쉐마'(=듣다)에서 유래했다. 예수님께서도 그리고 초대교회에서도 쉐마의 처음 두 절을 율법의 근본적인 핵심으로 함께 사용했음을 알 수 있다(막 12:28-34, 롬 3:30, 고전 8:4, 약 2:19, 요일 4:20 참조).

2. 특히 신명기 6장은 오고 오는 다음 세대에게 어떻게 하면 여호와의 법도와 율례들을 깊이 간직할 수 있겠는가에 대해 언급하고 있다. 더욱이 당시의 상황으로서는 그들을 가르칠 만한 교육기관이 없었을 때였다. 자연히 부모들의 역할이 클 수밖에 없었다.

3. 이들의 교육 목표는 **생활 중심의 교육**이었다. 엄청난 양(量)의 지식만을 암기하는 맹목적인 교육이 아니었다. **그들이 원하는 교육의 목표는 지식 있는 개인이 아니라 '경건한 개인'이 목표였다.** 직업도 도제살이(徒弟 – 어려서부터 스승을 따라 기술을 배우는 제자)를 통해 습득되었다. 종교적 훈련도 그와 비슷했다. 이들이 절기를 지키는 것에서도 교육은 연관되어 있었다.

아이들은 거룩한 공동체의 환경 속에서, 하나님을 사랑하고, 그의 계명들을 마음에 새겨 놓은 어른들 속에서 자라게 되었다. 물론 부모들이야말로 경건한 생활의 모본이 되는 가장 가까운 선생이었다. 따라서 이들은 학교 교실에서 보다는 그의 가정 안에서 일상생활을 통해 근본적인 인격을 형성해 갔다. 그 부모들도 경건했을 것이고, 그의 자녀들도 경건을 배워갈 수 있었을 것이다.

"네 자녀에게 부지런히 가르치며 집에 앉았을 때에든지 길을 갈 때에든지 누워 있을 때에든지 일어날 때에든지 이 말씀을 강론할 것이며"(신 6:7)

4. 그러나 훗날 유대인들은 이 말씀이 의미하는 근본적인 뜻에서 벗어났다. 경문을 팔과 머리에 달고다니면서 외적 경건으로만 빠져들어 갔다. 이 말씀이 의미하는 바 근본 뜻을 잊어버리고 문자적인 것에 매어 버렸기 때문이었다. 훗날 이 율법교육이 제대로 이루어지지 못했을 때 이스라엘이 겪어야 했던 엄청난 암흑기를 기억해 보라. 그 암흑은 벌써 사사시대에 나타났다. 여호수아와 그 당대 어른들이 죽은 후에 이 율법교육은 잘 이루어지지 아니했다. 그것은 결국 이스라엘 공동체를 혼란과 파멸로 몰아넣었다. (*)

어떤 일들을 지킬까요? (6:10-19)

1. 하나님께서 명령하신 것과 증거하신 것과 규례를 지킨다면(17절) 어떤 축복을 얻을 것인가?

- 6:18-19 "**여호와께서 보시기에**(in the sight of the LORD) '정직하고 선량한 일'(right and good)을 행하라 그리하면 네가 복을 받고 그 땅에 들어가서 여호와께서 모든 대적을 네 앞에서 쫓아내시겠다고 네 조상들에게 맹세하신 아름다운 땅을 차지하리니 여호와의 말씀과 같으니라."

(1) 그러니까 하나님이 그들에게 주신 율례와 법도를 지키라는 말씀이다. 그것은 결국 크게 두 가지로 말할 수 있다. 첫째는 "여호와 보시기에 <정직하고> 둘째는 <선량한 일을 행하라>"는 것이다. 하나님을 경외하고 그 이웃을 내 몸과 같이 사랑하라는 말이다. 하나님을 경외하는 사람이 선량한 일을 하지 않겠는가! 만약, 그렇게만 살아간다면 하나님은 이스라엘을 대적하는 자들을 쫓아버리실 것이다. 그리고 그들의 열조들에게 약속하신 그 아름다운 땅을 얻게 될 것이다.

(2) 자, 그러면 어떤 점들을 삼가 지켜야 할 것인가? 우선 6:10-19까지 자세히 음미하면서 읽어보라.

(3) 이제, 하나님은 이들에게 가나안을 주실 것이다. 조금 지나면 안정이 될 것이고, 그러면 이들은 아주 쉽게 하나님의 계명을 잊고, 우상 숭배에 휘말릴 수 있음을 말한다. 그럴 때, 정신차리라는 말씀이다. 틀림없이 이들은 하나님의 법도를 떠날 것이다. 이들의 부모들이 광야에서 행했던 일들을 되돌아보니 거의 틀림없을 것이라는 말이다. 그래서 하나님은 교육을 철저하게 시키실 것을 신신 당부하신다. 철저한 율법 교육을 하라는 것이다. 자녀들에게 부지런히 가르치라고 말씀하신다. 물론 생활 교육을 말씀하시는 것이다.

3. 그러니 어떻게 할까? 어떻게 하면 정신을 차릴 수 있을까?

① 조금 잘 살게 됐을 때(10-12절), 제발 주접 떨지 말고
② 하나님을 잊지 말고(12절),
③ 여호와를 경외하며(13절),

배부를 때 | 조심하라

- 6:4-9 : 들으라(쉐마)
  여호와를 사랑하라. (온 마음과 온 영혼으로, 온 힘으로) / 그리고 여호와의 명령이 너의 마음에 있어야 한다. / 자녀들에게 여호와의 규례와 법도를 부지런히(엄하게) 가르쳐라 / 말씀을 가르치는데 장소와 시간을 구애받지 말고 반복해서 가르쳐라 / 그리고 눈에 보이는 곳이면 어디나 말씀을 기록해서 생각나게 해라

- 6:10-15 : ~할 때에 조심하라. (부할 때에 조심)

  약속의 땅 가나안에 들어가게 될 때, 그래서 좋은 집, 좋은 우물을 소유하고, 포도나무와 올리브 나무 아래서 평강을 구가할 때, 즉 네가 풍족을 누려 배부르게 될 때에 <조심하라, 제발 주접떨지 말고>

④ 우상을 섬기지 말라(14-15).
⑤ 또, 여호와를 시험치 말라(16절).
⑥ 그리고 여호와 보시기에 정직히 행하라(18절).

(*) 그리하면 하나님께서 너희와 너희 자녀들에게 복을 주실 것이다.

(1) 사람이 어려울 때는 그래도 대체로 겸손하다. 그런데, 조금 형편이 나아지면 그 꼴을 못 봐준다. 교회 일 혼자 다하는 것 같고, 헌금은 자기만 하는 것 같고, 도대체 하나님 앞에 기도하려 하지 않는다. '아, 신나는 신앙생활 아닌가!' 이런 사람들에게 하나님은 주접떨지 말라는 것이다. 이런 사람은 엄청나게 얻어맞고 한 대 더 맞어야 정신을 차린다. 그래야 사람이 된다. '아닌가?'

(2) 이스라엘 백성들은 훗날 그들의 역사에서 규례와 법도를 지키지 않고 위의 명령과는 정반대의 길을 걸어가게 된다. 물론 엄청난 매를 맞는다. 하나님의 언약을 어겼기 때문이다. 나중에는 남의 집 종살이로 팔려가기까지 한다.

4. 후일에 자녀들이 하나님의 법도를 묻을 때, 그 뜻을 정확히 가르칠 수 있어야 한다. 어떤 내용을 가르칠까?

6:20-25 (옆의 각주를 보라)

6:20-25

(1) 먼저, 출애굽 사건과 그 의미를 이야기 해줘라. 야훼 하나님의 전능하심과 그의 인자하심, 그리고 물론 유월절의 의미도 이야기 해주어야겠지?

(2) 그리고, 왜 규례와 법도를 주셨는지도 이야기 해줘라. 그 율법을 철저히 지켰을 때 받을 복도 이야기 해줘라.

(3) 그렇게 철저히 율법에 순종하게 될 때, 그 순종이 하나님 앞에 '우리의 의(義)가 될 것' (물론, 믿음에 의한 칭의라고 설명해야겠지)이라는 점을 이야기 해줘라.

적용 도우미

- 남에게 보이기 위해(show off, pride), 그 알량한 실력, 학식 따위를 자랑하는 사람이 얼마나 많은데요. 당신은 안그런다고요. 됐어요. 그러면 참으로 인격적인 성장을 한 것이네요.
- 참 지도자의 길이 얼마나 어려운가?! 우리는 가르치기 위해 배우는 자세를 가져야 한다. 우리의 선생님은 누구뿐인가? 그런데 왜, 우리가 그 자리에 앉으려 하는가?
- 영적인 지도자는 어떤 점을 경계해야 하나? 왜, 주님보다는 자기 자신을 더 드러내려고 애를 쓰는가? 가르치는 자의 모습이 아니라 예수님의 모습이 배움을 받는 자들 안에 각인되도록 지도해야 하지 않겠는가? 어느 영적 지도자가 다른 교회로 옮기면 그를 따라 우르르 함께 옮기는 경우를 가끔 보게 된다. 그렇다면 지금까지의 그의 교육은 실패일 수밖에 없다. '도대체 지금까지 누구를 소개했길래?' '오죽하면 따라가겠느냐고?'
- 율법은 우리에게 무거운 짐인가? 하나님을 사랑하고 그 말씀에 순종하는 자는 율법이 짐이 아닐 것이다. 나는 어떤 마음으로 하나님의 말씀을 지키고 있는가?

오늘날 네 행복을 위함이 아니냐?

확대경(No.7)

1. 오늘날 네 행복을 위함이 아니냐?

• 신 6:24 "여호와께서 우리에게 이 **모든 규례를 지키라** 명령하셨으니 이는 우리가 우리 하나님 여호와를 경외하여 **항상 복을 누리게 하기 위하심이며** 또 여호와께서 <우리를 오늘과 같이 살게 하려 하심이라>"

• 신 10:13 "내가 오늘 **네 행복을 위하여** 네게 명하는 여호와의 명령과 규례를 지킬 것이 아니냐."

2. 위의 구절은 왜 하나님이 규례와 법도를 지키라고 강력하게 권고하시는가를 보여주는 구절이다. 결국 "우리의 행복을 위한 것이 아니냐?" 라는 것이다. "우리가 그 명령하신 대로 이 모든 명령을 우리 하나님 여호와 앞에서 **삼가 지키면 그것이 곧 우리의 의로움이니라** 할지니라"(신 6:25).

3. 우리가 그 율례와 법도를 지키면 의롭게 된다는 말인가? 물론 우리는 이미 익히 알고 있는 대로 율법의 의(義)로는 구원을 받을 수 없다. 설혹 우리가 율법을 100% 다 지켰다고 해서, 그 사실이 곧 구원의 근거가 되지 아니한다.

(1) 우리에게 영생을 주시는 것 자체가 하나님의 은총이기 때문이다. 하나님의 왕국은 은총(favor)의 왕국이었다. 물론 타락 후의 그리스도의 화목 사역으로 주어진 '은총'을 우리는 '은혜'(grace)라고 부른다(S.G. De Graaf).

(2) 더욱이 로마서에서는 타락으로 인해 그 율법을 지킬 수 있는 사람이 하나도 없다고 말하고 있지 아니한가!(롬 3:10-18) 율법은 죄를 깨닫게 하고, 그리스도에게로 인도하는 몽학선생으로, 그리고 하나님의 뜻을 분별하는 역할만을 할뿐이다. 구원은 오직 믿음으로만 가능하다고 성경은 선포하고 있다(로마서, 갈라디아서, 에베소서 등)

4. 그런데, 오늘 본문에서는 율법의 준수(遵守)를 이스라엘의 의로움이라고 말씀하시지 아니한가? (신 6:25) 동시에 그 율법의 준수는 백성들의 행복한 삶을 보장해 주신다고 하지 않는가! (신 4:40, 5:29, 6:24, 10:12-13, 11장) 우리는 율법이 하나님의 백성들이 '거룩한 백성들' 로 살아가게 하기 위한 하나의 울타리였음을 보게 된다.

하나님은 그 율례와 법도를 지킬 때 그것을 우리의 의로 인정해 주시고, 그리고 거기에 복을 더 얹어 주신다는 것이다. 그런데도 이스라엘은 이런 간섭(?)이 싫다는 것이었다. 세상 사람들이 살아가는 방식대로 살아가고 싶다고 안달을 한다. 타락한 본성이 죄악을 좋아하기 때문이다.

5. 우리의 의와 하나님의 의를 비교할 때, 우리의 의가 무슨 의로움이 되겠는가? 하나님은 우리가 진토임을 아신다. 우리가 죄를 짓는 장본인인 것을 아신다. 아담 이후로 인류의 역사는 바로 죄악사(罪惡史)가 아니던가?

그러나, 하나님은 그 율례와 법도를 준행하기를 원하신다. 말씀대로 살아가려고 몸부림치는 우리의 모습을 보고 싶으신 것이다. 그렇게 살아가려고 애쓰는 자에게 행복한 삶을 주시겠다고 수없이 외치시고 계시지 않은가! 물론 이 율법을 준행하지 못할 때 저주가 있을 것도 선언하신다(신 11장).

자, 나는 어떻게 할까?
신명기 11:1의 명령을 들을 것인가!
그렇게 한다면
신명기 11:8이하의 축복을 주시겠다고
분명히 약속하셨다.
신명기를 늘 읽어서,
우리의 마음속에 각인시키자.
축복을 받는 비결이 여기 있기 때문이다.
물론 아는 것만큼 실천이 있을 때
축복이 있다는 말씀이다. 명심하자!! (※)

시내산 언약과 모압 언약의 차이점

1. 십계명이 주어진 배경을 말해보라.

(1) 십계명은 하나님의 백성을 위한 헌법이라고 할 수 있다. 따라서 그것은 하나님의 뜻을 보여주고 있다. 그리고 십계명에 이어 주셨던 언약서(출 20:22-23:19)는 이 원리의 구체적 적용이라 할 수 있다. 출애굽 3개월이 지나 시내산(호렙산)에서 진을 치고 있었다(출 19:2). 그리고 하나님은 이 십계명을 이스라엘 백성들에게 직접 주셨다(출 20:18-19).

(2) 왜, 십계명을 주셨나? 그것은 이스라엘 백성에게 하나님을 섬기는 근본 원리들을 제시해 주시기 위해서였다. 그 구체적 실천목록은 언약서에서 나타난다. 따라서 십계명이 헌법이라면, 언약서는 그에 종속되는 법률들이라고 할 수 있다.

2. 그런데, 왜 신명기에서 십계명을 언급하는데 시내산에서 주신 십계명과 조금의 차이점이 있을까?

(1) 자, 그러면 신명기에 대해 잠깐 생각해 보자. 신명기는 거의 다 모세의 설교로 구성되어 있다. 이 설교가 힛타이트 족속의 종주권 조약의 형식을 닮았다고 앞에서 살펴보았다. 그 종주권 조약에서 그 군주가 봉신에게 일방적으로 자기 의지를 선포하면서 관계를 설정했듯이, 신명기에서도 자신의 대리자(중재자) 모세를 통하여 일방적으로 자신의 의지를 표명하신다.

(2) 그래서 신명기의 문체는 '권고'(설교)형이다.

3. 신명기는 지금 어디에 있는 누구에게 주어진 것인가?

(1) 출애굽 40년, 요단강을 건너기전 모압 평지에서 출애굽 제2세대들에게 다시 언약을 갱신하고 있는 것이다. 과거의 쓰라린 경험을 교훈삼아 가나안 땅에 들어가서는 제발 우상을 섬기지 말고 하나님을 경외하라는 권고를 하고 있다.

(2) 신명기에서는 "야웨 너희 하나님께서 너희에게 명하신 대로"라는 문구가 많이 나온다. 모세는 이 문구를 거듭 사용하면서, 자기가 지금 하고 있는 설교가 바로 이전 시내산에서 하나님께서 주신 명령과 법들에 근거한다는 점을 상기시킨다.

4. 그렇다면 두 곳에서 십계명에 대한 기록에 어떤 차이점이 있을까?

▶ 4계명에서

- 출 20:8 "안식일을 **기억하여** 거룩히 지키라."
- 신 5:12 "네 하나님 여호와가 네게 명령한대로 안식일을 **지켜** 거룩하게 하라>"

(1) 차이점 :
- 출애굽기 – "기억하라"
- 신명기 – "지키라"

- 출 20:11에서는 안식일의 근거를 **'하나님의 천지 창조사역'** 에 두었다.
- 그러나, 신 5:15에서는 **'출애굽'** 사건에다 두었다.

(2) 모세가 십계명을 바꿔서 자기 말로 제시한 이유는 무엇일까? 그것은 '본문' 을 자기 상황에 적용시켰기 때문이다.

- 출 20:11에서는 하나님 자신의 안식일 제정 근거가, 자신의 창조 사역시 제 7일에 안식하셨음에 분명하게 제시되었다면,

- 신 5:15에서는 그 안식일의 '근본 제정 원리' 가 아니라 모세가 설교하고 있는 당시의 '상황의 필요' 가 반영되고 있다. 하나님께서 안식일을 기억하여 거룩하게 지키라고 명하시는 이유는, 원리상 자신의 창조사역에 근거한다. 그러나 모세는 이 설교를 통해, "이스라엘 백성들 각각 개인에게는 별로 상관이 없는 듯이 보이는" 시내산에서 주신 안식일 계명을 청중들에게 아주 "중요한 개인적인 관심사"로 돌리고 있다.

▶ 5계명에서

- 출 20:12 "네 부모를 공경하라 그리하면 네 하나님 나 여호와가 네게 준 땅에서 네 생명이 길리라."

- 신 5:16 "너는 **네 하나님 여호와께서 명령한 대로** 네 부모를 공경하라 그리하면 네 하나님 여호와가 네게 준 땅에서 네 생명이 길고 **복을 누리리라.**"

(1) 차이점 : 신명기에 "야웨 너의 하나님께서 명하신 대로" / 신명기에 네가 "복을 누리리라"[יִיטַב, 야타브(יטב)의 칼동사 미완료 3인칭 남성 단수]라는 말을 추가했다.

(2) '야타브 라크' 는 표현은 신명기에서 청중들의 동기를 불러일으키는 말씀으로 여러번 사용되었다(4:40, 5:29, 12:25, 28, 22:7).

- 4:40 "오늘 내가 네게 명령하는 여호와의 규례와 명령을 지키라 너와 네 후손이 '복을 받아'(יִיטַב) 네 하나님 여호와께서 네게 주시는 땅에서 한없이 오래 살리라."

- 5:29 "다만 그들이 항상 이 같은 마음을 품어 나를 경외하며 내 모든 명령을 지켜서 그들과 그 자손이 영원히 '복 받기를 원하노라'(יִיטַב)."

- 야타브(יטב): '선하다, 즐겁다, 잘하다' – 칼형에서 '잘되다, 성공하다' 라는 의미로 사용되었다.

결 론:
모세는 원래 시내산에서 받은 십계명의 구조를 견지하면서 자신의 요지를 강조하고 있다. 따라서 이미 제시된 약속의 말씀을 강조하기 위해서 '야타브 라크' (네가 복을 누리리라)라는 표현을 첨부하고 있는 것이다. (❖)

(반즈 주석, J. 리더보스, 신명기 부록, 472-477면)

신명기 5–6장 정리하기

요약질문

두번째 설교 : 4:44-26:19

5 • 첫번째 설교의 주 내용은 무엇인가?
• 두번째 설교의 범위는? 그리고 주 내용은 무엇인가?
• 시내산 언약은 어느 때 누구와 맺어진 언약을 가리키는가? (5:3)
• 십계명을 언급하기 전에(신 5:6-22) 무엇을 상기시키는가? (5:2-3)
• 주님은 율법을 크게 두 가지로 요약해 주셨다. 그 내용을 요약 설명해 보라(막 12:28-31).
• 언약 갱신의 의미는 무엇인가? 왜 이스라엘 백성에게 언약 갱신이 필요했는가?
• 율법은 이스라엘에게 어떤 의미가 있는가? 율법을 주신 목적은 무엇인가?
• 율법을 지킬 때와 어길 때에 어떤 축복과 형벌이 따르는가? (5:23-33)
• 십계명을 주신 목적은 무엇인가? (확대경 No 5)

6 • '쉐마'란 무엇을 가리키는가? (6:4-7)
• 왜 규례와 법도를 철저히 지켜야 하는가? (6:2-3)
• 이스라엘의 자녀 교육의 특징은 무엇인가, 토라와 연관하여 설명해 보라. (81면 참조)
• 유대인의 기본적인 신앙고백이 되는 말씀이 '쉐마'라고 알려진 신6:4-9의 말씀이다. 훗날 유대인은 이를 철저히 지키는 과정에서 허황됨과 가식으로 빠졌는데, 이에 대한 예수님의 지적은 무엇이었나? (마 23:5)
• 하나님을 사랑하되 어느 정도의 사랑을 요구하시는가? (6:5)
• 하나님께서 명령하신 규례와 법도를 잘 지키면 어떤 축복을 얻을 것인가? (6:18-19)
• 그렇다면 구체적으로 어떤 규례를 잘 지켜야 할까? (6:10-19)
• 훗날 자녀들이 하나님의 법도를 물을 때 그 뜻을 정확히 가르칠 수 있어야 한다. 어떤 내용을 가리켜야 할까? (6:20-25)

Summary

The Stipulations of the Covenant
(4:44-26:19)

Deuteronomy
7-8장

두 번째 설교 :
신 4:44–26:19

1. 선주민을 진멸시키고, 가나안 족속과 혼합하지 말라(7:1–11).
2. 규례와 법도를 지키면 형통케 하시리라(7:12–16)
3. 가나안 족속을 두려워하지 말고, 저들의 우상들을 멸하라(7:17–26)
4. 광야에서 이스라엘을 어떻게 훈련시키셨나? (8:1–10)
5. 교만하지 말고, 우상을 멀리해라(8:11–20)

규례와 법도를 지키면

모세의 두 번째 설교는 계속되고 있다. 모세는 시내산 언약을 다시금 기억케 하고 그 말씀에서 좌로나 우로나 치우치지 말 것을 강력하게 권고하고 있다. 그리고 그는 계속하여 그 실천 목록을 하나 하나 짚어 가며 설교하고 있다. 규례와 법도, 그것은 지금 현장에 있는 이스라엘 백성뿐만 아니라, 오고 오는 다음 세대들도 철저히 지켜야 할 생명의 원칙이다. 이 율법을 얼마나 잘 지키느냐에 따라 이스라엘의 존폐 여부가 달려 있다는 것이다. 따라서 십계명을 재 강론하고, 그것을 철저하게 지킬 것을 당부하고 있다. 더욱이 자녀들에게 생활의 실천을 통해서 교육하도록 촉구하고 있다. 이제, 계속되는 설교는 무엇을 강조하고 있을까?

무엇보다 모세는 가나안에 들어가거든 가나안에 거주하는 원주민(가나안 7족속)을 진멸하라고 명령한다. 왜 진멸하라고 명령하실까? 하나님은 너무 잔인한 분이 아니신가? 그 당시 가나안 문화는 거의 말초적인 환락에 빠져 있었다. 바알 문화에 오염되어 하나님이 진멸하지 않으면 안될 정도로 악이 관영해 있었다. 만약 이들을 살려두면 이스라엘은 곧 오염에 빠질 것이고 이내 그 정체성을 잃어버릴 것이 분명했다. 따라서 우상도 철저히 파괴할 것을 명하셨다. 이제 새로운 땅에 가서 모세가 전해준 대로 규례와 법도를 지키면 가나안은 정말 젖과 꿀이 흐르는 곳이 될 것이다.

우리의 왕되신 하나님께 절대 충성하라(6-11장)

Do Not Forget the Lord

▲ 가나안 족을 진멸하라

- 왜, 가나안 족속들을 진멸하라고 말씀하시는가?
- 왜 혼인까지도 금하시는가? 결혼은 이들을 타락으로 이끄는 첩경이다.
- 죄는 그 영향력이 마치 전염병과 같다.

▲ 가나안 정복, 그것은 생각처럼 쉽게 이루어지지 아니할 것이다. 하나님을 전폭적으로 신뢰하지 않는다면, 즉 믿음이 없다면 결코 승리할 수 없는 엄청난 전쟁이다. 여호와 하나님은 우리의 용사이시기에 그를 믿고 따르면 가나안은 우리의 밥이다.

▲ 광야 40년의 세월 속에서 얻은 교훈은 무엇인가?

(1) 어려움을 통해 겸손케
(2) 기적을 통해 먹이심
(3) 징계를 통해 바른 길로 가게 하셨다.

7장 : 가나안 선주민을 진멸하라

- 1-11절 • 가나안 선주민을 진멸하라. 가나안 족속과 혼합하지 말라. 그들과 혼인도 하지 말며, 그들이 섬기는 우상을 진멸하라. – 만약 이것을 지키지 않는다면 틀림없이 이스라엘 백성들은 이들과 동화되어 그들의 정체성을 잃어버리게 될 것이다.
- 12-16절 • 그러나 규례와 법도를 잘 지키면 하나님이 이들을 형통케 하실 것이다. 산업을 풍성케 하시며, 대적을 물리쳐 주실 것이다. 자손 번창, 토지 소산 풍성, 가축의 번식이 있을 것이다.
- 17-26절 • 가나안족들을 진멸한다는 것이 결코 쉬운 일이 아니다. 그래서 겁을 먹고 포기하려 들지도 모른다. 그러나 모세는 이들을 결코 두려워 하지 말라고 격려하고 있다. 과거에 하나님이 너희에게 어떻게 역사하셨는가를 기억하라. 과거의 출애굽 사건을 기억하라. 어쨌든 가나안 정복에 두려움을 느끼는 이스라엘에게 용기를 주고 있다. 그러나 하나님은 한꺼번에 가나안 땅 전부를 주시지는 아니하실 것이다. 왜? (22절)

8장 : 여호와의 명령에 절대 순종하라

- 1-10 • 왜 광야 40년 동안을 걷게 하셨는가? 그것은 불신앙이 그 원인이기도 했지만 또한편으로는 순종 여부를 시험키 위해서였다고 말씀하신다. 40년의 세월, 그 기간이 어찌 행복한 순간들이었겠는가?! 어쨌든 가나안 정복에 두려움을 느끼는 이스라엘에게 용기를 주고 있다.
- 11-16절 : 가나안에 들어가 조금 잘 살게 될 때, 마음이 교만해지기 쉬울 것이다. 배부르게 되고, 우양이 번성하고, 소유가 풍부하게 될 때, 아름다운 집을 짓게 될 때, 틀림없이 하나님 여호와를 잊어버리게 될 것이다. 그때 제발 교만하지 마라.
- 17-18절 : 또 한가지, 부하게 될 때, 그 결과가 자기가 노력해서 얻은 것으로 착각하지 말라. 물론 인간의 노력이 필요없다는 말은 아니다. 그러나 교만하면 하나님의 은혜는 안보이게 된다.
- 19-20절 : 그리고 무엇보다 우상 숭배를 하지 말아라. 거듭 거듭되는 권고이지만. 우상 숭배를 하지 말라는 권면은 수없이 나온다. 거의 틀림없이 이스라엘 백성들은 우상 숭배에 빠져들어가게 될 것이 때문이다. 가나안의 우상 숭배는 거의 성적인 것과 관련이 있어 유혹으로 넘어가기가 쉬었다. 거기에는 달콤함이 늘 함께 있기 때문이다.

가나안 7족속, 그들을 진멸하라(7:1~11)

7장의 핵심 : 하나님의 율법을 철저히 준수할 것을 명한 후에 7장에서는 가나안에 들어갔을 때 실제적인 삶의 요구를 하신다. 우선 가나안 일곱 족속을 진멸하고, 또 그들이 섬겼던 우상을 불사르고, 물론 결혼도 해서는 안된다고 경고한다.

1. 가나안 7족속이란 어떤 족속들인가? 물론 여기 나오는 7족속은 가나안 후기 원주민들을 말한다. 어떤 족속들인가?

- **가나안 초기 원주민** : 르바 족속, 엠 족속, 호리 족속, 수스 족속, 아낙 자손들이었다. 이들 초기 원주민들은 족장 시대에 이미 멸절되었거나 있어도 소수만 남아 있을 뿐이었다. 이들은 모압, 에돔, 암몬 족속 등에 의해 멸망되었거나 그 이전에 이미 멸망되기도 했다(창 14장 참조).

- **가나안 후기 원주민**[1]

(1) **헷 족속**(Hittites) : 가나안의 둘째 아들 헷의 후손들(창 10:15). 주전 1600-700년간 번영했다. 고대 애굽의 비문에도 그 이름이 나와 있다. 아브라함은 그의 아내 사라가 죽었을 때 그들에게서 무덤을 위한 땅을 샀다(창 23:3,4). 우리아도 헷 사람이다(삼하 23:39). 에스겔 16:3, 45을 보라.

(2) **기르가스 족속**(Girgashites) : 이들에 대해서는 잘 알려지지 않고 있으나 가나안의 계보에 들어 있다(창 10:16, 15:21, 수 3:10, 24:11, 대상 1:14). 주변 족속에게 일찍 흡수된 것 같다.

(3) **아모리 족속**(Amorites) : 고대 애굽과 레바논의 비문에는 가나안을 "아모리"의 땅으로 언급했다. 수리아와 팔레스틴은 "아모리 사람의 땅"으로 종종 알려졌다(창 48:22, 수 24:15,18, 창 14:7). '아모리'라는 말은 서부인(westerners)을 가리키는 말로 쓰였다. 한 종족(=Babarian, 야만인들)이 기원전 약 2000년경에 수리아와 메소포타미아로 침입해 왔는데 이들이 아모리 족이다. 이들은 요단강 동서 양쪽 계곡 지대에 많이 살았다.

(4) **가나안 족속**(Canaanites) : 넓은 의미로 쓰인 가나안은 가나안에 사는 모든 족속을 가리키고, 좁은 의미로는 주로 시돈과 두로의 베니게 지역의 해변가와 요단강 계곡과 평원에 사는 종족을 가리켰다(창 10:19, 민 13:29). 주로 상업에 종사했으므로, '가나안인' 하면 곧 상인을 의미하기도 했다(시 23:8, 겔 16:29).

(5) **브리스 족속**(Perizzites) : 이 족속은 주로 변두리에 살았던 것 같다('브리스'라는 말

1) 가나안 7족속 외에도 더 소수 민족이 있었을 것이다(창 10:15-18). 최소한 이 족속들의 이름을 외우라.

가나안 족속의 진멸은 그들의 패역으로 인한 죄에 대한 처벌이다.

가나안 사람

가나안 사람들은 이스라엘이 가나안 땅에 들어가기 전부터 있었던 족속들(헷, 가나안, 아모리, 히위, 여부스, 부리스, 기르가스, 블레셋)을 가리킨다. 특히 해변에 살고 있는 가나안 사람들은 무역에 뛰어나 부를 이루고 있었다. 이들은 바알 신을 비롯 아스다롯, 아세라 등의 우상을 섬겼다. 물론 이들의 우상 종교는 도덕적으로 아주 심한 타락상을 보였다. 이들을 진멸시키라는 하나님의 명령은(신 20:16-18) 어떤 일시적 감정에 의한 명령이 아니었다. 이스라엘은 하나님의 자녀이기에 거룩한 삶을 살아야 했다.

은 '작은 마을에 사는 자' 라는 뜻이다). 이들에 대해서는 잘 알려진 것이 없다. 이들은 아브라함 시대에 가나안 땅에 거주했었다(창 13:7, 15:20). 이스라엘이 가나안을 정복했을 때, 에브라임과 므낫세와 유다 지파에게 분배된 영토의 산간 지역에 흩어져 살았다(수 11:3, 삿 1:4-5). 이들은 이스라엘 사람들과 결혼하여 이스라엘을 타락시키기도 했다(삿 3:5-6).

(6) **히위 족속**(Hivites) : 본래 함의 후손으로(창 10:17-20), 북방 레바논 산과 헤르몬 산에서부터 하맛 어구까지 살았다(삿 3:3, 수 11:3). 이들은 여호수아를 속여 평화 조약을 맺어 생명을 구하기도 한다(수 9:1-15).

(7) **여부스 족속**(Jebusites) : 가나안의 셋째 아들의 후손들로서(창 10:16), 예루살렘과 그 주변 산간 지대에 살았다(수 15:8 민 13:29). 이들이 가나안의 중심인 예루살렘을 지배하고 있었고, 그 성읍의 이름을 '여부스' 라고 했다. 다윗이 그 성을 점령하고 다윗 성이라고 부르게 되었다(삼하 5:6-9)

2. 그런데 왜, 하나님은 이들을 진멸하라고 명령하시는가? 진멸? 그렇다면 하나님은 너무 잔인한 분이 아니신가?

7:2 "네 하나님 여호와께서 그들을 네게 붙여 너게 치게 하시리니
그 때에 너는 그들을 (진멸)할 것이라
그들과 무슨 (언약)도 하지 말 것이요
그들을 (불쌍히) 여기지도 말 것이며"

(1) 오늘 본문에 나오는 일곱 족속은 가나안 후기 원주민들로서, 이스라엘이 섬멸해야 할 대상들이었다. 하나님은 이런 가나안 족속을 진멸하라고 하신다. 그 당시 가나안 문화가 어떠했을까? 이들은 제사할 때 매음과 어린아이를 제물로 바치는 극악한 일까지도 서슴치 않았다. 하나님은 이렇게 타락한 문화에서 하나님의 백성을 보호할 필요가 있으셨다. 그 당시 이들의 죄악은 최절정에 달해 있었기 때문이었다.

(2) 만약 이들을 살려 두면, 서로 언약을 맺게 될 것이고, 이로 인해 이스라엘은 그들의 타락한 환경 속으로 빨려 들어 갈 것이 불을 보듯 뻔하기 때문이다(신 20:17-18, 수 23:12-13을 미리 보라). 한 사회의 멸망은 하루 아침에 이루어지지 않는다. 이들 가나안 족속의 진멸은 그들의 패역으로 인한 죄에 대한 처벌이다. 또한 이들은 이스라엘의 영적 상태를 흐리게 만들어 이스라엘로 하여금 파멸의 구렁텅이로 떨어뜨릴 것이다. 이들의 진멸이 결코 하나님을 비윤리적인 분으로 여길 수 없다.

(3) 고고학자들은 당시의 부패하고 패역했던 문화를 고발하고 있다. 이들은 죄로 인해 멸망 받아 마땅했다. 그만큼 부패했다(9:4-5*을 보라). 이들은 하나님 앞에서 미운 짓만 골라 했던 것이다(7:10* 참조). 하나님은 그만큼 죄악을 싫어하셨다. 더욱이 하나님의 백성의 모델인 이스라엘 백성이 타락한다는 것은 있을 수 없는 일이었다. 그러나 후에 보게 되겠지만 이 명령은 잘 지켜지지 않는다.

3. 우리의 눈을 잠시 과거로 돌려 '아브라함의 언약'을 기억해 보자. 창 15:12-16을 읽어보라.

400여년 전, 하나님은 아브라함과의 언약을 맺으셨다. 그러나 곧바로 가나안 족속을 쫓아내지 않으셨다. 왜냐하면, 그들의 "죄악이 아직 관영치 아니하였기"(창 15:16) 때문이었다. 이제 400여년이 지난 지금 하나님은 더이상 이들의 죄악을 묵과할 수 없으셨다. 너무나 이들의 죄악이 절정에 달했기 때문이었다. 가나안 멸망에 대해서는 신명기 20장 이후에서 자세히 살펴보기로 하자.

4. 따라서 이 가나안 백성들과는 서로 약속하지도 말고, 불쌍히 여기지도 말아야 한다. 물론 서로 혼인해서도 안 된다(3절). 왜 그들과 장가도, 시집도 가서는 안되는가?

7:4 그가 네 아들을 유혹하여 그가 여호와를 떠나고
(그렇게 했다가는 그들의 꾐에 빠져서 - 새번역)
다른 신들을 섬기게 하므로 여호와께서 너희에게 진노하사
갑자기 너희를 멸하실 것임이니라

(1) 이방인들과의 결혼은 이스라엘 백성들을 타락으로 이끄는 첩경이 될 것이다. 하나님 없는 가나안 족속들과의 결혼은 결국 가나안 족속의 멸망을 따라가는 것이다. 이들의 패역한 삶에 동화될 것이기 때문이다. 죄는 전염병처럼 그 번지는 속도가 빠르다. 악성 전염병은 한 사회를 파멸로 끌고 간다. 14세기경, 전 유럽을 흔들었던 페스트처럼. 그때 전 유럽 인구의 3분의 1이 감소했다던가? 하나님은 이 악성 전염병을 처음부터 철저하게 차단시키려 하신다.

(2) 따라서 이들과의 결혼 금지는 인종적인 문제가 아니라 영적 부패와 우상 숭배를 통한 배교를 막기 위해서였다. 그런데, 이방인들의 우상 숭배 뒤에는 늘 달콤한 유혹이 있었다. 이스라엘 백성들이 그것을 잘 이겨낼 수 있을까?

• 신 9:4 네 하나님 여호와께서 그들을 네 앞에서 쫓아내신 후에 네가 심중에 이르기를 내 공의로움으로 말미암아 여호와께서 나를 이 땅으로 인도하여 들여서 그것을 차지하게 하셨다 하지 말라 이 민족들이 악함으로 말미암아 여호와께서 그들을 네 앞에서 쫓아내심이니라 5 네가 가서 그 땅을 차지함은 네 공의로 말미암음도 아니며 네 마음이 정직함으로 말미암음도 아니요 이 민족들이 악함으로 말미암아 네 하나님 여호와께서 그들을 네 앞에서 쫓아내심이라 여호와께서 이같이 하심은 네 조상 아브라함과 이삭과 야곱에게 하신 맹세를 이루려 하심이니라

• 신 7:10 "그를 미워하는 자에게는 당장에 보응하여 멸하시나니 여호와는 자기를 미워하는 자에게 지체하지 아니하시고 당장에 그에게 보응하시느니라."

우상도 철저히 파괴해야 한다

5. 이제, 가나안 족속들이 우상을 섬기는 그 근원지를 폭파할 것을 명령하신다. 왜 우상을 불살라야 하는가? 그들은 어떤 신들은 믿었는가?

7:5 오직 너희가 그들에게 행할 것은 이러하니
그들의 제단을 헐며 주상(마쩨바, מַצֵּבָה)을 깨뜨리며
아세라 목상(아쉐라)을 찍으며 조각한 우상들을 불사를 것이니라

우상(페실, פְּסִיל)도 철저히 파괴해야 한다. 그들의 우상 숭배는 비도덕적인 것은 말할 것도 없고 반인륜적인 짓을 서슴치 않았다. 이스라엘은 하나님의 거룩한 백성이다. 따라서 죄악이 극악한 세상과는 구별되어야 한다. 이스라엘 백성들은 법도와 율례를 지켜 하나님께 순종하여야만 하는 하나님의 선민이다. 이들 바알 종교의 특징은 무엇인가? 이들은 자기들의 신을 만족케 하기 위해 자신들의 육체를 온갖 음행에 던졌다. 따라서 이스라엘 백성은 광야에서도 음행 문제로 큰 어려움을 당했던 것이다(바알브올 사건*). 민수기 교재, 25장을 다시 읽어보라.

6. 그래서 그 명령을 잘 준행하면 축복을 주신다는 것이었다. 하나님이 특별히 이스라엘을 불러 하나님의 자녀 삼으신 이유는 무엇인가? 이들을 선택하신 어떤 특별한 의미가 있었는가?

7:7-11

(1) 이스라엘 민족, 그들도 도덕적 면에서는 여느 민족과 다를 바 없었다. 애굽 사람들이, 그리고 가나안 족속들이 악했다면 이스라엘도 별로 나은 민족이 아니다. 하나님이 이스라엘을 택해 하나님의 백성으로 삼으신 것은 어디까지나 하나님의 은혜였다. 무조건 선택하신 것이다. 그러므로 스스로 거룩한 백성이라고 착각해서는 안 된다.

"여호와께서 너희를 기뻐하시고 너희를 택하심은 너희가 다른 민족보다 수효가 많기 때문이 아니니라 너희는 오히려 모든 민족 중에 가장 적으니라"(7절).

(2) "여호와께서 다만 너희를 사랑"하셨기 때문이라고 말한다. 또 "너희 열조에게 하신 맹세를 지키시려고" 권능의 손으로 인도하여 내신 것뿐이다(8절). 그 점을 명심하고 정신차리고 하나님의 명하신 규례와 법도를 지켜야 한다(11절). 지상에는 만민이 살고 있지만 이스라엘을 특별히 구별하여 특별한 보화(세굴라, 출 19:5)를 삼으셨다는 것이다.

바알브올 사건

바알브올 사건으로 하나님은 크게 진노하셨다. 이 일로 24,000명이 염병으로 죽어갔다(민 25:9, 신 4:3, 시 106:28). 호세아는 "하나님께서 이스라엘을 즐거워 하고 기뻐하셨는데, 오히려 이들은 하나님을 배반하고 바알브올에게 가서 몸을 바쳤다" 고 탄식했다(호 9:10).

이들 바알 종교에는 그 특징이 음행이었다. 이들은 자기들의 신을 만족케 하기 위해 자신들의 육체를 온갖 음행에 던졌다. 물론 산당 신전(神殿)에는 많은 창기(娼妓)들이 있었다. 이러한 축제는 주로 농경 축제 기간에 있었는데, 높은 산당(고지대)에서 그 의식을 가졌다(왕상 14:23, 왕하 17:20). 물론 그 의식에 남자와 여자들이 벌거벗고 춤을 추었다던데….

이 모든 법도와 규례를 지켜 행하면 (7:12-16)

1. 이렇게 하나님이 명하신 규례와 법도를 잘 지키면 어떤 축복을 주실 것인가?

7:12-16 이스라엘로 번성케 하셔서, 산업을 풍부하게, 대적을 물리쳐 주시고, 만사형통케 해주심

(1) 네게 인애(仁愛)*를 베푸실 것이다(12절).
(2) 자손 번창, 토지 소산이 풍성, 가축의 번식 축복이 있을 것이다(13절)
(3) 만민 중에 뛰어난 민족이 되고, 사람이고 짐승이고 축복을 받는다(14절).
(4) 질병의 재앙을 받지 않는다(15절)

2. '그러니까 가나안 7족을 진멸하고, 제발 우상을 섬기지 말아라. 만약 우상을 섬기게 되면 그것이 너희에게 올무가 되어 멸망을 당할 것이다.' 이렇게 하나님은 우상과 그 제단을 파괴하라고 계속 강력하게 말씀하신다.

만약, 그 가증한 것들을 집에 들이게 되면 너희도 역시 그들과 같이 진멸될 것이다(25-26절). 우상 숭배, 그것은 이스라엘이 패망하는 결정적인 죄가 된다. 따라서 우상 숭배를 하지 말 것을 적극적으로 명령하신다. 그러나 훗날 정말로 우려했던 대로 이들은 우상 숭배로 빠져 들어가게 된다.

• 인애(헤세드, חֶסֶד) : 구약에 247번이나 등장하는 말로서, 영어로는 goodness, kindness로 번역되며, 하나님의 신실성(fidelity, faithfullness)을 표현했으나 적당한 단어가 없다. 우리 성경에는 흔히 '은혜' 또는 '인자'로 번역했다(창 24:12, 창 39:21). 히브리어 '헤세드'로 하나님의 언약적 사랑을 나타낸다. 이 말의 어원에는 열심, 소원, 자비, 사랑, 친절이라는 뜻이 있다. 신약에서는 '카리스'(χάρις) 라는 말이 쓰였으나, 이 '카리스' 라는 말은 구약의 '헤세드' 까지 포괄하는 폭 넓은 말이다.

사해 남방 지역인 네게브 사막

96

가나안족들이 섬기는 신들

확대경(No.9)

1. 우가리트(Ugarit) 문헌에 의하면, 엘(EL) 신의 아내는 아세라 여신(女神)이었다. '엘' 신은 최고의 신으로서 모든 신들의 아버지였다. 개역 성경에는 아세라 목상(木像)으로 되어 있다. 영어성경(KJ)은 70인경과 벌게이트의 역을 따라 아세라를 나무기둥(木柱)으로 번역했다.

2. 바알은 '엘' 신의 아들이요 혹은 그의 후계자로서 그는 북방 하늘(= 고대 셈족들에게는 북방이란 그들에게 전혀 미지의 나라로서 신비에 싸인 신들의 나라로 이해했다)에 있는 어떤 높은 산에 왕좌를 베풀고 가나안 신들을 다스리는 왕으로 군림한다고 생각했다. 그는 "하늘의 주"로서 하늘의 비와 땅의 폭풍을 주관한다고 믿었다.

3. '바알'이라는 말은 원래 주(主)라는 뜻이다. 이스라엘 백성은 한때 여호와를 '바알' 이라고 불렀다(호 2:16, 17). 물론 이스라엘 사람들이 바알을 섬기게 되자 더이상 여호와를 '바알' 이라고 부르지 아니한다(호 2:16, 17). 바알은 가나안 사람들에게 어쨌든 신들의 왕으로, 비와 우뢰의 신이며, 정의의 신으로 이해했고, 악한 자들에게는 공포의 대상이었다.

☞ **우가리트** : 지중해 연안에 있던 고대 수리아의 도시국가로 이곳에서 발굴된 서판들은 청동기 시대의 문화와 구약의 배경을 연구하는데 중요한 자료들을 제공해 주었다. 주로 후기 청동기 시대에 사용하였던 진흙 서판과 기타 중요한 자료들이 발견되었다. 여기서 발굴된 것들 중에서 특히 성경학자들의 관심을 끄는 것은 '바알의 서사시' 라는 문헌 속에 기록된 폭풍의 신인 바알과 그의 배우자 아낫 여신에 관한 이야기다. 이 이야기는 '바알' 과 혼돈의 신이며 바다의 신인 '얌' (Yam)과의 싸움으로 시작된다. 바알은 '얌' 을 쳐부수고 보다 높은 신인 '엘' (EL)의 지배하에 있던 왕권을 획득한다. 바알(생명의 세력을 대표)은 또 지하세계를 지배하던 악신 '못' (Mot, 죽음의 세력을 대표)에 과감한 도전을 한다. 이들의 싸움에서 바알은 처음에 굴복 당해 죽어 7년의 세월이 흐른 후, 바알신의 애인이요, 누이가 되는 아낫(Anath) 여신(=전쟁의 신)이 그의 시체를 찾아 그를 다시 살렸고 그의 원수 'Mot' 을 죽인다. 드디어 부활한 바알신은 못(Mot) 신의 왕좌에 앉아 다스림으로 세상에는 연속 7년간 큰 풍년이 든다. 이 두 신들의 승리와 패배는 순환적이어서 바알이 승리할 때는 비를 내리고, '못' 신이 승리할 때는 기근과 뜨거운 날씨가 계속된다는 것이다. 물론, 이방 신화(神話)의 이야기다.

4. 가나안 3대 여신(女神)들 : 가나안 종교의 부패성을 보여준다.

- 아낫 : 전쟁의 여신. 성(sex)을 주관하는 여신. 젊은 여신의 정열과 흥분을 보여준다고 한다. 아낫 여신은 Qudushu(holiness)라고 불려졌다. 그에게 바쳐지는 남성을 '카데쉬' (Qadesh)라고 했다. 미동(美童), 또는 남색하는 자로 되어 있다(왕상 14:24, 15:12).
- 아스다롯 : 아낫 신과 같이 전쟁과 성(性)의 여신으로 아낫 신과 혼동되어 숭배하기도 했다. 미와 유연성, 성적 매력 상징.
- 아세라 : 엘(EL)신의 아내. 한 가정의 주관자요, 아내요, 어머니로서의 모습.

5. 그 밖의 신들 :

- 못(Mot) : 바알 신의 원수로서 불행과 재난과 죽음의 신
- 얌(Yam) : 해양을 주관하는 신. 리워야단(Leviathan, Lotan)이라고도 한다.
- 몰렉(Molech) : 몰렉, 또는 밀곰은 암몬인들의 민족신이었다. 4-12세까지의 어린이들을 불태워 제물로 삼았던 납골 단지들이 발굴되었다.

<아가페 성경사전 / 구약이스라엘사>

결코, 두려워하지 말라 (7:17-26)

우 물

1. 가나안 족속을 멸하는 일이 어디 그리 쉬운 일이겠는가. 이스라엘 백성들은 "우리가 어떻게 저 장대한 족속들을 쫓아낼 수 있을까?"하는 두려움이 있을 수 있을 것이다. 아마, 이들은 과거 가데스 바네아에서의 가나안 정복의 실패를 기억하고 공포를 느꼈을지도 모른다. 모세의 격려를 보라. 두려워하지 않을 이유가 있는가?

7:17-21

(1) 지금까지 하나님이 인도해 주셨는데 이들과의 전쟁에서 이기게 해주시지 않겠는가! 모세는 이들에게 용기를 주고 있다. 비록 가나안 족속이 아낙 자손과 같을지라도 이들은 이미 미디안을 박살낸 경험이 있지 아니한가! (민 31장)

(2) 우리 하나님이 어떤 분이신가? 과거에 그 강력했던 애굽 제국을 한 펀치에 때려눕히신 분이 아니신가! (18절) 만약 이스라엘 민족이 하나님께 온전히 순종한다면, 가나안 족속도 과거의 애굽처럼 무너져 내릴 것은 너무 뻔한 일이 아니겠는가! 이스라엘은 왕벌[1]처럼 가나안족을 진멸시키게 될 것이다.

2. 하나님은 한꺼번에 가나안 땅을 주시지 않으실 것이다. 왜? (7:22)

7:22 "네 하나님 여호와께서 이 민족들을 네 앞에서 **조금씩 쫓아내시리니** 너는 그들을 급히 멸하지 말라 **들짐승이 번성하여 너를 해할까 하노라.**"

(1) 하나님은 이스라엘에게 단계적으로 승리케 하실 것이다(22절). 그렇지 않다면 넓은 땅이 사람이 살지 않음으로 인해 짐승이 번성하고 황폐화 될 것이기 때문이다. 자, 이제 남은 것은 이방의 우상들과 그 제단을 모두 파괴하는 일 뿐이다(23-26절). 만약 진멸하지 않고 남겨 둔다면 오히려 그들에게 함정이 되어 죄악에 빠지게 될 것이 틀림없다.

(2) 현대의 우상들은? 내가 파괴하여야 할 우상은 무엇인가?

사단을 두려워하지 말라. 그리스도는 그 사단을 이미 발 아래 두셨기 때문이다. 악과 타협하려고 하지 말라. 악과 타협하게 되면 우리는 결코 사단을 이길 수 없다.

1) 왕벌(Hornet) : 왕벌에 쏘이게 되면 매우 아프며 후유증이 여러 날 간다고 한다. 이 벌은 치명적인 분비물을 배출하기도 하여 여러 마리의 벌에 쏘이게 되면 생명의 위협을 받기도 한다고 한다. 어떤 사람은 축자적인 의미로 받아들이기도 하고, 어떤 이들은 애굽 군대를 가리킨다고 보기도 한다(출 23: 28).

하나님은 이스라엘로 하여금 적들에게 두려움의 대상이 되게 하셨다(신 7:23). 하나님의 전쟁 방식은 인간이 측량할 수 없는 방법으로 하신다. 문제는 백성들이 하나님을 신뢰하느냐, 안하느냐의 문제이다. 하나님은 적들로 하여금 무기력하게 만드신다. 그것이 여호와의 전쟁이기 때문이다.

광야, 그곳은 사치스러운 인간의 욕망을 감추어야 하는 곳이다. 오직 생존만이 유일한 소망이다. 따라서 사람을 단순화시킨다.

Do Not Forget the Lord

- 1절 : 8장의 핵심 주제
- 2-4절 : 하나님은 광야생활에서도 임재하신 분이시다.
- 5-6절 : 따라서 하나님의 도를 철저히 지키며 하나님의 명령을 지켜라.
- 7-16절 :가나안 땅은 아주 풍부한 땅이다. 그러나 잘못하면 여호와의 명령과 법도와 규례를 어길 수 있으니 주의하라.
- 17-18절 : 네 자신을 너무 믿지 마라. 힘의 원천은 하나님께 있으니까.
- 19-20절 : 여호와를 버리고 다른 신을 따르면 반드시 망할 것이다.

40년 동안 광야를 걷게 하신 것은 (8:1-10)

8장의 핵심 : 이들이 40년 동안 광야의 길을 걸은 것은 불신앙이 그 원인이었지만 또한편으로는 순종 여부를 시험키 위해서 였음을 말씀하시고 가나안에 들어가서 형통하게 될 때 과거를 돌아보며 겸손하라고 당부하신다.

1. 자, 이들이 가나안 땅에 들어가면 자동적으로 축복이 쏟아질 것인가?

8:1 "내가 오늘 명하는 모든 (**명령**)을 너희는 (   ) 행하라 그리하면 너희가 살고 (   )하고 여호와께서 너희의 조상들에게 맹세하신 땅에 들어가서 그것을 차지리라."

(1) 어림도 없는 소리. 그것은 순종을 필요로 하는 약속이었음을 기억해야 한다. 하나님의 축복은 손만 들면 자동적으로 임하는 것이 아니다. '믿음' 은 하나님의 명령(말씀)에 순종함으로 임하는 것이다. 만약 순종이 없다면, 그 믿음은 생명이 없는 죽은 믿음이다. 대개 믿음이 있다고 큰 소리치는 사람들을 가만히 보라. 생각보다는 순종치 않는다. 자기의 의를 드러내는데 더욱 애쓸 뿐이다.

(2) 가나안에 들어가서 가장 중요하게 여겨야 할 것은 무엇일까? 그것은 하나님의 모든 명령을 지키라는 것이다. 그렇게 하면 번성할 것이라는 말이다. 번성할 뿐만 아니라(신 4:1, 6) 그래야 살 것이요, 여호와께서 주신 땅을 얻게 될 것이다(신 4:1 참조).

2. 광야 40년의 세월, 그것은 이스라엘 백성들에게는 너무나 큰 고통의 세월이었다. 그런 고통은 하나님 앞에 불순종한 죄의 대가였다. 그러나 그렇다고 해서 이런 광야 생활이 무의미한 세월의 흐름이었는가?! 본문은 결코 그렇지 않다고 잘라 말한다. 이 광야 생활을 통해 얻은 값진 교훈은 무엇일까?

광야 40년의 세월 속에서 얻은 교훈은?

(1) 어려움을 통해 겸손케 하셨다(2, 3절).

사람은 어려움이 닥쳐오지 않으면 좀처럼 겸손해지려 하지 않는다. 타락한 인간이 가지고 있는 특성 중의 하나이다. 삶의 터전을 송두리째 뒤흔드는 고통, 가시와 엉겅퀴, 수고와 땀, 걱정과 근심이 숨돌릴 사이도 없이 우리를 엄습해 온다. 그것이 세상이다.

그러나, 하나님은 이런 것들을 통해 우리를 성장시키시려 하신다. 그래서 고통을 허락하시고, 때로는 뜨거운 모래 사막을, 때로는 험악한 산악을 헤매게 하신다. 그 고난의 터널을 통과해 승리한 자는 하나님의 선하심과 인자하심을 노래한다. 이스라엘 백성에게는 이 광야의 40년의 생활이 이들의 순종 여부를 시험하는 기간이기도 했다.

(2) 기적을 통해 먹이시고 입히셨다(3, 4절).

광야의 생활은 목마름만이 아니었다. 거기에는 배고픔도 있었다. 그들이 불평을 터트릴 충분한 이유가 있었다. 하나님은 이들에게 배고픔의 경험 가운데서 만나를 내려 주셨다. 이렇게 하심은 "사람이 떡으로만 사는 것이 아니요 여호와의 입에서 나오는 모든 말씀으로 사는 줄을 알게 하려" 하심이었다. 만나는 "하나님으로부터"(하나님의 입으로, 마 4:4)[1] 나온 것이었다.

때로 굶주림은 하나님을 의지하게 하는 수단이기도 했다. 따라서 이들은 육신의 생존만을 가능케 하는 떡(만나)의 가치보다는 그 모든 것을 가능케 하시는 하나님을 더 신뢰해야 한다는 사실을 배우게 되었다. 만일 떡이 전부라면, 하나님의 형상을 가진 인간이 동물 이상은 아니다.

(3) 징계를 통해 바른 길로 인도하셨다.

이스라엘 백성은 매를 들지 않으면 말을 듣지 않는 백성들이었다. 그래서 때로는 여러 가지 방법으로 그들을 징계하셨다. 물론 징계를 받을 만한 가치 있는 존재들이었기 때문이다. 징계는 자녀를 사랑하시는 하나님의 또다른 사랑의 표현이기 때문이다. 나에게도 그 징계의 과정이 있었던가? 그래서 아쁘다고 울고불고 했는가? 자녀를 때리면서 기뻐할 부모가 없는 것처럼 하나님의 징계도 그러하다. 매를 드시는 하나님의 마음에도 슬픔이 있으실 것이다. 만약 고난 속에서 한 계단 하나님께 가까이 가게 되었다면, 그 고난은 결코 헛된 과정이 아니다.

(*) 자, 이와 같은 사실을 기억하고 하나님이 "오늘날 명하는 모든 명령을 지켜 행하라"(8:1). 이것이 곧 가나안 땅에 들어가서 축복 받는 비결이기 때문이다.

광야 40년의 의미

사단이 예수님을 시험하실 때, 첫 번째 시험을 이 말씀으로 물리친 것을 기억한다(마 4:4, 눅 4:4). 사단의 시험은 40일 금식으로 주리신 예수님에게 다가와 "네가 하나님의 아들이므로"(마 4:3), 즉 네가 신(神)이니까 돌들을 가지고도 떡을 만들어 먹을 수 있지 않느냐는 것이었다. 물론 예수님이 광야 40년 동안 만나를 주신 분인데, 어찌 그것이 불가능했겠는가?! 그러나 마귀는 그 율법의 용도를 왜곡시켰던 것이다. 그것은 하나님의 뜻이 아니었다. 예수님은 마귀가 시험하는 의도를 알고 계셨기에 마귀를 말씀으로 물리칠 수 있으셨다.

1) 마 4:4 "예수께서 대답하여 가라사대 기록되었으되 사람이 떡으로만 살 것이 아니요 **하나님의 입으로**(διὰ στόματος θεοῦ) 나오는 모든 말씀으로 살 것이라 하였느니라 하시니"

형통하게 될 때 여호와를 잊지 말라 (8:11-20)

• 지금 나의 생애에 문제거리가 없는가? 그래서 하나님께 울며 불며 매어 달릴 일이 없는가? 그렇다면 나는 지금 생의 위기를 맞고 있는 것이다. "형통하게 될 때 여호와를 잊지말라." 수없이 경고하신 하나님의 음성이다.

• 부자가 되었다고, 그래서 하나님의 큰 축복을 받은 것이라고, 우리 집은 언제나 평강만 흐른다고, 이제는 경제적 여유도 있게 되었다고, 그래서 매일 하나님께 감사하고 있다고 자랑하고 있는가? 그러는 동안 사단은 또 다른 공격 무기를 준비하고 있다는 사실을 잊지 말라.

1. 가나안 땅에 들어가서 형통하게 될 때가 있을 것이다. 그때 주의할 점이 무엇인가?

8:7-16

(1) 우리 인생들에게는 언제가 생의 위기일까? 잠언 30:7-9을 보라. 생의 위기는 우리가 고난 중에 있을 때가 아니다. 솔로몬 시대의 아굴(Agur)은 그의 생의 마지막에 이렇게 하나님께 간구한다 :

> "7내가 두 가지 일을 주께 구하였사오니 내가 죽기 전에 내게 거절하지 마
> 시옵소서 8곧 ① 헛된 것과 거짓말을 내게서 멀리 하옵시며 ② 나를 가난
> 하게도 마옵시고 부하게도 마옵시고 오직 필요한 양식으로 나를 먹이시옵
> 소서 9혹 내가 배불러서 하나님을 모른다 여호와가 누구냐 할까 하오며 혹
> 내가 가난하여 도둑질하고 내 하나님의 이름을 욕되게 할까 두려워함이니
> 이다."

(2) 인생의 갖은 고난을 다 겪은 후에 그가 하나님 앞에 간구하는 소박한 인생 고백이다. 그는 욕심 때문에 하나님도 버렸던 사람들을 주위에서 많이 보았을 것이다. 가까이서는 솔로몬의 행적을 지켜보았을 것이다. 솔로몬, 그는 생전에 부족한 것이 없었다. 바로 그런 사실이 결국 엄청난 비극을 가져왔다.

2. 이스라엘은 늘 그러했다. 이들에게 문제가 터진 것은 그들의 부한 것 때문이었다. 그들이 부강하고 평강할 때에는 선지자의 경고가 귀에 들어오지 않았다. 선지자의 경고는 노친네의 잔소리에 불과했다. "우양이 번성하고 은금이 증식되며 소유가 풍부하게 될 때"(8:13), 그 때가 바로 멸망으로 들어가는 입구에서 있던 때였다. 사람은 부하게 될 때 타락하기 쉽다. 모세는 이들에게 지나온 과거를 돌아봄으로써 겸손을 촉구하고 있다.

3. 모든 것을 다 자기가 노력해서 얻은 것으로 착각하지 말라.

8:17 "그러나 네가 마음에 이르기를 내 (능력)과 내 (손)의 힘으로 내가 이 재물을 얻었다 말할 것이라."

신명기 7-8장 정리하기

요약질문

두번째 설교 : 4:44-26:19

7 • 하나님은 가나안 7족속을 멸하라고 명령하셨다. 7족속은 어떤 족속들인가?
- 헷 족속은 어떤 족속인가?
- 가나안 초기 원주민은 어떤 족속들이 있었는가? (교재)
- 당시 가나안 족속들의 문화는 어떠했는가? (교재)
- 가나안족들과는 서로 약속도 불상히 여기지도 말라고 하셨다. 이렇게 특별히 명하신 목적은 무엇인가? (7:4)
- 그 땅의 우상을 철저히 파괴해야 하는 이유는? (7:5)
- 하나님이 특별히 이스라엘을 불러 자녀 삼으신 이유는 무엇인가? (7:7-11)
- 가나안족들이 섬기는 신들의 종류를 말해 보라. (확대경)
- 이스라엘이 여호와의 명하신 규례와 법도를 잘 지키면 어떤 축복을 받을 것인가? (7:12-16)
- 하나님은 이스라엘에게 한꺼번에 땅을 주시지 않으실 것이라고 했다. 그 이유는 무엇인가? (7:22)

8 • 가나안에 들어가 얻을 축복은 저절로 주어지는 것인가? (8:1)
- 광야 40년의 세월 속에서 얻은 교훈은 무엇인가? (8:2-4)
- 사단이 예수님을 시험하실 때(마 4:4), 3번 모두 신명기의 말씀으로 물리치셨다. 첫번째 시험에 대한 신명기의 말씀은 무엇이며, 그 뜻의 의미는 무엇인가?
- 인간은 어느때 죄를 짓기 쉬운가? 그때 주의할 점이 무엇인가? (8:7-16)
- 우리가 우리 자신을 과신할 수 없다. 그 이유는? (8:17-18)
- 다른 신을 따르면 그 결과는? (8:19-20)
- 이스라엘의 과거, 즉 광야생활은 어떤 의미가 있는가? (15절)
- 지금 이스라엘 백성들은 지금 어디에, 어떤 상태에 있는가?
- 결국 이스라엘의 미래는 무엇에 달려 있는가?
- "너의 하나님을 잊지 말라." - 이 말을 강조하는 이유는 무엇인가?
- 규례와 법도는 구체적으로 어떤 것들인가? (신 12-14장)

Summary

The Stipulations of the Covenant (4:44-26:19)

두 번째 설교 :
신 4:44-26:19

1. 가나안 정복은 네 힘으로 되지 않는다(9:1-6)
2. 금송아지 사건을 기억하고 자만하지 말라(9:7-29).
3. 언약의 돌판을 다시 주심(10:1-11)
4. 그러면 어떻게 하나님께 반응해야 할까? (10:12-22)
5. 직임과 법도와 규례와 명령을 항상 지켜라(11:1-7)
6. 명령을 지키면 강성할 것이다(11:8-25). 순종 여하에 따라 화복(禍福)이 결정된다.
7. 축복과 저주를 네 앞에 두었으니(11:26-32)

Not Because of Israel's Righteousness

Deuteronomy 9-11장

목이 곧은 백성

두 번째 설교가 계속되고 있다. 이들은 아직 자신만만하고 있었을 것이다. 이들 새로운 세대는 적으로부터 쓰라린 실패를 경험하지 못했다. 이들은 계속 싸움에서 승리를 지켜보았다. 어쩌면 가나안 정복도 이와 같을 것이라고 가볍게 생각하고 있는지도 모른다. 그러나 가나안은 그렇게 쉽게 정복될 수 있는 성읍들이 아니다. 성읍들은 크고 성벽은 하늘에 닿았으며, 장대한 거인들이 살고 있기 때문이었다(9:1, 2).

그러나 염려하지 않아도 될 것은 여호와께서 맹렬한 불과 같이 그들을 몰아내고 멸할 수 있으시기 때문이다. 따라서 이들의 승리를 자기의 의 때문이라고 착각해서는 안 된다. 그들이 얻은 승리는 모두 하나님의 은혜로 말미암은 것임을 기억해야 한다. 그러나 이들은 목이 곧은 백성이었다. 지금까지 반역을 떡먹듯 해 온 백성이었다. 모세는 이들 백성에게 과거의 실패를 거울삼아 여호와의 명령과 규례를 철저하게 지킬 것을 권면하고 있다. 축복과 화가 이스라엘의 순종 여부에 달려 있다고 외친다. 우선 모세는 과거를 회상한다(9:1-10:11). 이는 미래를 위한 권면을 위해서다(10:12-11:25).

가나안 정복은 네 힘으로 되는 것이 아니다

9장 : 제발, 자만하지 말아라

• 9:1-6 • 가나안 정복은 네 힘으로 이루어지지 않는다. 이스라엘의 대적이 얼마나 강한가가 문제시 되지 않는다. 가나안 정복은 이스라엘의 의로움에 때문에 주어지지 않는다. 그들은 목이 곧은 백성이다(6절). 따라서 가나안에 진입하게 되거든 자신의 힘으로 가나안을 정복했다고 주접떨지 말라는 것이다. 하나님이 친히 용사가 되셔서 싸우실 것이다(聖戰).

• 9:7-29 • 너희는 목이 곧은 백성이라 : 목이 곧은 백성이 아니라고? 어디 한번 증거를 대볼까? 우선 시내산에서 금송아지 사건도 있고(7-21절), 다베라 사건(하나님을 원망하다가 진에 불이 붙은 사건, 민 11:1-3), 또 물이 없다고 투덜거린 일(출 17:1-7), 기브롯 핫다아와 사건(왜 밤낮 먹는 것이 만나뿐이냐고 투덜거려서 메추라기를 내려주신 일, 민 11:31-34), 그리고 무엇보다도 가데스바네아에서 가나안 정복이 불가능하다고 반란을 일으켰던 사건 등등.

10장 : 율법을 지키고 마음과 성품을 다하여 여호와를 경외하라.

• 10:1-11 • 언약의 두 돌판을 다시 주심 : 모세의 중보기도가 응답되었고, 모세는 처음과 같은 두 돌판을 다듬어 가지고 산에 오른다. 하나님은 첫 번째 쓰신 십계명의 말씀을 다시 써주셨다.

• 10:12-22 • 여호와를 경외하라 : 경건의 삶이란 무엇인가?
• 여호와께서 우리에게 요구하시는 것이 무엇인가? "곧 네 하나님 여호와를 경외하여 그 모든 도를 행하고 그를 사랑하며 마음을 다하고 성품을 다하여 네 하나님 여호와를 섬기고"(12절) – 이는 신명기의 메시지의 요약이다.
• 14-16절 : 여호와는 우주만물을 주관하시는 분이시다. 그 하나님이 오직 은총으로 너희를 부르셨다. 그러니 마음에 할례를 행하고 목에 힘빼라.

11장 : 여호와를 사랑한다는 것은 말씀에 순종하는 것

• 11:1-7 • 하나님을 사랑하라 : 하나님을 사랑한다는 것은 말에서 그쳐서는 안 된다. 하나님이 주신 직임과 법도와 규례와 명령을 항상 지켜야 한다. 그리고 너희 자녀들에게 이 내용을 부지런히 가르쳐라. 왜냐하면 출애굽과 같은 하나님의 크신 행사를 맛보지 못했지 않느냐?

• 11:8-25 • 8-12절 : 명령을 지키면 축복을 주실 것이다 : 순종한다면 가나안 땅도 순조로히 차지할 것이요, 너희 날들이 장구할 것이다.
• 13-17절 : 물론 땅의 소산도 풍성할 것이다.
• 18-25절 : 그러니 제발 율법을 부지런히 가르치고 지키게 하라.
• 26-32절 : 에발산과 그리심산에서 축복과 저주

▲ 가나안 정복이 네 손으로 아루어졌다고 착각하지 마라. 과거 금송아지 사건을 기억하고 제발 자만하지 마라.

▲ 금송아지 사건 때, 오직 모세의 중보기도만이 하나님의 진노를 돌려 놓을 수 있었다.

▲ 하나님께서 하신 일을 기억하고, 제발 하나님을 경외하라. 하나님의 규례와 법도를 잘 지키는 것이 너희가 복받는 길이다. 또한 가난하고 어려운 사람들을 돌보아라. 너희가 애굽에 있을 때를 기억하고 말이다.

▲ 출애굽의 경험, 그리고 광야에서의 모든 사건들은 이스라엘 백성들을 위한 야외 교육장이었다. 출애굽 과정에서 하나님의 전능하심과 은혜를 배웠고, 광야에서는 하나님의 섭리를 배웠다.

목이 곧은 백성(9:1-10:11)

네 의로움을 인함이 아니니라 (9:1~6)

제2설교 4:44-26:32

신명기는 제 2설교 부분이 핵심이다. 그런데 6-11장까지는 규례와 법도를 지킬 것을 강력하게 권면하고 있다.

9-11장까지는 땅과 관련된 주제를 다루고 있다. 즉 이스라엘이 얻게 될 땅은 결코 이들이 의롭기 때문에 주어지는 것이 아님을 보여주고 있다.

- 9:1-10:11 너희는 목이 곧은 백성이다(9:6, 13).
- 10:12-11:32 그러니까 너희는 목을 곧게 하지 말아라.

9장의 핵심 : 가나안 진입이 아무리 어려워도 염려하지 말라. 이스라엘 백성의 의로움 때문에 가나안을 허락하시는 것이 아니다. 오히려 너희는 반역의 대장이었다. 시내산에서 지은 죄를 기억해 보아라.

1. 가나안 입성을 앞에 둔 이스라엘, 그러나 그들을 정복하는 일은 그리 간단한 일이 아니었다. 그들 가나안 족속들의 강대함을 어떻게 표현하고 있는가?

9:1-3

(1) "그 성읍들은 크고, 성벽은 하늘에 닿았다"고 했다. 가나안을 정탐하고 나서 가나안 정복의 불가능을 역설했던 정탐꾼들의 보고는 거짓이 아니었다(민 13:25-29). 더욱이 거기에는 이름만 들어도 오금이 저리는 아낙 자손이 있다고 하지 않던가(신 1:28). 모세는 이스라엘 백성들에게, 너희들 자신의 힘으로는 그들을 결코 이길 승산이 없다고 말한다. 가나안 족속들은 그렇게 호락호락한 존재가 아니었다. 이들에게는 과소 평가할 수 없는 막강함이 있었다. 믿음이 없는 객관적인 평가로는 승리할 수 없다.

(2) 그러나 비록 아낙 자손과 같은 장대한 족속이 있다 해도 겁낼 것이 없다. 왜냐하면 이들 뒤에는 하나님의 전능하심이 있기 때문이다. 하나님은 적을 단번에 파하실 맹렬한 불이시기에 만약 이스라엘 백성들이 하나님을 신뢰하기만 한다면, 가나안 정복은 이미 끝난 것이나 마찬가지가 될 것이다. 이스라엘에게 요구되는 것은 오직 하나님을 신뢰하는 '믿음'뿐이었다.

2. 훗날 가나안 입성 후에 가나안 정복의 성공이 이스라엘 백성들 자신들에게 있었다고 생각할지도 모른다. 모세는 어떻게 경고하고 있는가?

9:4-6

(1) 과연 그럴까? 가나안 족속을 내쫓은 일이 "이스라엘의 의로움" 때문이었을

까? 실제는 왜 가나안 족속을 내쫓으셨는가? 어떤 일이 성공한 후에는 반드시 논공행상(論功行賞)이 있게 마련이다. 이들은 어쩌면 전쟁에서의 승리가 자신들에게 있었다고 생각할지 모른다. 그럴 가능성이 너무 농후하기 때문이다. 이스라엘 백성이라고 예외일 수 없을 것이다. 그때 가서 제발 주제 파악 좀 하고 겸손하라는 것이다. 그런데 인간이란 얼마나 교만한가!

(2) "너는 목이 곧은 백성이라"(6절, thou art a stiffnecked people).

9:5 네가 가서 그 땅을 차지함은
네 공의로 말미암음도 아니며
네 마음이 정직함으로 말미암음도 아니요
① **이 민족들이 악함으로**[1] **말미암아**
네 하나님 여호와께서 그들을 네 앞에서 쫓아내심이라
여호와께서 이같이 하심은 네 조상 아브라함과 이삭과 야곱에게 하신
② **맹세를 이루려 하심이니라.**[2]

9:6 그러므로 네가 알 것은
네 하나님 여호와께서 네게
이 아름다운 땅을 기업으로 주신 것이
네 공의로 말미암음이 아니니라 (for, כִּי) **너는 목이 곧은 백성이니라.**

(3) 하나님은 누구보다도 이스라엘 백성을 잘 알고 계셨다. 고집불통에다 의로움은 물론 정직하지 못한 백성, 아니 그 뒤에도 얼마든지 악한 수식어를 붙일 수 있는 백성들이었다. 광야에서의 생활이 그것을 입증하고 있다. '그런데 뭘 너희가 의롭다고?'

이제, 이스라엘 백성들에게 앞으로 가나안 땅을 얻게 되고 난후, 그 정복 사실이 결코 자신들의 의로움 때문이 아니요, 또한 정직함 때문만도 아니었음을 기억해야 된다고 강조하고 또 강조하고 있다.

(4) 그것은 어디까지나 가나안 족속들이 멸망당할 만큼 사악해졌고, 또한 조상들에게 언약하신 그 언약을 지키시기 위함임을(창 15:13, 14), 그리고 하나님의 자비하신 은혜로 말미암았음을 알아야 한다는 것이다.

1) 악함(리쉬아, רִשְׁעָה) : '사악, 유죄' 라는 의미이다. 대부분이 '악' 혹은 '악한 행위' 라는 추상적 의미로 쓰인다. 가나안 원주민이 쫓겨난 이유가 이들의 악함 때문이었다. 하나님을 믿지 않고 가증한 행위들과 우상을 섬겼기 때문이다. 창 15:16에서는 이때 가나안 족속들의 죄악이 관영치 아니했다고 말하고 있다. 결국 가나안 족들의 진멸은 그들의 죄악의 관영했기 때문임을 알 수 있다.

2) 위의 이유에 덧붙여서 적극적인 이유를 밝힌다. 곧 하나님께서 조상들과의 약속 때문이라고 말씀하신다.

목이 곧은 백성아!

시내산에서 지은 죄를 한번 말해볼까! (9:7-29)

• 9:1-10:11 과거 회상
이스라엘이 스스로의 의로움 때문에 땅을 얻는 것이 아님을 분명하게 논증해 가고 있다.

1. 너희들이 의롭다고? 어디 한번 너희들이 지은 죄악을 열거해 볼까? 우선 어떤 것을 들어볼까?

9:7-14 시내산에서 율법을 받을 시 반역을 거듭했던 일, 특히 우상을 부어 만든 일

(1) "목이 곧은 백성"(6, 13절 stiff-necked people, עַם־קְשֵׁה־עֹרֶף)[1] - 이 말은 그 뒤에도 이스라엘 백성들의 대명사처럼 따라다니는 말이 되었다. 특히 이 말은 송아지 우상 숭배 사건과 관련되어 언급되었다(출 32-34장). 반역에 반역을 더했다는 것이 신명기 9장의 요점이었다. "너희는 지금까지 늘 여호와를 거역하지 않았느냐! (6-7절) 너희에게 의로운 점이 있다고? 어디 내가 시내산에서 지은 죄를 한번 말해줄까? 너희들은 반역에 반역을 거듭하지 않았는가!" 광야에서 끝없는 반역, 그 실패를 되풀이해서는 안 된다고 강조하고 있다(22-24절). '아니 도대체 어떤 반역을 했길래?'

(2) 먼저, 금송아지 사건을 들어보자. 8절부터 계속 읽어 내려가 보자. 그리고 아예 출애굽기 32:1이하도 읽어보자.[2]

"출애굽을 하기 전에 불평하던 것(출 5:15-21), 그리고 홍해를 건너와서도 목이 마르다고 불평하던 것 다 제쳐놓고 우선 시내산 밑에서 우상 숭배 사건부터 이야기 해보자. 너희들은 그때 어리거나 아직 태어나지 않아 잘 몰랐을 테지만 그 때 참 한심했었느니라."

2. 그 일은 하나님을 격노케 했던 일이요, 그 일은 하나님을 거역했던 일이었다(7절). 그 사건을 한번 조명해 보자.

(1) 모세가 며칠간 산에 가 있었는가? (9절) (　　　　일간)

그때 모세는 떡은 고사하고 물도 마시지 않았었다. 음식을 전폐했다. 그 극렬함, 하나님의 기적적인 돌보심이 없다면 생존 불가능의 기간이요 조건이었다.

1) '목이 곧다'라는 표현은 구약성경에서 흔히 발견 된다. 그러나 '목이 곧은 백성'이라는 말은 전부 여섯 번 나온다. 이 중 4번은 송아지 우상 사건에서 언급되었다(출 32:9; 33:3; 5; 34:9). 여기에서도(9:6, 13) 황금 송아지 사건과 관련되어 언급되었다.

2) 출애굽기 32-34장 사건은 시내산에서 하나님과 언약을 맺은 후(출 19-24장) 첫번째 저지른 국가적 배교사건이었다는 점에서 중요성을 가지고 있다.

그 사건이 얼마나 신성하고, 중요한 일이었는가!

(2) 하나님이 두 돌판을 주셨다(십계명). 그것은 하나님이 친히 쓰신 돌비였다(9:10-11).

(3) "모세야, 빨리 산 아래로 내려가 봐라." "왜요?" (12-13절)

"목이 곧은 백성" 이들이 결코, 결코 의롭지 못한 백성이라는 것을 증명하는 현장이었다. 아론의 지휘 하에 이들은 율법(십계명)을 받는 그 기간에 그 십계명(2계명, 출 20:4-5)을 범하고 있었다. 얼마 전까지만 해도 하나님과의 언약의 비준식에서 큰 소리 치던 백성들이었다. 어떤 큰 소리?

• 출 24:7-8 "언약서를 가져 백성에게 낭독하여 듣게 하니 그들이 이르되 여호와의 모든 (　　　)을 우리가 (　　　　)하리이다 모세가 그 피를 가지고 백성에게 뿌리며 이르되 이는 여호와께서 이 모든 말씀에 대하여 너희와 세우신 **<언약의 피>**니라."

이렇게 큰소리치고 나서 40일도[1] 못 채우고, 이들 백성들은 그 찰떡 같이 했던 약속을 어겼다. 백성들이 "스스로 부패"[2]하였다고 했다(12절).

(4) "너로 강대한 나라가 되게 하겠다"(14절).

하나님의 진노는 대단한 것이었다. 하나님은 이들 이스라엘 백성을 다 진멸하시기로 하시고, 그 사실을 모세에게 알리신다. 그리고 모세를 통해 "그들보다 강대한 나라가 되게" 하시겠다는 것이었다. 아브라함을 부르신 사건부터 지금까지의 역사는 없던 일로 하시겠다는 것이었다. 그리고 모세를 제2의 아브라함으로 하시겠다는 말이다. 그만큼 하나님의 실망은 큰 것이었다. 물론, 모세는 질겁을 한다. 왜 그랬을까? 모세는 신명기 9:25-29의 내용대로 기도한다.

(5) 내가 두 돌판을 너희의 목전에서 던져 깨뜨렸었노라(17절).

9:17 "내가 그 두 돌판을 내 두 손으로 들어 던져
　　너희의 목전에서 깨뜨렸노라(brake them, אֲשַׁבְּרֵם)"

모세가 두 돌판을 들고 산을 내려오면서 여호수아와의 대화의 내용을 들어보

• **참고**: 엘리야의 40일간 금식(왕상 19:8), 주님의 40일간의 금식(마 4:2).

• **총회**(카할) : '부르시다' 는 뜻으로 70인경에서는 '에클레시아' (교회)라고 번역 사용했다. 스데반은 이 모임을 "광야 교회"(행 7:38)라고 했다. 그러니까 이 단어는 이 세상에서 불러낸 사람들의 모임을 말한다.

1) 그들에게 명한 도를 속히 떠나 : 저들이 나와 언약을 맺은 것이 며칠이나 되는가?! "아니 이럴 수가 있을까! 이렇게 빨리 언약을 어기다니!"

바울도 훗날 갈라디아 교인들이 바울이 전한 복음을 져버리고 거짓 선생들의 다른 복음(행위의 복음)으로 <속히 돌아선> 사실을 이렇게 표현했다 : "그리스도의 은혜로 너희를 부르신 이를 <이같이 속히 떠나> 다른 복음 좇는 것을 내가 이상히 여기노라"(갈 1:6). 바울은 이들의 <변덕>과 <불안정>에 놀라움을 표시했다. "이같이 속히 떠나"라는 말은 자신의 충성을 바꾼 것, 군대에서 배반자, 이탈자 ; 정치계나 철학에서 입장을 바꾼 사람 ; 종교적 변절자, 영적 이탈자 등을 표현할 때 사용되는 단어였다.

2) 샤하트(שחת) : 멸망시키다, 파멸하다, 부패하다 / 피엘(강의형) 동사 완료. 백성들의 부패함을 강조하고 있다.

가데스바네아 사건

▲ 그림 : 하나님은 백성들에게 자신들의 죄 때문에 38년간을 광야에서 방황할 것이라는심판을 내리셨 다(민 14:34). 이에 이스라엘 백성들은 엄청난 충격을 받고 모세의 만류에도 불구하고 뒤늦게 공격을 시도했다. 물론 이스라엘은 호르마까지 쫓기는 참패를 당한다(민 14: 33-45).

1) 가데스바네아 사건은 이스라엘 백성이 저지른 치명적인 사건이다. 이들의 믿음 없는 행동으로 그 불순했던 세대가 다 죽기까지 38년간을 광야에서 배회해야 했다(민 14:20-23).

하나님은 이들에게 어떤 약속을 하셨나? (신 1:30-31)

신 1:30-31 "너희 앞서 행하시는 너희 하나님 여호와께서 애굽에서 너희를 위하여 너희 목전에서 모든 일을 행하신 것같이 이제도 너희를 위하여 싸우실 것이며 광야에서도 너희가 당하였거니와 사람이 자기 아들을 안음같이 너희 하나님 여호와께서 너희의 행로 중에 너희를 안으사 이곳까지 이르게 하셨느니라 하나…"

라(출 32:17-20). "승전가는 아닐테고 저 소리는 무슨 소리죠?" 산 아래를 내려보니 장관이었다. 송아지 우상을 만들어 놓고, 지금 축제가 벌어지고 있다. 그것도 모세의 형님인 아론이 앞장서고 있는 것이 아닌가! 모세는 두 돌비를 던져 깨뜨려 버렸다. 언약을 어긴 이 백성들에게 이 돌비가 무슨 소용이 있겠는가! 시내산(호렙산) 언약은 이들의 죄악으로 이미 파기되었다. 그 뒤에 일어났던 일은 출애굽기를 읽어보자(출 32:17이하).

(6) 다시 사십 주야를 (18절)

먼젓번에 40주야, 그리고 또다시 40주야를 식음을 전폐한다. 그 사이에 아무것도 안 먹었느냐고? 글쎄, 성경에 설명이 없지만 식사할 마음이 생겼을까? '거지같은 백성들 때문에….' 모세는 처음에 맺었던 하나님과의 언약을 다시 갱신해야 했다. 모세는 다시 산을 오른다(18절). 성경에 기록이야 없지만 왜, 모세에게 눈물이 없었겠는가! 모세의 피맺힌 절규(25절, "때에 여호와께서 너희를 멸하겠다 하셨으므로 내가 여전히 사십 주 사십 야를 **여호와 앞에 엎드리고**"), 자신을 던져 버리는 죽음과도 같은 40일간, 그것은 그의 진액을 다 쏟아 붓는 기간이었다.

그러나, 하나님의 자비하심을 보라. 하나님은 마침내 모세의 기도를 들으셨다 : "여호와께서 심히 분노하사 너희를 멸하려 하셨으므로 내가 두려워하였었노라 그러나 여호와께서 <그 때에도 내 말을 들으셨고>"(신 9:19). 모세의 중보기도의 위력(?)을 보라(9:25-29). 역시 모세의 기도로 살아남는다.

3. 자, 그리고 너희가 가데스 바네아의 일을 기억하는가? 어떤 일이 있었는데?

민 13장 가나안을 정탐했던 10명의 믿음 없는 정탐꾼의 보고를 받고 기절초풍했던 일1)

(1) 다베라 사건은? (민 11:1-6)
(여호와를 원망하다가 진 끝에 불이 붙은 사건, 바란 광야에서)

(2) 맛사에서 일어난 사건은? (출 17:1-7)
( )

(3) 기브롯 핫다와에서 일어난 사건은? (민 11:18-23, 31-34)
( )

4. 자, 이런 사건을 다 이야기하려면 오늘밤을 꼬박 새워도 시간이 없을 것이다. 어쨌든 너희들은 반역의 명수였다. "언제부터? 언제긴 언제부터야, 처음부터 끝까지였지."

9:24 "내가 너희를 알던 날부터
너희가 (   ) 여호와를 (   ) 왔느니라."

(1) "어때? 안 그랬었다고? 이 골치 덩어리들아! 입이 있으면 말해 봐!" "내가(모세) 너희를 안 때부터 항상(줄곧)" 그렇지 않았는가? 그러니까 출애굽기 5:20서부터 그랬잖아! 모세가 보니 한심한 백성들이다.

(2) 그러나 하나님은 이런 한심한 백성들을 사랑하신다. 이들이 엄청난 죄악된 백성들이라는 사실, 그 사실이 하나님에게는 새로운 것이 아니었다. 하나님은 인류 역사의 초창기부터 그런 사실을 목도해 오셨기 때문이다. 하나님은 이미 노아의 홍수 사건에서 인생들이 하나님 앞에서 항상 악할뿐임을 보아 아셨다(창 6:5). 그 인류의 후손들이 그 동안 뭐 달라진 게 있었겠는가? 아담이 타락한 이후 인류의 역사는 인간들이 하나님 앞에 얼마나 철저하게 부패(전적 부패)했는가를 증명하는 역사가 아니었던가?

▲ 땅이 입을 벌려 고라와 그 일당 외에 또다른 반역자들을 삼키고 있다. 민수기 16장의 내용이다.

적용 도우미

- 나는 왜 가나안같은 환경을 두려워하는가? 거기에는 강대한 아낙 자손이 있기 때문이리라. 내가 두려워하는 아낙은 무엇일까? 경제적인 것, 건강 문제, 아니면 끝없이 들려오는 전쟁 소식, 아니면 자녀 문제? 어쨌든 가나안의 성벽은 높고, 튼튼하며, 하늘에 닿았다. 내 자신의 힘으로 그 성벽은 절대 무너지지 않는다. 그러면 어떻게 할까? 하나님께 전적으로 맡긴다고?! 말은 그렇게 쉽게 하면서, 왜 나는 지금 기도하고 있지 않는가? 기도하고 있다고? 모세와 같은 처절한(?) 기도를 하고 있다고!
- "고개 숙인 남자들" 최근 직장을 그만두게 되어 실의에 빠진 아버지를 부르는 말이라고 한다. 우리 주위에, 아니 우리의 아버지가 지금 그러한 상황에 있다면 무엇이라고 위로해 드릴 것인가?
- 기도하라. 기도 앞에 무너지지 않는 성벽은 없다. 당신이 진실로 하나님을 믿고 의뢰한다면 말이다. 생의 위기는 우리를 하나님 앞으로 더욱 가깝게 부르시려는 하나님의 뜻일 수도 있다.
- 모세의 설교, 그 설교에 귀를 기울였을 초롱초롱한 눈망울들. 조는 사람이 없었을 것이다. 설교 시간에 습관적으로 조는 사람들은 주의해!

크게 노하여

진에 가까이 이르러
그 송아지와
그 춤추는 것들을 보고
크게 노하여
손에서 그 판들을
산 아래로 던져 깨뜨리니라
모세가
그들의 만든 송아지를
가져다가 불살라 부수어
가루를 만들어
물에 뿌려
이스라엘 자손에게
마시게 하니라
(출 32:19-20).

기도의 사람, 모세

- 성경에는 잊을 수 없는 기도의 위인들을 보게 된다. 소돔 성에 조카 롯을 위한 아브라함의 기도(창 18:16-33), 그리고 오늘 본문에서 볼 수 있는 모세의 기도.등등.

- 금송아지 사건 때에도, 가데스바네아의 사건 때에도 모세는 이스라엘을 위하여 중보기도 한다. 하나님은 백성들의 죄로 인해 그들을 전부 진멸하려 하셨다. 그러나 모세는 하나님의 명예를 위하여 식음을 전폐하는 필사적인 기도를 한다. 이 모세의 기도 때문에 이스라엘은 살아 남을 수 있었다. 중보기도의 중요성과 위력을 체험하는가?

반역에도 불구하고 (10:1-11)

10장의 핵심 : 9장의 이어 계속되는 설명이다. 하나님께서 이스라엘을 그들의 반역에도 불구하고 어떻게 사랑해 오셨는가를 계속 설명하고 있다(1-11절).

1. "그때에(בָּעֵת)"(1절) 언제?

10:1 모세가 이스라엘 백성을 위하여 중보기도를 한 후에,

그 뒤의 내용은 이미 출애굽기에서 일어났던 일의 반복 설명이다. 간단하게 언급하고 지나가자.

(1) **언약의 돌판을 다시 주신 사건(1-5절)** : 물론 앞에 언급된 금송아지 사건(9:7-29)의 계속되는 설명이다. 첫 번째는 하나님이 직접 돌판을 만드시고 써 주셨지만, 이번에는 모세가 돌판을 만든다. 다시 만든 돌판에다 하나님은 "십계명을 처음과 같이" 써 주셨다(4절). 이전의 언약(출 24:3 참조)은 무효로 하셨음을 알 수 있다.

(2) **아론의 죽음(6-7절)** : 이 부분은 후대의 삽입으로 보기도 한다. 위의 사건과 연관된 아론 때문에 기록된 것 같다. 아론은 송아지 우상 숭배의 주역이 되었

었기 때문이었다. 아론은 모세의 중보의 기도로 죽음을 면한다. 이곳 본문에서는 아론은 모세라(Mosera)[1]라는 곳에서 죽었다고 언급되었다. 모세라의 위치는 확실치 않으나 호르산 근처였을 것이다. 민수기에서는 호르산에 올라가 죽었다고 했다(민 20:22-29).

(3) 레위 지파의 성별(8-9절) : 신 18장에서 다시 자세히 언급된다.

(4) 모세가 다시 시내산에 올라가 40주야를 거함(10-11절)

2. 지금까지 주의 백성이 어떠한 길을 걸어왔는가를 되돌아보게 한 후, 모세는 메시지를 선포한다. 하나님이 '이스라엘 백성에게 요구하는 바'가 무엇인가?

10:12 한 마디로 네게 명하는 여호와의 명령과 규례를 철저히 지켜라, 아주 철저하게

(1) 과거를 회상하면서 내리는 결론은 결국 순종하면 생명을 가져온다는 것이요, 불순종하면 죽음을 가져온다는 것이다. 따라서 지나온 과거를 기억하여, 그들의 잘못된 점을 고쳐야 한다. 모세는 이스라엘 백성에게 "들으라"(쉐마)고 외친다(6:4). 무엇을 들어야 하는가? 그들 부모 세대들이 잘못했던 실패의 이유를 들어보라는 것이다. 그리고 하나님이 이들 신세대에게 요구하는 바가 무엇인가를 들어보라.

(2) 자, 그렇다면 이렇게 하나님의 그 크신 사랑에 이스라엘 백성들이 어떤 반응을 보여야 하는가? 참신앙은 하나님의 명령에 반응을 보이는 것이다. 그 반응이 없다면, 다시 말하면 하나님의 명령에 실천이 뒤따르지 않는다면, 이미 거기에는 하나님과 그의 자녀와의 관계는 깨어지고 없는 것이다. 하나님의 규례와 법도는 책상 위에 잘 꽂아 놓은 하나의 육법전서가 아니다. 그 명령은 살아계신 하나님의 생생한 육성(肉聲) 명령이다.

3. 하나님을 사랑하는 근거는 무엇인가? 입으로의 외침뿐인가? 아니다. 그것은 한마디로 하나님을 경외함에서 나온다. 즉, 그의 율례와 법도를 준행하라. 그리고 완전히 헌신하라. 그것이 참신앙이라는 것이다.

"이스라엘아 네 하나님 여호와께서 네게 요구하시는 것이 무엇이냐?"(12절) 무엇일까?[2]

1) 모세라(모세롯): מוֹסֵרָה

이스라엘 자손이 광야 여정에 머물렀던 곳(민 33:30-31)이다. 아론이 죽어 이곳에서 장사되었다고 했다(신 10:6). 그러나 위치는 정확히 알지 못한다. 민 20:22-28, 33:38에서는 모세가 호르(Hor) 산에서 죽었다고 했다. 그렇다면 모세라는 호르산 근처에 위치했다고 볼 수 있다. (민 33:31에서는 이스라엘 자손이 모세롯에서 브네야아간으로 행진한 것으로 되어 있고, 신 10:6에서는 브에롯 브네야간에서 모세라로 간 것으로 기록되어 있다.)

▲ 지금의 요르단, 페트라 지역. 멀리 보이는 높은 산이 '호르산'이라고 알려져 있다.

2) 하나님이 요구하시는 구체적 삶이란?

① 곧 네 하나님 여호와를 경외하고(12절)
② 그 모든 법도를 지키고(12절, 13절)
③ 완전히 헌신의 삶을 살아가고(12절, 마음과 성품을 다해서)
④ 그리고 불쌍한 사람들을 사랑하고(18절)
⑤ 또한 너희 중에 거하는 나그네를 사랑하라(19절).

네 하나님 여호와가 네게 요구하는 것은 (10:12-22)

1. 결국, 경건의 삶이란 어떻게 살아가는 것인가?

10:12 "곧 네 하나님 여호와를 (경외)하여 그 모든 도를 ( ) 그를 사랑하며 (마음)을 다하고 ( )을 다하여 네 하나님 여호와를 섬기고"

1) 그러니까 하나님이 원하시는 것은 먼저 여호와를 경외하라는 것이다. 즉 마음으로 진정 여호와를 사랑하면, 여호와의 명령과 규례는 저절로 나타나게 된다는 말이다.

(1) "하나님이 네게 요구하시는 바가 무엇이냐?"라는 물음에 거의 반사적으로 신명기 6:5에 있는 '쉐마'를 반복한다(12-13절). 이 말씀이 곧 신명기의 핵심이 되는 말씀이다. 만약 여호와를 사랑하는 마음이 있다면, "여호와의 명령과 규례"(13절)는 무거운 짐이 아니라는 것이다.[1)]

(2) '이렇게 너희를 만민 중에서 택하여 세우신 것은 너희들이 특별히 잘나서 그런 것이 아니다. 그러니 제발 목에 힘빼고, 마음에 할례를 해라'(16절). 즉, 바른 삶의 자세를 가지고 살아가라는 말이다. 모세는 이스라엘 백성을 향해 다시는 "목을 곧게 하지 말라"고 강력하게 권면하고 있다. 지금까지의 불순종과 반역을 되풀이하지 말라는 것이다.

2. 너희가 믿는 하나님은 어떤 분인지 아는가? 17-19절까지 읽어보고 대답해보라. 그 하나님은 너희에게 찬송 받으실 분이시다. 너희들이 지금까지 하나님이 하신 일을 친히 목도하지 않았느냐? 애굽에 내려간 너희 조상들이 70인이었으나 지금은 어떤가? 하늘의 별처럼 많아지지 않았느냐? 그 크신 축복을 친히 목도하고 있지 아니한가!

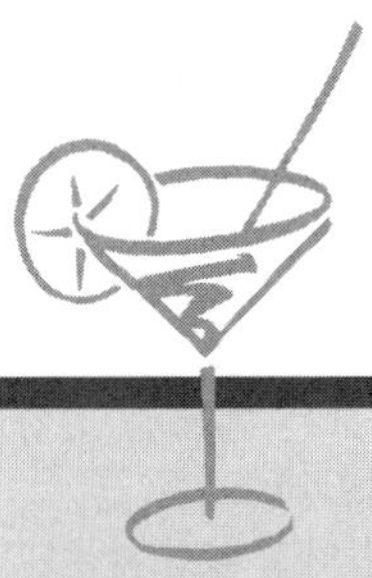

적용도우미

- 이스라엘 백성들이 과거 광야에서 배운 교훈의 핵심은 무엇인가? 우리에게 왜 지나간 날을 되돌아보는 것이 필요한가? 가끔 지나온 날들을 되돌아보는 일이 있는가? 되돌아보니 무엇이 문제였던가?

- 과거를 '듣고'(쉐마), 현재를 순종하라. 현재를 알기 위해 과거를 읽을 필요가 있다. 우리의 약점은 과거를 통해서 발견되기 때문이다. 우리는 성경의 사건을 통해 어떤 음성을 듣고 있는가? 과거를 "기억하는" 것은 과거로 끝나는 것이 아니라 지금도 살아 계시는 하나님의 생생한 명령과 권고가 되어야 한다.

Aaron died on Mount Hor

◀ 신 32:50 "네 형 아론이 호르 산에서 죽어 그 조상에게로 돌아간 것 같이 너도 올라가는 이 산에서 죽어 네 조상에게로 돌아가리니"

모든 명령을 지켜 행하라 (11:1–25)

11장의 핵심 : 믿음이란 무엇인가? 그것은 바로 하나님의 말씀에 순종하는 일이라고 말한다. 어떻게 말씀을 지킬 것인가? 그리고 그 말씀을 지킨 결과는 무엇인가? 말씀의 순종의 여부가 화와 복의 갈림길이라고 강조하고 있다.

1. 지금 모세의 설교를 듣고 있는 청중들은 누구인가?

(1) 이들은 거의가 출애굽과 같은 과거의 기적적인 사건을 생생하게 기억하지 못하는 세대들이다. 이들은 출애굽 제1세대는 아니다. 출애굽 제 1세대는 이미 광야에서 죽었기 때문이다. 그렇다면 지금 모세 앞에 선 자들은 제2세대들이다. 본문을 보아서는 이해하기 힘드나 아마, 모세는 이들을 출애굽을 목도하고 광야의 기적을 체험했던 세대들로 간주하고(7절 참조), 현재 어린 자녀들과 앞으로 올 세대를 위해서, 그들의 책임을 강조하고 있는 것일 것이다.

(2) 오늘날, 6.25 전쟁의 비극을 실감있게 듣는 젊은이가 없는 것처럼 앞으로 올 세대는 출애굽의 감격적인 의미가 퇴색되어 갈 것이기 때문이다.

2. 자, 그러면 이들에게 모세는 무엇을 계속하여 강조하고 있는가?

11:1 네 하나님 여호와를 사랑하여 그가 주신 (책무)과 (   )와 (   )와 (명령)을 <항상(כָּל־הַיָּמִים) 지키라> - 개역개정

믿음과 순종

▲ 우리는 하나님께 순종함으로써만 하나님과의 바른 관계를 가질 수 있다. 그러니까 그를 향한 사랑으로부터 하나님을 향한 순종이 발생한다는 말이다. 이런 사상, 즉 사랑과 순종의 관계는 이스라엘의 율법의 핵심이라고 할 수 있는 쉐마(신 6:4-9)에 잘 나타나 있다.

▲ 모세는 십계명을 소개한 난 직후 그의 백성과 자녀들에게 계명을 지키며 아울러 가르치라고 명령한다. "마음을 다하고 성품을 다하고, 힘을 다하여 네 하나님 여호와를 사랑하라"고 했다. 그러니까 단순한 복을 받기 위해서가 아니라 하나님을 사랑하기 때문에 적극적으로 하나나님께 순종하라는 것이다.

▲ 물론 순종은 복과 관련이 있다. 이 둘은 서로 양면성이 있다. 즉 순종하는 것은 백성들(나 자신)의 몫이고, 복을 주는 것은 하나님의 몫이라는 말이다. 구약에 나오는 하나님께 대한 순종의 대표적 인물은 아브라함이다. 하나님이 이스라엘에게(우리에게) 요구하시는 것은 바로 아브라함과 같은 순종이다. 우리가 하나님께 절대 순종할 때, 이 순종은 하나님께서 복을 주시는 수단이 된다. 물론 신약 시대에는 그 복의 개념이 구약보다 한 차원 높은 단계이다.

모세는 지금까지 하나님이 자기 백성을 얼마나 사랑하셨는지를 역사에 근거하여 길게 논증했다. 지금까지 하나님이 하신 크신 일들을 목도하지 않았느냐(7절)고 반문하고 그 명령을 지킬 것을 권고하고 있다. 하나님 여호와를 사랑하고 그 직임과 법도와 규례와 명령을 항상 지킬 것을 촉구하고 있다. 그래야 복을 받을 것이다.

3. 여기에 덧붙여서 모세는 하나님께서 과거에 하신 일을 기억하라고 촉구하고 있다.

11:2-6 "너희의 자녀는 알지도 못하고 보지도 못하였으나 **너희가 오늘날 기억할 것은** 너희의 하나님 여호와의 교훈과 그의 위엄과 그의 강한 손과 펴신 팔과
3애굽에서 그 왕 바로와 그 전국에 행하신 이적과 기사와 4또 여호와께서 애
굽 군대와 그 말과 그 병거에 행하신 일 곧 그들이 너희를 뒤쫓을 때에 홍해
물로 그들을 덮어 멸하사 오늘까지 이른 것과 5또 너희가 이 곳에 이르기까
지 광야에서 너희에게 행하신 일과 6르우벤 자손 엘리압의 아들 다단과 아비
람에게 하신 일 곧 땅이 입을 벌려서 그들과 그들의 가족과 그들의 장막과
그들을 따르는 온 이스라엘의 한가운데에서 모든 것을 삼키게 하신 일이라."

(1) 어떤 일들을 기억하라고 하시는가? 애굽에서의 기적을 베푼 일(3절), 홍해의 기적적 구원의 일(4절), 그리고 광야에서의 일어났던 크고 작은 일들(5절), 그리고 고라 사건 등과 같은 일도 기억하라고 말씀하신다.

(2) 과거로부터 하나님의 교훈을 배우라. 이들 조상들이 살아온 삶의 여정은 차후 세대들에게 좋은 교훈의 역사였다. 이들 새로운 세대들에게 여호와의 교훈을 가르칠 사람이 누구인가? 부모들이 바로 그 교육의 책임자이며, 부모들의 경건한 삶은 바로 살아 있는 교과서라는 것이다. 따라서 출애굽과 광야의 생활은 두번 다시없을 이스라엘의 학습장이었다. 이들이 광야 학교에서 배운 것은 무엇인가? 그것은 먼저 전능하신 하나님만을 의지해야 한다는 것이었으며, 또한 사는 길은 오직 그의 규례와 법도를 철저히 지키는 것뿐이라는 사실이다.

4. 따라서 여호와의 명령을 지켜야 한다. 그래야 복을 받을 것이다. 그들이 받게 될 화복(禍福)의 근거는 무엇인가?

11:8 "그러므로 너희는 **내가 오늘 너희에게 명하는 모든 명령을 지키라** *그리하면* 너희가 강성할 것이요 너희가 건너가 차지할 땅에 들어가서 그것을 차지할 것이며"

신 11:22의 뜻

▲11:22 "너희가 만일 내가 너희에게 명하는 이 모든 명령을 잘 지켜 행하여 너희 하나님 여호와를 사랑하고 그 모든 도를 행하여 그에게 부종하면"

• 11:18-21절은 신 6:6-9의 가의 문자적인 반복이다. 만약 쉐마의 내용을 실천한다면 가나안에 들어가서 오래 동안 살 것을 약속한다. "땅 위에 하늘이 있는 한, 그 땅에서 오래오래 살 수 있을 것"이라고 약속함으로써 권면한다(21절하). 결국 가나안 땅의 정복을 전제한다. 모세는 여기서 저들이 순종한다면(22절) 그 땅 전체를 정복할 수 있다고 설명한다.

• 11:22은 '왜냐하면'(for, כִּי)으로 시작한다. 즉 여호와께서 주시마 약속하셨던 땅에서 오래 살 수 있는데(21절중), 왜냐하면, 만일(אִם) 하나님이 명령하신 것을 부지런히 지키고, 또 여호와를 사랑하며, 그의 모든 길을 행하여 충성하면(22절), 그 땅 전체를 정복하리라고 말씀한다.

• 여기서 강조되고 있는 '지키다'라는 말 '샤마르(שָׁמַר)'의 기본적 개념은 '큰 주의를 하여 행한다'는 의미가 있다. 하나님의 법을 지키는 것은 단지 이론이나 마지 못해 추종하는 것이 아니라는 말이다.

• For if ye shall diligently(열심히,부지런하게) keep… KJV

(1) 여호와의 명령을 지키느냐, 안 지키느냐에 따라 화복(禍福)이 결정된다(8-17절). 그리고 하나님의 축복을 오래 유지하는 방법은 무엇일까? 하나님의 말씀을 지키면 강성할 것이요(8절), 가나안 땅을 얻게 될 것이다(8절). 또 그들이 그 땅에서 사는 날이 장구할 것이다(9절).

(2) 이스라엘이 들어가서 살게 될 땅은 어떤 땅인가? (10-12절) 애굽은 나일강의 범람과 관개 시설에 의존해야만 하는 땅이었다. 그러나 가나안은 하늘에서 내리는 늦은 비(봄비, 3-4월)와 이른 비(가을비, 9-10월)가 때를 따라 내리는 축복의 땅이었다. 만약, 이스라엘 백성이 계속 순종의 삶을 살아간다면 풍성한 수확을 보장받을 수 있는 땅이다.

5. 믿음은 무엇인가? 앞으로 보면 믿음이지만 그 뒷면을 보면 그것은 순종이다. 즉 믿음은 또다른 면으로 보면 곧 순종이다. 여호와를 순종하면, 그것도 "마음을 다하고 성품을 다하여 섬기면" 어떤 축복을 받을 것인가? (13-15절)

(1) 이른 비와 늦은 비를 적당한 때에 내리실 것이다(14절)
(2) 곡식과 기름을 얻을 것이다(14절하).
(3) 육축이 잘되고 먹고 배부를 것이다(15절).

6. 만약, 반대로 마음에 미혹을 당하여 우상을 섬기게 되면?

11:16-17

그렇다면 결국은 망하게 될 것이다. 그러나 그 우려하던 일이 훗날 이스라엘 역사 속에 그대로 나타나게 된다(왕상 17장, 엘리야 시대의 가뭄).

7. 그렇다면 말씀을 어떻게 지켜 나가야 할까? 18-20절을 읽어보라. 이처럼 말씀을 지켜 나갈 때 어떤 결과들이 올 것인가?

18-20절은 다시 한번 쉐마를 강조한다. 그리하면,

(1) 21절 : 조상에게 주시기로 약속한 땅에서 오래 살 것이다.
(2) 24절 : 그 땅은 광야에서부터 레바논과 유프라테스 강까지
(3) 25절 : 그 땅의 모든 사람들이 이스라엘 백성들을 두려워하게 될 것이다. 아무도 이스라엘을 막을 자가 없게 될 것이다.

신 11:22의 뜻

אִם①־שָׁמֹר② תִּשְׁמְרוּן③

① 만일
② 샤마르(지키다) - 칼동사 부정사
③ 샤마르-칼동사 미완료2인칭 남성,복수

▶ 만일①
잘 지키면(②③):

בְּרָכָה וּקְלָלָה

- 베라카(בְּרָכָה): 축복, 복 주심, 번영(말 2:2, 너의 복, 번영)

- 켈랄라(קְלָלָה): 저주, 악담, 독설을 의미한다. 예를 들어, 리브가의 계획을 알았을 때, 야곱은 자기가 '켈랄라'를 받을까 두려워 했다. 즉 선택의 복에서 떠나게 될까 염려했다(창 27:11-12).

복과 저주를 네 앞에 두노니 (11:26-32)

1. 이처럼 말씀의 순종 여부가 복과 화를 좌우함을 강조하고 있다. 그렇다. 우리가 아무리 하나님을 사랑한다고 믿음이 있는 척 외쳐도 하나님의 말씀에 대한 순종이 없다면, 그 믿음은 거짓일 뿐이다. 모세가 이제 두 번째 설교를 끝마치면서 다시 한번 강조하고 있는 것은 무엇일까? 그는 지금 율법을 철저히 지킬 것을 촉구하고 있다.

11:32 "내가 오늘 너희 앞에 베푸는 모든 (   )를 너희는 지켜 행할지니라."

"여호와의 명령을 들으면 복이 될 것이요"(27절) : 들으면 복이 된다는 것이다. 물론, 여기서 '들으면'이라는 말은 그 말씀을 지키면이라는 의미이다. 우선 듣는 것이 선행되어야 할 것이고, 거기에 따르는 순종이 있어야 할 것이다.

2. 이제 모세는 가나안 땅에 들어가 율법을 선포하게 될 때 <에발산>과 <그리심산>에 나아가 두 편으로 세우고 축복과 저주를 선포하라고 말한다. 이에 대한 것은 신 27, 28장에서 자세히 논하게 된다.

적용도우미

- 크리스천의 축복관을 말해 보라. 어떤 것이 진정한 하나님의 축복이라고 생각하는가? 인생의 성공이란 어떤 관점에서 보아야 하는가? 나는 성공적인 삶을 살아왔다고 자부하는가? 무엇으로 그 사실을 입증할 것인가? 부(富)? 지금 나의 사회적 위치? 으리으리한 아파트? 자녀? -'누가 뭐라고 해도 나는 부자가 좋아' '나두'

- 가장 불쌍한 사람은 실패의 삶을 살고 있으면서도 자기는 성공적인 삶을 살고 있다고 착각하는 사람들이다. 성공의 여부는 결코 소유의 다소(多少)로 평가받아서는 안 된다. 크리스천의 삶은 더더욱 그렇다.

- 현재의 고통에 낙심하지 말라. 그것은 소망 없는 불신자가 갖고 있는 버려야 할 목록 중의 하나이다. 낙심, 그것은 전능하신 하나님을 모독하는 행위이다. 낙심할 시간이 있으면 그 시간에 하나님께 엎드려라. 지나온 과거를 되돌아보며, 잘못 걸어왔던 삶을 지금부터 수정하라. 하나님은 결코 우리에게 고통을 주며 그것으로 좋아하는 분이 아니시다. 현재의 고난은 나의 삶을 축복으로 이끄는 과정일 뿐이다.

- 우리의 가는 길이 끝없이 막히던가? 그렇다면 모두 그렇지는 않지만 다시 한번 생을 점검해 보라. 하나님은 나를 더 높은 곳으로 한 계단 올라서기를 원하고 계실지도 모른다. 마땅히 성장해야 함에도 불구하고 제자리에서 맴돈다면 하나님은 매를 드실 수도 있다.

신명기 9-11장 정리하기

요약질문

Summary

목이 곧은 백성아! (9:1-10:11)

9 • 이스라엘의 가나안 정복은 무엇에 달려 있는가?
• 이스라엘이 '목이 곧은 백성'이라는 말은 어떤 사건을 말할 때 사용되었나?
• 이스라엘이 목이 곧은 백성임을 증명할 수 있는 사건들을 열거해 보라. (9:7-29)
• 금송아지 사건 때 누구의 기도로 하나님의 진노가 멈추었는가? 그 때 기도의 내용을 찾아 읽어보자. (출 33:12이하)

10 • 언약의 돌판을 다시 주신 사건의 전말을 설명해 보라(10:1-5).
• 아론의 죽음에 대해 말해 보라. 그가 죽은 곳은? (10:6-7)

목에 힘빼 (10:12-11:32)

• 하나님이 결국 이스라엘 백성에게 요구하시는 구체적인 덕목은 무엇인가? (10:12-19)
• 여호와의 명령과 규례가 왜 나에게 무거운 짐으로 느껴지는가?
• 여호와를 섬기되 어느 정도 섬겨야 하는가? (10:12)

11 • 모세의 설교를 듣고 있는 청중들은 어떤 자들인가 분석해 보라. (교재)
• 규례와 법도를 지켜야 하되 '항상 지키라'고 권고한다(11:1). 이 명령과 나의 삶과 연관시켜 설명해 보라.
• 하나님은 지금까지 자기 백성을 얼마나 사랑하셨는가를 역사에 근거해서 길게 논증하고 있다. 구체적 사건들은 무엇인가? (11:2-6).
• 이스라엘 백성 앞에 화복(禍福)이 놓여 있다. 이들이 받게 될 화복의 근거는 무엇인가? (11:8)
• 믿음의 양면성에 대해 설명해 보라. (믿음과 순종은 어떤 관계인가?)
• 복을 받을 수 있는 유일한 비결은 무엇인가? 복을 받기 위해서는 선행되는 것이 먼저 '듣는 것'이라고 했다. 여기서 '듣는 것'의 의미는 무엇인가, 행함과 연관해서 설명해 보라.

The Stipulations of the Covenant (4:44-26:19)

구체적 법규들 (12-26장)

1. 모든 우상을 파괴하라 (12:1-3)
2. 성소에 관한 규례(중앙 성소) (12:1-14)
3. 예배 시에 드릴 식용 짐승의 규례(12:15-28)
4. 우상 숭배 금지(12:29-32)
5. 거짓 선지자에 관한 명령 (13:1-18)
6. 십일조 규례(1

Deuteronomy 12-14장

규례와 법도들

모세는 두 번째 설교 중에 이제 이들이 지켜야 할 구체적인 법규들을 제공한다. 이들 각종 법규들은 출애굽기나 레위기에서도 나오는 것이지만 대다수는 신명기에서만 나타나는 규례들이다. 따라서 신명기에 나오는 규례들은 특별히 약속의 땅을 염두에 두고 주어졌다는 말이 된다.

1장에서도 살펴보았지만 이러한 규례들은 이스라엘을 옭아매려는 굴레가 아니고 이들이 어떻게 하나님과 함께 동행하며 살아가야 할 것인가를, 그래서 어떻게 살아야 하나님의 축복을 받을 수 있는가를 다시 언급하고 있는 것이다. 모세는 수도 없이 "삼가며, 지키라"고 외친다. 왜냐하면 그들 부모들이 하나님의 명령을 준행치 못했을 때, 하나님의 엄청난 매를 맞았으며, 급기야는 민족 전체가 죽임을 당할 뻔한 죄악까지도 지었기 때문이다. 특히 우상 숭배는 하나님이 절대적으로 미워하시는 바였다.

12장에서부터는 평생 지켜야 할 규례와 법도는 무엇인가를 소개하고 있다(12:1). 먼저 제 1계명은 어떻게 지켜야 할 것인가(12:2-28)와 계속해서 제2계명은 어떻게 실천할 것인가(12:29-13:18)를 다루고 있다. 특히 가나안이라는 특수한 상황에서 제 1, 2계명을 어떻게 실천해야 할 것인가에 관한 규례를 자세히 소개하고 있다.

제 1, 2 계명을 어떻게 잘 지킬까?

12장 : 성소의 중앙화

• 1-3절 **• 모든 우상을 파괴하라**
가나안족들이 섬기는 신들의 우상이 있는 곳은 높은 산이든지 작은 산이든지 푸른 나무 아래든지 무론하고 모두 파괴하라. 단을 헐고, 주상을 깨뜨리며, 아세라상을 불사르고 조각한 신상들을 찍어 버려라. 아예 이름조차 부르지 말라. 만약 그렇게 하지 않는다면 틀림없이 그들이 사용했던 제단에서 이교적인 종교행사에 빠질 것이기 때문이다.

• 4-14절 **• 성소의 중앙화**
왜 성소의 중앙화가 필요한가? 가나안 사람들이 드리는 방법대로 제사를 드려서는 안 된다. 그들의 풍습을 따라갈 것이 분명하기 때문이다. 따라서 하나님이 지정하신 일정한 장소에서 예배를 드려야 한다. 물론 이 법은 이스라엘로 하여금 안식과 평강을 주신 후에 주실 것이다(9-11절). 수세기 후 다윗 때에 성취된다.

• 15-28절 : 예배시에 드릴 식용 짐승의 규례
• 29-32절 : 우상숭배 금지

13장 : 거짓 선지자를 조심하라

• 1-5절 **거짓 선지자에 대한 경고**
이들을 어떻게 대하여야 하는가? 거짓 예언자나 꿈꾸는 자가 이적과 기사를 보이더라도 우상 숭배로 인도하는 그들은 처형해야 된다.

• 6-11절 이런 유혹자가 아주 가까운 친구나 친척이라면 어떻게 해야 할까?

• 12-18절 우상 숭배하는 성읍은?
만약 우상숭배로 이끌려는 잡류가 일어난다면 그들을 처형하라. 그렇다고 뜬소문만 믿고 함부로 처형해서는 안 된다.

14장 : 제발 여호와의 성민답게 살아라

• 사람이 죽었을 때 어떤 태도를 취하여야 하는가? (1-2절)
• 정결한 음식과 부정한 음식
• 십일조는 주로 어디에 쓰여졌나?
• 둘째 십일조란 레위인들과 가난한 자들을 위해 쓰여졌다. 약한 자들을 돌보시는 하나님의 배려였음을 본다.

▲ 성소의 중앙화
• 자기 이름을 두시려고 한 곳을 택하시는 그곳으로(11절)
• 자기 이름을 두시려고(5, 21절)
• 내 이름을 둘만한(왕상 8:16, 29)

• 이스라엘 백성들은 가나안 족속들과는 완전히 성별된 삶을 살아야 한다. 그래서 우상을 파괴하라는 것이다. 그렇지 않으면 그들에게 동화되어 이스라엘의 정체성을 잃어버리고 범죄로 치닫게 되어 스스로 멸망 가운데 떨어질 것이기 때문이다.

▲ 거짓 선지자를 조심하라
어쨌든 다른 신을 섬기는 놈들은 모두 처형해라. 너무 극단적인 명령인 것같지만 그렇지 않으면 너희 모두가 멸망으로 떨어질 것이다.

▲ 십일조의 바른 사용
우리 주위에는 가난한 자들이 늘 있게 마련이다. 그들과 함께 동고동락하라. 그래야 하나님이 너희에게 복을 내려주실 것이다.

모든 우상을 파괴하라 (12:1—3)

12장의 핵심 : 가나안에 입성한 후에 우선 우상들을 파괴하라. 그리고 가나안에 들어가서 이스라엘은 제사를 드릴 중앙 성소를 갖게 될 것이다. 따라서 가나안 족속들의 우상 숭배를 철저하게 금지하고 있다. 아무데서나 예배드리지 말것과 예배 장소의 단일화를 강조하고 있다(5, 11, 14, 18, 26절).

12-13장은 제 1, 2계명을 어떻게 잘 지킬 수 있는가를 설명하고 있다.

1. 가나안에 들어간 후 제일 먼저 해야 할 일이 무엇인가?

לֹא יִהְיֶה־לְךָ
אֱלֹהִים אֲחֵרִים עַל־פָּנָי

5:7 Thou shalt have none other gods before me

12:1-3

(1) 가나안 땅에 들어가서 평생 반드시 해야 할 일은 규례와 법도를 지키는 일이다. 그러나 우선해야 할 일이 있다. 그것은 곧 우상 숭배의 흔적을 온 땅에서 없애라는 것이었다. 우선 그들이 제사 드리는 처소부터 파괴하라고 명령한다.

לֹא־תַעֲשֶׂה־לְךָ פֶסֶל
כָּל־תְּמוּנָה

5:8 Thou shalt not make thee any graven image

(2) ① 그 단을 헐며 ② 주상(柱像)을 깨뜨리며 ③ 아세라 상을 불사르고 또 ④ 그 조각한 신상(神像)들을 찍어서 그 이름을 그 곳에서 멸하라(3절). 그러니까 가나안에서 숭배하였던 우상들의 그 이름조차도 부르지 말라는 것이다.

(3) 이교도의 제사는 그 도덕적인 문제는 둘째치고 성적인 것과 결부되어 있어 이스라엘 백성들은 쉽게 그들과 동화될 소지가 있었다. 따라서 이들이 예배드리던 처소를 철저히 파괴함으로써만 하나님께 드리는 예배가 오염되지 않고 순수해질 수 있었을 것이다. 이방신도 섬기고 여호와도 섬기는 혼합주의(Syncritism)는 하나님이 가장 싫어하시는 바였다. 어설픈 순종은 하나님의 징계를 받기에 합당한 것이다.

2. 그들은 주로 어떤 신을 믿었는가?

(1) 주상(柱像, pillars) : 男神

(2) 아세라 : 女神 - 가나안 사람들은 이들 신이 증산(增産)과 풍년을 가져오는 생산(生産)의 신으로 믿었다(7장 참조).

몰렉이란 어떤 신인가?

확대경(No.10)

1. 몰레크(מֹלֶךְ)

왕을 의미하는 '멜렉' 은 보통 신의 이름으로 이해되고 있다. 몰렉(Molech) 또는 밀곰(Milcom)은 암몬인들이 섬긴 민족적인 신이다. 기원 1800년경부터 이미 널리 숭배되어 왔다(왕하 23:10, 23:13).

- 왕하 23:10 "왕이 또 힌놈의 아들 골짜기의 도벳을 더럽게 하여 사람으로 몰록에게 드리기 위하여 그 자녀를 불로 지나가게 하지 못하게 하고"
- 왕하 23:13 "또 예루살렘 앞 멸망산 우편에 세운 산당을 더럽게 하였으니 이는 옛적에 이스라엘 왕 솔로몬이 시돈 사람의 가증한 아스다롯과 모압 사람의 가증한 그모스와 암몬 자손의 가증한 밀곰을 위하여 세웠던 것이며."

2. 이들은 몰렉신[1]에게 자녀를 불 가운데로 지나게 했다(왕하 21:6).[2] 어떤 학자는 이 자녀들을 실제로 바쳐 죽이는 것이 아니라 성결 의식이라고 말하기도하나 성경을 보면 그들의 자녀들을 제물로 삼은 것이 분명하다(겔 16:20, 렘 7:31). 고고학자들에 의해 4-12세까지의 어린이들을 불태워 제물로 삼았던 납골 단지들이 많이 발견되었다. 어린 아이를 희생 제물로 바치는 제사 행위는 예루살렘과 인접한 힌놈(의 아들) 골짜기에서 종종 행해졌다(대하 28:3, 33:6, 렘 7:31, 19:5-6). 그리고 이것은 몰렉의 이름과 연관되었다(왕하 23:10, 렘 32:35).

3. 율법에서는 몰렉 숭배를 엄격하게 금지했다.

(1) 레 18:21, 20:1-5을 보라. 그러나 이스라엘 백성들은 자주 그 우상에게 미혹되었음을 본다.

(2) 솔로몬도 몰렉을 위하여 산당(山堂)을 지었다. 아하스와 므낫세도 그 자녀들을 몰렉에게 제물로 바쳤음을 본다(왕하 16:3, 21:6).

(3) 요시아왕은 강력하게 몰렉 숭배를 엄금했다(왕하 23:10). 그러나 특히 유다 말기에 성행했음을 본다(렘 7:31, 겔 16:20, 21, 20:26, 31, 23:37, 39).

(4) 사사기 11:24에 사사 입다가 암몬 왕에게 '너희 신, 그모스(Chemosh)' 라고 한 말은 몰렉을 의미하는 말이다. 모압인들은 몰렉을 '그모스' 라고 불러 그들의 민족신으로 숭배해 왔기 때문이다.

(5) 사사 입다에게서 (삿 11:31,39) 사람을 번제로 드리게 되는 경우를 보게 된다. 그러나 이 부분은 난제로 해석이 요구된다.

---

1) David Kimchi는 몰록 신상이 청동으로 만들어졌고 속은 텅비어 있었다고 말한다. 불을 피우는 곳은 내부에 있고, 앞으로 뻗쳐진 우상의손이 뜨겁게 달구어지면 몰록의 제사장은 아이를 그 아버지의 손에서 받아들고 요란스럽게 북치는 소리에 맞춰 아이를 몰록의 손위에 올려놓는다. 이때 북을 요란스럽게 치는 이유는 죽어가는 자식이 처절하게 울부짖는 소리를 아버지가 듣지 못하도록 하려는 것이었다고 한다(왕하 23:10의 주석).

2) Albright의 견해에 따르면 몰렉 제사는 molech이라는 신에 대한 제사가 아니라 최고의 희생, 즉 어린 아이를 제물로 바치는 극단적 형태의 희생이었다고 주장한다. Albright는 이스라엘의 높은 표준들이 이웃 국가 페니키아에서 행해진 그러한 의식을 거부한 것으로 믿는다.

נַחֲלָה · מְנוּחָה

민하 · 나할라

안식과 기업 (12:9)

젖과 꿀이 흐르는 땅

민 13:27 "모세에게 말하여 이르되 당신이 우리를 보낸 땅에 간즉 과연 그 땅에 젖과 꿀이 흐르고 이것은 그 땅의 실과니이다."

젖은 구약에서 풍요로움(사 7:22)과 이름다움(창 49:12, 아4:11)을 상징했고, 신약에서는 근본적인 진리를 나타냈다(벧전 2:2, 신령한 젖을 사모하라). 영적 양분의 상징이기도 했다. 베드로는 새로 출생한 아이가 젖을 사모한다고 했다. 꿀은 사치품으로 보아야 할만큼 귀한 것이었다. 이 두 자지 의미는 완전한 만족의 이미지를 이룬다. 가나안 땅은 이렇게 이상적인 땅으로 묘사되었다(신 31:20, 수 5:6). 이런 땅을 얻기 위해서는 무엇보다 이스라엘 백성의 순종이 요구되었다. 그러나 훗말 이스라엘은 불순종으로 인해 가시와 엉겅퀴가 나는 땅이 되었다.

신 12:9-10 "너희가 너희 하나님 여호와의 주시는 <안식(rest)과 기업(inheritance)>에 아직은 이르지 못하였거니와 너희가 요단을 건너 너희 하나님 여호와께서 너희에게 기업으로 주시는 땅에 거하게 될 때 또는 여호와께서 너희로 너희 사방의 모든 대적을 이기게 하시고 너희에게 <안식>을 주사 너희로 평안히 거하게 하실 때에"

1. 신명기에서는 수없이 이스라엘 백성에게 약속한 땅을 소유하고 상속하게 될 것이라고 언급하고 있다. 이제 가나안 땅은 이스라엘에게 선물로 주어질 것이다. 이스라엘은 이 땅에서 축복을 받게 될 것이다(신 28:8). 축복은 땅을 주실 것이라는 언급과 함께 주어졌다. 신명기에서 땅을 선물로 말하는 구절이 30여 개나 된다(5:31, 9:6, 11:17, 12:1 등).

(1) 자, 이들에게 주어질 땅은 어떤 곳인가? 다음 구절을 찾아보라 : 출 3:8, 민 13:27, 신 6:3, 11:9을 보라. 그리고 신 8:7-9도 읽어보고, 한마디로 어떤 땅이라고 표현했는가? (   )

(2) 그런데, 이 약속의 땅은 쉼(rest)의 축복을 의미하기도 하였다. 마음의 심리적 평안뿐만 아니라 육체적인 쉼, 즉 적의 공격으로부터의 자유를 말한다. 대적의 공격이 없는 쉼, 평화와 안전이 보장되는 쉼이었다. 다음 구절을 읽어보자.

- 신 25:19 "그러므로 네 하나님 여호와께서 네게 기업으로 주어 차지하게 하시는 땅에서 네 하나님 여호와께서 사방에 있는 **모든 적군으로부터 네게 안식을 주실 때에** 너는 천하에서 아말렉에 대한 기억을 지워버리라 너는 잊지 말지니라."

(3) 물론, 이들에게 싸움이 없었던 것은 아니나, 훗날 하나님은 그들의 모든 대적을 다 이스라엘 손에 붙이셨다(수 21:43-44을 보라).

2. 자, 그러면 땅과 함께 이들에게 주어지는 안식, 그 안식의 의미를 설명해 보라.[1)]

(1) 이 '안식'은 아주 중요한 것이어서 시편 95:11, 이사야 66:1에서, "나의(=하나

1) 이 부분은 동 교재 레위기, 안식의 구속사적 의미를 참조해 보라.

님) 안식"이라고 했다. 일이나 노동으로부터 쉰다는 안식의 개념이(창 2:2) 출애굽기, 신명기에서는 구속과 해방을 기념하는 의미로 부각되어 설명되었다. **(안식의 점진성)***

(2) 신명기 12:9-10과 사무엘하 7:1, 11을 같이 읽어보자. 여기서 볼 수 있는 것은 이 '안식'(메누하, מְנוּחָה)은 더이상 괴로움을 당하지 않는 곳, 곧 하나님이 그의 백성을 위해 준비하신 '장소'임을 알 수 있다. 그런데 오늘 본문에서, 이스라엘 백성들에게는 아직 이런 안식이 오지 않았다는 것이다(신 12:9*을 다시 읽어보라).

(3) 이 "안식"에 대한 하나님의 약속은 모세가 이스라엘 백성을 애굽에서 인도해 낸 초기에 약속 받았음을 본다(출 33:14). 그 다음에 신명기 3:20에서도 곧 있을 안식을 이야기하고 있다. 물론 이 용어들은 신명기 12:9에 나오는 안식과 같은 단어들이다(누아흐, נוּחַ). 이 단어들은 하나님으로부터 받은 장소(출 33:14, 신 3:20, 수 1:13), 또 주변의 적으로부터 지키는 평화와 안식(신 12:10, 25:19, 수 21:44), 또는 미래의 슬픔과 수고의 종식(사 14:3) 등을 나타낸다.

3. 신명기에서 말하는 약속의 또다른 양상은 땅이 선물이라는 점이다. 이제, 하나님은 이스라엘 백성들에게 가나안을 점령하고 그 기업의 땅에서 참다운 안식을 누릴 것이라고 약속하신다(신 3:20, 12:10, 25:19). 그것은 질적 생활을 의미하는 것이기도 했다.

(1) 여호수아는 그 사실을 이렇게 언급했다 :

> "44여호와께서 그들의 주위에 **안식을 주셨으되** 그 조상들에게 맹세하신 대로 하셨으므로 그들의 **모든 원수들 중에 그들과 맞선 자가 하나도 없었으니** 이는 여호와께서 그들의 모든 원수들을 그들의 손에 넘겨 주셨음이니라 45여호와께서 이스라엘 족속에게 말씀하신 선한 말씀이 하나도 남음이 없이 다 응하였더라"(수 21:44-45).

(2) 물론, 가나안에 들어가 사는 것이 성경에서 말하는 궁극적인 안식은 아니다. 그렇다면 왜, 후대에 또다시 다윗이 안식의 문제를 거론했겠는가(시 95편에서)라고 히브리 기자는 반문한다(히 4:7-8). 결국, 그리스도 안에서의 구원을 궁극적인 안식이라고 말한다. 그리스도 안에 있는 자는 **'이미 안식에 들어간 자'**라고 말하고 있다(히 4:7-10을 읽어보자).

안식의 점진성

- 최초의 '안식'은 영원한 안식을 향해 가는 첫 출발점이다. 만약 인간이 타락하지 않았다면 영원한 안식으로의 행진이 퍽 순조로웠을 것이다.
- 인간에게 축복이 되는 이 안식은 인간의 타락으로 파괴되고 만다. 따라서 이후 인간에게 '안식'은 파괴된 질서로부터의 회복을 의미한다. 타락 후의 '안식'은 역사가 진행되면서 그 개념이 점진적으로 발전하게 된다. 우리는 그리스도 안에서 장차 영원히 누릴 안식을 앞당겨 맛보고 있다. / 동교재, 레위기 참조
- 샤밧 : 쉼(휴식), 안식, 그침(휴지) : 일이나 노동으로부터 쉰다(to rest). 이 말은 주로 하나님께서 천지창조를 끝내시고 쉬신 제 7일의 안식을 나타낸다(창 2:1-3).
- 누아흐 : 휴식하다, 정착하다, 평안, 행복의 의미로 쓰였다.
- 신 12:9 "너희가 너희 하나님 여호와께서 주시는 안식과 기업에 아직은 이르지 못하였거니와"

평화로운 저녁 식사 광경

▶ 신 12:10 "너희가 요단을 건너 너희 하나님 여호와께서 너희에게 기업으로 주시는 땅에 거주하게 될 때 또는 여호와께서 너희에게 너희 주위의 모든 대적을 이기게 하시고 너희에게 안식을 주사 너희를 평안히 거주하게 하실 때에"

(3) 신자들은 이미 그리스도 안에서 안식을 누리고 있는 것이다. 그 안식은 장차 영원한 세계에서 누릴 안식과 본질이 같다. 그러므로 성도들은 이 '영원한 안식'을 미리 앞당겨 맛보고 있는 것이다. 안식일(주일)은 그런 의미에서 지켜져야 한다. 물론, 우리에게 영원한 안식, 완성된 하나님의 영원한 나라는 아직 임하지 않았다. 그러기에 히브리 기자는 이렇게 주문하고 있다 :

> "그러므로 우리가 저 안식에 들어가기를 <힘쓸지니> 이는 누구든지 저 순종치 아니하는 본에 빠지지 않게 하려 함이라"(히 4:11).

(4) 저 영원한 안식이 올 때까지 우리에게 필요한 것은 쉬지 않는 경주(히 4:11, 12:1)라고 말하고 있다. 그 경주에 반드시 필요한 것이 하나님의 말씀이라고 다음과 같이 말하고 있지 아니한가! (히 4:12*)

• 히 4:12 "하나님의 말씀은 살아 있고 활력이 있어 좌우에 날선 어떤 검보다도 예리하여 혼과 영과 및 관절과 골수를 찔러 쪼개기까지 하며 또 마음의 생각과 뜻을 판단하나니"

(5) 히브리서 기자는 안식의 약속이 복음의 약속이라고 결론짓는다. 하나님이 제 7일에 안식하시며 자신의 역사에서 평안과 만족을 찾으셨던 것과 같이 신자는 하나님 안에서 안식하며 신실한 복종을 통해 안식을 얻는다(히 4:9-11). 믿음을 소유하는 자들에게는 앞으로 누릴 영원한 안식을 미리 앞당겨 맛볼 수 있다.

4. 신명기에서 안식의 개념은 여러 가지 양상을 내포하고 있지만 그 중 하나가 국가적 안전이다. 또한 신명기의 안식은 공동체가 하나님을 경배하고 평안과 안전 속에서 그를 기뻐할 수 있는 정황을 말하고 있다. 평안이 이루어질 때 하나님은 자기 이름을 두실 곳을 택하실 것이다. 그곳이 성소이다(12:10-11).

성소(聖所)의 중앙화(中央化)

하나님이 택하신 곳에서(12:4-14)

1. 이제 이들이 가나안에 들어가서는 이방 민족들이 섬기는 방식으로 하나님을 섬겨서는 안 된다고 말씀하신다(4절). 그러면 어떻게 드려야 할까?

12:4-14

(1) 하나님이 택하신 곳에서 제물을 드려야 한다. 아무데서나 드리는 이교(異敎)의 예배(多神主義)와는 달리 지정된 곳에서 드려져야 한다(5, 11, 14, 18, 26절을 읽고 색연필로 표시해 보라). 이스라엘의 종교는 유일신주의(唯一神主義)이기 때문이다. 이제는 모압인들이 드리던 방법대로 드려서는 안 된다. 가나안 사람들은 아무 장소에서나 제사를 드렸다(8, 13절).*

(2) 예배 장소의 단일성이 강조되고 있다. 이 하나님의 명령은 수세기 후 하나님이 다윗에게 성막을 예루살렘으로 옮기도록 하셨을 때 성취되었다. 예배 장소는 성전이 예루살렘에 지어지기(대상 15:1) 전까지는 길갈, 벧엘, 실로(수 18:1)였다. 이제 예루살렘은 인류 구원의 센타로서의 그 상징성을 가지게 될 것이다.[1)]

2. '장소'[2)]에 대한 표현으로 언급된 곳을 읽어보라.

(1) "자기 이름을 두시려고 한 곳을 택하시는 그곳으로"(신 12:11, 14:23, 16:2,6,11, 26:2)

(2) "자기 이름을 두시려고"(신 12:5, 21, 14:24, 왕상 9:3, 11:36, 14:21, 왕하 21:4, 7, 대하 6:20, 33:7)

(3) "내 이름을 둘 만할"(왕상 8:16, 29, 왕하 23:17)

이렇게 하나님은 하늘에 보좌를 삼으시나 또한 지상 위의 '장막에도 거하실 수 있다.' 하나님은 그의 이름(그의 인격)을 두시려는 '장소'를 하나 더 보충하셨다. 이제는 그의 이름을 그 위에 '두심으로써' 혹은 이름을 부르게 함으로써 공개적으로 소유하셨다(W. 카이저).

• 신 12:8 "우리가 오늘 여기에서는 각기 소견대로 하였거니와 너희가 거기서는 그렇게 하지 말지니라."

• 신 12:13 "너는 삼가서 네게 보이는 아무 곳에서든지 번제를 드리지 말고"

1) 하나님은 어느 한 곳에만 계시는 분이신가? 물론 아니다. 하나님은 무소부재하신 분이기에 어느 한 곳에만 계시는 분은 아니시다. 그러나 하나님이 택하신 한 곳에서 예배를 받기 원하신다. (물론 당시 상황에서)

2) 하나님은 이스라엘이 땅을 '유업' 으로 받아 '안식'(평강, 신 12:10-11)을 얻도록 도우신 후에 여호와께서 가나안에 한 장소를 택하실 것을 말씀하신다. 하나님은 그가 택하신 곳에 '그의 이름을 두시려' 하셨다. 하나님은 그의 이름을 두실 장소를 한 지파 안에서 택하려 하셨다. 그는 거기에 임재하시고(12:5) 이스라엘은 그에게 예배하기 위해 그곳으로 모여야했다. (W. 카이저, 구약성경신학)

왜 성소의 중앙화가 요구되었을까?

확대경(No.11)

다윗이 그의 아들 솔로몬에게 앞으로 지을 성전 설계도를 보여주고 있다.

1. 왜 성소의 중앙화가 이들에게 요구되었을까?
하나님이 주신 약속의 땅 가나안, 이 땅에 들어가서는 특별한 생활 양식이 요구되었다. 따라서 모세는 지금 그들이 지켜야 법규들을 말하고 있다(12:1). 이스라엘 백성들이 가나안 땅을 가지게 됨으로써 그 땅을 거룩하게 해야 할 책임이 그들에게 주어진다. 이들은 가나안족들의 생활 풍습을 철저히 파괴해야 한다. 그러기 위해서는 우선, 그들의 풍습을 결정짓는 우상을 철저히 파괴하여 오염으로부터 차단해야 할 필요가 있었다. 산당에서 제사드리는 것을 폐기한 것은 이교적인 영향을 차단시키는데 중요한 역할을 했다.

2. 만약, 이스라엘 백성들이 가나안 족속들의 우상 숭배의 흔적을 없애버리지 않는다면, 틀림없이 이들 장소를 그대로 사용하게 될 것이고 그 장소와 함께 이교적인 종교의식까지 할 것이 분명하기 때문이다(30절을 보라). 따라서 하나님이 정하시는 일정한 장소로 성소의 중앙화가 필요하다는 것이다(5절).

3. 물론, 종교 의식의 중앙화는 성막 건축으로 광야에서 이미 시작되었다. 그러나 신명기 12장의 법은 아주 후대에 가서, 즉 이들에게 안식(평강)을 얻도록 도우신 후에(12:9-11 참조) 주실 것이다. 그러므로 유일한 성소에 대한 명령은 하나님의 유일성(唯一性)과 하나님께 드리는 이스라엘 백성의 진정한 예배와 백성의 정치와 종교의 일치를 가져오기 위한 것이었다. 따라서 종교의식의 중앙화는 종교의식 자체의 발전을 가져왔다. 그러나 훗날 이런 종교의식은 성전의 파괴로 폐기될 수 있는 가능성도 야기시켰다. 이렇게 종교의식의 집중화는 새 언약을 위한 준비가 되었다. (J. 리더보스)

3. 자, 이렇게 하고 하나님의 규례와 법도를 잘 지키면 어떤 축복을 주신다고 하셨나?

12:7 "너희의 하나님 여호와께서 너희 손으로 수고한 일에 복 주심으로 말미암아 너희와 **너희의 가족이 즐거워할지니라.**"

백성들이 이런 규례를 잘 지킨다면 이들에게는 큰 즐거움이 늘 있을 것이다. 이스라엘의 예배는 기쁨과 찬양의 예배였다. 이런 기쁨들은 여호와께서 명하신 계속되는 안식일과 절기 등에서 두드러지게 나타난다. 그 기쁨을 계속 유지할 수 있느냐 없느냐는 물론 이들이 얼마나 주의 율례에 순종하느냐 아니하느냐에 달려 있다.[1)]

1) 다음의 구절도 함께 찾아보라 : 신 12:12, 12:18, 14:26, 16:11, 16:14-15 등

어떤 것들을 지켜야 할까? (12:8-28)

1. 어떤 규정들을 지켜야 할 것인가 간단히 살펴보자.

- 8-9절 : 각기 소견대로 하지 말라. 예배 장소를 선택할 때, 광야와는 달리 한 장소를 선택해야 한다(성소의 중앙화).
- 12절 : 성중에 거하는 레위인, 노비(奴婢) 등과 기쁨을 같이 해라.
- 15-16절 : 일반 식용 짐승들은 중앙 성소로 가져오지 않고 자유롭게 잡아먹을 수 있다. 물론, 피는 먹을 수 없다.
- 17-19절 : 제물은 중앙 성소에서 먹어야 한다.
- 20-28절 : 이들이 광야생활을 할 때에는 먼저 성막에 바치지 않고는 고기를 먹지 못하게 했으나 가나안에 들어가서는 성소가 먼 곳에 있게 될 경우에는 식용으로 쓸 때에는 자유롭게 잡아먹을 수 있게 했다. 성소 가까운 사람은 물론 전과 같이 해야 한다.

처음에야

처음에야 뭐, 우상 숭배를 하겠는가?! 어림도 없지. "안돼! 절대 안돼!!" ⇒ "절대 안돼!" ⇒ "안돼" ⇒ "그러면 안되지" ⇒ "그럴 수야 없지. 하나님께 혼날라고" ⇒ "그러면 못써" ⇒ "그러면, 딱 이번 한번뿐이야" ⇒ "에이, 지난번에도 갔었는데 뭘" ⇒ "어이, 우리 거기 안 갈래. 기가 막혀" ⇒ "어디서 뭘하는데 그래?" ⇒ "어! 그으래. 아이고 난 몰랐지" --- 이렇게 자꾸자꾸 나가면 그 끝은 어딜까?!

2. 그리고 제발, 우상 숭배를 해서는 안 된다. 왜?

12:30 그렇게 하다가는 너희들도 역시 너의 선주민처럼 멸망당할꺼다, 안봐도 뻔해!

가나안 족속들은 암몬 족속의 신인 몰렉에게 자녀를 불살라 제사했다(레 20:2-5, 왕상 11:5). 이들 주위의 나라가 거의 이런 악습을 따랐다. 여차하면 이스라엘이 이들의 악습에 빠질 수 있었다. 거기에는 늘 꿀같은 달콤함이 있기 때문이다. 마귀의 전략이 늘 그러한 것처럼….

적용도우미

- 우리가 버려야 할 세상(이방)의 악습은 어떤 것들이 있는가? 내가 아직도 버리지 못하는 습관은 무엇인가? 왜 못버리고 있다고 생각하는가? 나 자신의 의지로는 결단코 과거를 끊지 못한다. 성령으로 수술을 받아라. 우선 버려야 나쁜 습관의 목록을 적어보라. 한번에야 전부 고치지 못하겠지만 고치도록 노력해 보라. 노력하려고 애쓰는 자에게 성령님은 함께 하신다.
- 악은 모양이라도 버리라고 했다. 왜? 우리는 처음에는 사탄의 계략에 넘어가지 않을 수 있다. 그러나, 한번 두번 그리고 세번, 그렇다면 이미 때는 늦는다.

거짓 선지자(지도자)에 대한 경고 (13:1-18)

A. 주로 의식적인 법규들 (12:2-16:17)

- 12:1-3 모든 우상을 파괴하라.
- 12:1-14 성소에 관한 규례중앙 성소
- 12:15-28 예배 시에 드릴 식용 짐승의 규례
- 12:29-32 우상 숭배를 하지 말라
- **13:1-18 거짓 선지자에 관한 명령**
- 14:1-2 특정한 애도 습관을 금지해라.
- 14:3-21 정하고 부정한 동물
- 14:22-29 십일조 규례:
  14:22-27 연례적 십일조
  14:28-29 3년마다 드리는 십일조
- 15:1-23
  안식년에 대한 규정 :
  안식일의 근거를 출애굽에 둠
  1-11 채무 탕감
  12-18 종의 해방
  19-23 초태생 규례
- 16:1-17 절기에 대한 규례

☞ **13장의 핵심** : 우상 숭배자에 대한 강력한 경고. 가족이나 친구라도 제외될 수 없다. 제발, 다른 민족들과는 구별된 삶을 살아라.

1. 거짓 선지자(종교 지도자)에 대해 경고하고 있다. 이런 자들은 어떻게 대해야 하는가?

- 신 13:5 "그런 선지자나 꿈 꾸는 자는 (죽이라) 이는 그가 너희에게 너희를 애굽 땅에서 인도하여 내시며 종 되었던 집에서 속량하신 너희의 하나님 여호와를 (배반)하게 하려 하며 너희의 하나님 여호와께서 네게 행하라 명령하신 도에서 너를 꾀어내려고 말하였음이라 너는 이같이 하여 너희 중에서 악을 제할지니라."

(1) 하나님은 인간에게 자기의 뜻을 계시하실 때 예언이나 꿈을 사용하시기도 한다. 따라서 사람들은 표적이나 기사를 보면 모든 것이 하나님의 뜻이라고 생각하기 쉬었다. 때로는 거짓 선지자의 예언도 맞을 수 있기에 더욱 조심할 것을 말씀하신다(2절). 다만 이런 거짓 선지자는 하나님의 백성을 시험하기 위하여 허락하신 것뿐이다(3절). 물론 백성들을 연단하기 위한 시험이다(창 22:1 참조). 사람들이 순탄할 때에는 다 하나님을 잘 섬기는 것 같이 보인다. 하나님은 그 믿음이 진짜인지 아닌지를 알기 위해서 우상 숭배의 유혹을 주신다는 것이다. 신명기 8:2을 보자: "네 하나님 여호와께서 이 사십 년 동안에 너로 광야의 길을 걷게 하신 것을 기억하라 이는 너를 낮추시며 너를 시험하사 네 마음이 어떠한지 그 명령을 지키는지 아니 지키는지 알려 하심이라."

(2) 이런 거짓 선지자들은 물론 처형해야 한다. 왜 이렇게 엄하게 다루라고 하시는가? 이들을 처단하지 않으면 결국은 백성을 파멸로 인도할 것이 분명하기 때문이다. 이런 일에 대해서 사랑 운운해서는 안되는 일이다.

2. 특히 어떤 자들을 주의하라고 하시는가?

- 신 13:1-2 "너희 중에 선지자나 꿈 꾸는 자가 일어나서 (이적)과 기사를 네게 보이고 [2]그가 네게 말한 그 이적과 기사가 (이루어지고) 너희가 알지 못하던 다른 신들을 우리가 따라 섬기자고 말할지라도"

터무니없는 내용을 가지고 유혹하는 자들을 조심해야 한다. 이들의 주장이 진짜와 유사하여 잘 구별할 수 없기 때문에 더욱 조심해야 한다. 더욱이 우리 주위에서 기사와 이적에 치중하는 자를 주의해야 한다. 이런 자들의 삶은 대개 신앙생활이 건전치 못하다(고전 1:22 참조).

3. 그런데 이 유혹자가 아주 가까운 사람들일 수도 있음을 말한다. 친척이나 친구, 아니면 가장 가까운 아내일 경우. 그러면 어떻게 하지? (13:6-9)

'뭘, 어떻게 해!' 이들도 용서 없이 죽이라고 말씀하신다. 당시 가나안에 퍼졌던 우상 숭배가 얼마나 극악했었는가를 볼 수 있다. 이스라엘 사람이라고 그 심판에서 제외시킬 수 없음을 말한다.

4. 그렇다고 뜬 소문만 듣고 아무나 함부로 죽여도 되는가? (13:13-14)

(1) 어떤 잡류들이(13절) 일어나 백성들로 하여금 우상 숭배로 빠지게 하려 할 경우 신중을 기하여야 한다. 여기 '잡류들'이란 '벨리알의 아들들'이라는 뜻인데, 이런 악인들이 성읍 전체를 배교(背教)로 이끌고 갈지도 모른다.

(2) 물론 확인도 하지 않고 뜬소문만 듣고 처형해서는 안 된다. 그러나 그 일이 사실로 판명될 경우 그 성읍과 그 탈취물 전부를 불살라야 한다. 이렇게 하는 것이 하나님께 제물을 드리는 것이다. 그렇다고 이들을 진멸할 때, 이들의 물건을 슬쩍하지 말고.

(3) 하나님은 그의 울분을 이방인에게 퍼붓는 것이 아니다. 오히려 하나님은 이들 이방인들에 대해 오래 참으시다가 마침내 심판을 내리는 것이다.

5. 이렇게 만일 하나님 여호와의 말씀을 잘 듣고 이들에게 명하시는 그 모든 명령을 지켜 여호와의 목전에 정직을 행하면(18절), 이들 열조에게 맹세하신 대로 이들을 크게 축복하실 것이다(17절). 결국, 이스라엘에게는 하나님의 명령에 순종하느냐 안하느냐가 문제이다.

광야는 오직 하나님께만 의지해야 생존할 수 있는 곳이었다. 그러나 가나안은 인간 노력에 여하에 따라 풍성한 식량을 준비할 수 있는 곳이다. 따라서 이들의 풍요로움은 자칫 이스라엘로 하여금 다른 신을 섬겨 타락할 수 있는 유혹이 될 수도 있다.

유혹에 넘어간 결과

▲ 우리는 아무도 유혹에 굴복하도록 강요당하지 않는다. 그러나 사람들 스스로가 그 유혹을 선택한다. 그런데 그 유혹에 넘어간 댓가는 적지 않다. 성경에 그런 예들이 아주 많다. 그중에서도 다윗이 밧세바를 범한 사건은 그 대표적인 예이다. 다윗은 죄를 지은 이후 상황이 마치 '그물에 걸린 새'와 같았다(잠 7:21-27 참조). 그가 죄를 지은 이후의 삶은 시련의 연속이었다.

▲ 이렇게 외부의 환경이 사람을 유혹에 빠지도록 하지는 못한다. 우리는 얼마든지 도덕적으로 올바르게 선택할 수 있는 기회와 능력이 있기 때문이다. 문제는, 야고보 사도의 말처럼 우리의 적이 바로 내 안에 있다는 사실이다(약 1:14-15 참조). 따라서 죄의 유혹에 빠지지 않는 길은 오직 자기의 마음과 영혼을 경계하는 길밖에 없다.

"모든 지킬 만한 것 중에 더욱 네 마음을 지키라 생명의 근원이 이에서 남이니라"(잠 4:23).

▲ 배교의 가능성은 우리 주위에 얼마든지 있다.

13:2-6 예언자로 인해
13:7-12 형제들로 인해
13:13-18 잡류들로 인해

삶의 실천적 규례들(14-16장)

여호와의 성민(聖民)답게 살아라 (14:1-29)

קָדוֹשׁ

▲ 카도쉬(קָדוֹשׁ)라는 말은 특별히 종교적 목적을 위해서 구별되어 사용되고 있다. 성소 안에 있는 것은 땅이나 건물이나 기구를 막론하고 '거룩' 할 수 있었다. 즉 종교적이고 제의적인 용도에 의하여 구별되었다. '거룩한' 의 반대는 '속된' (unholy, profane)이라는 말이다. 레 10:10 "그리하여야 너희가 거룩하고(코데쉬, holy) 속된(unholy) 것을 분별하여 부정하고 정한 것을 분별하고…"

▲ 따라서 하나님은 속된 것과 정결한 것을 구별하여 가르치신다. 그래서 제의적으로 '정결한' 것은 하나님께 받아들여지지만 '부정한' 것은 받아들여지지 아니했다. "내가 거룩하니 너희도 거룩하라" 는 말씀은 성경 전반에 걸쳐 나타난다. 하나님은 영이시며 인간은 육이다. 따라서 하나님은 비가시적이다. 그러나 이보다 더 중요한 것은 지금 인간은 하나님께 대하여 죄인이라는 사실을 기억해야 한다. 물론 처음부터 죄인으로 창조하지 않으셨다. 하나님은 인간을 만드시고 그와 교제하기를 원하셨다.

▲ 그러나 그 교제가 불가능하게 되었다. 죄로 그 관계가 파괴되었기 때문이다. 하나님은 거룩하신 분이시기에 죄인된 인간이 그에게로 가는 것이 금지되었다. 하나님은 인간의 죄로 인해 인간으로부터 분리되어 계신다.

14장의 핵심 : 이스라엘 백성들은 이방 민족들과 같이 아무렇게나 살아도 되는 민족이 아니다. 이스라엘은 거룩히 구별된 여호와의 성민(聖民)이기 때문이다. 특별히 음식 규례가 언급된다. 먹거리도 정한 것과 부정한 것을 가려서 먹어야 한다.

1. 사람이 죽었을 때 어떤 태도를 취하여야 하는가?

14:1-2

(1) 사람이 죽었는데 큰 소리로 웃을거야 없지만 이방인의 풍습을 따라 괴상한 슬픔을 나타내지 말라는 것이다. 그 당시 가나안 땅에 사는 이방인들은 죽은 자를 위하여 자기 몸을 베고, 또 눈썹 사이 이마 위의 털을 미는 습관을 가졌다고 한다(렘 16:6, 41:5 참조).

(2) 죽은 자에 대한 지나친 슬픔은 그리스도인의 참다운 태도가 아니다. 왜냐하면 우리에게는 내세의 소망이 있기 때문이다. 그렇다고 울지도 말라고? 울 수 있다. 억지로 믿음 좋은 채 하지 말고 울어라. 그러나 그 울음은 그 동안 지상에서의 친분이나 정 때문에 우는 것이어야 한다. 요셉도 아비 야곱을 위하여 7일 동안 애곡했다고 했다(창 50:10). '그렇다고 장례식에 가서 자기 설음 다 떨어놓느라 청승 떨지 말고.'

(3) 왜 거룩하게 살아야 되나? : "**너는** (너의 하나님) **여호와의 성민이기 때문에**" :

כִּי(for) עַם[1] קָדוֹשׁ[2] אַתָּה לַיהוָה אֱלֹהֶיךָ 14:2a

① 民(암, עַם, people)

② 聖(holy) : 카도쉬(קָדוֹשׁ) - 하나님께서 특별한 목적으로 여러 민족들 가운데서 따로 구별하여 세우셨다. 따라서 이스라엘은 거룩한 백성으로서 순종과 성결을 구체적 삶 속에서 드러내야 한다. 이렇게 살아갈 때 거룩한 하나님을 닮아가는 것이다(레 19:2, 엡 4:24, 골 3:12).

레 11:44-45 "나는 여호와 너희의 하나님이라 내가 거룩하니 너희도 몸을 구별하여 거룩하게 하고 땅
에 기는 길짐승으로 말미암아 스스로 더럽히지 말라 45나는 너희의 하나님이 되려고 너
희를 애굽 땅에서 인도하여 낸 여호와라 내가 거룩하니 너희도 거룩할지어다."

2. 정결한 음식과 부정한 음식에 대한 문제

(1) 여기에 등장하는 동물들은 팔레스틴보다 시내산과 유다 남방의 산물이라고 한다. 14장에 기록된 동물들의 이름은 대부분 모세가 살았던 당시 그 지방의 산물들이다. 이런 사실을 보더라도 신명기(모세오경 전부)가 모세의 집필이었다는 것을 알 수 있다.

(2) 스스로 죽은 고기를 먹지 말 것 (21절상) : 이렇게 죽은 동물의 사체는 피를 제거할 수 없다. 따라서 피채 먹는 결과를 초래케 되어 율법을 범하게 된다.

(3) 염소 새끼를 그 어미 젖에 삶지 말라(21절하, 출 23:19, 34:26) : 잔인성을 금지한 것 같다. 이렇게 음식까지도 성별함으로써 이스라엘 백성은 하나님 앞에서 성별된 족속이라는 것을 깨닫게 했다. 이스라엘 백성은 어느 면에서든지 성결해야 할 것을 강조하고 있다.

나일강에 사는 황새. 물론 먹지 못한다.

돼지는 굽이 갈라졌으나 새김질을 하지 못하므로 먹지 못한다.

3. 신약에 와서는 이런 규제들은 어떻게 되었나? 막 7:14-23과 행 10:9-23을 읽어보자. 비록 이런 음식에 대한 규정들은 철폐되었지만 하나님 앞에서의 성별된 삶은 오히려 더 차원 높은 것을 요구하신다.

"혼인을 금하고 식물을 폐하라 할 터이나 식물은 하나님이 지으신 바니 믿는 자들과 진리를 아는 자들이 감사함으로 받을 것이니라 하나님의 지으신 모든 것이 선하매 감사함으로 받으면 버릴 것이 없나니 하나님의 말씀과 기도로 거룩하여짐이니라"(딤전 4:3-5).

קדש
코데쉬

하나님은 이스라엘을 자기 백성 삼으셔서 이들 백성들과 함께 거하시기로 작정하신다. 하나님이 거하시는 성소는 거룩한 곳이다. 그래서 최고 성직자인 아론은 "여호와께 성결(코데쉬, קדש)"(출 28:36)이란 정금 패를 갖고 있었다. 이렇게 믹다쉬(성소)라는 명칭은 누구나 쉽게 접근할 수 없다는 것을 느끼게 한다. 하나님은 그의 백성에게 끊임없이 성결(聖潔)을 요구하신다(레 19:2). 그의 거룩성 때문이다.

그래서 레 17-26장을 '성결 법전'(Holiness Code)이라고도 부른다. 하나님은 삶의 전 영역에서 성결해야 할 것을 요구하신다는 말이다. 이 거룩함의 개념은 '거룩한'이라는 형용사가 붙은 비품(언약궤, 진설병, 상, 등대 등등)도 해당된다. 물론 사물이나 사람 자체로는 결코 거룩하지 않다. 이것이 거룩해지는 것은 거룩하신 하나님과 관계를 맺을 때만 이루어진다. 거룩은 삶의 전 영역에까지 확대된다.

• 신 14:3-6 "너는 가증한 것
은 무엇이든지 먹지 말라 4
너희가 먹을 만한 짐승은
이러하니 곧 소와 양과 염
소와 5사슴과 노루와 불그
스름한 사슴과 산 염소와
볼기가 흰 노루와 뿔이 긴
사슴과 산양들이라 6짐승
중에 굽이 갈라져 쪽발도
되고 새김질도 하는 모든
것은 너희가 먹을 것이니
라."

십일조 : 땅의 주인이 하나님이라는 사실을, 그리고 땅의 모든 소산도 하나님이 주신 것이라는 사실을 인정하는 신앙고백적 행위이다. 십일조를 통해 하나님 여호와를 경외하는 것을 배우게 된다.

십일조

십일조는 어떻게 쓰여지나? (14:22-29)

십일조 개념을 가지고 있는 단어들

- 아싸르(עשׂר) : 창 28:22, 신 14:22, 26:12
- 마아쎄르(מעשׂר): 창 14:20, 레27:30, 신12:6, 14:23, 28, 말 3:8, 10 등
- 데카토오(δεκατοω): 히 7:6, 9
- 아포데카토오 (αποδεκατοω) : 마 23:23, 눅 11:42
- 데카테(δεκατη): 히7:2, 4,

① 십일조는 족장 시대에도 시행(창 14:20, 28:22)

② 십일조는 원래 하나님의 것인데(레 27:30-33), 이 십일조를 레위인들에게 주도록 규정되어 있다(민 18:21-32). 가나안 정착 이후 그 규정은 완전히 모순되지 않았어도 이전의 십일조의 율법보다 다소 달랐다(신 12:5-19, 14:22-29, 26:12-15).

③ 이후에도 계속 십일조는 시행되었다(대하 31:5, 6, 느 10:37,12:44, 13:5).

④ 율법주의로 왜곡되기도 했고(암 4:4) 잊혀져 버리기도 했다(말 3:7-12).

(Baker 신학사전, 엠마오)

1. 구약 시대의 십일조는 주로 어디에 쓰여졌는가?

(1) 14:22 "너는 마땅히 매년 (   )의 십일조를 드릴 것이며"

우선, 레 27:30-33, 민 18:21-32을 읽어보라. 농작물의 십일조는 십일조의 기본 원칙이었다. 여기 신명기 기사에서는 소산의 십일조를 가지고 성전에 가서 제물로 바치고, 가족들과 함께 즐거이 먹어야 한다고 가르치고 있다. 아무데서나 먹지 말고 "여호와께서 그 이름을 두시려고 택하신 곳", 즉 중앙성소에서 먹어야 한다.

민수기 18:21-32에서는 십일조는 레위인에게 돌아가야 한다고 했다. 그러나 여기 신명기에서는 거기에 부가하여 그 십일조를 떼어 중앙 성소로 가져와서 여호와 앞에서 공동 식사로 먹으라고 했다. 그렇다면 레위인을 위한 십일조 외에 별도로 바친 것인지, 아니면 일부는 성소에서 먹고, 나머지는 그곳에서 봉사하는 레위인에게 주어야 했던 것인지 확실치 않다. 어쨌든 우리는 십일조를 드리는 것이 수확의 풍성함이 자신들의 농사 기술에 의한 것이 아니라 하나님의 축복임을 기억하는, 기꺼이 지켜야 할 명령이었음을 알 수 있다.

(2) 그러나, 성소에서 너무 멀리 떨어져 있을 경우에는? (24-27절을 읽기만 해요)

(3) 연례적인 십일조(22-27절)와 매 3년마다 바치는 십일조(28-29절)가 언급되었다. 매 3년마다 드리는 십일조는 둘째 십일조로 생각했다. 첫째 십일조는 레 27:30과 민 18:21에 기록되어 있다(말 3:8). 레위인의 부양을 위해서 일년에 한번씩 내는 십일조를 말한다.

(4) '둘째 십일조' 는 성소로 가져가는 것이 아니라 집에 두었다가 레위인들과 가난한 자들, 그리고 객을 위해 사용되었다. 레위인과 가난한 자들을 대접하는데 사용되었다. 하나님의 약한 자들을 위한 배려를 볼 수 있다. 이렇게 십일조 제도는 공동체를 하나로 묶는 역할을 했을 것이다(레 27:30-33).

(5) 이렇게 십일조 제도는 자발적으로 하나님께 드림으로써 자신에게 오는 기쁨뿐만 아니라 이웃에 대한 사랑을 실천할 수 있는 하나님이 세우신 제도이다. 만약 이들이 이런 하나님의 명령에 순종했다면 사회가 늘 하나님의 축복을 받아 풍요로워졌을 것이다.

(6) 그러나 역사는 늘 그렇지를 못했다. 말라기 시대에는 십일조를 바치지 못함으로 인한 피해가 대단했다. 그것은 곧 하나님에 대한 신앙이 파괴되어 나타난 현상이었다. 물론 십일조가 우리의 신앙의 유일한 척도는 아니겠지만 애써 구별하여 드리려는 손길 위에 축복을 주실 것임은 틀림없는 일이다. 물론 그 축복의 형태가 개인에게 다양하게 나타나겠지만.

2. 신약시대에는 이 십일조가 어떻게 언급되고 있는가?[1]

(1) 고후 9:6에 "이것이 곧 적게 심는 자는 적게 거두고 많이 심는 자는 많이 거둔다 하는 말이로다"라는 의미는 무엇인가?

(2) 고후 9:7에 "각각 그 마음에 정한대로 할 것이요 인색함으로나 억지로 하지 말지니 하나님은 즐겨 내는 자를 사랑하시느니라." 이 말씀은 연보를 조금만 내도 된다는 말인가? 아니면 십일조 보다 더 내야 한다는 말인가?

(3) 신약시대에 사는 우리는 어떻게 우리의 물질을 드려야 하며, 어떻게 살아야 할까? 기회가 있다면 교회에서 이에 대한 특강을 계획해 보라.

다음 페이지 확대경에 소개되는 '십일조의 성경적 의미'를 읽어보자. 십일조의 성경적 의미를 이해하는데 많은 도움을 줄 수 있을 것이다

신약시대의 십일조는?

- 바리새인들은 십일조를 율법주의적으로 지켰다(눅 18:9-14). 이들은 철저한 십일조의 생활을 하나님의 사랑과 공의보다 더 중요시했다(마 23:23). 예수님은 이들을 크게 꾸짖으셨다.
- 그리스도인들이 물질을 바치는 원리에 대해서는 고전 16:1,2 그리고 고후 8, 9장에 분명하게 제시되어 있다.
- 다음 페이지의 확대경의 설명을 참고해 보기로 하자.

BOOK

십일조 생활을 해야만 하는가?
[성경신학적 이해와 그 적용]
김인환 지음
총신대학교출판부

토론

1. 십일조의 성경적 의미를 말해 보라. 연보와 십일조의 관계는?
2. 우리 나라의 장례 풍습과 바람직한 기독교의 장례를 연구해 보라.
3. 우리의 신앙이 기사와 이적에 치우치게 되면 어떤 문제가 일어나는가?
4. 고전 16:1-2을 읽어보고 연보의 올바른 태도를 연구해보자.

십일조의 성경적 의미

확대경(No.12)

☞ 이 특강은 김영철, "십일조의 성경적 의미"(신학정론, 합동신학교, 제2집, 334-347면)라는 논문을 허락받고 이해하기 쉽게 정리한 것이다. 보다 자세한 내용을 보시고자 원하시는 분은 본 논문을 직접 참고해 보자. 물론 이 견해에 반대하는 의견도 있을지 모른다.

1. 문제점 고찰

(1) 십일조는 언제서부터 드리게 되었는가? 십일조를 철저하게 드리는 사람들의 일반적 의식이나 동기는 어디에 있는가? "온전한 십일조"는 어떻게 드리는 것인가? 구약에 나타난 십일조의 용도는 무엇이었나? 말라기에서는 왜 십일조가 강조되었는가? 신약에서는 십일조가 어떻게 강조되고 있는가? 왜, 우리는 열의 하나라는 최저 기준선을 철저히 고수하고 있는 것일까? 구약에서 십일조를 그렇게 강조했던 이유는 어디에 있는가?

(2) 한국 교회에서 지나친 율법주의적(legalistic) 방법론에 집착된 십일조는 주님께 물질을 바치는 기쁨을 오히려 감소시키고 있다. 도대체 문제점이 어디에 있을까?

구약의 문맥에서

2. 십일조의 시작은 언제부터?

(1) 십일조의 관습은 이스라엘에게만 있었나?
아니다. 십일조의 관습은 다른 종교나 문화 가운데 흔히 나타나는 오래된 관습이다. 우선 창세기 14:18-20을 읽어보자. 어떤 사건이 있었나? 이 본문에서 볼 수 있는 것처럼, 아브라함이 십일조를 드린 일은 매우 중요하다. 왜냐하면 이는 아브라함 시대 이후의 모든 십일조에 대한 기본적 원리를 제공하기 때문이다.

(2) 십일조 안에 담긴 사상은 무엇인가?

① 바치는 자가 자원해서 드리는 예물이다.
② 바치는 자에게 이미 주어진 하나님의 은혜에 대한 감사의 표로 드리는 예물이다.
③ 바치는 자가 하늘과 땅 그리고 그 안에 모든 것이 하나님의 것임(God's ownership)을 인정함의 표시로 드리는 예물이다(창 14:19, 22).

(3) 창세기 28:22을 읽어보라. 야곱의 십일조 약속이 나온다. 이 약속에서 위에서 말한 3가지 기본 원리가 드러나고 있다. 벧엘에서 하나님은 야곱에게 개인적으로 나타나셔서 야곱이 아브라함의 계승자임을 선포하셨다. 야곱은 돌을 세워 그 위에 기름을 부음으로써 하나님의 그 은혜로운 약속을 받아들이며 서원을 한다. 따라서 야곱의 십일조 약속은 하나님께 대한 그의 철저한 헌신(commitment)의 표시로 이해해야 한다. 야곱은 하나님께서 모든 것의 주인이심을 인정하고 십일조를 약속한다.

3. **십일조의 원리** : 아브라함의 십일조를 통해 계시된 십일조의 원리가 모세 율법에서 어떻게 점진적으로 나타나는가?

(1) 레위기 27:30-33을 읽어보라. 이 말씀은 시내산에서 모세에게 주어진 것이다(레 27:34 참조).
(2) 민수기 18:21-32을 읽어보라. 레위기 보다 더 자세히 언급했다.
(3) 신명기 14:22-29, 29:12-15을 보라. 이것은 약속의 땅 가나안에 들어가기 직전에 새로운 세대들을 위해 주어진 것이다.

4. 우리는 위의 3가지를 한데 묶어서 십일조의 원리의 점진적 발전을 숙고해 보아야 한다.

두 가지 중요한 원리가 제시되고 있는데, 그 첫째는 아브라함의 십일조와 야곱의 십일조의 약속에서 나타난 기본적 원리들이 반영되고 있다. 다른 하나는 십일조의 사용에 연관된 새로운 원리를 발견할 수 있다.

첫째로, 이스라엘 백성들이 제 삼년에 모든 소산의 십일조를 따로 떼어 내어 레위인과 나그네와 고아와 과부들에게 주었다는 것이다. 여기서 십일조의 근본 사상이 드러나고 있다(신 26:12-15 참조).
여기 신명기 26:13-14에서 보는 것처럼 이스라엘 백성이 전심으로 주님께 순종하여 자신들의 십일조를 자원하여 바쳐야 함을 말하고 있다. 또 레위기 27:30, 32, 민 18:27, 신명기 14:22, 23 등에서 보는 것처럼 그들이 땅의 소산과 우양의 십분의 일을 바치라는 하나님의 명령을 들었을 때, 분명히 십일조의 기본 원리나 사상을 이해했음이 틀림없다.

하나님은 이들 백성에게 젖과 꿀이 흐르는 가나안을 주실 것이다. 이것은 이들의 공적 때문에 주어지는 것인가? 아니다. 전적으로 하나님의 은혜와 자신의 언약을 지키시는 하나님의 신실하심에 근거된 것이다. 자, 이런 사실에 이스라엘 백성들은 어떻게 반응할 것인가? 그 반응이 바로 십일조이다.

다시 신명기 26:15을 읽어보자. 이 구절에서 볼 수 있듯이 모든 십일조는 하나님의 언약의 축복에 대한 감사의 표시로, 또한 그 분의 백성인 이스라엘뿐만 아니라 그 땅도 그의 것임을 인정하는 표시로 주님께 바쳐야 함을 보여주고 있다. 15절을 잘못 보면, 마치 그들이 십일조를 드리는 것이 자신들의 공적에 근거하여 하나님의 축복을 간구하는 듯이 오해될 수 있다. 그러나 사실은 이들은 하나님께서 그들과 맺으신 언약관계에 근거해서 "계속적인" 축복을 간구하고 있는 것이다. 그러므로 십일조가 십일조를 바치는 자에게 하나님께서 축복을 주시는 조건이라고 이해해서는 안 된다.

이렇게 십일조가 전적인 헌신의 표인 까닭에 심지어 레위인들마저도 주님에게서 자신들의 기업으로 받은 십일조들 중 십분의 일을 바쳐야만 했다(민 18:24-29).

둘째로, 십일조의 용도 : 세 가지 십일조의 종류를 말하는 것이 아니라 동일한 십일조를 세 가지 용도를 뜻하는 것으로 이해해야 할 것같다.

말라기에서는 왜 십일조가 강조되었는가?

① 레위인들을 위한 십일조(민 18:21-32)
② 하나님 앞에서의 축제를 위한 십일조(신 14:22-26)
③ 가난한 자들을 위한 십일조(신 14:28-29, 26:12-13)

그러므로 십일조 용도의 목적상 십일조는 두 가지, 즉 하나님께 대한 것과 사람에 대한 것이 있는 셈이다. 즉, 이 십일조는 언약 공동체가 하나님께 기쁨으로 가득찬 경배를 드림에 자유롭게 사용되는 것이다(신 12:7, 12, 18, 14:26 참조). 또한 십일조는 자기들의 성읍에 있는 레위인들과 가난한 자들을 위해 사용해야 한다(신 14:28,29). 주님께 바치는 자의 전적 헌신은 반드시 외적 표현 즉 하나님께 대한 즐거운 경배와 언약 공동체의 구성원들에 대한 하나님의 사랑의 행위를 동반해야 한다는 새로운 원리를 제시하고 있다.

5. 왜, 십일조가 소홀히 여겨지게 되었는가? (종교적 쇠퇴기의 십일조)

이스라엘이 불순종과 죄악은 자연히 십일조를 드리는 일까지도 소홀하게 만들었다. 그래서 어떤 결과가 나타났는가?

(1) 삿 17:7-10, 18:18-20을 읽어보자. 무슨 일이 일어났는가?

(2) 왕국 시대에는 단지 개혁 시기 때에만 백성들이 십일조를 성실하고 풍부하게 바쳤다(대하 31:4-12, 느 10:37-38, 12:43-47, 13:10-14). 물론 배교(背敎)의 시대에는 십일조가 거의 완전히 바쳐지지 않았다. 특히 말라기 시대.

6. 말라기 시대를 살펴보자.

(1) 말라기 3:6-12을 보라. 말라기 시대, 그 배교의 시대에는 거의 완전히 십일조와 헌물이 바쳐지지 않았다. 따라서 이들은 하나님의 것을 도적질 하는 것이라는 질책을 받았다.

(2) 우리는 십일조와 축복의 관계를 말할 때, 거의 이 본문을 인용 설명한다. 과연 말라기의 이 부분이 십일조와 축복/저주의 관계를 말하고 있는 것인가? 이 본문의 의미를 바르게 이해하기 위해서는 말라기 전체의 문맥에 비추어서 이해하여야 한다.

(3) 그들은 그들의 "열조의 날로부터", 즉, 현재의 위치에서 과거를 돌이켜 볼 때 계속해서 하나님의 규례(하나님이 주신 계명)에서 떠나 언약을 지키지 아니했음을 말하고 있다. 그들이 언약 관계를 깨뜨림으로 거듭해서 하나님의 화를 불러 일으켰음을 상기시키신다. 그래서 하나님은 올바른 언약 관계로 다시 돌아오라고 촉구하신다(말 3:7).

(4) 물론 이들은 우리가 언제 하나님의 것을 도적질 했느냐고 따져 묻는다(1:6). 그래서 그들이 부인하지 못할 증거를 제시한다. 그들이 언약관계를 깨뜨린 결과 어떻게 되었는가? (3:9) 결국, 저주 가운데 있게 되지 않았는가?! 그러나, 지금이라도 전적 헌신의 표시로 온전한 십일조를 드린다면, 그래서 자신들의 회개를 나타낸다면 하나님은 다시금 언약의 축복을 쏟아부으실 것이다. 그리고 언약 관계를 회복하실 것이다.

(5) 이런 관점에서 본문을 이해한다면 십일조, 특히 온전한 십일조는 단지 회개와 전적 헌신의 표시인 것이다. 만일, 이들이 회개의 표를 보이고 하나님과의 올바른 관계를 보인다면, 하나님께서는 그들이 하나님께 대해 언약 관계를 회복했음의 표로서, 자신의 차고 넘치는 언약의 축복을 주실 것이다.

신약에서는 십일조가 어떻게 강조되고 있는가?

그러므로 십일조는 축복, 또는 저주의 '조건' 으로 간주될 수 없다. 그러므로 구약 전체의 문맥으로 보아 십일조는, 바치는 자의 전적인 헌신의 표식임을 알 수 있다. 이런 이유 때문에 십일조는 아브라함의 십일조에서 계시되었고 모세의 율법 안에서 재 확인된 바 있는 그 원리들에 맞게 바쳐져야 하며 사용되어야 한다.

신약의 문맥에서

1. 십일조 율법의 의도

(1) 예수님께서 십일조에 대해 어떻게 언급하셨나?

예수님은 십일조에 대해 특별한 가르침을 주신 바가 없다. 그러나 서기관들과 바리새인들에게 재앙을 선포하시면서 십일조를 언급하셨다(마 23:23, 참조 11:42). 그러나 이 간단한 언급에서 십일조에 관한 율법 가운데 표현된 하나님의 뜻을 발견할 수 있다. 그것은 십일조의 참 요구들을 소홀히 한 채 그 규정만을 준수하는 것은 소용없는 일이라고 통박하셨다. 이런 사실을 무엇에 비유하여 말씀하셨나? (마 23:24)

(2) 마태복음 23:23이 의미하는 십일조의 규정의 근본 뜻은 무엇인가?

십일조의 규정은 본래 의(Justice)와 인(mercy)과 신(fathfulness)을 반영하도록 만들어진 것이다. 이 세 가지는 언약의 주님께 대한 인간 편에서의 언약 의무이기 때문이다(미가 6:8 참조). 그런데 이스라엘은 이런 전적 헌신을 드러내는데 실패했다.

▶ 미 6:8 사람아 주께서 선한 것이 무엇임을 네게 보이셨나니 여호와께서 네게 구하시는 것이 오직 공의를 행하며 인자를 사랑하며 겸손히 네 하나님과 함께 행하는 것이 아니냐

(3) 이제 새언약 시대가 도래함으로써 십일조의 율법은 새로운 면모를 지니게 되었다. 그러나, 십일조 율법 안에 표현된 하나님의 본래의 의도는 새언약 시대 전체에 걸쳐서 여전히 유효하게 계속될 것이다.

2. 연보에 반영된 십일조 원리

(1) 주목할만한 사실은 새 언약 시대가 도래한 후 십일조에 대한 언급이 예수님의 언급 외에는 전혀 나타나지 않고 있다는 사실이다. 심지어 사도 바울까지도 이 일에 침묵하고 있다. 이러한 변화는 새언약 하에서는 율법의 시행적 성격이 옛언약 하에서의 그것과 현저하게 사실에 비추어 이해해야 한다.

옛 언약 하에서는 하나님은 율법이라는 도구를 통하여 자신의 뜻을 외적으로 드러내셨다. 새언약 시대에서는 하나님께서 그 율법을 직접 인간의 마음에 기록하심으로써(렘 31:33 참고) 이제 그 율법은 삶의 내적 원리가 된 것이다.

새언약 시대의 십일조의 본질은 '연보' 속에 담기게 되었다.

물론 그러한 변화가 율법의 본질의 변화를 말하는 것이 아니라 옛 언약 시대가 새언약 시대로 바뀜에 의한 시행적 변화이다. 두 언약 하에서 율법의 이러한 시행적 차이 때문에, 제도로서의 십일조는 폐기된 것이나 전적 헌신의 표시인 십일조의 본질은 새 언약 시대에도 여전히 남아 있는 것이다.

(2) 고후 8:1-9:15을 읽어보자. 이 곳에서 십일조의 본질이 반영되었다고 볼 수 있다. 마케도니아 교인들은 극심한 환난의 시련과 극한 가운데서 심지어 자신들의 능력에 지나치도록 연보를 하였다(고후 8:2-3). 이 연보는 주님께 대한 그들의 전적인 헌신의 표시였다.

(3) 바울은 고린도 교인들에게 주님께서 그들에게 주신 풍성한 축복을 상기시키며, 그러한 주님의 은혜에 대한 반응으로서 그들의 사랑의 신실성을 보이라고 촉구하고 있다(고후 8:7-9).

(4) 이와 같은 원리로 보았을 때, 이 연보는 십일조보다는 더 포괄적인 것이라 할 수 있다. 왜냐하면 전자는 후자의 원리들과는 다른 또 하나의 새로운 원리를 지니고 있기 때문이다. 이 새 원리는 '평균의 원리'(고후 8:13-15)라 할 수 있겠다. 이러한 새 원리로 인하여 그 연보는, 새 언약 시대 전반에 걸쳐서 새 언약의 참여자들이 새언약공동체-교회-에 대한 재정적 봉사의 양을 결정하는데 지침이 될 수 있는 것이다.

▶ 고후 8:13-15 "이는 다른 사람들은 평안하게 하고 너희는 곤고하게 하려는 것이 아니요 평균케 하려 함이니 이제 너희의 유여한 것으로 저희 부족한 것을 보충함은 후에 저희 유여한 것으로 너희 부족한 것을 보충하여 평균하게 하려 함이라 기록한 것같이 많이 거둔 자도 남지 아니하였고 적게 거둔 자도 모자라지 아니하였느니라."

∴ **그러므로,**

옛언약 하에서 십일조는 주님께 대한 바치는 자의 전적 헌신의 표시 역할을 했다.

그러나, 새언약 시대의 십일조의 본질은 '연보' 속에 담기게 되었다. 이 연보 속에 표현된 가르침은 모든 기독교인은 자신의 재정적 봉사를 새 언약 공동체에 '체계적으로 또 균형 있게' 해야 하며(고전 16:2 참조), 동시에 '자원함과 즐거운 마음으로'(고후 9:7 참조) 할 것이다.

▶ 고후 9:7 각각 그 마음에 정한 대로 할 것이요 인색함으로나 억지로 하지 말지니 하나님은 즐겨 내는 자를 사랑하시느니라

그러므로 새언약 시대에는 이러한 모든 재정적 봉사가 새언약의 주님께 대한 참여자의 전적인 헌신의 표시가 되는 것이다. 그리고 오늘날 이른바 '십일조'라는 명칭의 헌금은 옛언약 시대의 외형적 굴레를 넘지 못하는 것이며, 십일조의 본질을 충분히 반영치 못하므로 새언약 참여자가 주님께 대한 전적 헌신의 표시로 합당하지 못한 것이다. (❖)

신명기 12-14장 정리하기

요약질문

성소의 중앙화

12 • 이스라엘 백성이 가나안에 들어가서 해야 할 일은 무엇인가? (12:1-3)
• 왜 우상을 철저히 파괴하라고 명령하시는가?
• 안식과 기업의 개념을 설명해 보라. (교재를 보고)
• 성소의 중앙화란 무엇을 말하는가? 예배 장소의 단일화를 명령하는 근본 이유가 무엇인가? (교재)
• 어떤 규정들을 지켜야 하는가? (8-28까지 교재를 보고)

13 • 거짓 선지자(종교 지도자)에 대해 경고하고 있다. 선지자와 꿈꾸는 자가 이적과 기사를 실현한다해도 이들에게서 무엇을 확인해야 하는가? (13:1-2)
• 어떤 잡류들이 일어나 백성들로 우상 숭배에 빠지게 할 때, 어떻게 처리해야 할까? (13:14)

14 • 신명기 14장의 핵심은 무엇인가?
• 사람이 죽었을 때, 어떤 태도를 취해야 할까? (당시 습관과 비교해서 오늘날 신자의 죽음에 대한 태도)
• 우리나라의 장례 문화와 성경에서 말하는 장례의 관점이 다른 것이 있다면 무엇인가?
• 짐승을 먹을 수 있으나 이 역시 구별하여 먹도록 하고 있다. 어떤 것은 먹을 수 없는 짐승인가?
• 신약에 와서 이런 규례들(정한 짐승, 부정한 짐승 구별)은 어떻게 성취되었는가? (막 7:14-23과 행 10:9-23 참조)
• 왜 하나님은 이런 음식 문제까지 구별하여 먹으라고 하셨나?
• 정결한 음식과 부정한 음식은 어떤 음식들인가?
• 구약의 십일조는 어떤 목적으로 쓰였는가?
• 둘째 십일조는 어떤 제도이며 어떤 목적으로 쓰였는가? (레 27:30-33 참조)
• 신약시대에는 십일조가 어떻게 적용되는가?

Summary

모세는 하나님께로 돌아가야 한다. 그렇다고 가나안은 대문을 열어 놓고 이스라엘을 영접하는 것이 아니다. 전투를 통한 정복이 있어야 한다. 그리고 하나님의 백성으로서 거룩한 삶을 살아갈 것을 요청하고 있다. ‘과연 이 백성이 하나님의 언약을 어기지 않고 잘 살아가게 될까?” 그래서 모세의 마음은 더욱 안쓰러운 것이다.

The Stipulations of the Covenant (4:44-26:19)

Deuteronomy

15-17장

구체적 법규들 (12-26장)

1. 안식년 규정(15:1-23)
 • 채무 탕감(1-11) • 종의 해방(12-18) • 초태생 규례(19-23)
2. 절기에 대한 규례(16:1-17)
3. 지도자들(재판관, 유사) : 재판을 공정하게(16:18-20)
4. 주상(柱像)을 세우지 말 것(16:21-22)
5. 우상 숭배자들을 처형시켜라(17:1-7)
6. 지방 재판소에서 해결하기 어려운 것은 중앙성소로(17:8-13)
7. 왕을 세울 때 : 왕이 해야 할 일(17:14-20)

명령을 다 지키면

모세의 설교는 계속된다. 물론 그 내용은 레위기 등에서 다루었던 문제다. 모세는 가난한 자에게 눈을 돌리라고 말한다. "왜, 하나님께서 애굽에서 너희들을 이곳으로 인도해 내셨는지 아는가? 그때 종살이하던 때를 기억하고 있는가?" 그렇다면 매 칠년 마다 개인적인 빚을 면제해 주고, 가난한 자를 돌보고, 종 되었던 자를 풀어 주라고 말씀하신다. 하나님은 늘 엄하고 율법의 지킴만을 강조하는 분이신가? 아니다. 우리는 이곳에서 하나님의 사랑과 자비를 보게 된다. 하나님은 이스라엘 백성을 자기의 사랑하는 자녀로 보신다. 항상 말썽만 피우는 망나니를 돌보는 부모의 사랑처럼, 늘 풍성한 하나님의 사랑이 이들 이스라엘 백성들 머리 위에 흐른다. 그래서 우상 숭배를 못하겠금 강력한 제동을 거시는 것이다.

만약, 이들에게 강력한 제동을 걸지 않으면 틀림없이 패망의 구렁텅이로 떨어질게 불을 보듯 뻔하기 때문이다. 하나님은 인간들에게 무서운 진노의 신으로서, 강제로 윽박질러서 경배를 받으시려는 분이 아니시다. 하나님이 우리에게 원하시는 것은 우리가 아주 기쁜 마음으로 자발적인 순종이 있기를 원하시는 것이다. 그리고 무엇보다 가난하고 힘없는 계층에 특별히 관심을 가지라는 것이다. 죄가 이 땅에 들어온 후 세상은 늘 가난한 자가 있어왔다. 본인이 게을러서 가난하게 된 것이야 동정의 가치가 없지만 사회구조상 어쩔 수 없이 가난하게 된 사람에게는 동정심을 베풀라는 것이다. 하나님을 믿는 공동체는 늘 그런 자비가 흘러야 한다는 것이다.

가나안에 들어가 살 때 여러 가지 규례와 법도들

▲ 안식년에는 종에게 자유를
- 애굽에서 종살이 하던 때를 기억하고 안식년이 올 때마다 개인적인 빚을 면제해주고, 가난한 자들을 돌보며, 종되었던 자들을 놓아 자유케 하라.

▲ 예배생활을 풍요롭게 하는 3차례의 절기

▲ 언약 공동체 내에서의 지도자가 해야 할 일

- 왜 재판을 공정하게 해야 하는가?
- 뇌물은 지혜자의 눈을 어둡게, 의인의 말을 굽게 한다.
- 그렇다면 어떤 사람을 재판관으로 뽑아야 할까?

▲ 우상숭배를 근절시켜라 우상 숭배자는 사실로 드러날 경우 돌로 쳐 죽여라.

▲ 왕을 세울 경우 어떤 자를? 왕제도 자체가 나쁜 것은 아닐 것이나 이스라엘의 왕은 여호와이시므로 신정적인 왕을 세워야 한다.

15장 : 안식년 · 약한자를 회복시켜라

- 1-11절 안식년 규정 :
  6년동안 농사짓고 7년째 되는 해에는 그 땅을 묵히라는 것이다. 특히 채무를 탕감해 주어라. 채무자들의 빚을 면제해줌으로써 모든 속박을 풀어주어 백성들로 하여금 기쁨을 맛보게 하라. 이런 것들이 제대로 실천된다면 사회에 엄청난 부와 축복을 주실 것이다.
- 12-18절 종된 자에게 자유를 :
  자유를 줄 때 빈손으로 돌려보내지 말라(13-14). 과거 이스라엘이 애굽에서 압제 받던 일을 생각하라.
- 19-23절 우양의 처음난 새끼를 구별하여 여호와께 드려라.

16장 : 일년에 3차례식 절기를 지켜라

- 이스라엘은 일년에 3차례씩 자기 집을 떠나 성소에 올라가 절기를 지켜라. 물론 하나님 앞에 나올 때는 빈손으로 나와서는 안 된다.
- 1-8절 (유월절)
- 9-12절 (칠칠절)
- 13-17절 (장막절)
- 절기행사 : 구원의 감격, 하나님이 내려주시는 풍성한 수확에 대한 감사, 곧 축제의 절기였다. 하나님은 이 절기를 "즐거워하라"고 계속 강조하신다.
- 18-22절 재판을 공정하게 하라 :
  성읍의 재판장과 유사들에게 재판을 굽게 하지 말 것을 명하신다. 뇌물 같은 것은 아예 받을 생각을 말아라.

17장 : 우상 숭배자를 처벌하라

- 1-14절 • 그 사실 여부를 철저히 조사하라. 그래서 사실로 드러나면 처벌하라.
  - 처벌시에는 두 증인이 있어야 한다.
  - 다루기 힘든 사건은 제사장과 당시 재판장에게 가야 한다.
- 15-20절 • 나중에 가나안 땅에 들어가서 우리에게도 왕을 달라고 떼를 쓸 경우는 어떻게 해야 할까?
  - 반드시 본국인으로 해야하며, 말이나 아내를 많이 두지 말 것이며 율법을 등사하여 늘 곁에 두고 읽게 하도록 해라.

면제년을 선포하라 (15:1~11)

15장의 핵심 : 언약 백성으로서의 실천 목록을 말하면서, 특히 가난한 사람들에게 관심을 가질 것을 촉구한다. 면제년에 모든 속박을 풀어 백성들에게 기쁨을 맛보게 했다. 그리고 구제하면서 살 것을 촉구한다. 또 너무 인색하게 굴지 말라고 했다. 그렇게 해야 나라 전체가 복을 받아 부강해질 것이다.

1. 매 칠년은 하나님께서 제정하신 안식년이다. 안식년에는 어떤 일을 해야 하는가?

15:1-2 "매 칠 년 끝에는 면제하라 [2]면제의 규례는 이러하니라 그의 이웃에게 꾸어준 모든 채주는 그것을 (면제하고) 그의 이웃에게나 그 형제에게 (독촉하지) 말지니 이는 여호와를 위하여 면제를 선포하였음이라."

(1) 땅에 관련된 규정에 안식년과 희년제도가 있다. "이스라엘 자손에게 고하여 이르라 너희는 내가 너희에게 주는 땅에 들어간 후에 그 땅으로 여호와 앞에 안식하게 하라"(레 25:2). 그러니까 6년 동안 농사짓고, 7년째 되는 해에는 그 땅을 묵히라는 말이다. 이 안식년은 가난한 자와 야생 동물을 위한 것이었다. 또한 이렇게 땅을 묵혀 둠으로써 이 땅이 하나님께 속하였음을 깨닫게 했다(출 23:10-11, 레 25:2-7, 20 참조).

(2) 오늘 본문에서는 무엇을 말하고 있는 것일까? 이 본문만을 보아서는 잘 이해할 수 없다. '면제'라는 말이 :

① 완전히 탕감해 주라는 말인지?
② 아니면 오직 7년째 되는 해 동안만 면제되는 것인지? 즉 7년째 되는 해에는 빚 독촉을 해서는 안되고 연기해 준다는 의미인지? 이 말이 옳다면 빚 독촉은 7년째가 되는 해가 지나서 할 수 있다는 말이 된다. 이렇게 되면 채무자는 자신의 채무를 치를 희망을 가질 수 있게 될 것이다. 6년째 차용하고 완전히 갚지 않으면, 8년째 추수 후에 갚아야 한다는 말이다. 결국 상황 연장을 의미한다.

(3) 어쨌든 이 제도에서 매 칠년 안식년이 올 때마다 채무자들의 빚을 면제해 줌으로써 모든 속박을 풀어 주어 백성들로 하여금 기쁨을 맛보도록 하시려

안식년

▲ 땅을 6년동안만 경작하고 칠년째 되는 해는 쉬게 하는 제도이다. 안식년에는 땅에 씨를 뿌리거나 가지를 잘라 주는 일이 금지되었다. 저절로 생긴 열매나 곡식은 거두어들인다 해도 팔 수는 없었고 가난한 자들이 먹도록 남겨두었다(레 25:1-7).

▲ 또한 안식년에는 빚을 면제 받을 수 있었다. 7년째 되는 해에는 빚 독촉을 할 수 없었고 다음 해에야 빚을 받거나 아예 빚진 것이 면제되었다(신 15:1-11). 빚을 갚을 수 없는 경우는 종으로 팔기도 했다. 이때 종은 6년간 일하고 7년째에는 지유롭게 되었다(출 21:2-6, 신 15:12-18). 이때 떠나는 종에게는 많은 곡물을 주어야 한다. 계속 주인을 섬기겠다고 할 경우에는 한쪽 귀를 송곳으로 뚫어서 종이 되었음을 알린다(출 21:6).

▲ 안식년의 진정한 의미는 단순히 노동을 그치는 데 있지 않고 땅의 휴경을 통해 땅이 하나님의 것임을 인정하는 제도이다. 빚의 면제, 종의 해방 등을 통해 영원한 안식을 미리 맛보기 위한 제도이다. (두란노, 비전성경사전)

왜 가난한 자가 생기는걸까?

(1) 게으르기 때문에 : 이런 사람에게 가난은 "게으름에 대한 형벌"이다.
(2) 재난의 결과로 : 소경으로 태어난 자, 홍수나 가뭄 때문에 수확을 못하는 경우 등 자신의 힘으로는 어떻게 할 수 없는 상황으로 온 가난
(3) 착취의 결과로 : "빈익빈 부익부" 밑에 살아가는 수많은 사람들. - 이 일에 교회가 앞장 서서 사회적 행동을 취해야 한다.
(4) 의를 위하여 핍박받는 자 : 복음 때문에 어려움을 당하는 자.

▲ 이렇게 가난하게 된 경우가 다양하다. 따라서 우리는 가난한 자들을 한 통속으로 취급해서는 안 된다. 물론 부자도 한 통속으로 몰아부쳐서도 안 된다. 그렇다고 가난을 신학적으로 미화시켜서도 안 된다.

▲ 하나님은 인간의 가난과 그에 따르는 고통에 대해 깊은 관심을 가지고 계신다. 우리는 가난한 자들에게 자비를 베풀뿐만 아니라 이들이 가난하게 될 수밖에 없는 제반 조건들을 개선하는 노력을 해야 한다. 그렇다면 기독교인은 어떤 물질관을 갖고 있어야 하는가? 물론 그것은 청지기 원리이다. 우리가 받은 것을 어떻게 관리할 것인가에 대해 책임을 져야 한다. 기독교적 삶의 특징은 공산주의

는 하나님의 자비와 사랑이 나타나고 있다.

2. 이방인들에게는 빚 독촉을 할 수 있으나 형제들에게 꾸인 것은 면제하도록 했다. 물론 여기 이방인은 귀화된 자가 아니고 임시로 체류하는 자를 말한다. 이러한 완전한 외국인에게는 당연히 빚 독촉을 할 수 있다는 것이다. 이들은 안식년을 지키지 아니했을 것이고, 따라서 수입이 있었을 것이기 때문이다.

3. 만약, 위의 제도가 제대로 실천된다면, 즉 궁핍한 자들을 돕게 될 때 어떤 축복이 오는가?

15:4-6

그렇게만 된다면, 물론 개인적 축복은 말할 것도 없고 여러 민족에게까지 돈을 꾸어줄 수 있을 것이다. 다른 나라를 치리할 수 있을 것이다. 그만큼 사회 전체가 부강해 질 것이라는 말이다.

4. 자, 그러면 더 구체적인 실천 방법을 알아보자.

(1) 네 손을 움켜 쥐지 말고(7절) : 가난한 형제가 이웃에게 있거든 너무 인색하게 굴지 말라고 하신다.

(2) '면제해 주는 해가 가까우니 아예 돈을 빌려주지 말자' 라는 악한 생각을 갖지 말라(9절상). 만약 이렇게 하면 그 가난한 자들이 하나님께 호소할 것이며, 그렇게 되면 너희에게 그 죄가 돌아올 것이 아니냐(9절하).

- 잠 21:13 "귀를 막고 가난한 자의 부르짖는 소리를 듣지 아니하면 자기가 부르짖을 때에도 들을 자가 없으리라."

(3) 그리고 꾸어 줄려면 깐지락거리지 말고 시원시원히 꾸어주라(10절). 즉, 구제하려면 즐겁게 하라는 것이다. 그러면 하나님의 보상이 있다는 것이다.

- 잠 11:24 "흩어 구제하여도 더욱 부하게 되는 일이 있나니 과도히 아껴도 가난하게 될 뿐이니라."

5. 그리고 땅에서는 계속하여 가난한 자들이 있음을 기억하라. "땅에는 언제든지

가난한 자가 그치지 아니하겠으므로 내가 네게 명령하여 이르노니 너는 반드시 네 땅 안에 네 형제 중 곤란한 자와 궁핍한 자에게 네 손을 펼지니라"(신 15:11).

(1) '어차피 이 세상은 공평하지 못한 세상이다. 그러니 우리 신경 쓰지 말고 살자.' 그런 말인가? 물론 아니다. 성경은 가난한 자들을 부지런히 도우라고 말한다. 그런데, 가난한 자를 돕는 것도 이유가 있지 무조건 도와주어야 하는가?

(2) 만약에 일하기를 싫어하고 게을러터져 가난한 사람은 어떻게 한담? 이렇게 해서 가난한 사람은 가난해도 싸다. 이런 게으름은 그 자체가 죄된 행동이기 때문이다. '그렇다고 가난한 사람은 무조건 돌볼 필요가 없다고 생각하는 사람이 있을지도 모르겠네.' 가난하게 되는 것은 이런 게으름의 이유 말고도 또 있기 때문이다.

(3) 어떤 이유들? 질병, 불의의 재난, 원치 않게 불구로 태어나거나 불구가 된 사람들, 흉년 등으로 인해 고난 등 자신의 힘으로는 어찌할 수 없어서 가난하게 된 자들이 있다.

또 있다. 어떤 경우? 정치를 개떡 같이 해서, 사회 전체가 "빈익빈, 부익부" 현상으로 인해 가난한 경우. 이런 예는 성경에도 얼마든지 있다. 이런 경우에는 물론 교회가 앞장서서 그 잘못을 소리질러야 한다. '또 있다.' '뭐?' 주의 일을 하는 과정에서 어려운 사람도 있다. 따라서 우리는 가난한 자들을 관심있게 보아야 한다. 그렇다고 가난을 너무 미화시켜서는 안 된다. 부자이면서 하나님을 잘 믿는 사람도 많이 있다. 가난한 사람이라고 천국에 자동적으로 들어가는 것은 절대 아니다.

(4) 어쨌든 어떤 이유로든 가난한 자들을 돌보아야 할 책임이 우리들에게 있다. 가난하고 억눌린 자들, 주님은 이들에게 지극한 관심을 가지고 사역하셨음을 본다(눅 4:18-19). 다음 성경 구절들을 찾아보라. 잠 14:31, 19:17*

- 잠 22:2 "(   )가 함께 살거니와 그 모두를 지으신 이는 여호와시니라."

가 아니라 자비이다. 이 세상은 어떤 제도로든 모든 사람이 평등하게 부의 분배를 받을 수 없다. 이 세상이 타락한 곳이기 때문이다. 공평한 분배를 위해서 부자의 것을 빼앗아 게으른 자에게 준다면 이는 성경의 가르침을 오해한 것이다. 물론 부의 평준화를 위해 정치를 잘 해야 할 것이나 근본적인 문제는 치유될 수 없다. 따라서 이 세상은 부한 자와 가난한 자가 언제나 있기 마련이다. (동교재, 룻기에서)

- 잠 14:31 "(**가난한**) 사람을 학대하는 자는 그를 지으신 이를 멸시하는 자요 궁핍한 사람을 불쌍히 여기는 자는 주를 존경하는 자니라."
- 잠 19:17 "(**가난한**) 자를 불쌍히 여기는 것은 여호와께 꾸어 드리는 것이니 그의 선행을 그에게 갚아 주시리라."

에베드(종, עֶבֶד ,δούλος)

종과 섬김의 관계

성경에는 종과 섬김에 대한 여러 가지 형태가 나타난다.

- 엘리사를 섬긴 게하시와 같은 수행원(왕하 4:12)
- 모세를 수종들던 여호수아(출 24:13)
- 엘리야를 따른 엘리사와 같은 제사 또는 잠재전 계승자(왕상 19:21)
- 아브라함의 종(창 24:2)과 같은 믿을만한 고용인

- 노예와 종의 차이는 성경에 분명하게 나타나지 않는다. 오히려 구약보다는 신약에서 더 분명하게 나타난다.

▲ 어쨌든 종들은 자신들의 상관에 복종해야 하며, 자신들의 유익보다는 상관들의 유익을 추구해야 하며 순종적이고 유용해야 한다(벧전 2:18 참조).

확대경(No.13)

1. 에베드(עֶבֶד :<헬> 둘로스, δούλος) : 종이나 노예를 가리키는 말로 한 주인에게 순종할 의무를 가진 남자나 여자를 말한다.

• 나아르 : 종, 사환(민 22:22) • 사키르 : 품꾼(출 12:45, 욥 7:1)

2. 성경시대의 종들은 그 주인의 재산이며, 그런 면에서 노예라고 할 수 있다. 그러나 성경은, 이런 노예들이라 할지라도 인간적인 대우를 해주어야 한다고 강조하고 있다. 과거에 애굽에서 종살이 하던 때를 기억하고 그렇게 하라는 것이다.

(1) 그러나 가난해서 종이 된 이스라엘 사람과 전쟁에서 포로가 되었거나 팔려온 이방의 노예들과는 구별하고 있다(레 25:3-45). 따라서 이스라엘의 종들은 6년이 지나면 자신들의 자유를 돌려 받을 수 있다(출 21:2). 물론 계속 주인에게 속할 수도 있었다. 그럴 경우에는 귀에 구멍을 뚫어 그 주인의 영구한 종이 될 수 있었다(출 21:5-6, 신 15:16-17).

(2) 모든 이스라엘의 노예들은 희년이 되면 자유를 얻어 그 조상의 기업을 회복할 수 있었다. 물론 귀뚫린 종이나 이방인 종은 제외되었다. 노예라고 해도 집안의 책임 있는 일을 할 수도 있었다. 엘리에셀의 경우(창 15:2, 24장), 요셉의 경우(청지기)가 그러했다.

3. 신약에서는 '둘로스' 라는 말이 종을 나타내는 말로 가장 많이 공통적으로 쓰였다. '디아코노스' (δίακονος)는 신분이 자유로운 일꾼을 말한다. 그 외에 '아이' 라고 번역된 파이스(παίς)가 있고, 주인의 집에 거하면서 일하는 종을 가리키는 '오이케테스' (ὀικέτης)와 개인의 사환 같이 자유로운 종을 가리키는 '휘페라테스' (ὑπηρέτης)가 있다. 신약에서도 노예를 기정 사실로 받아들이고 있고 그 제도의 폐지를 주장하지 않았다.

(1) 종교적 의미로 어떤 신들에 대한 헌신자들을 그 신의 종이라고 했다. 구약성경에서도 하나님의 종이라고 불렀다(모세, 다윗). 예수님도 하나님의 종으로 불려졌다. 이는 이사야의 노래에서 나타나는 그 종으로 암시되었다(마 12:18, 행 3:13). 빌립보서 2:7에서는 그리스도에게 '둘로스' 라는 말이 사용되었다.

2:7 오히려 자기를 비어 '종의 형체'(μορφὴν δούλου)를 가지사 사람들과 같이 되었고

(2) 그리스도인들도 하나님의 종들, 또는 그리스도의 종들로 불려졌다(행 16:17, 딛 1:1 등). (❖)

종에게 자유를(15:12-18, 출 21:2-6)

6. 안식년에는 종들을 놓아주라고 요구하신다. 종들을 6년만 부리고 제 7년에는 자유를 주어 놓아주라고 말씀하신다.

(1) 그리고 자유를 줄 때에 빈손으로 돌려보내지 말라(13-14절). 종이 자유자가 되면 우선 자립을 해야 하는데, 이를 도와주어야 한다. 종은 영원히 종이 될 수 없다.

(2) 이들을 놓아줄 근거가 무엇인가? (15절) 애굽에서 압제받던 일을 기억하라. 이스라엘은 애굽에서 피눈물나는 노예의 생활을 했다. 이를 안다면 종을 무자비하게 착취해서는 안 된다.

(3) 해방되기를 원하지 않고 계속 있던 집에 남아 있기를 원하면 어떻게 한담?

"송곳을 취하여 그의 귀를 문에 대고 뚫으라"(17절) : 이것은 법정에서 하는 일로(출 21:6 참조) 그로 하여금 순종을 서약케 하는 의식이다(시 40:6-8).

(4) 그리고 종이 해방되는 것을 기쁘게 여기라(18절). 품꾼보다 배나 일한 사람[1]을 박대해서 보내면 쓰겠는가. 그를 후대한다면 하나님께서 함께 하시고 축복을 주실 것이라고 약속하신다.

1) 만약 이렇게 종에게 후하게 대하면 하나님께서 그 가정을 축복해 주실 것이다. 더욱이 집에 거하면서 종의 역할을 했기 때문에 일반 품꾼을 쓰는 것보다 두 배의 일을 하는 것이므로 그 주인도 이미 받을 보상을 충분히 받은 것으로 볼 수 있다.

이스라엘은 거룩한 백성이라 일컫는다. 이는 모든 생활 영역에서 거룩함을 드러내야 한다(레 11:44-45, 19:2 참조). 가난한 사람들에게 긍휼과 사랑으로 대해야 한다. 이로써 이스라엘 공동체는 다른 이방 나라와는 근본적인 자비와 공의의 나라가 되어야 한다. 이는 간접으로 하나님의 영광을 드러내는 일이 되기 때문이다.

토론을 위한

• 가난한 자들이 돈을 꾸고자 할 때 우리는 어떤 태도를 취하여야 할까? 습관적으로 돈을 꾸려하는 자는 어떻게 할까? 저 사람에게 꾸어줬다는 못 받을 텐데 하는 사람에게는?

• 가난한 사람들을 위해 내가 가지고 있는 전 재산을 팔아? 그러면 나는 어떻게 살아? 그러면 내가 거지가 되는거잖아? 구제는 어떻게, 어느 정도까지 해야 하나? "에이 골치 아프다. 성경만 배우면 됐지, 뭘!!"

• "성경에서는 구제하면서 살라고 그랬는데. 에이, 나 살기도 바쁜데, 뭘" 그런데 이상하다. 구제는 가난한 사람이 많이 한다던데!

• "저 시키가 내 돈 갚을 생각을 안하네. 같은 교회 다니면서 얼굴 붉힐 수도 없고. 나 참" "다시는 내가 돈 꿔주나봐라." 어이구 살벌해라. 신명기 15:10을 좀 읽어보고 떠들어. 아예 11절까지 읽어.

일년에 3차례씩 성소에 (16:1-17)

절기를 영적 회복의 기회로 이용했다.

유월절 규례

보리의 추수가 시작되는 봄의 첫달, 니산(아빕)월, 가족 규모에 따라 그 달 10일에 흠 없고 일년된 수컷 어린 양을 선택한다. 그리고 그 양은 14일 해질 때 잡는다. 그리고 그 피는 집 문설주와 인방에 발라졌다. 양의 뼈를 꺾지 않아야 하며(12:46), 불에 구어서, 무교병과 쓴 나물을 함께 먹었다(출 12:8). 이 유월절이 주어진 이유는 새로운 세대들에게 언약의 백성임을 깨닫게 하고 교훈을 주기 위함에서 였다(출 12:24-27). 이 절기에서 출애굽의 교훈들을 거듭거듭 가르쳤다. 이 절기를 기억하면서 적들을 두려워하지 말도록 권고하고 있다(사 10:24, 26과 렘 2:6을 읽어보라).

- 신 16:14 "절기를 지킬 때에는 너와 네 자녀와 노비와 네 성중에 거주하는 레위인과 객과 고아와 과부가 함께 **<즐거워(연락, 聯絡)하되, Be joyful>**"

- 레 23:40 "첫날에는 너희가 아름다운 나무 실과와 종려나무 가지와 무성한 나무 가지와 시내 버들을 취하여 너희의 하나님 여호와 앞에서 이레 동안 **<즐거워할 것이라>**"

1. 이스라엘 남자들은 일년에 3차례씩 자기 집을 떠나 성소에 올라가 절기를 지켜야 한다(출 23:14 참조). 본 교재 출애굽기 12장과 레위기 23장을 참조하라.

   (1) 유월절을 지키라(1-8절)
   (2) 칠칠절을 지키라(9-12절)
   (3) 장막절을 지키라(13-17절)

2. "너희 모든 남자들"이라고 못박아서 이야기한 것으로 보아 여자들도 그 절기들에 참여했음을 암시하고 있다(16:11). 그러나 남자들은 반드시 참여해야 된다는 것이다. 그리고 하나님 앞에 나올 때에는 빈손으로 나와서는 안 된다.

3. 절기에는 누구나 다 참여할 수 있었다. 주요 3절기에는 남자들은 필수적으로 참여해야 했다. 아들과 딸, 레위인들과 나그네들도 절기에 참여한다. 절기 행사는 구원의 감격과 하나님이 내려 주시는 풍성한 수확의 축복을 감사하는 축제의 절기였다. 거기에 이웃의 참여가 있었고 막힌 담이 무너지는 한마당의 축제가 있다. 또한 더 나은 삶을 위한 신앙의 갱신의 계기가 되었다. 그 절기의 분위기를 이렇게 표현했다 :

   - 신 16:11 "너와 네 자녀와 노비와 네 성중에 있는 레위인과 및 너희 중에 있는 객과 고아와 과부가 함께 네 하나님 여호와께서 자기의 이름을 두시려고 택하신 곳에서 네 하나님 여호와 앞에서 **<즐거워할지니라>**"

4. "자, 너희에게 주게 될 이 아름다운 땅을 제발, 우상 숭배 등으로 더럽히지 말아라. 이 땅은 거룩한 땅이요, 나 또한 거룩한 하나님이니 제발, 하나님의 법도와 규례를 지켜다오. 만약, 너희가 불순종하면, 땅은 더러워질 것이고, 나아가서는 내가 너희에게 준 이 땅도 결국은 잃게 될 것이다. 너희에게 감사와 기쁨의 절기(축제)를 주었으니, 이 절기를 통해 삶의 갱신을 추구하거라. 너희 자신과 가족들, 그리고 너희가 사는 공동체 안에, 또 너희가 발을 딛고 사는 이 축복의 땅도 늘 거룩이 흐르게 하여라. 너희가 복을 받느냐, 아니면 저주를 받느냐는 이제 너희 손에 달려 있다."

재판을 공정하게 하라 (16:18–17:13)

16:18서부터 18:22까지는 주로 지도자들에 대한 법을 다루고 있다. 법관들(16:18-20, 17:8-13), 왕(17:14-20), 제사장들(18:1-8), 선지자들(18:9-22)에 대해 언급하고 있다.

▶ 재판관들에게

1. 재판을 공정히 하라고 명령하신다. 어떤 경우에 재판을 굽게 하게 되는가?

16:19

(1) 각 지파에게 주시는 성읍마다 재판장과 유사(有司, officer = 재판장의 선고를 집행하는 보조자들, 서기관들)를 두라고 명하신다. 광야에서는 출 18:21, 25(백부장, 오십부장, 십부장 제도)에서 볼 수 있듯이 지도자를 세웠지만 가나안 땅에 정착해 살 때에는 모든 성읍에 재판관이 필요했다.

(2) 그리고 재판을 할 때, 재판을 굽게 하지 말라고 명하신다. '유전무죄 무전유죄'와 같은 재판을 하지 말라는 것이다. 사람의 체면을 보고 재판을 그릇되이 하면 안 된다. 물론 뇌물도 안 된다. 왜 뇌물을 받아서는 안되는가? "너는 굽게 판단하지 말며 사람을 외모로 보지 말며 또 뇌물을 받지 말라 뇌물은 ① 지혜자의 눈을 어둡게 하고 ② 의인의 말을 굽게 하느니라"(16:19). 그런데, 재판을 공정하게 하는 일이란 인간의 연약성 때문에 그리 쉽지 않다. 안면, 또는 뇌물 때문에 재판을 공정치 못하게 할 수 있다. 그 중요성으로 인해 성경에 자주 재판의 공정성이 언급되고 있다.

(3) 재판관, 이름만 들어도 떨리는 위치요 자리다. 그러나 그의 책임 또한 얼마나 큰가! 사회의 정의는 어쩌면 이들의 영향력에 달려 있다고 해도 과언이 아니다. 그러나, 우리가 살고 있는 사회는 재판이 공정치 못하다. 그로인한 피해는 사회를 파탄으로 몰아넣는다. 하나님은 훗날 이들이 재판 때에 내린 판결을 반드시 체크하실 것이다. 물론 뇌물로 판단을 굽게 했다면, 거기에 따르는 형벌이 있을 것이다.

2. 누구를 재판관으로 뽑아야 하는가?

재판의 공정성

▲ 재판관(사사들, 장로들, 유사들)의 판결은 무엇보다 편견이 없이 공정하게 내려져야 한다. 후에는 왕의 책임 중 하나가 재판하는 일이었다(삼상 8:20, 삼하 15:1-6). 어쨌든 재판하는 자는 절대적으로 공의를 실현해야 했고, 뇌물을 받아 부당한 판결을 해서는 안 되었다.

▲ 그리스도인은 매사에 양심적으로 윤리적인 판단을 해야 한다. "신령한 사람은 모든 것을 판단한다"(고전 2:15)고 했다. 그리스도인은 자기 형제들을 판단해서는 안 된다(마 7:1). 즉 이 말은 "다른 사람을 판단하려는 사람은 먼저 자기 자신을 판단해 보아야 한다"는 의미이다. 그리스도인은 그리스도의 심정을 가지고 남을 판단해야 하며, 먼저 자신을 판단해보고 나서 다른 사람을 판단해야 한다(마 7:3-5).

▲ 정의의 실천, 이는 곧 한 국가를 번영으로 이끄는 첩경이다. 그러나 여간해서는 이런 공의가 세상에 흐르지 않는다. 우리의 심령이 새롭게 변화되기 전까지는 우리의 삶속에서 윤리적 삶을 실천하기는 어렵다. 물론 이런 정의의 실천은 재판관뿐에게만 요구되는 것이 아니다. 이는 모든 백성들이 지켜야 할 기본적인 삶의 자세이다(신 24:17).

▶ 출 18:21-22

21 너는 또 온 백성 가운데서 능력 있는 사람들 곧 하나님을 두려워하며 진실하며 불의한 이익을 미워하는 자를 살펴서 백성 위에 세워 천부장과 백부장과 오십부장과 십부장을 삼아

22 그들이 때를 따라 백성을 재판하게 하라 큰 일은 모두 네게 가져갈 것이요 작은 일은 모두 그들이 스스로 재판할 것이니 그리하면 그들이 너와 함께 담당할 것인즉 일이 네게 쉬우리라

판결문을 보여주고 있는 제사장과 레위인들

• 출 18:21 "너는 또 온 백성 가운데서 능력 있는 사람들 곧 하나님을 두려워하며 진실하며 불의한 이익을 미워하는 자를 살펴서 백성 위에 세워 천부장과 백부장과 오십부장과 십부장을 삼아."

• 출 18:21 "온 백성 가운데서 능력 있는 사람들 곧 하나님을 (두려워하며) (진실하며) 불의한 이익을 미워하는 자를 살펴서...."

이스라엘의 정치란 재판관의 정치이다. 가장 적은 성읍에도 장로, 제사장, 레위인으로 구성된 재판소가 있었고, 120세대 이상의 성읍에는 23명의 재판관으로 구성된 법정이 있었으며, 예루살렘에는 대법원격의 대제사장이 의장이 되고, 70인 장로로 구성된 산헤드린(공의회)이 있었다고 한다.

3. 재판장의 책임 중에는 이 땅에서 다른 신을 섬기는 일을 금하게 하는 일도 있었다. 우선 아세라상을 제거하는 일부터 해야 했다(21-22절). 하나님께는 여호와도 섬기고 바알도 섬기는 일은 용납이 되지 않기 때문이었다.

4. 우상을 숭배하는 자들이 있거든 어떤 절차를 밟아 처리해야 할까? (17:1-7)

(1) 그 사실 여부를 정확하게 조사해 보라. 우상을 숭배하는 것은 하나님과 사람 사이의 언약을 위반하는 것이며, 따라서 죄악이다. 그 처벌이 가혹하므로 만약, 송사가 발생하면 그 사건에 대해 재판장은 반드시 정밀 조사를 해야 한다(4절). 만약 그것이 사실이라면 그는 죽임을 면치 못할 것이다.

(2) 하나님의 백성은 거룩해야 하며 이 거룩을 유지하기 위하여 백성 중에 발생하는 악을 반드시 제거하여야 한다. 그렇다고 한 사람의 말만 듣고 경솔히 사람을 죽음으로 몰아넣어서는 안 된다(6절).

따라서 최소한 두 증인이 있어야 한다. 이들 증인들은 충분한 증거를 가지고 있어야 한다. 돌로 쳐죽이는 경우에는 사형수의 옷을 벗기우고, 손은 묶여져서, 성밖으로 끌려나가 처형대 위에 세워진다. 최초의 증인이 그를 사형대에서 밀어뜨리면, 두 번째 증인이 큰 돌을 들어 그의 머리 위나 허리를 내리쳤다. 그 후에 둘러섰던 자들이 돌을 들어 쳤다. 이렇게 죽은 자들을 위해서는 물론 애곡하는 일이 금지되었다(NIV 성경 난하주).

(3) 이렇게 해서 죄악이 발생하지 않도록 했다. 다시는 백성들이 악한 마음을 품지 못하게 했다. 우상숭배, 그것은 하나님이 가장 싫어하시는 바였다.

5. 만약에 이들을 판결하기 어려운 사건이 생겼다면 어떻게 할 것인가? (17:8)

(1) 서로 피를 흘렸거나 즉, 살인 사건인데, 고의로 죽인 것인지, 과실치사인지 분명치 않을 때, 또는 민사사건이나 폭력 사건 등 다루기 힘든 사건이 있거든 상고하라. 즉 지방법정에서 판결이 상반된 의견으로 나타날 때, 이 문제를 가지고 (예루살렘의) 중앙법정으로 상고할 수 있다는 말이다. 이때는 레위 사람 제사장과 당시 재판장에게 가야 한다. 여기서 '당시'라는 말은 재판이 열리는 때를 말한다(9절). 상고심은 처음에는 모세가 맡았다가 죽은 후에는 엘르아살에게 맡겼다. 그리고 성문법이 완성된 후에는 그것을 기준하여 재판토록 했다. 제사장들은 '토라'(개역, '법률'로 번역)를 예루살렘 성전에 두고 보관하면서 이에 비추어 명쾌한 판결을 내리라는 말이다.

(2) 이들 재판관들이 내린 판결에 불복종할 경우에는 어떻게 해야 하는가? 이런 판결이 지방법정의 판결보다 우위에 있지만 토라에 의해 판결을 내리기 때문에 그것에 순종할 수밖에 없다. 그런데 이런 판결에도 불구하고 재판에 대해 불만을 품을 경우에는 누구든지 사형에 처하라고 명한다. 이렇게 하면 백성들이 두려워하게 되고 함부로 죄를 짓지 않게 될 것이다(17:10-13).

> 10 "여호와께서 택하신 곳에서 그들이 네게 보이는 판결의 뜻대로 네가 행하되 그들이 네게 가르치는 대로 삼가 행할 것이니 11곧 그들이 네게 가르치는 율법의 뜻대로, 그들이 네게 말하는 판결대로 행할 것이요 그들이 네게 보이는 판결을 어겨 좌로나 우로나 치우치지 말 것이니라 12 사람이 만일 무법하게 행하고 네 하나님 여호와 앞에 서서 섬기는 제사장이나 재판장에게 듣지 아니하거든 그 사람을 죽여 이스라엘 중에서 악을 제하여 버리라 13 그리하면 온 백성이 듣고 두려워하여 다시는 무법하게 행하지 아니하리라."

고대의 손저울

▲ 가장 위대한 재판장은 물론 우리 하나님이시다. 다니엘서 5:25-30에 보면, 벨사살 왕의 건물 벽에 새겨진 글에 대한 해석이 나타난다. 하나님의 성전으로부터 금기명을 훔치고 거짓 신을 섬겼던 벨사살은 그의 거만함으로 메대 사람 다리우스에게 정복 당하고 만다. 하나님은 그를 저울에 달아보신 후에 "부족한 것을" 보셨다. 하나님은 각 사람의 운명을 평가하시고 주관하시는 의로운 재판장으로 묘사된다. "세상을 심판하시는 이가 공의를 행하실 것이 아니니이까"(창 18:25). 아브라함이 자기 조카 롯을 구하기 위해 하나님께 질문한 말이다. 재판관이 불의의 재판을 했다면 그 역시 저울의 눈금이 부족을 나타낼 것이다.

왕(王)을 달라고 떼를 쓸 경우

왕정은 하나님의 의도하신 바인가?

▲ 왕정(王政)은 하나님이 의도하신 바인가? 어떤 학자들은 백성들이 왕정제도를 요구한 것은 영적 생활에서 빗나간 것이라고 주장하기도 한다. 예를 들어 기드온이 왕의 자리에 앉기를 거부한 것(삿 8:22)이나 기드온의 아들 아비멜렉이 왕이 되었을 때 요담이 그를 반대했다는 점(삿 9:7이하) 등을 들어 다윗 왕조는 결코 하나님의 적극적인 뜻하심이 아니고 허용적인 왕조였다고 주장한다.

▲ 그래서 하나님의 직접 통치를 받아야 할 이스라엘이 군주제도를 요청함으로써 결국은 이방 나라와 같이 타락케 되었다는 것이다. 또 왕정시대 초기에 나타난 선지자들이 왕을 호되게 책망한 것은 이를 증명한다는 것이다(호 9:15 참조). 정말 그럴까?

이에 대한 설명은 동교재, 사무엘하, 서론을 계속 읽어보자.

1. 이제 이들이 가나안 땅에 들어가면 이웃나라들처럼 틀림없이 왕을 구하게 될 것이다. 이것이 실제로 일어나게 될 때를 대비하여 미리 말씀하여 주신다(삼상 8:4-9). 그렇다면 어떤 자를 이스라엘의 왕으로 선택할 것인가?

17:15-19 반드시 본국인으로 할 것, 말이나 아내, 또는 은금을 많이 두지 말 것, 율법을 등사하여 늘 곁에 두고 읽고 지킬 것

- 15절상 왕을 세울 때 하나님이 (　　　　) 자를 왕으로 세우라.
- 15절하 (　　　　　)을 왕으로 세우지 말아야 한다.
  이스라엘의 종교와 관습에 젖어 있는 사람이 다스려야 하기 때문이다.
- 16절 왕 된 자는 말(馬)을 많이 두지 말 것이요(왕상 10:28-11:4)
- 17절상 (　　　　)를 많이 두어서 그 마음이 미혹되게 말것이며
- 17절하 은금을 자기를 위하여 많이 쌓지 말라
- 18-19절 왕위에 오르거든 레위 사람 제사장 앞에 보관한 이 율법서를 등사하여 평생에 자기 옆에 두고 읽어서 그 하나님 여호와 경외하기를 배우며 이 율법의 모든 말과 이 규례를 지켜 행할 것이라.

(2) 그래도 왕이 아내를 많이 두게 되는 경우가 생길 것이다. 다른 나라의 동맹관계상 그렇게 할 수밖에 없을 경우가 틀림없이 있을 것이다. 정말 다윗과 솔로몬이 그러했다. 그러나 하나님은 이런 동맹 관계를 원치 않으셨다. 하나님 자신을 신뢰하기를 원하셨다(왕상 11:1-8 참조).

(3) 이렇게 함으로써 왕도 자기의 지위를 하나님의 한 백성으로 생각하게끔 하게 하셨다. 왕의 교만을 철저히 막으려 하셨다. 그러나 훗날 이스라엘의 왕들은 이 말씀에 순종하지 않게 된다. 특히 솔로몬의 경우에서는 위의 금지들을 다 어겼다(왕상 10:14-15, 23, 26-28). 세상 군왕들의 통치의 특성은 백성을 억압하고 착취하고 오직 '힘의 논리'로 통치한다는 점이다. 이스라엘 백성에게 세워질 왕도 다분히 그럴 가능성이 있었다. 따라서 백성들에게 이 점을 분명히 주지시키고 있다.

2. 이스라엘에 왕을 두는 제도는 반드시 필요한 제도였는가?

(1) 모세, 그리고 여호수아가 생존하는 동안에는 왕이 필요 없었다. 재판장과 제사장이 있었기 때문이었다. 재판장과 제사장이 있고, 백성들이 여호와의 율법에 순종한다면 구태여 왕이 필요 없었다.

• 원판(原版)은 성소에 보관되었다(신 31:9 참조). 새로 왕위를 계승한 왕은 하나님께 대한 복종의 표시로 율법서를 등사(copy)하였으며 이를 자기 곁에 두고 읽고 지켜서 통치의 지침서로 삼아야 했다. 그래야 왕이 자기 동족을 우습게 보지 않게 될 것이다.

(2) 그러나, 우리는 사사기에서의 혼란상을 보게 된다. 이스라엘은 강력한 지도자 여호수아가 죽고, 언약의 말씀을 철저히 준행하겠다던 찰떡같은 약속도 다 저버렸다. 하나님을 신뢰하는 믿음이 점점 약해졌고, 모세의 법을 지키는 열의도 식어 버렸다. 그렇게 누누이 부탁했던(신 6:5) 토라의 교육도 없었다. 따라서 사사시대의 패역은 극에 달해 있었다. 사사기는 이렇게 그 때를 표현하고 있다 : "그때에는 이스라엘에 왕이 없으므로 사람마다 <자기 소견에 옳은 대로> 행하였더라"(삿 17:6).

• 삼상 8:20 "우리도 다른 나라들과 같이 되어 우리의 왕이 우리를 다스리며 우리 앞에 나가서 우리의 싸움을 싸워야 할 것이니이다."

(3) 한마디로 암흑의 시대, 율법 없는 무법시대였다. 따라서 이들은 왕을 강력하게 구한다. 주위에는 모두 왕이 있는데, 이스라엘만 강력한 중앙집권이 실시되지 않았다는 것이다. 이들은 자기 자신들이 율법에 순종하지 않았기 때문에 어려움 속에 있다는 것을 인식하지 못했다.

3. 왕을 세우는 것은 하나님이 뜻하신 바였다.

문제는 이스라엘 백성들이 '다른 나라들과 같은' 왕을 구했다는 데 있다. 사사시대 말기에 백성들은 아주 강력하게 왕을 요구했다(삼상 8:19-20*). '거절하다'(삼상 8:19)라는 말은 아주 '강한 거절'(utterly refuse)을 의미한다. 사무엘의 말 듣기를 아주 강하게 거절했는대 그 거절의 이유는 무엇이었을까?(삼상 8:20*을 보라)

적용도우미

• 감사와 기쁨, 이것이 절기를 지킴으로써 얻어지는 축복이다. 신약시대에서 지키는 절기는 어떤 것이 있으며, 우리는 어떤 마음으로 절기 행사를 지키고 있는가?

• 내가 만약 재판관이라면 어떤 태도를 가지고 재판을 하게 될까? 뇌물 같은 것은 전혀 안 받을까? '그래도 전혀 안심이 안되네.'

신명기 15–17장 정리하기

두번째 설교 : 4:44–26:19

Summary

요약질문

15 • 신명기 15장의 핵심은 무엇인가?
- 안식년이란 무엇인가? 안식년은 어떻게 지켜져야 하는가? (15:1-2)
- 안식년에는 빚 탕감제도가 있는데, 어떻게 빚을 탕감해주라는 말인가?
- 안식년 제도를 철저히 지켰을 때 어떤 축복이 주어질 것인가? (15:4-6)
- 가난한 형제에게 어떤 태도를 가져야 하는가? (15:7)
- 면제년이 온다 해도 가난한 형제들의 빚을 탕감하지 않으려는 유혹이 있다. 만약 그렇다면 어떤 일이 벌어질 것인가? (15:9하)
- 이 땅에는 왜 가난한 자들이 생기는가? 이들에 대한 그리스도인의 태도는 무엇인가? (눅 4:18-19)
- 안식년에는 종들을 놓아주라고 말씀하신다. 어떻게 대접해서 보내라고 했는가? (15:12-18)
- 여기서 말하는 종(에베드)의 개념을 말해 보라. (확대경)

16 • 이스라엘 남자들은 일년에 3차례씩 성소에 나아가라고 명령한다. 어떤 절기들인가 설명해 보라.
- 이스라엘 백성에게 절기는 어떤 의미가 있는가? 이 절기들을 통해서 하나님이 교육하시려는 목적은 무엇인가? (16:11-14)
- 하나님은 재판을 공정하게 하라고 명하신다. 어떤 경우에 재판을 굽게 하는가? 재판관의 책임과 권리를 말해 보라. 세상이 법을 잘 지키려 하지 않는 이유는 무엇인가? (16:18-17:13)

17 • 우상 숭배하는 자들의 처리 절차를 설명해 보라. (17:1-7)
- 왕정제도는 하나님이 허락하신 제도인가? (동교재, 사무엘하, 서론 30면이하 참조할 것)
- 이스라엘이 왕을 요구할 때가 올 것이다. 그럴 경우 어떤 기준으로 왕을 세울 것인가? (17:15-19)
- 이스라엘에서 왕의 위치와 중요성을 설명해 보라. 왕은 어떤 자격으로 백성을 통치해야 하는가? (동교재, 사무엘하, 33면)

The Stipulations of the Covenant
(4:44-26:19)

Deuteronomy

18-21장

구체적 법규들
(12-26장)

1. 가나안에서는 레위인을 어떻게 처우해야 하나?(18:1-8)
2. 거짓 예언자를 좇지 말라 (18:9-14)
3. 나와 같은 선지자 하나 (18:15-22)
4. 도피성의 규례(19:1-13), 경계표(14절), 증인의 규례 (19:15-21)
5. 전쟁에 관하여
   (1) 출전할 수 있는 자 (20:1-9)
   (2) 적군을 어떻게 대할까 (20:10-18)
   (3) 점령지의 과목을 보호하라(20:19-20)

사회적 규례들

모세는 계속 가나안에 들어가서 지켜야 할 각종 구체적 법규를 설명하고 있다. 사회의 공직자라 할 수 있는 사람들을 망라하며, 그들이 지켜 나가야 할 규례를 언급하고 있다. 재판관과 왕에 대한 규례를 설명하고 계속 레위인에 대해서도 언급하고 있다. 거짓 선지자를 구별하여 물리치고, 또 몰렉 숭배를 하지 말 것과 무당과 같은 복술자를 멀리해야 할 것을 말씀하신다. 이들이 들어가야 하는 가나안 땅은 사악한 것은 말할 것도 없고 우상 숭배의 극을 달리고 있는 곳이다. 만약 이스라엘 백성들이 정신을 차리지 않는다면 십중팔구 이들과 동화될 것이 틀림없었다.

어쨌든 하나님은 이스라엘 백성을 홀로 내버려두시지 아니하실 것이다. 하나님께서는 그때 그때마다 필요한 선지자들을 보내셔서 그의 뜻을 전하실 것이라고 말씀하신다. 또한 전쟁의 방법과 그 전쟁을 수행하시는 분이 바로 하나님 자신이라고 말씀하신다.

레위인들의 처우 문제 · 도피성 규례 · 전쟁 규례

▲ 이미 율법이 있는데, 왜 그때마다 선지자가 필요할까?

- 선지자, 제사장, 왕의 역할
- '나와 같은 선지자 하나' (15절)는 결국 누구를 가리키는가?
- 거짓 선지자는 왜 죽임을 당하여야 하는가?.

▲ 도피성 제도의 목적은?

- 도피성은 생명이 하나님께 얼마나 귀중한가를 이스라엘 백성들에게 가르쳤다. 우연히 이웃을 죽였다해도 그는 오랜 기간 자유를 포기해야만 했다.

▲ 이는 이로, 손은 손으로, 발은 발로라는 말씀의 근본 의미는 무엇인가? 이 말씀은 개인적인 보복을 의미하는 말일까?

▲ 가나안 족속은 왜 진멸해야 하는가?

18장 : 레위인들 · 선지자의 역할

- 1-8절 : 레위인들 – 이들은 사적으로 토지를 소유할 수 없기에 다른 방도의 수입이 있어야 했다. 레위인들의 역할이 무엇인가?
- 9-14절 : 모든 복술자들은 처단하라. 자녀를 불살라 바치는 행위(몰렉신), 복술자, 길흉을 말하는 자, 요술자, 무당, 진언자, 신접자, 박수, 초혼자 등. 이들은 우상 숭배와 가증한 행위를 서슴치 않았다.
- 선지자의 역할 : 선지자는 제사장직이나 왕직처럼 세습되지 아니한다. 그때 그때마다 하나님이 개별적으로 부르시기 때문이다. 선지자는 하나님의 대변인이기 때문이다.

19장 : 도피성 제도

- 4-7절 : 도피성(민 35장 참조) - 도피성은 왜 만들었는가? 도피성으로 가는 길은 항상 잘 닦아 놓아야 한다. 도망가는 사람이 누구든지 쉽게 찾을 수 있도록 해야 한다. 부지중에 그 이웃을 죽인 자만이 들어갈 수 있다.
- 14절 : 경계표를 옮기는 놈은 어떻게 할까? 그것은 재산을 탈취하는 것과 같은 중대한 문제였다. 그 당시에는 그런 일이 비일비재 했다고 한다. 어쨌든 이런 자는 큰 죄를 지은 자로 여겨 저주를 받게 했다(신 27:17)
- 16-19절 : 증인은 반드시 한 사람의 증언으로는 안 된다. 만약 위증이 드러나면?

20장 : 전쟁의 규례

- 1-20절 : 전쟁 수행시 여러 가지 지침 – 적들의 많음을 보고 두려워 하지 말라. 하나님을 의지해라. 그리고 제사장이 직접 나가 그들을 격려하라. 무슨 말로 격려해야 할까? (3-4절)
- 병역 면제 대상자들 : 전쟁할 의사가 없는 놈은 아예돌려 보내라. 그러니까 낙성식을 하지 못한 사람이나, 포도원을 만들고 그 과실을 먹지 못한 자나 새로 약혼한 사람이나 두려워 하는 사람들은 전쟁에 나가게 하지 말라. 나가서 신경 쓰여서 어디 싸움이나 제대로 하겠어!!
- 전쟁을 수행하려는데 전의(戰意)가 없는 사람은 돌려보내라. 하나님이 함께 하시는 전쟁은 인간의 숫자에 달려 있지 않다.

가나안에서 레위인들은? (18:1~8)

18장의 핵심 : 가나안에 들어가서는 레위인들을 어떻게 대우해야 할까? 가나안 땅에서 벌어지는 미신을 믿는 각종 가증한 행위를 금하라. 그리고 선지자를 잘 구별하여 순종하라. 제사장의 권리와 책임은 이미 레위기 1-10장에서 이미 배웠다.

1. 가나안에 들어가게 될 때 레위인과 제사장들은 토지를 사적으로 소유할 수 없었기에 다른 방도의 수입이 있어야 했다. 어떻게? (18:1-5)

(1) 레위인의 역할은 무엇인가? 그들은 성막에서 제사장을 수종 드는 일을 했다(민 18:1-7). 또한 이스라엘의 율법 교사로 일하였다(신 33:10).

(2) 제사장 : 아론의 자손만이 제사장으로 일할 수 있었다(민 3:10). 이들은 재판장의 역할을 하기도 했으며(신 17:8-9), 율법서의 보관자로(17:18, 31:9), 피부병에 관한 규칙의 교사로(24:8), 언약 갱신 의식에서도 모세의 보조자로(27:9) 일을 했다.[1]

2. 그런데, 만약 어떤 도시에서 살다가 성막 봉사를 자원하여 서울로 찾아왔을 때에는 어떻게 해야 하는가?

18:6-8 "이스라엘 온 땅 어떤 성읍에든지 거주하는 레위인이 간절한 소원이 있어 그가 사는 곳을 떠날지라도 여호와께서 택하신 곳에 이르면 [7]여호와 앞에 선 그의 모든 형제 레위인과 같이 그의 하나님 여호와의 이름으로 섬길 수 있나니 [8]그 사람의 몫은 그들과 같을 것이요 그가 조상의 것을 판 것은 별도의 소유이니라."

(1) 레위인은 전국에 흩어져 살게 되어 있는데(민 35:7), 그 중에 어떤 레위인(제사장)이 서울(예루살렘)에 올라와 중앙 성소에서 일하게 될 때,[2] 그에 대한 대우는 어떻게 해야 하나?

(2) 레위인들은 가나안 땅에 흩어져 살았는데, 그 중 얼마가 중앙성소 있는 곳에 거주하면서 그곳에서 (돌아가면서) 섬기는 상황을 가리킨다. 물론 그가 지방에 있을 때, 선조들에게서 물려받은 재산은 당연히 그 사람의 것이고, 그것 이외에 정해진 몫을 받아야 한다는 말이다.[3] 물론 이 구절이 모든 레위인들이 모두 동일한 권리를 가졌다고 말하는 것은 아니다.

1) 이들에게는 경작할 땅이 제공되지 않았다. 물론 48개의 성읍이 레위인을 위해 따로 제공되었다(민 35:1-8). 그러나 제사장과 중앙 성소에서 제사장들을 보조하는 레위인들은 어떻게 해야 하는가? 이들에게는 성전에서 백성들이 드린 제물 중에서 그들의 응식으로 받을 수 있었다. 어떤 제물들을 응식(應食=직무에 응하여 받는 녹)으로 받을 수 있었나 3-4절을 읽어보라.

2) 6절의 "거하는" 라고 번역된 말 '구르'(גּוּר)라는 동사는 '체류하다, 거주하다, (나그네로)거하다'라는 뜻이 있다. 여기서 말하는 이들이 사회적 법적 시민권이 없다는 말이 없다는 뜻이 아니고 자기 기업(땅)이 없는 신분 상태를 설명하는 것이다(1-2절 참조).

3) 제사장 직무를 행하지 않는 레위인들은 단순히 '레위'라고 언급되는데 집합적 단수를 가리킨다(18:6). 여기서 레위인이란 1절에서 말하는 것처럼 제사장들을 가리킨다(넓은 의미).

이방인들이 행하는 일들이 거의 가증한 일들이다.
어떤 행위들인가?

모든 복술자들을 처단하라 (18:9-14)

1. 이들이 가나안 땅에 들어가게 되거든, 그 가나안 땅의 이방 풍속을 좇지말라고 말씀하신다. 왜, 이들을 이 땅에서 몰아내야 하는가? 어떤 행위들이 가증한 행위들인가?

18:10-11 이스라엘을 이방 나라의 영향으로부터 보호하기 위해

(1) 자녀를 불에 살라 바치는(인간 제사) 행위 : 몰렉 우상

- 몰렉(또는 밀곰, Milcom) : 몰렉이라는 말은 셈족語로 '왕'(히브리어=멜렉)을 의미하는 말이다. 몰렉신은 암몬인들이 섬긴 민족적인 신으로 이들은 몰렉신에게 자녀들을 불 가운데로 지나가게 해서 불태워 제물로 삼았던 악습을 행했던 것이다(겔 16:20, 렘 7:31). 몰렉(Molech) 숭배는 율법에서 엄격히 금지했지만(레 18:21, 20:1-5), 이스라엘 백성들은 자주 미혹되었다.

(2) 복술자 : 점을 쳐서 미래사를 이야기하는 자(겔 21:21-22, 제비<화살>를 던져 점을 치는 행위). 또 이 '복술자'라는 말은 보다 광범위하게 사용되었다. 영매(靈媒)들에게 묻는 일(삼상 28:8, 민 23:23) 등에 쓰였다.

(3) 길흉을 말하는 자 : 구름을 보고 예언하는 자라는 의미로 이해할 수 있다. 새나 물의 움직임 등을 보고 미래를 점치는 행위

(4) 요술 : 주문을 써서 마술을 행하는 것(민 24:1)

(5) 무당 : 사건들을 자기들의 뜻대로 바꿀 수 있다고 생각하는 자들을 말한다.

(6) 진언자(瞋言者, 주문을 외우며 마법을 거는 자) : "매듭을 묶는 자"란 뜻으로, 다른 자들을 주문으로 매는 자이다. 시 58:5에서는 뱀에게 체면을 거는 것에 사용되었다. 악령을 몰아내는 자를 가리킨다.

(7) 신접자(神接者) : 죽은 자의 혼을 불러내어 그들과 영교(靈交)하며 미래사를 점치는 자를 말한다(靈媒者). 그러나 실제로는 죽은 자를 불러낼 수 없고 실제로는 귀신들과 교통하는 것이다.

(8) 박수 : 남자 무당, 보이지 않는 세상에 대해 아는 척 하는 자로 역시 마술로 미래사를 말하는 자

이교(異教)의 악한 관습

(레 19:26-31)

- 무엇이든지 피채 먹지 말라. (이교도의 악한 관습이다)
- 점치는 것 금지
- 머리 가를 둥글게 깍지 말라. 이는 가나안 사람들이 장례 풍습을 금지한 것이다. 죽은 자들의 영혼이 저들 주변을 맴돌면서 해치기 때문에 알아보지 못하도록 두발을 둥글게 깎고, 수염도 깎고, 얼굴에 문신을 했다고 한다.

- 죽은 자를 위하여 살을 베지 말라 - 애도 습관을 말한다. 이교도들은 질병과 죽음이 귀신의 세력에 의하여 야기되기에 죽은 고인을 더이상 괴롭히지 말라는 의미로 자기 몸을 베어 자신들의 피를 그 귀신들에게 바쳤다.

- 딸을 더럽혀 기생이 되게 말라 - 딸의 매음을 금하고 있다. 여기서는 가나안 종교의 신전 창기로 보내지 말라는 말이다. 종교적인 매음 행위는 가나안 종교의식의 중요한 요소였다. 물론 이렇게 해서 얻은 돈은 성소 헌금함에 넣지 못한다(신 23:18*).

- 신접한 자와 박수를 믿지 말라 - 무당의 강신술을 믿지 말라. 박수는 영계(靈界)에 밝은 자로 미래사를 예언하는 자를 말한다.

(동교재, 레위기에서)

(9) 초혼자(招魂者) : 죽은 혼백에게 물어서 대답을 구하는 자(삼상 28:7)

(*) 이와 같이 가나안 사람들은 하나님이 극히 싫어하시는 패역의 삶을 살고 있었다. 그것은 곧 멸망을 초래할 만큼 극에 달해 있었던 것이다. 죄악의 잔이 차고 넘치고 있었다. 만약 가나안 족속들의 우상 숭배와 거기에 따르는 "가증한 행위"를 차단하지 않는다면, 그것은 곧 이스라엘의 파멸을 의미하는 것이었다. 따라서 이스라엘 백성들에게 이런 우상 숭배와 같은 악습에 빠지지 말도록 강력하게 권면하고 있다.

◀ 이방인들의 주술행위는 그 목적이 무엇인가? 이들이 주술행위를 하는 목적은 이 세상에서 부를 추구하려는 물질 만능 사상이 저변에 깔려 있기 때문이다. 만약 성도들도 이런 물질만능주의에 빠져 있다면 그들과 차이점은 무엇인가?

2. 위와 같은 가나안 족속들의 가증한 일을 좇는 자를 하나님이 기뻐하시지 않으신다. 이들을 좇는 자를 어떻게 하시겠다고 말씀하시는가?

1) 가증한 일을 묵과하거나 차단하는 사람은 바로 왕이다. 이 왕을 어거하기 위해서 결국 선지자가 필요하다.

18:14 "네가 쫓아낼 이 민족들은 길흉을 말하는 자나 ( )의 말을 듣거니와 네게는 네 하나님 여호와께서 이런 일을 용납하지 아니하시느니라."

(1) 만약, 이스라엘이 이런 자들의 행위를 따른다면 얼마나 무서운 일인가?! 이들 이스라엘 백성들이 하나님 앞에 부름을 받은 목적이 무엇인가? 이들은 하나님의 사랑 받는 자녀로서 하나님의 이름을 온 세상에 드러내야 하는 제사장 나라가 아닌가! 따라서 이들은[1] 하나님 앞에서 완전(tamim - 도덕적으로 흠이 없다는 뜻을 포함하고 있다) 해야 한다(13절). 허탄한 사술과 마술에 현혹되어서는 결코 안 된다. 물론 교회도 그 사명은 마찬가지이다.

(2) 마술과 복술 등, 마치 사람의 미래사를 자기 마음대로 주관할 수 있는 것처럼 꾸미는 거짓 예언자에게 현혹된다면, 그렇다면 하나님의 주권은 어디에 있다는 말인가?! 만약 이런 악한 관행에 휩쓸린다면, 마음을 다해 하나님을 믿는다는 것은 무의미한 명령이 될 것이다.

• 왜 사람들은 미래를 알기 위해 점을 친다든가 예언을 듣는다고 난리를 치는가? 이는 분명히 가증한 일이다. 미래는 하나님의 영역이기 때문이다. 비록 우리 앞에 고난이 닥쳐와도 그 고난의 삶을 넘으며 하나님과 동행하는 그것이 바로 신앙생활이 아닌가!

(3) 결국, 이들은 점차로 사탄이 지배하는 세계로 떨어질 것이다. 물론, 열심히 노력하는 태도도 없어질 것이고, 사행심만 바라고 요행만 바라는 악행을 거듭하게 될 것이다. 그렇다면, 이스라엘은 그 존재 의미가 사라지는 것이다. 최근 우리 사회가 이들 가나안 사람들의 악습을 반복하고 있지 아니한가?! 우리는 그런 험악한 환경에서 살고 있는 것이다. 그들의 악습에 빠져서도, 기웃거려서도 안 된다. '요즘 교회 안에서도 점치러 다니는 사람들이 많다던데, 뭘!'

나와 같은 선지자 하나 (18:15-22)

선지자의 필요성

① 왕정(王政)은 하나님의 허락하신 제도인가? 물론 반대의 견해를 보이는 사람도 있지만 이스라엘에 왕을 세우는 하나님이 의도하신 바이다. 그렇다면 이스라엘은 왕의 잘잘못에 의해 부침(浮沈)을 계속할 것이다.

② 왕은 이방 나라의 제도나 악습을 받아들일 확률이 높다. 훗날 대체로 이스라엘의 왕들은 악한 왕이라는 평가를 받는다. 다윗의 길로 가지 않았기 때문이다. 따라서 하나님의 대리 통치자요, 백성의 대표격인 왕을 통제할 선지자가 필요하게 되었다.

③ 이제 왕은 모세의 후계자로 세우게 될 선지자들의 말을 들어야 한다. 따라서 하나님은 선지자들을 세울 때 어떤 특별한 계급에서 택하지 않으신다. 물론 세습도 없다.

1. 그렇다면 어떻게 백성들이 위와 같은 사술에 빠지지 않을 수 있단 말인가?! 어쨌든 하나님은 이스라엘 백성을 홀로 내버려두시지 아니하실 것이다. 어떻게 하실 것인가?

나와 같은, כָּמֹנִי 선지자, נָבִיא >

18:15 "여호와께서 ― 나와 같은 선지자 하나를 **일으키시리니(יָקִים)**
/네 하나님 /너희 가운데 네 형제 중에서 ― 어디에서? (=동족 가운데서)
/너를 위하여(לְךָ)
너희는 ― 그의 말을 **들을지니라(תִּשְׁמָעוּן)** - שָׁמַע의 칼, 미완료

(1) 하나님께서는 그때 그때마다 필요한 선지자들을 보내셔서 그의 뜻을 전하실 것이다. 하나님은 자기의 뜻을 전달하실 때 선지자들을 불러 말씀하셨다. 히브리서 1:1을 찾아 읽어보자. 이스라엘 백성들은 이런 선지자의 전달을 통해 하나님의 뜻에 순종하면 된다. 그러나 이제 이스라엘 백성들은 어떤 선지자가 참 선지자인가를 구별할 수 있어야 했다(18절).

(2) 만약 선지자가 그들의 예언이 틀렸을 때에는 거짓 선지자로 자신의 신분이 발각나게 된다(22절). 거짓 선지자들은 용서 없이 죽여야 한다고 말씀하셨다(신 13:1-11을 다시 한번 읽어보라).

2. 그렇다면, 선지자는 어떤 역할을 하는가? (18:18)

(1) 선지자는 제사장이나 왕직과 달리 세습되지 아니했고 하나님이 그때마다 필요한 선지자를 개별적으로 부르셨다. 그러면 선지자란 무엇을 하는 사람일까?

(2) "선지자"라는 말은 어원적 의미가 불확실하나 구약에서 300회 이상 나온다. 구약에서는 선지자를 지칭하기 위해 히브리어 단어 3개가 쓰이고 있다(나비, 로에, 호제). 이 단어들의 의미는 그 용법을 보아 알 수 있을 것이다. 어쨌든 각 단어는 대변자적 인물을 나타낸다. 자세한 설명은 선지서를 다룰 때 하기로 하고 여기서는 간단하게 이야기 해보자.

• **나비**(nabi) : '나비'의 용법은 모세가 바로에게 하나님과 같은 위치에 있다는 것을 명백하게 알려준다(출 4:15,16, 7:1을 읽어보라. 여기서 '나비'라고 지칭할 수 있는 사람은 바로 하나님의 대변자이다). 하나님은 영감으로써 나비(nabi)에게 말씀하시고, 그는 받은 것을 정확하게 전달해야 한다. 하나님이 성별된 기자(記者)의 입에 말씀(verba)을 넣어 주신다(신 18:18, 렘 1:9). 신약에서도 말씀의 영감(靈感)을 말하고 있다(갈 1:11,12, 고전 15:1-4, 딤후 3:16).

• **로에, 호제** : 이 두 단어는 하나님께서 그에게 주시는 메시지를 본다는 사실과 관련하여 선견자(先見者)라고 번역할 수 있을 것이다. 신약의 프로페테스(forth-teller)라는 말은 히브리 단어보다 넓은 의미를 가지고 있다.

3. 자, 그러면 왜 선지자가 필요하게 되었을까? 이미 모세를 통해서 준 율법도 있는데? 그 말씀대로 살면 되지 않는가?

(1) 율법 자체의 문제 때문이 아니라, 율법으로는 이스라엘의 일상생활에서 일어날 수 있는 모든 일들을 자세히 기록하지 못한다. 더욱이 지금 이들은 "가증한 행위"라고 부르는 이방의 악습들을 따라갈 위험에 처해 있다(18:9).

(2) 따라서 이런 위험을 없애기 위해서 선지자를 세우실 것을 말씀하신다(18:15). '모세와 같은 선지자'라는 말을 보아, 선지자는 모세와 같이 하나님과 백성 사이의 중보자의 역할을 하게 될 것이다. 제사장과 선지자의 역할이 어떻게 다른가? 제사장이 하나님 앞에서 백성의 대표자였다면, 선지자는 백성들에 대하여 하나님을 대표하였다. 따라서 이들은 자신을 증거한 것이 아니라 "장래에 말할 것"을 증거하였다(히 3:5). 이들의 예언들은 모호한 표현이 많아 그 뜻을 이해하기 위해서는 보다 상세한 계시와 신앙에 의존해야 한다.

(3) 선지자들은 백성들에게 그들의 불신앙으로 인해, 그들에게 임할 장래의 재앙을 예언하기도 하였고, 그들의 죄를 해결하고 구원할 분의 도래를 예언하기도 했다. 이들은 하나님의 메시지를 선포하기도 한 선포자(forthteller)이기도 했지만, 미래를 예언한 예언자(foreteller)이기도 했다. 그래서 어떤 학자들은 전자를 '예언(預言)'으로, 후자를 '예언(豫言)'으로 구분하여 표기하기도 한다.

4. "나와 같은 선지자"(15절)라는 말은 누구를 가리키는가?

십계명을 받는 모습

▲ 십계명을 받던 날 하나님이 시내산에 강림하셨다. 그 때의 광경을 설명해 보라(출 19:16-19).

▲ 그 광경이 무서웠던지 백성들은 하나님의 위엄과 거룩 앞에서 다 떨었다. 우뢰와 번개, 빽빽한 구름, 지진, 나팔 소리에 백성들은 멀리 서서 떨며 하나님의 임재를 보았다(히 12:18). 이렇게 함으로써 율법이 얼마나 귀중한 것인가를 알게 하려 하셨을 것이다. 또 백성들로 하여금 모세에게 순종케 하는 계기가 되었을 것이다.

▲ 하나님은 백성들로 하여금 정해진 지경을 넘지 못하게 하라고 명령하셨다. 이제 모세와 아론만(출 19:24) 산에 올라 하나님 앞에 선다. 나머지 제사장들은 산 중간에(22절) 있었다. 그리고 백성들은 산 아래서 지켜보아야 했다. 백성들은 두려움에 떤 나머지 모세에게 중재자가 될 것을 요구했다(20:19). 하나님께 직접 듣는 것보다 모세를 통하여 간접으로 듣기를 원했다. 모세는 이 현현의 목적이 하나님에 대한 반응을 시험하기 위한 것이라고 백성들에게 확신시켰다(출 20:20). 이제 이런 모세가 가고 없을 때, 그 모세가 했던 하나님의 말씀의 전달자가 계속 필요했다. 따라서 선지자의 필요성이 대두되고 있다.

'나와 같은 선지자' (신 18:15)는 누구를 가리키는가?

시내산 정상의 모습

선지자는 하나님과 가까운 사람들이다. 그들은 주어진 상황에서 하나님께서 무엇을 생각하시는지, 과거 그들의 행동에 대한 하나님의 태도는 무엇인지, 그리고 장차 하나님이 어떻게 행동하실지 분별할 수 있는 자들로 여겨졌다. 선지자는 통찰력, 거룩, 헌신의 살아있는 모범자들이었다(신18:15-12, 왕하 4:9). 선지자는 하나님 자신에 의해서 구별되었고 부르심을 받았으며 보내심을 받았다(렘 1:5, 7:25, 히 1:1). 선지자들은 기름 부음을 받는 자들로 묘사될 수 있으며 그들의 메시지는 일종의 불가항력적 위급함이 자주 나타나는데, 그들은 억제할 수 없는 메시지와 소명에 대해서 큰 자각을 갖고 있었다. 그러므로 하나님은 그들을 위하여 분명한 뜻을 가지고 계셨다.

선지자와 가장 빈번하게 관련된 이미지는 환상가, 선견자, 꿈꾸는 사람, 미래를 예견하는 자일 것이다. 그러나 "그 아들이나 딸을 불 가운데로 지나게 하는 자나 복술자나 길흉을 말하는 자나 요술을 하는 자나 무당이나 진언자나 신접자나 박수나 초혼자를 너의 중에 용납하지 말라"고 명하셨다(신 18:10-11).

확대경(No.14)

1. 앞에서 조금 살펴보았듯이 모세의 율법 자체로는 변화된 새로운 환경에서 백성의 필요를 충족시키기에는 불충분했다. 물론, 그 율법은 신정국가의 기초로, 국가 및 개인 생활 확립의 일반원칙을 포함하고 있다. 이제, 광야 생활을 끝내고 새로운 환경에서는 보다 상세한 가르침이 필요했다. 그뿐 아니라 가나안 종교의 특징인 미신으로의 타락을 막기 위해서도 하나님의 뜻을 그때 그때마다 전달해야 하는 하나님의 대변인이 꼭 필요했다. 최소한 이스라엘 백성은 열방들과는 달라야 했기 때문이다.

2. 신명기 18:9-13까지 보라.

- 신 18:9-13 "네 하나님 여호와께서 네게 주시는 땅에 들어가거든 **'너'** 는(אַתָּה) 그 민족들의 가증한 행위를 본받지 말 것이니 그 아들이나 딸을 불 가운데로 지나게 하는 자나 복술자나…무릇 이런 일을 행하는 자는 여호와께서 가증히 여기시나니 이런 가증한 일로 인하여 **네** 하나님 여호와께서 그들을 **네** 앞에서 쫓아 내시느니라 **너는 네** 하나님 여호와 앞에 완전하라."

(1) '너'라는 글자에 표시를 해보라. 하나님은 마치 한 개인에게 말씀하시듯이 전달하신다. 이스라엘 백성 전체에게 결코 가나안의 문화나 악습에는 절대 감염되어서는 안 된다는 하나님의 강력한 권고가 들어 있음을 본다. 하나님은 복술자의 예언 따위를 믿는 행위를 절대로 용납하지 않으시겠다고 경고하신다(14절).

(2) 이스라엘 백성들이 가나안 족속들과 같이 미래사(未來事)를 알기 위해 점쟁이나 복술가 따위를 찾아간다는 것은 있을 수 없다는 것이다. "네가 쫓아낼 이 민족들은 길흉을 말하는 자나 복술자의 말을 듣거니와 **<네게는, אַתָּה>** 네 하나님 여호와께서 이런 일을 **<용납치 아니하시느니라>**" (신 18:14). 최소한 하나님의 백성과 세상 사이에는 구별이 있어야 하지 않겠는가 하는 것이다.

2. 그렇다면, 이들 이스라엘 백성들은 누구에게 찾아가서 살아 나가야 할 방향을 물어 보겠는가? 이에 대한 대답이 신명기 18:15이다 : "네 하나님 여호와께서 너의 중 네 형제 중에서 <나와 같은, כָּמֹנִי 선지자 하나,

נָבִיא >를 너를 위하여 일으키시리니 너희는 그를 들을지니라." 그렇다. 이스라엘 백성들은 하나님이 보내신 선지자의 말을 들으면 된다.

4. 그렇다면, 이 선지자를 어디서 불러올 것인가?

(1) "네 하나님 여호와께서 <너의 중 네 형제 중에서>" 그 선지자를 보내실 것이다. 그러니까 발람 같은 놈은 그런 선지자 자격이 없다는 것이다. 더욱이 그 자격 중의 하나는 "모세와 같은 자"이어야 한다는 것이다. 모세가 어떤 일을 했길래? 물론, 모세는 하나님과 이스라엘 백성 사이에 중보자였다.

(2) 시내산에서 율법을 받을 때의 광경을 기억해보라. 신명기 18:16-18까지 보라. 백성들이 하나님의 엄위하심 앞에 기절초풍 한다. "그만, 그만. 우리 다 죽어요. 그만!!" 하나님의 응답 : "그래 그 말이 옳도다"(17절) 죄인들이 감히 하나님 앞에 설 수 없음을 실감했다. 그래서 이제 모세를 통해서 그 뜻을 전달하시기로 한다. 모세는 그런 중보자였다. 그런데 이제, "모세와 같은" 중보자의 역할을 감당할 분을 보내 주시겠다는 것이다.

5. 물론 모세와 같은 '하나님의 대표자' 라는 의미에서 '모세와 같은 선지자' 를 보내 주시겠다는 것이다. 그런데, 왜 '선지자 하나' (나비, נָבִיא)라는 단수 명사를 썼을까? 왜 '선지자들'(네비임, נְבִיאִים)이라고 복수로 말하지 아니했을까? 물론, 이스라엘 백성들에게 하나님의 말씀을 선포할 일군(一群)의 선지자들, 곧 선지기관(先知器官)이 있을 것이다.

그러나, 그러면서도 단수 사용을 통해서 모세와 같은 한 개인의 대조가 드러남을 알 수 있다. 선지자 중에 모세 만한 자가 없다고 했음을 본다(신 34:10). 그렇다면 그 누구도 모세와 같은 선지자는 아니다. 모세는 신정국가(神政國家)의 설립을 완수한 사람이었다. 미래에 성취되어야 할 일, 곧 이방인들에게 구원을 베푸는 일은 모세와 같은, 아니 모세보다 더 위대한 분의 사역이 있어야 한다.

6. 다음의 신약 성경 구절을 주의해 보자.

(1) 5천명을 먹이신 사건 후에 "이는 참으로 세상에 오실 '그' 선지자라(ὁ προφήτης)"(요 6:14)
(2) 사마리안 여인의 대답 : 요 4:25을 읽어보라. "메시야 곧 그리스도라 하는 이가…"
(3) 위대한 선지자 예언 : 요 1:20, 21 "~바로 '그'(ὁ) 선지자라"

7. 그러나 신약 성경의 직접적인 증거를 보자.

(1) 요 5:45-47 "…모세를 믿었더면 또 나를 믿었으리니 이는 그가 내게 대하여…"
(2) 요 12:48, 49
(3) 마 17:5 (변화산 사건)
(4) 행 3:22, 23

"모세가 말하되 주 하나님이 너희를 위하여 너희 형제 가운데서 나 같은 선지자 하나를 세울 것이니 너희가 무엇이든지 그 모든 말씀을 들을 것이라 누구든지 그 선지자의 말을 듣지 아니하는 자는 백성 중에서 멸망 받으리라 하였고"

✽ 이렇게 이스라엘 백성들에게 예언 제도를 선물로 주셔서, 즉 선지자들을 보내셔서 이들을 통해서 하나님의 뜻을 전달케 하셨다. 결국, 모세와 같은 궁극적인 선지자는 예수 그리스도이심을 보게 된다.

- E.J. Young, 구약신학논문집(2), "나와 같은 선지자 하나"
- 월터 카이저, 「구약성경신학」, 192면.

(1) 여러 가지 해석이 있으나 집합명사로 모든 선지자들을 의미하면서도 궁극적으로는 그리스도를 의미한다고 보았다(칼빈). 신약의 저자들도 이것이 그리스도를 의미한다고 표현했다(요 1:21, 6:14, 7:40-41, 행 3:22-23).

(2) 그리스도를 만인의 중보자로 보내실 것을 암시한 말이다(요 1:45). 그러므로 구약 시대에는 모세 한 사람으로 대표될만 하다. 모세는 그리스도의 모형이라고 말할 수 있기 때문이다. 그는 선지자요(신 18:15), 제사장이요(출 24:4,8), 또한 왕이었다. 참고로 고전 10:1-4을 읽어보자.

(3) 장차 올 선지자는 "형제 중에서"(이스라엘 사람 중에서), 그리고 모세와 "같은 자"가 권위를 가지고 하나님의 말씀을 선포하게 될 것이다.

5. 거짓 선지자는 왜 죽임을 당해야 하는가?

18:20 "만일 어떤 선지자가 내가 전하라고 명령하지 아니한 말을 제 마음대로 내 이름으로 전하든지 다른 신들의 이름으로 말하면 그 선지자는 **죽임을 당하리라** 하셨느니라

(1) 백성들은 선지자와 거짓 선지자를 구별할 수 있어야 한다.[1] 만약 거짓 선지자의 선포를 참선지자의 말로 알고 순종한다면 엄청난 혼란이 있을 것은 당연한 일이다. 그래서 그가 참선지자인가 아닌가를 구별하는 방법을 말씀하신다.

(2) 첫째는, 그가 예언한 하나님의 말씀과 그 결과가 일치해야 한다는 것이다. 둘째는, 그가 예언한 말이 성취가 되어야 한다는 것이다. 만약 이와 어긋난다면 그의 어떤 예언이나 보복을 두려워해서는 안 된다. 그 자세한 구별법은 이미 신명기 13:1-18에서 언급되었음을 보았다.

1) 신 18:20 "내가 고하라고 명하지 아니한 말을 어떤 선지자가 만일 방자히 내 이름으로 고하든지 다른 신들의 이름으로 말하면 그 선지자는 죽임을 당하리라 하셨느니라." / 여호와의 허락없이 예언하거나 다른 신들의 이름으로 말하는 선지자는 반드시 죽이라고 명령하셨다.

그렇다면 어떤 선지자가 거짓 선지자인지 알 수 있었을까? 만약 다른 신을 섬기는 자라면 이는 바로 알 수 있을 것이다. 거짓 선지자 역시 이적과 기사를 베풀 수는 있다. 이런 선지자는 바로 처형을 명했다(신 13:1-5). 또 거짓 선지자의 예언은 그 결과를 보면 알 수 있을 것이다.

적용도우미

- 성도들 중에도 살다가 너무 너무 힘들면 아주 몰래 점쟁이를 찾아가는 사람들도 있다던데? '에이, 그런 성도가 어딨어?' 그런데 정말, 그런 사람들도 있는 것 같다. 성경은 점쟁이와 복술가를 찾아가는 일을 강력하게 금하고 있다. 만약 세상의 부귀와 영화만을 추구한다면 가나안의 가증함을 추구하는 무리들과 다를 바가 무엇인가?

- 야고보서 1:5을 찾아볼까? "으응, 찾아보니 아는 얘기구나." 그래, 다 아는 얘기다. 그런데, 실제로는 그렇게 하고 있지 않으니까 문제다. 우리에게 해결의 실마리가 안 보이는 어려움이 있는가? 그렇다면 야고보 1:5을 기억하고 하나님 앞에 엎드리자.

라짜흐
(살인자)

may flee

וְהָיָה לָנוּס שָׁמָּה כָּל־רֹצֵחַ

모든 살인자를 그 성읍으로 **도피케** 하라(19:3하)

도피성 (19:1-13) · 민 35:9-34 참조

▶ **19장의 내용은** 민수기 35장에서 다루어진 내용이다. 동교재, 민수기편에 있는 내용을 잠깐 빌려와 소개하기로 하자. 특강은 민수기 교재를 참고해 보기로 하자.

1. 도피성(City of Refuge)은 왜 설치했나?

(1) 살인은 또다른 살인을 가져올 수 있다. 복수에 복수가 뒤따르는 관습은 고대 근동에 흔히 있었고, 이스라엘에도 그러한 관습이 예외는 아니였다(창 9:6 참조). 하나님은 살인의 경우, 짐승이면 짐승에게서 사람이나 형제이면 그 사람에게서 그의 생명을 찾아 보응하도록 하셨다. 도피성의 설치는 이런 피의 복수 과정에서 무분별하게 일어날 보복적 살인을 막기 위한 제도적 장치였다. 그렇지 않다면 피의 복수가 끝없이 이어질 것이기 때문이다. 고의적인 살인이 아니라 우발적인 사고로 사람을 죽였을 경우, 살인한 자가 피신할 수 있는 곳이 필요했다. 더욱이 가나안에 정착하는 과정에서 혼란이 야기될 수 있었고, 본의 아니게 살인이 생길 수 있었을 것이다.

(2) 이렇게 도피성에 들어온 사람은 레위인들과 제사장들의 보호를 받았고, 제사장이 죽을 때 비로소 집에 돌아갈 수 있었다(수 20:6, 9; 민 35:12). 왜 대제사장이 죽을 때가지 보호를 받을 수 있었을까? 대제사장의 죽음은 그리스도의 죽음의 상징이요, 예표이다. 우리는 그리스도의 죽음을 통하여 완전한 해방과 구원을 얻는다.

2. 도피성은 몇 곳을 만들었나? / 지도 참조

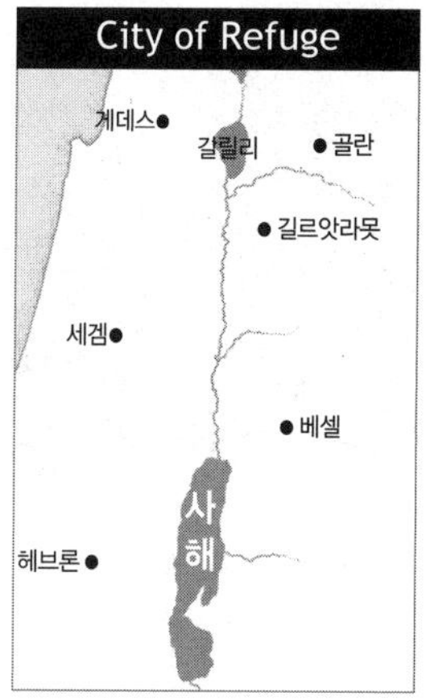

요단 동편(=트랜스요르단)에 세 곳(신 19:2, 민 35:14), 요단 이편에 세 곳 (신 19:9, 민 35:14), 6개 성(城)을 도피성으로 삼았다. 일년에 일차씩 온 백성이 나와 도피성에 이르는 길을 잘 닦아야 한다.

▶ 요단 동편에 3곳 :
골란(=기쁨),
라못(=높다),
베셀(=요새지) - (수 20:8)

▶ 요단 서편에 3곳 :
게데스(=거룩하다)
세겜(어깨)
헤브론(=교제) - (수 20:7)

3. 고의로 살인한 자의 경우는 어떤 처벌이 내려졌는가?

(1) 물론 고의적으로 살인한 자는 도피성으로의 피신도 허락되지 않았고, 이런 자는 사형에 처하도록 했다. 아래와 같은 경우에는 고의로 살인한 자이므로 사형을 받아야 한다. 이런 고살자는 그의 "피의 보수자"가 만나는 대로 죽이게 하라는 것이다 :

"하나님 저좀 살려주세요." "도피성으로 뛰어!"

만약 고의적으로 사람을 죽였다면?

▲ 다윗의 군대장관 요압은 솔로몬을 제거하려는 아도니아의 반역에 가담하게 되어 죽을 형편에 처해지게 되었다. 곧 자신도 죽을 것을 눈치채고 장막 뜰에 있는 놋제단 뿔을 잡으려고 도망가기 시작했다. 아도니야가 그랬었기 때문이다(왕상1:50). 성전으로 도망가 제단 뿔을 잡으면 무조건 죽음을 면하게 될까?

▲ 그렇다면 그는 출애굽기 21:14을 모르고 있음이 확실하다. 무슨 내용일까?

"사람이 그의 이웃을 고의로 죽였으면 너는 그를 내 제단에서라도 잡아내려 죽일지니라."

(1) 철연장으로 사람을 쳐 죽인 자
(2) 사람을 죽일 만한 돌을 가지고 살인한 자
(3) 사람을 죽일 만한 나무 연장을 가지고 살인한 자
(4) 미워하여 남을 밀쳐 죽인 경우
(5) 무엇을 던져 죽인 경우
(6) 적의를 품고 손으로 쳐죽인 경우

4. 그러나 고의가 아니라 우연한 일로 살인을 했을 경우에는 어떻게 했는가? (민 35:29-34)

(1) 원한 없이 사람을 죽이게 된 자에 대해서 언급하고 있다.
예를 들면 원한(적의, 敵意) 없이 우연히 사람을 밀쳤거나 어떤 연장을 던졌거나, 미처 보지 못하고 남의 위에 돌을 떨어뜨려 사람을 죽였을 경우, 그 죽임을 당한 자의 가족이나 친족에게는 고의적 살인처럼 보일 수 있을 것이고, 따라서 복수심이 일어날 것이다. 이런 경우에는 일단 재판을 받아야 한다. 이 과정에서 회중은 살인한 사람과 그 피를 보수(報讐, 보복)하는 사람 사이를 판결해 주어 그 살인자를 건져 주어야 할 것이다. 그래서 다시 도피성으로 돌려보내야 한다. 그 살인자는 그 곳에서 대제사장이 죽기까지 살아야 한다.

(2) 그런데, 이 살인자가 어떤 이유로 도피성 지경 밖을 나가서 그를 죽이려는 보수자를 만나 죽임을 당했을 경우에는 어떻게 하나?(민 35:26-27) 비록 원한 없이 살인을 한 경우라 할지라도 남을 죽인 자는 그 도피성을 떠나서는 안 되었다. 그것을 무시하고 성 밖으로 나가서 그 보수자에게 죽임을 당해도 그 살인은 죄가 되지 아니하였다.

5. 고의로 살인한 경우라면 함부로 사형에 처해도 되는가? (민 35:30-34)

물론 함부로 사형에 처해서는 안 된다. 반드시 증인이 필요했다. 물론 증인도 한 사람으로는 성립이 되지 아니했다. 반드시 두 사람 이상이라야 한다(신 17:6, 19, 요 8:17). 증거의 객관성을 유지하기 위해서이다. 이렇게 해서 고의적인 살인이 확증될 경우, 이들에게는 생명의 속전을 받을 수 없었다. 돈을 내고 그 죄에서 벗어날 수 없다는 것이다. 고의적 살인자는 "반드시 죽일 것"을 명령하고 있다. 사람의 생명을 얼마나 고귀하게 여기셨는가를 볼 수 있다. 비록 고의적 살인을 하지 않아 도피성으로 피한 자도 역시 대제사장이 죽기 전까지는 생명의 속전을 내고 일찍 풀려날 수 없었다.

◀ 만약 고의적으로 사람을 살인했다면 비록 하나님의 단에서라도 그를 끌어내어 죽일 것을 명하고 있다. 성전으로 도망가 살 수 있는 경우는 부지 중에 사람을 죽였을 경우에만 해당되었다. 솔로몬은 성막에서 인간의 피를 흘리는 것을 원치 않았기에 브나야를 통해 그를 끌어내려 했다. 그러나 요압은 제단 뿔을 떠나지 않겠다고 완강히 거절했다. 브나야는 이를 솔로몬에게 보고했고, 솔로몬은 요압을 살인자로 취급해 그 자리에서 치라는 명령을 내렸다.

경계표(境界標)를 옮기는 놈은 어떻게 하지?

1. 토지의 경계를 나타내는 경계표(境界標)를 옮기는 것은 불법으로 중대한 죄로 간주되었다. 왜, 이런 지침이 나왔는가?

(1) '경계표가 뭐냐고?" : 땅과 땅 사이의 소유를 표시하기 위하여 경계를 나타내는 표지(標識)를 말한다(boundary stone). 그러니까 토지의 소유주가 누구인가를 나타내주는 표시로 주로 돌이 사용되었다.

(2) 호세아는 범죄한 유다 백성을 향해 이는 마치 지계표를 옮기고 이웃의 땅을 빼앗는 사람에 비유했다. "유다 방백들은 지계표를 옮기는 자 같으니 내가 나의 진노를 저희에게 물같이 부으리라"(5:10). 물론 여기서는 영적인 의미로 비유되었다.[1)]

27:17 "그 이웃의 경계표를 옮기는 자는 (   )를 받을 것이라."[2)]

2. 어떤 사건이든 한 사람만의 증언으로는 증언이 성립되지 아니한다. 반드시 두 세 사람의 증언이 있어야 고소가 성립한다. 이렇게 해야 판결의 정확성을 기할 수 있다. 만약 위증자가 있을 경우에는?

19:16-19

1) 당시 유다는 하나님을 떠나 북방 에브라임(이스라엘)과 같이 바알에게로 넘어갔다. 이를 이유로 한 것 같다. 당시 아하스 같은 자는 이사야의 말과 같이 "사람을 괴롭게 하며 하나님을 괴롭게 하는 자"였다(사 7:13). 그는 바알 우상을 다시 부어 만든자로 가나안 주변의 모든 우상을 섬긴 자였다(대하 28:1-4).

2) 참고로 욥 24:2, 잠 22:28, 사 5:8을 읽어보자.

제 9계명

▲ 이 계명은 "진리의 존엄성"을 가르치고 있다. 우리의 대화는 늘 진실을 말하고 있는가? 우리의 말은 의향뿐만 아니라 사실과 일치하고 있는가 늘 확인해야 한다. 참이 아닌 것을 진실인 것처럼 말한다든가, 또 참인 것을 불성실하게 말해서는 안 된다. 사탄은 특히 거짓의 아비임을 기억하라. 특히 형제나 이웃을 귀히 여기지 않고 나의 거짓말로 해를 끼쳤다면 나의 책임이 큰 것이다.

▲ 특히 법정에서의 위증을 해서는 안 된다. 위증은 남의 명예를 훼손시키는 범죄 행위요, 때로는 살인까지 가져올 수 있다(왕상 21:13). 증인은 신실한 증인도 있고 거짓 증인도 있다고 했다(잠 14:5, 19:5 참조). 거짓 증인은 이웃의 권리를 박탈한다. 거짓 증거가 얼마나 큰 악인가를 구약의 잠 25:18과 신약의 약4:11의 말씀에서 들어보자. / 동교재, 출애굽기에서)

- 요 8:17 "너희 율법에도 두 사람의 증거가 참되다 기록하였으니"
- 고후 13:1 "내가 이제 세 번째 너희에게 갈 터이니 두 세 증인의 입으로 말마다 확정하리라."
- 잠 19:9 "거짓 증인은 벌을 면치 못할 것이요 거짓말을 내는 자는 망할 것이니라."

증거(에드, עֵד) : '증거(창 31:44, 출 20:16), 증언, 증인(레 5:1, 민 5:13)'

증인이란 어떤 사건에 대한 직접적인 지식을 가지고 있는 사람이거나 그가 들은 보고에 근거하여 증언할 수 있는 사람이다(레 5:1). 그런 사람은 증언할 의무가 있다(잠 29:24). 율법은 유죄 판결을 내리기 위해서 적어도 두 증인이 증거를 요구하고 있다(민 35:30, 신 17:6, 19:15). 돌로 쳐 죽이는 경우에 증인은 첫번째 돌을 집어 던졌다(신 17:7, 행 7:58 참조).

---

(1) 한 사람의 증인으로는 죄책을 증거하기에 불충분하다. 신약 시대 역시 같은 설명을 하고 있다(요 8:17,* 고후 13:1,* 히 10:28 참조).

(2) 이스라엘의 법률 체계는 증인들에게 크게 의존하고 있으며 증인들이 진술하는 증언을 가장 무게 있게 다루었다. 오늘 본문에서 볼 수 있는 대로 최소한 두 세 사람의 증인을 법정에 세울 것을 명하고 있다(레 5:1, 신 19:15). 십계명에도 거짓 증언을 금지하고 있다(출 20:16).

3. 만약 거짓 증언하는 자가 있다면 어떻게 처리할까?

19:21

(1) 물론 그런 위증자에게는 자비를 베풀지 말라고 했다. 따라서 "네 눈이 긍휼히 보지 말라 생명은 생명으로, 눈은 눈으로, 이는 이로, 손은 손으로, 발은 발로니라"(21절)는 말씀은 개인적인 보복에 대한 말씀이 아니다. 이 말씀은 개인적인 보복을 하라는 말이 아니라 재판관이 재판할 때 공정한 판결을 내리라는 것이다. 잘못한 재판으로 인해 억울한 누명을 쓰는 일이 없어야 할 것이다. 이런 면에서 거짓 증언이 얼마나 사악한 죄인가를 보여주고 있다. 잠언에서 거짓 증인에 어떻게 말하고 있나 읽어보자(잠 19:9*).

(2) 따라서 법정은 증언을 통하지 않고는 달리 '실제 사건'에 접근할 수 없다. 법정은 증언을 넘어서 사건으로 나아갈 수 없으며 증언을 real portrayal(참된 기술)로 받아들여야 한다. 법정이 증언의 이면에 대해 추측한다는 것은 부질없는 일이다. 그래서 증인들은 법적 문서에 서명을 했다. 돌로 쳐죽이는 사형에 있어서도 증인들은 최초로 돌을 던지도록 되어 있다. 증인의 증언이 얼마나 중요한 가를 볼 수 있다.

(3) 구약에서도 개인의 복수를 하지 말라고 강하게 강조하고 있다(레 19:18, 신 32:35, 잠 24:17, 25:21-22).

전쟁을 수행하려면 (20:1-20)

20장의 핵심 : 가나안에 들어가서 가나안 족속들과 전쟁에 관련된 여러 가지 지침을 알려주고 있다.

1. 가나안 정복시 대적과 싸우려 할 때 적들의 많음을 보게 되면 분명히 두려워 할 것이었다. 어떤 태도로 진군해야 할까?

20:1-4

(1) 하나님을 의지하고 두려워 말라(1절). 애굽에서 지금까지 인도하신 하나님이 넉넉히 이기게 하실 것이다.

(2) 제사장이 직접 전쟁터에 나가 격려하라(2절). 무슨 말로 위로하라고 말씀하시는가? (3-4절)

2. 전의(戰意)가 없는 사람은 돌려보내라고 했다. 어떤 사람들이 병역 면제 대상자들인가?

20:5-9

- **낙성식을 하지 못한 사람** : 만약 집을 짓고 낙성식을 하지 못한 사람이 전쟁을 수행하다 죽게 된다면 타인이 그 집을 차지하게 될 것이다. 집을 낙성하고 즐기는 기간은 1년간이라고 한다.
- **포도원을 만들고 그 과실을 먹지 못한 자** : 포도를 심고나서 3년간은 열매를 먹지 못한다. 제 4년의 과실은 여호와께 드렸고, 제 5년 과실부터 소유자가 먹을 수 있었다(레 19:23-25).
- **새로 약혼한 사람** : 이스라엘에서의 약혼은 결혼과 같이 취급되었다. 결혼한 자는 일년간 군대의 의무나 모든 공무에서 면제받는다. 이방인의 강제 동원과 비교해 볼 때, 하나님의 자비하심을 엿볼 수 있다.
- **두려워하는 사람들** : 여호와의 전쟁에는 숫자가 문제가 아니다. 하나님이 직접 싸우실 것이기 때문이다. 하나님이 쓰시기에 합당한 자면 된다. 기드온의 군대를 보라(삿 7장). 주님을 따르는 자도 마찬가지이다(눅 9:62 참조). 복음을 증거하는 일도 이와 같은 어려움을 이길 수 있어야 한다(눅 14:17-20, 눅 9:62 참조).

여호와의 전쟁의 이중성

▲ 역사상 이스라엘의 원수는 여호와의 원수였고(삿5:31, 삼상 30:26), 따라서 이스라엘 전쟁은 곧 여호와의 전쟁이었다(삼하18:17, 25:18). 이 전쟁 역사는 「여호와의 전쟁기」(민 21:14)에 수록되었다. 이스라엘에게 있어서 전쟁은 고도의 신성한 직무였다. 백성들은 한곳에 모여 제사를 드리고, 자신들을 정결케 했으며, 하나님께 묻고 그의 도우심을 구해야만 했다. 군대의 숫자나 무기의 여하가 문제되지 아니했다. 여호와 전쟁의 클라이맥스는 헤람(חרם)에 있다고 볼 수 있다. 이 헤람의 실패는 이스라엘의 죽음을 초래했기 때문이다(수 7, 아간의 경우). 전사, 용사 외에도 "만군의 여호와"(야웨 쯔바오트)는 구약에 흔히 나타나는 여호와의 별명 중의 하나이다. 이는 이스라엘의 대적을 위하여 여호와께서 싸우실 것이라는 관점에서 본 것이다.

▲ 그러나 또 하나의 관점은 전쟁의 대상이 자기 백성 이스라엘이라고 지적하신다. 전자는 이스라엘을 위한(for) 여호와의 전쟁이요, 후자는 이스라엘을 대적하는(against) 여호와의 전쟁이다. 이는 자

기 백성이 언약을 어기고 범죄할 경우에 나타난다.언약 파기에 대한 징벌 중에 가장 최종적이고 파멸적인 것은 선택(Election)하셨던 자기 백성을 버려(Rejection) 대적의 손을 통해 "멸망"시키는 것(렘 21장과 25장)이다.
(윤용진, 여호와의 전쟁신학)

전투에 참가한 사람은 직업 군인인가? 물론 아니다. 다윗 때에 와서야 상설군이 생겼기 때문이다. 전쟁에 소환된 사람은 의식에 관한 규정들과 개인적인 청결을 지키기만 하면 전투에 참관할 수 있었다(신 23:9-11).

3. 적군(敵軍)을 어떻게 대해야 하는가?

20:10-19

(1) 먼저 화친하라(삿 21:13). 만약 화친을 거부하면 전쟁을 해야 한다. 남자는 죽이되 여자와 어린아이는 죽이지 말아야 한다.

(2) 가나안 족속을 진멸하라고 했다(16-18절). 왜?
이들의 죄악이 극에 달했기 때문이다. 또 만약 진멸치 않는다면 이들의 죄에 오염되어 갈 것이기 때문이다. 훗날 이스라엘 백성들은 가나안 족속의 풍습에 물들어 갔다.

(3) 점령지의 과목들은 잘 보호해야 한다(19-20절). 적군의 성을 공격할 때, 나무를 사용하게 될 것이다. 이 중에서 특별히 과목(果木)은 보호하라는 것이다.

4. 전쟁을 수행하는 실제 상황은 여호수아에서 자세히 공부하기로 하자.

적용도우미

• 여호와의 전쟁은 "거룩한 전쟁"(聖戰, Holy War)이라고 말한다. 여호와께서 직접 전쟁에 참여하시기 때문이다. 우리의 복음 전파도 거룩한 전쟁이 아닌가? "그런데, 전쟁하러 가는 놈이 어떻게 꼭 놀러 가는 것 같으냐?"

• 초창기 가나안 입성시, 전쟁을 수행하는 이들에게 무기는 무엇이었을까? 이들에게 무기가 없었을 것이다. 이들에게는 싸우는 숫자도 중요시되지 아니했다. 필요한 것은 오직 여호와를 믿는 '믿음'뿐이었다. 혹시 우리는 복음을 증거하면서 무기 타령만 하는 것 아닌가! "나는 전도 훈련을 받지 않아서." '어이구 기도는 했고?'

• 이런 전쟁 경험을 통해 무엇을 배웠을까? 적군의 무서운 모습? 아니다. 이스라엘은 이 전쟁을 통해 구원의 근본적인 요소를 배웠다. 우리의 싸움 대상은 누구인가?

신명기 18-20장 정리하기

요약질문

두번째 설교 : 4:44-26:19

18 • 레위인들은 사적으로 토지를 소유할 수 없었다. 어떻게 대우했나? (18:1-5)
• 레위인을 위해서는 몇개의 성읍이 주어졌나? (민 35:1-8)
• 레위인은 전국에 흩어져 있는데, 만약 어떤 이유로 서울(예루살렘)로 올라왔다면 어떤 처우를 해야 했는가? (18:6-8)
• 가나안 이방인들의 악한 관습들이 있었다. 어떤 악습이 있었는가? (18:10-11)
• 몰렉 종교는 어떤 악습을 갖고 있었는가?
• 진언자나 신접자는 어떤 자들을 말하는가?
• 이런 가증한 자들은 어떻게 처단해야 하는가? (18:14)
• "나와 같은 선지자"는 결국 누구를 가리키는가? (15절) 왜 이런 선지자를 보내주시겠다고 약속하시는가?
• 거짓 선지자는 왜 처단해야 하는가? (18:20-22)

19 • 도피성이란 어떤 이유로 설치했는가?
• 도피성은 어느 곳에 몇 곳을 설치했나?
• 지계표를 옮기는 자는 어떻게 처리해야 하나?
• 증인이란 최소한 몇 사람을 세워야 하는가?
• "눈은 눈으로, 이는 이로, 손은 손으로, 발은 발로니라"라는 말은 개인적인 보복을 하라는 말인가?
• 아니라면 무엇을 어떻게 하라는 말인가?

20 • 이스라엘이 불가피하게 전쟁을 수행할 때가 있을 것이다. 적을 대할 때 어떻게 해야 하는가?
• 적과 싸울 때는 어떤 자세로 전투에 임해야 하는가? (20:1-4)
• 적진에 왜 제사장이 참석해야 하는가? (3-4절)
• 전의(戰意)가 없는 사람은 어떻게 해야 하는가? 어떤 자들이 이들의 대상인가?
• 전쟁시 적군을 어떻게 대해야 하는가?
• 가나안 족을 진멸하는 이유가 무엇인가? (16-18절)

Summary

The Stipulations of the Covenant
(4:44-26:19)

Deuteronomy
21-23장

**구체적 법규들
(12-26장)**

1. 살인자가 누구인지 모를 때 (21:1-9)
2. 포로로 잡은 여인과 결혼해도 되는가? (21:10-14)
3. 각종 법규들(21:22-22:12)
4. 부부 관계에 대한 제반 문제들 (22:13-30)
5. 총회에 들어오지 못할 자는 어떤 사람들인가(23:1-8)
6. 진중(陣中)에서의 성결(23:9-14)
7. 약자를 보호하라(23:19-25)

호르산으로 알려진 곳

살인, 가족법, 각종 법규

모세의 설교는 계속된다. 한 국가가 질서 잡힌 공동체가 되기 위해서는 얼마나 많은 규례가 있을 것인가! 그런데, 왜 이렇게 복잡할까? 그러나 하나님과 이스라엘 백성들 사이의 언약 관계는 딱딱한 법률적인 관계는 아니다. 그보다는 오히려 부모와 자녀간의 사랑과 같은 끈끈한 관계이다. 하나님은 거룩하시기 때문에 그의 백성 역시 깨끗해야 한다는 것이다. 따라서 이런 제반 규정들은 백성들을 옭아매려는 멍에가 아니라 하나님과 백성들을 붙들어 매는 사랑의 줄이다. 만약 이들이 진정으로 하나님을 사랑한다면 이런 규례는 기쁜 마음으로 순종해야 할 덕목들이다.

그러나, 이들은 이런 하나님의 사랑의 줄을 자신들의 자유를 얽어매는 굴레로 생각했다. 하나님을 진정으로 사랑하지 않기 때문이었다. 죄성을 가진 인간은 늘 하나님의 품을 떠나려고 한다. 하나님의 간섭이 싫다는 것이다. 하나님의 곁을 떠나는 것이 사망의 길인데도 그들은 오직 자유만을 추구한다. 21장부터는 공동체 내의 생활 전반에 대해 말하고 있다. 왜 이스라엘 내의 성결과 인간의 존엄성이 강조되고 있을까? 이스라엘을 둘러싸고 있는 나라는 타락의 극을 치닫고 있는 나라들이다. 하나님은 거룩한 속성을 가지고 계신다. 그의 백성 역시 거룩한 삶을 사는 것은 당연한 요구가 아닌가!

공동체 내의 성결을 위한 각종 법규들(6, 7계명)

21장 : 인간의 존엄성 : 살인(미제) 사건

- 21:1-9 • 살인자가 누구인지 모를 때 : 어느 성읍에서 범인이 누구인지 알 수 없는 살인 사건이 발생했을 경우, 그 성읍에서 가장 가까운 장로들과 재판장, 제사장들이 참석하여 처리하라. 이는 하나님의 죄악에 대한 관심과 징벌을 보여준다.
- 21:10-14 • 포로로 잡힌 여자와의 결혼은 가능한가? 가나안 여인을 그 대상으로 말하고 있는 것이 아니다(3절). 다른 포로를 말한다. 비록 포로로 잡혀온 여인이라 할지라도 함부로 대해서는 안 된다. 최소한의 인격으로 대하라는 것이다. 이것이 율법의 기본 정신이기 때문이다.
- 21:15-17 • 두 아내를 둔 가정의 장자의 기업문제 : 미움을 받는 여자에게서 먼저 아들을 보고, 그 후에 사랑하는 아내에게서 아들을 또 본 경우에라도 장자에게 기업을 주어야 한다.
- 21:18-21 • 부모 거역 자 : 불효자식은 성읍 모든 사람이 나서서 돌로 쳐죽였다.
- 21:22-23 • 사형집행법 : 나무 위에 달린 시체를 밤새도록 나무 위에 두지 말라.

22장 : 제 6계명과 7계명에 관련된 법규들

- 22:1-10 ▶ 제 6계명과 관련된 사건들
  - 1-4절 이웃의 유실물을 찾으면 주인에게 돌려주어라. 특히 소나 양
  - 5절 이성(異性) 복장 착용 금지
  - 6-7절 동물에게 자비를 베풀라 • 8절 지붕에는 난간을 만들라.
  - 9-11절 밭에 두 종자를 섞어 뿌리지 말라.

  ▶ 제 7계명과 관련된 사건들
  - 13-21절 아내의 명예를 훼손시킨데 대한 처리 및 부부간의 순결문제
  - 22-30절 성도덕을 위한 규례들

23장 : 이스라엘 총회에 들어올 자

- 23:1-8 • 총회에 들어올 수 없는 자는 어떤 사람들인가? 왜 이렇게 명령하시는가?
- 23:9-14 • 전쟁시에도 진영(Camp)은 깨끗하게 유지되어야 한다. 그 전쟁에 하나님이 직접 참여하시기 때문이다.
- 23:15-25 • 기타 법규들: 도망 나온 종을 보호하라. 남녀 창기를 용납치 말라. 동족에게는 이자를 받지 말라. 서원은 반드시 지켜라. 이웃을 사랑하라.

거룩한 공동체

- 하나님은 무죄한 자의 피를 흘린 죄책을 가볍게 볼 것인가?
- 결혼 풍습 및 자녀의 문제 등 근본적으로 순결 및 정절을 강조하고 있다.
- 왜, 이렇게 강조하고 있을까? 이스라엘을 둘러싸고 있는 주변 환경은 마치 악의 이리들이 우글거리고 있는 것과 같다. 음란한 이교 문화가 이스라엘의 민족성을 말살시킬 정도로 극을 향하고 있었기 때문이다. 하나님은 공연히 이들 가나안 족을 진멸하라고 명령하시는 것이 아니다. 가정의 중요성 또한 건강한 사회의 필수적인 중요 요소였던 것이다.

살인하지 말지니라 · לֹא תִּרְצָח

어떤 놈이 살인자인지 모를 때 (21:1~9)

인간생명의 존엄성

▲ 거룩하신 하나님, 그리고 거룩하게 살아가는 하나님의 백성, 그것이 하나님이 바라시는 이 땅의 지상왕국의 모습이었다. 따라서 이스라엘 백성들에게 요구되는 제반 규례들은 당시 이방 족속들의 문화와는 근본적으로 다른 것이다. 나는 세상 사람들과 어떤 다른 삶을 살아가는가?

▲ 이스라엘 총회, 하나님이 거하시는 거룩한 공동체, 그곳은 언제나 거룩함이 요구되고 있다. 전쟁을 할 때도, 동족에게는 이자도 받지 말라는 자비로움이 율법에는 있다. 율법은 딱딱한 육법전서가 아니다. 그 근저에는 하나님의 자비가 흐르고 있다.

21장 핵심 : 살인자가 불분명할 때, 포로로 잡혀 온 여인을 아내로 삼을 수 있는가, 두 아내를 두었을 때 야기되는 문제들, 패역한 자녀들은 어떻게 처리해야 할 것인가, 사형자의 시체는 어떻게 처리할 것인가 등에 언급하고 있다. 즉 21-22장은 제 6, 7계명의 문제를 다루고 있다. 우선 6계명의 구체적 적용을 살펴보기로 하자.

1. 살인자가 누구인지 모를 때에는 이를 어떻게 처리해야 하는가?

21:1-3

어느 사회나 살인 사건은 골치 아픈 문제이다. 누가 살인을 했는지 미궁에 빠지기 쉽기 때문이다. 성읍 주변에서 범인이 누구인지 알 수 없는 살인 사건이 발생했을 경우는 이 조항에 따라서 제사장의 관할 하에 그 장소에서 가장 가까운 성읍의 장로들이 속죄를 해야 한다. 성읍의 장로들이 성읍의 모든 생활의 궁극적인 책임자들이기 때문이다. 어쨌든 이런 일이 일어나면 담당 경찰관(?)이 골치 아프겠지만, 그렇다고 이 시체를 함부로 다뤄서는 안 된다는 것이다.

2. 어떻게 속죄 절차를 밟아야 하는가?

21:3-9

(1) 사건이 일어난 곳에서 제일 가까운 장로들과 재판장들이 소집된다.

(2) 아직 부리지 아니하고 멍에를 메지 아니한 암소를 물이 항상 흐르고 갈지도 심지도 못하는 골짜기로 끌고가서 송아지의 목을 꺾는다.[1] 물론 이 짐승은 제물이 아니다. 왜냐하면 제물이라면 제단에서 제사를 드려야 할 것이다. 여기서의 이 짐승은 그 살인자를 상징적으로 대신하는 것일 것이다.

(3) 제사장들도 참석한다(5절). 제사장은 재판소의 장이 되어 송사를 판결하고, 모든 시비도 그의 말대로 결정짓는 권한이 있다. 이들은 하나님의 대리들로서 사법 시행을 대표한다. 따라서 여기 의식도 그의 인정으로 끝나는 것이다.

1) 송아지의 목을 꺾는다는 것은 만약 살인한 사람이 이들 중에 있다면 송아지와 같이 단호하게 죽을 것이라는 것을 나타낸다.

성읍 장로들의 살인사건 처리

(4) 장로들은 그 목이 꺾인 암송아지 위에 자기들의 손을 씻는다. 이들의 무죄함을 보여주어야 하기 때문이다. 그리고 기도한다(7-8절).

3. 이렇게 제정된 의식을 통해서 배울 점은 무엇인가?

(1) 인간 생명의 존엄성 : 살인이란 피살자로 하여금 하나님께 대한 봉사와 영원(永遠)을 위한 준비를 하지 못하게 하는 끔직한 범죄이다. 이방법에 비해 하나님의 법은 얼마나 정의로운 것인가! 이런 의식을 통해 죄악에 대한 하나님의 근심과 징벌을 보여준다.

(2) 이렇게 하여 비록 살인자를 찾지는 못했지만 무죄한 자의 피를 흘린 죄를 백성들이 짊어졌던 것이다. 이렇게 함으로써 하나님의 진노가 백성 중에서 제하여 질 수 있었다. 하나님은 무죄한 자의 피를 흘린 죄책을 결코 가볍게 여기지 아니하심을 볼 수 있다.

포로로 잡힌 여자와의 결혼은? (21:10–14)

1. 이스라엘이 전쟁 포로로 끌려온 여자에게 결혼할 마음이 있다면 그 결혼이 가능한가? (21:10–11)

(1) 포로로 끌려온 여자 중에서 마음에 드는 여자가 있을 수 있다. 장가들고 싶은 놈은 우선 마음이 두근거렸겠지. 도대체 그 여자 생각에 잠이 안 올 경우 어떻게 할까? 그런데, 전쟁 포로로 잡혀 온 여인은 결혼하는 것이 허락되었다. 그런 경우에는 처녀여야만 한다(민 31:18 참조*).

인간생명의 존엄성

▲ 하나님은 피로서 상징되는 생명의 원리를 경외할 것을 요구하신다. 인간을 인간으로부터 보호하기 위해 살인자는 누구나 죽일 것을 명하신다. "무릇 사람이 '피'를 흘리면 사람이 그 '피'를 흘릴 것이니 이는(for, כִּי) 하나님이 자기 형상대로 사람을 지었음이니라" (창 9:6).

▲ 인간이 인간을 죽이는 일은 곧 하나님의 형상을 가진 인간을 죽이는 일이기에 이는 곧 하나님의 존엄성을 무시하는 것이 된다. 비록 인간이 하나님 앞에 타락했지만 아직도 하나님의 형상을 갖고 있기 때문이다.

▲ 살인자(고살, 故殺 : 사전 모의 없이 고의로 사람을 죽이는 것)를 죽이라는 명령은 노아에게 주셨을 뿐만 아니라 모세에 의해 다시 명확하게 전달된다(출 21:12, 14, 레 24:17, 민 35:31).

• 민 31:18 "남자와 동침하지 아니하여 사내를 알지 못하는 여자들은 다 너희를 위하여 살려둘 것이니라."

(2) 물론 여기의 내용은 가나안 여자를 말함이 아니라(7:3) 다른 포로를 의미한다(신 20:14,15 참조). 그러니까 가나안에 정착해서 다른 나라들과 싸우게 될 경우를 말하고 있다. 이들 포로 여자를 아내로 맞아들일 경우 어떻게 해야 하는가 설명하고 있다.

• 신 7:3-4 "또 그들과 혼인하지도 말지니 네 딸을 그들의 아들에게 주지 말 것이요 그들의 딸도 네 며느리로 삼지 말 것은 4 그가 네 아들을 유혹하여 그가 여호와를 떠나고 다른 신들을 섬기게 하므로 여호와께서 너희에게 진노하사 갑자기 너희를 멸하실 것임이니라."

(3) 그러면 신명기 7:3-4과 어떻게 다른가? 여기서는 이방 여자, 특히 가나안 여인과와의 결혼을 금하고 있다. 왜냐하면 틀림없이 이방 여인이 섬기던 신을 좇아갈 수 있기 때문이다. 인종적인 문제에서의 금지보다는 영적인 문제 때문에 더욱 금지했다. 솔로몬의 경우 이 명령을 지키지 않았기 때문에 특별히 어려움을 당했던 것이다.

(4) 그러나 이방 여자와의 결혼을 무조건 금하는 것은 아니다. 누가 이방 여자를 아내로 맞이했는가? 모세도 구스 여인을 아내로 맞이했고(민 12:1), 요셉도 그랬고(창 41:45), 보아스도 모압 여자(룻)와 결혼했음을 본다. '설마, 우리 중에 성경에 있는대로 실천하겠다고 불신자와 마구 결혼하는 사람은 없겠지?'

2. 비록 잡혀 온 포로일지라도 인격을 존중히 여겨야 했다. 어떤 준비를 해야 했는가?

21:12-14

• 출 21:8 "만일 상전이 그를 기뻐하지 아니하여 상관하지 아니하면 그를 속량하게 할 것이나 상전이 그 여자를 속인 것이 되었으니 외국인에게는 팔지 못할 것이요."

(1) 비록 이 여인이 포로로 잡혀 왔을망정 함부로 대해서는 안 된다는 것이다. 인격적으로 대우할 것을 말하고 있다. 따라서 이 여자가 안정을 되찾을 때까지 최소한 일 개월이 지난 다음에 결혼하라는 것이다. 부모를 떠난 슬픔을 표시하는 기간을 주어야 하기 때문이다. 이렇게 하여 비록 이방 여인이라도 당당하게 이스라엘 백성의 일원이 될 수 있게 하였다. 나중에 이 여자를 더 이상 사랑하지 아니하게 될 경우는 어떻게 할까? 그렇다고 그녀를 종처럼 팔 수 없고 자유롭게 내보내야 한다고 말한다(출 21:8*).

1) 김희보, 구약이스라엘사, 총신대학교출판부, 55면.

(2) 이렇게 율법은 그 근본 정신이 이방인들의 법과는 완전히 다르다. 율법의 근본 정신은 무엇인가? 그것은 하나님의 자비(사랑, charity)이다. 이방법에는 이런 것이 없었다. 예를 들어 함무라비 법에는 인간의 탐욕을 제어함이 부족하다. 또한 이웃을 사랑하여 이기심을 억제시키는 법이 결여되어 있다. 그리고 인간의 자비(사랑, charity)심의 정당성을 주장한 데가 없다.[1]

두 아내를 둔 가정의 장자의 기업 문제 (21:15-17)

1. 여기에 제시된 경우는 어떤 경우를 말하는 것인가?

21:15

(1) 물론 성경은 이와 같이 두 아내를 둔 것이 옳은 태도라는 것을 전제로 하지 않는다. 그러나 이런 환경을 갖게 된 불쌍한 처지가 생겼을 때 어떻게 할 것인가? 당시 이스라엘 사람들은 이방인들과 같이 한 사람 이상 여러 사람의 아내를 데리고 사는 것을 당연한 것으로 받아들였다(일부다처제).

(2) 물론 율법이 그것을 허락한 것은 아니다. 당시의 이방 풍습이 그러했다. 이들 이스라엘 사람이라고 특별나지 않았다. 이스라엘 사람들은 결국 이런 풍습에 빠지게 될 것이다. 물론 이런 가정은 자연히 어려움이 많이 생기게 된다.

• 두 몫을 준다(17절)

이스라엘 백성에게 있어서 장자는 그 기업의 두 몫을 받았다. 장자는 두 몫을 받는 권리가 있었지만, 그러나 가장으로서 그가 할 책임이 있다. 부동산을 두배 받는다는 것은 곧 계승권을 잇는 것과 동일한 의미였다. 엘리사는 엘리야를 계승했다. 왕하 2:9을 찾아 읽어보라.

2. 어쨌든, 다른 아내와 비교해서 미움을 받는 여자에게서 먼저 아들을 보고, 그 후에 사랑하는 아내에게서 아들을 또 본 경우에라도 장자에게 기업을 주어야 한다는 것이다. 예를 들어 라헬과 레아 사이(창 29:30), 한나와 브닌나의 경우(삼상 1:2)가 그러하다. 부모가 편애하는 아들보다 출생의 서열에 의해 계승권이 부여되었음을 본다. 남편에게 사랑도 받지 못했는데, 자기가 낳은 자식에게 돌아오는 장자권도 얻지 못한다면 그 여인은 얼마나 불행한 일인가?! 그러나 이 규칙도 신적인 재가에 의해 예외가 있었음을 본다(야곱, 솔로몬의 경우 등과 같이).

패역한 자녀의 처리 (21:18-21)

▲ 제 5계명은 부모에 대한 공경을 말하고 있다. 그렇게하면, 장수의 축복을 약속하고 있다. 가정의 질서가 사회를 견고하게 만든다.

▲ 제 6계명은 하나님의 공동체를 보존하기 위해서는 인간 생명을 경외해야 함을 가르치고 있다. 왜냐하면 인간은 하나님의 형상으로 지음 받았기 때문이다. 인간은 비록 타락했지만 아직도 하나님의 형상을 지니고 있다. 따라서 생명의 근원이 어디에 있는가를 깨닫고 자신과 이웃을 하나님 앞에서 존귀하게 여겨야 함을 가르치고 있다.

1. 부모를 거역하는 자는 어떤 형벌을 가했는가?

21:18-21

(1) 완악하고(부모에게 불순종) 패역한(부모에게 반항) 아들(18절상), 징책해도 듣지 아니하는 자(18절하), 방탕하며 술에 잠긴 자(20절하)[1] 등에게는 형벌을 가하여 공동체 안에서 패륜을 묵과하지 않았다.

(2) 부모의 권고나 징책(잠언 19:18; 23:13-14)[2]도 효과가 없을 때는 어떻게 할까? 이런 자는 부모가 성읍의 장로들에게 데려가(19절), 그 패역을 말하면 (20절) 처벌이 내려졌다. 이러한 불효는 자기 가정뿐만 아니라 사회에 큰 악영향을 끼치기 때문에 그 처벌도 가혹했다. 최종 결정권이 부모가 아니라 장로들이 갖고 있었다. 부모가 자녀에 대한 생사에 절대권을 갖지 아니했음을 본다. 비록 부친이라 할지라도 마음대로 자녀를 다루어서는 안 된다. 잠언 19:18을 참고로 읽어보라.

2. 불효 자식은 어떻게 취급해야 하나?

21:21 "그 성읍의 모든 사람들이 그를 (　　　　)로 쳐죽일지니
이같이 네가 너의 중에 (　　　　)을 제하라
그리하면 온 이스라엘이 듣고 두려워하리라."

(1) 불효 자식은 성읍 모든 사람이 나서서 돌로 쳐죽였다. 어느 부모가 그렇다고 자식을 죽이는데 내주었으리요마는 우리는 여기서 이스라엘 내의 규율의 엄격함을 보게 된다. 가정에서의 불효는 결국 사회에 악영향을 끼치게 되기 때문에 중벌로 다스렸던 것이다. 당시 이방법에는 부모에게 잘못했을 경우, 모세의 율법보다 훨씬 처벌이 가벼웠다.

(2) 여기서 '성문'은 마을의 법정을 가리킨다. 성문은 공적인 일들이 처리되는 곳이다(신 17:5*, 25:7 참조).

신 17:5 "너는 그 악을 행한 남자나 여자를 네 성문으로 끌어내고 그 남자나 여자를 돌로 쳐죽이되"

1) 잠 23:21 "술 취하고 탐하는 자는 가난하여질 것이요 잠자기를 즐겨하는 자는 해어진 옷을 입을 것임이니라."

2) 잠 19:18 "네가 네 아들에게 희망이 있은즉 그를 징계하되 죽일 마음은 두지 말지니라."

잠 23:13-14 "아이를 훈계하지 아니하려고 하지 말라 채찍으로 그를 때릴지라도 죽지 아니하리라 네가 그를 채찍으로 때리면 그 영혼을 스올에서 구원하리라."

이웃 사랑의 규례들 (22:1-30)

22장의 핵심 : 길 잃은 짐승은 어떻게 할까? 이성(異姓)의 의복을 입는 것은 금지한다. 지붕에는 난간을 만들어라. 밭에 두 종자를 섞어 뿌리지 말라. 혼전 성결을 유지하라.

1. 사형집행법(21:22-23) :

나무 위에 달려 죽은 시체를 밤새도록 두지 말아야 한다. 왜냐하면 너무 잔인하게 죽인 것이기에 사람들이 오래두고 볼 수 없기 때문이다. 해지기 전에 내려 장사되어야 한다(수 8:29*). 갈라디아 3:13에서는 예수님의 십자가의 죽음을 어떻게 설명하고 있는가? 이렇게 함으로써 하나님이 유산으로 주신 땅을 더럽히지 말아야 한다.

• 수 8:29 "그가 또 아이 왕을 저녁 때까지 나무에 달았다가 해 질 때에 명령하여 그의 시체를 나무에서 내려 그 성문 어귀에 던지고 그 위에 돌로 큰 무더기를 쌓았더니 그것이 오늘까지 있더라."

2. 이웃 사람들의 유실물을 찾았을 때 그 주인에게 돌려주어라(22:1-4).

특별히 소나, 양이나, 나귀를 찾았을 때 그렇게 하라. 이웃 사람들의 친목을 도모하는 일이 되기 때문이다. 그것은 레위기 19:18*의 말씀을 지키는 일이기도 하다. 소나 양이 한 개인의 재산이기도 했지만 궁극적으로는 공동체의 소유라고 할 수 있다.

• 레 19:18 "원수를 갚지 말며 동포를 원망하지 말며 이웃 사랑하기를 네 자신과 같이 하라 나는 여호와이니라."

3. 이성(異姓)의 복장 착용 금지(22:5)

하나님의 창조 질서를 보존하기 위해 남녀의 구별을 분명히 해야 한다. 여자는 남자의 의복을 입지 말고, 남자는 여자의 의복을 입지 말라. 그 당시에는 남자나 여자의 복장이 비슷했다고 한다. 사회 윤리가 문란해지면 안 된다. '그런데 요사이는 어떤 놈이 남자인지 여자인지 모르겠어. 머리까지 길게 기른 사람도 많아서 원.' '여자들, 바지 입으면 안되냐고?' '너, 맞아죽을래.'

4. 동물에게까지 자비를 베풀라(22:6-7).

하나님의 자비하심을 간접적으로 표현하고 있다. 이렇게 하심으로써 사람들에게 잔인성을 피하고 자비의 덕을 배양하시려 했다. 지금도 동물들을 함부로 포획하는 일은 금지되어야 한다.

난간이 만들어진 옥상

5. 지붕에 난간을 만들라(22:8).

지붕 위에 올라갔다가 떨어질 수 있다. 그들은 지붕을 평평하게 만들어 다용한 용도로 사용했다. 만약 난간을 만들지 않아 사람이 실족하여 죽게 되면 그 피의 대가가 집주인에게 돌아간다는 것이다. 생명의 귀중성을 깨우쳐 주고 있다.

6. 혼합(混合) 금지 (22:9-11)

밭에 두 종자를 섞어 뿌리는 일. 소와 나귀를 한 멍에를 메게 하는 일. 양털과 베실을 섞어 짜는 일을 금지했다. 이런 일들은 하나님의 창조 질서를 어지럽히는 일이 되기 때문이다.

7. 율법을 기억하기 위한 율법의 제도(22:12) : 민수기 15:37-41을 참조할 것

"입는 겉옷 네 귀에 술(fringes)[1]을 만들지니라."

이렇게 함으로써 이스라엘 백성은 여호와의 명령을 지키며 거룩한 삶을 살아야 할 것을 기억토록 하셨다. 옷자락에 달려 있는 술을 볼 때마다 하나님의 모든 계명을 기억하여 준행하고, 방종케 하는 마음을 갖지 않도록 하기 위함이었다. 거룩하게 하나님의 뜻대로 사는 것은 하나님의 백성들의 의무였다.

8. 아내의 명예를 훼손시킨데 대한 처리 문제(22:13-21)

본문을 자세히 읽어보고 어떤 내용인가 설명해 보라. 그리고 부부간의 순결문제가 얼마나 중요한가에 대해 말해 보라.

9. 성도덕을 위한 규례들(22:22-30) :

(1) 간음은 쌍방간에 합의로 된 것이므로(간통) 둘 다 처형하라. 강간은 살인처럼 심각하게 간주되었다. 특별히 그 당시 가나안 땅의 성도덕은 극에 달해 있었다(레 20:10-21, 23).

(2) 여기에 보여주는 이런 제도를 통해서 강간을 억제시키도록 했다. 이렇게 함으로써 이스라엘 백성이 이방의 악한 풍속에 동화되지 않도록 하셨다. 그대로 둔다면 이들도 똑같이 멸망할 것이기 때문이다.

1) 술(tassel) : <히> 치치트 - 흰 양털실과 청색 끈으로 만들어 겉옷 네 귀퉁이에 매달아 늘어뜨린 장식물이다. 꽃이나 꽃 모양으로 만들었다. 겉에 입는 이 의복은 오른편 어깨와 오른편 팔이 덮이지 않는 방식으로 몸을 둘러싸는 큰 사각형 천 조각이었다. 이 겉옷은 정통 유대인들이 겉옷 아래에 입고(약간 작은 규모로), 아침 예배용 어깨걸이로 사용한다(the talit katan). 완전한 규모의 '탈릿'은 회당에서 예배 때 입었다.

이런 자들은 총회에 들어오지 못한다 (23:1-8)

23장의 핵심 : 총회에 들어올 수 없는 자(1-8절). 전쟁시 진중의 청결을 유지할 것(9-14절). 기타 각종 규례들(15-25절)

1. "여호와의 총회"(總會, the assembly of the LORD)는 종교적인 목적으로 함께 모인 회중(거룩한 공동체)을 말한다. 그러나 거기에 참가할 수 있는 사람들을 엄격하게 했다. 어떤 사람들이 총회에 참가하지 못할 자들인가?

23:1-8 총회에 참석할 수 없는 사람들은 도덕적인 죄 때문에 제외시킨 것이 아니다. 이는 교육적이거나 상징적인 기능을 가졌다. 신체적 결함자, 사생자 등

(1) 생식기가 파손된 자 : 물론 이것은 죄가 아니지만 이스라엘 총회에 참가하지 못했다. 신낭이 상한 짐승도 제물로 바칠 수 없었다(레 22:24, 불알이 상하였거나 치었거나 터졌거나 베임을 당한 것). 신낭(腎囊, 남자 생식기의 고환, 그러니까 불알)이 상한 자를 제외시킨 것은 이교도의 종교상 목적에서 고의로 제거시킨 자를 가리켜 말한 것일 것이다. 예배 드리는 자가 하나님께 얼마나 깨끗해야 함을, 그리고 이스라엘의 성결성을 가르쳐 주는 것이리라.

(2) 사생자(2절) : 사생자는 음란의 자식이다. 10대까지라도 참석 못한다고 했다. 10대까지라는 말은 가장 먼 후손까지라는 의미일 것이다. 그러나 여기 나오는 사생자(맘제르)라는 단어는 여기에서와 스가랴 9:6에서만 사용된 것으로 그 의미가 불분명하다.

어쨌든, 근친상간이나 또는 제의(祭儀) 매춘부가 낳은 아이거나 잡혼(다른 이방 족속과 이스라엘인 사이에 태어난)으로 태어난 자들을 말할 것이다. 이렇게 엄격한 규제는 이스라엘 백성들로 하여금 비정상적인 결혼을 차단시키는 효과가 있었을 것이다.

(3) 암몬 사람과 모압 사람 : 영원토록 참석 못한다. 이 민족이 발람을 통하여 이스라엘을 저주하려 했음을 보았다(민 22-24장 참조).

- 최근 우리 사회에서는 복장이나 두발을 보고서는 남녀를 구별하기 힘들다. 당신은 이 문제를 어떻게 생각하는가? '사회 추세인데 뭘?'
- 각종 규례들을 보고 느끼는 점은 무엇인가? 물론 그 당시의 특수성이 있기는 했지만 하나님의 백성들이 거룩한 공동체로 살아가기 위해 반드시 이 율법 준수가 필요했다. 이 말씀을 지키느냐 아니지키느냐가 이스라엘의 생명과 죽음을 가르는 가장 중요한 문제였다. 우리에게도 말씀을 지키려는 목숨을 건 투쟁이 있는가? "뭐, 그렇게 까지 할 것 있나?! 교회에 잘 나가기만 하면 되지."
- 결혼 생활에서 성적인 불성실을 사형으로 다스렸다. '만약 오늘날 이 명령을 그대로 실행한다면 죽을 놈 많을꺼다. 그치?'

지금은 전투중

▲ 이스라엘에게 전쟁은 신성한 종교적 사건이 된다. 이런 점은 약속의 땅, 가나안을 정복해 가는 과정에서 치루었던 성전(聖戰) 안에서 예배와 비슷한 것으로 생각한다. 제물은 하나님께 드려지는 것이었다(삼상 13장). 군사들은 스스로 '성결케' 해야 했다(수 3:5, "여호수아가 또 백성에게 이르되 너희는 스스로 성결케 하라 여호와께서 내일 너희 가운데 기사를 행하시리라."). 성관계도 금지되었으며(삼상 21 :5, 삼하 11:11 참조), 전쟁터의 진(陣)은 성결함이 유지되어야 했다(신 23:9-14).

▲ 전쟁이 끝났을 때는 어떠했을까? 승리한 후에 제례 의식은 전쟁을 일으키기 전이나 혹은 전쟁의 중간 중간에 행해진 제례 의식보다 더 공과정성이 많이 들어갔다. 고대의 전쟁 이야기에서 되풀이 되는 주제는 승리한 군대의 지휘관이 왕위를 제안받는다는 것이다(사 8:22). 그리고 축제와 감사의 의식 안에서 승리의 송가를 부른다(출 15:1-18, 삿 5정, 사 18편).

▲ 물론 패배한 군대도 역시 전쟁 후에 제례 의식을 행하였다. 전쟁에서 패배한 군인들은 공포와 두려움으로 위축되어 있을 것이기 때문이다(시 2:10-11).

(4) 에돔 사람, 애굽 사람 : 3대 후에야 이스라엘 총회에 들어올 수 있다(물론 할례를 통하여). 그렇다고 이들을 학대해서는 안 된다(민 20:14-21). 왜냐하면 과거 이스라엘도 나그네로 있었기 때문이었다. 물론 그렇다고 이들의 형통을 빌어서는 더욱 안 된다(6절).

전쟁시 진영을 깨끗이 하라 (23:9-14)

1. 왜 전쟁시 진영(陣營, camp)을 깨끗하게 하라고 했는가?

23:9-14

전쟁을 수행할 시 진영은 항상 정결해야 한다. 왜냐하면 그 싸움에 항상 하나님이 동행하실 것이기 때문이다. 하나님께서 그의 백성과 함께 하시므로 반드시 정결해야 한다. 물론, 윤리적으로도 악을 멀리해야 한다.

외부적 불결도 막아야 한다. 오물을 처분하고 환경을 정결케 하여야 한다. 외부적 불결은 영적 불결을 상징하는 것이기 때문이다. 아무데서도 변을 보아서는 안 된다. 더욱이 전쟁터로 언약궤를 가지고 갈 경우, 성결은 무엇보다 우선해야 할 일이었다. 환경이 더럽다는 것은 마음도 불결하다는 것을 증거한다. 이렇게 할 때 전쟁에서 승리케 하신다고 약속하신다.

2. 앞으로 이스라엘은 많은 전쟁을 치르게 될 것이다. 그때마다 이들에게 요구되는 것은 정결함이었다. 외부적 청결뿐만 아니라 생각까지도 정결해야 한다. 참고로 민수기를 읽어보자.

> "[1]여호와께서 모세에게 말씀하여 이르시되 [2]이스라엘 자손에게 명령하여 **모든 나병 환자와 유출증이 있는 자와 주검으로 부정하게 된 자를 다 진영 밖으로 내보내되** [3]남녀를 막론하고 다 진영 밖으로 내보내어 그들이 진영을 더럽히게 하지 말라 내가 그 진영 가운데에 거하느니라 하시매 [4]이스라엘 자손이 그같이 행하여 그들을 진영 밖으로 내보냈으니 곧 여호와께서 모세에게 이르신 대로 이스라엘 자손이 행하였더라"(민 5:1-4).

자비와 성실의 규례들(23:15-25)

1. 도망 나온 종을 보호하라(15-16절).

(1) 물론 이스라엘 사람이 아니라 타국인으로서 이스라엘로 도망 나온 자들을 말한다. 이들을 그 주인에게로 돌려보내지 말라는 것이다. 당시 이방에서는 그러한 종은 다시 돌려보내는 것이 그들의 관행이었다고 한다. 노예의 굴레에서 구출되기를 원하는 자를 악덕한 주인에게 돌려보내는 것은 그에게 곧 죽음을 원하기 때문이다.

(2) 우리는 여기서 율법에 나타난 하나님의 자비를 볼 수 있다. 비록 그들이 이방인이라 할지라도 인격적인 대우를 하라는 것이다. 만약 도망나온 자를 그대로 돌려보낼 경우, 그는 주인에게 비인격적인 대우는 물론 생명의 위협까지 당할지도 모르는 일이기 때문이다.

• **미동**(美童, Qadesh) : 남색하는 자 (왕상 14:24, 15:12, 22:46), 남자 창기와 미동은 동의적인 뜻으로 사용되었다. 영어로는 미동을 sodomites로 번역했다(왕하 23:7). 바알 종교의 근본은 신의 이름으로 행한 그 음란성에 있다. 여성들이 행한 음행으로서 자식의 번식을 꾀하는 행사가 신전에서 공공연히 행해졌다.

2. 남녀 창기(娼妓)를 용납치 말라(17-18절).

(1) 당시 가나안 사회는 신전의식(神前儀式)에서 자기 몸을 매춘에 바친 남자나 여자들이 많이 있었다. 이런 일을 해서는 물론 안되었고, 이런 일로 얻은 돈은 하나님께 가져올 수도 없었다(호 9:1, 미가서 1:7). 이렇게 해서 얻은 돈으로는 서원을 갚고자 하는 돈으로도 사용할 수 없었다. 왜냐하면 그것은 개같이 번 돈이기 때문이다.

(2) 그러나 훗날 이스라엘은 이 명령에서 엄청나게 빗나가고 있음을 본다(왕상 14:24, 15:22, 왕하 23:7). 못 말리는 백성이었다. 호세아 4:14을 읽어보자. 참으로 가관이었다 : "너희 딸들이 행음하며 너희 며느리들이 간음하여도 내가 벌하지 아니하리니 이는 남자들도 창기와 함께 나가며 음부(consecrated harlots)와 함께 희생을 드림이니라 깨닫지 못하는 백성은 패망하리라."

(3) 불로소득(不勞所得)으로 얻은 돈은 하나님이 기뻐하지 않으신다. 비록 엄청난 부를 얻을 수 있는 기회가 있더라도 정당한 방법으로의 소득이 아니라면 이를 거절해야 한다. 하나님은 물질 때문에 우리를 사랑하시는 것이

서원은 죄인가?

1) 우리의 삶 전체가 예배임을 기억할 때, 하나님 앞에 올바르게 살겠다는 마음의 헌신은 예배의 한 요소임을 알 수 있다. 하나님 앞에 헌신을 다짐하는 일이기에 서원을 함부로 해서는 안되고, 일단 서원을 했을 경우에는 그 서약을 파약(破約)하는 일이 없어야 할 것이다. 그러나 서원을 성급하게 해서는 안 된다(민 30:2, 시 15:4).

▲ 따라서 서원을 하지 않는 것이 문제가 되는 것이 아니라(신 23:22), 그것을 지키지 않을 경우에 문제가 되는 것이다. 따라서 우리는 함부로 서원을 하는 경솔함이 없어야 한다. 그러나 성경에는 서원을 통해서 하나님 앞에 바른 삶을 살고 큰 일을 하게 된 경우를 많이 보게 된다(시 51:14, 사 19:21, 렘 44:25).

아니다. 내가 하나님의 자녀이기에 관심과 매를 드시는 것이다. 하나님은 백성들이 하나님이 원하시는 방법대로 살아가기를 원하신다. 그래서 지금 이스라엘 백성을 무섭게(?) 교육시키고 계시지 아니하신가?!

3. 동족에게 이자를 받지 말라(19-20절).

(1) 이는 가난한 자를 돕기 위한 규례였다. 즉 동족을 상대해서 고리대금업을 하지 말라는 말이다. 돈이나 음식 혹은 곡식 같은 다른 것에 대하여 이자를 붙일 수 없다(출 22:5, 레 25:5이하).

(2) 그러나, 타국인에게는 물론 이자를 받아야 한다. 그들은 경제적 이익을 위하여 이스라엘로 들어왔을 것이기 때문이다. (예; 여행하는 상인)

4. 아무 맹세를 강요하지는 않았지만 일단 서원하면 서원은 반드시 지켜야 한다(21-23절). 맹세하면 일단 언약[1]으로 취급되어졌기 때문이다.

5. 이웃을 사랑하라(24-25절).

여행하는 사람은 포도원이나 곡식밭에 가서 배고픔을 면할 수 있었다. 물론 추수를 할 정도로 해서는 안 된다. '그래서 다 먹어 치우면 어떻게 하느냐고?'

적용도우미

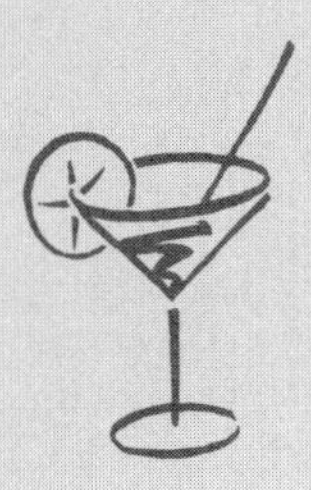

• 왜, 이렇게 지루하리만큼 각종 규례를 반복하여 귀에 못이 박히도록 강조하고 있을까?

• 교인들간의 금전 관계는 어떻게 해야 할까? 자꾸만 돈을 빌려 달라는데 언제까지나 없다고만 할 수도 없고, 빌려주자니 먼저처럼 또 갚지 않을 것이 뻔할 것이고. 그러다 보니 서로간 서먹해지고. "에이, 이 교회 나가지 말아야겠에!"

• 전쟁을 할 때도 진영이 청결해야 한다고 했다. 우리가 다니는 교회당은 언제나 깨끗하게 정돈이 되어 있어야 한다. 주일마다 강대상에 놓인 꽃꽂이. 어떤 사람은 강대상은 꽃으로 늘 아름답게 장식해야 한다고 주장하고, 어떤 사람은 화분 같은 것으로 대치하고 그 돈으로 차라리 구제하는데 사용해야 되지 않겠느냐고 주장한다. 아예, 그런 것은 놓지 말아야 한다는 사람도 있다. '어떻게 하지?'

신명기 21-23장 정리하기

요약질문

구체적 법규들 : 12-26장

21 • 21, 22장은 제 몇 계명의 확대 설명인가?

• 성읍 주변에서 범인이 누구인지 알 수 없는 살인 사건이 발생했을 때 이를 처리하는 과정을 설명해 보라.

• 이 과정에서 송아지의 목을 꺾는다는 것은 무엇을 의미하는가?

• 장로들은 목이 꺾인 암송아지의 위에 자기들의 손을 씻는다. 왜 이렇게 하는가? (21:7-8)

• 왜 이런 살인사건에 최대한 정성을 들여 처리하는가?

• 포로로 잡힌 여자와 결혼이 가능한가? 가능하다면 어떤 절차를 밟아야 하는가? (21:10-14)

• 포로로 잡혀온 적들을 어떻게 처우해야 하는가? 이방인들의 법과 어떤 면에서 차이점이 있는가?

• 두 아내를 둔 가정에서 장자의 기업 문제는 어떻게 해야 하는가? (21:15-17)

• 패역한 자녀는 어떻게 다루는가? (21:18-21)

• 사형집행법 : 나무 위에 달려 죽은 시체는? (21:22-23)

22 • 이웃 사랑의 규례들을 다루고 있다(1-30절).

• 이웃 사람들이 잃어버린 유실물(양, 소 등)을 찾았을 때(1-4절)

• 남녀가 서로의 다른 이성의 복장을 착용하는 것은 가능한가? 오늘날 이런 규례는 어떻게 적용하는가? (5절)

• 동물 포획을 함부로 하지 못한다. 어떻게 다뤄야 하나? (6-7절)

• 지붕에 난간을 만들라는 규례의 정신은 무엇인가?

• 성도덕의 규례를 말해 보라(22-30절).

23 • 어떤 자들은 이스라엘 총회에 들어오지 못하는가? (1-8절)

• 전쟁을 수행할 때 그 진영을 깨끗히 해야 하는 이유가 무엇인가? (9-14절)

• 자비를 베풀어야 하는 규례들은 어떤 것들이 있는가? (15-25절)

Summary

The Stipulations of the Covenant
(4:44-26:19)

구체적 법규들
(12-26장)

1. 약자를 위한 규례 (24:1-4)
2. 각종 규례(24:5-25:4)
3. 계대 상속법(25:5-19)
4. 공정한 상거래(25:13-16)
5. 아말렉을 진멸하라 (25:17-19)

Deuteronomy

24-25장

이웃 사랑의 실천; 약자를 보호하라

모세의 두 번째 설교가 아직 끝나지 않았다. 설교는 더욱 자세하게 전달되고 있다. 지금 모세가 하는 설교의 내용은 그냥 스쳐 지나가도 될 문제가 아니다. 지금 전하고 있는 모든 율례들은 이스라엘 백성들이 반드시 지켜야 할 내용들이다. 문제는 이것을 얼마나 잘 지킬 것이냐 하는 것이다. 이 말씀의 순종 여부가 이스라엘의 흥망성쇠의 열쇠이기 때문이다. 이 말씀들을 다시 읽으면서 우리는 무엇을 느끼는가?

하나님이 우리에게 원하시는 삶이 얼마나 구체적인가? 왜, 우리는 대강대강 살려고 하는가? 이 정도 신앙생활 하면 되겠지 하는 막연한 태도, 뭐 귀찮고 골치 아프게 성경을 배울 필요가 있겠는가? 그렇게 생각하는 자들에게 하나님은 무엇이라고 말씀하실까? 우리가 계속 그런 생각을 갖고 있는 한 우리는 하나님 앞에서 구역질 나는 존재일 수밖에 없다. 구역질 나는 존재….

공정한 사회를 위한 각종 규례

24장 : 이혼법과 여성보호 · 채무자 보호

- 24:1-4 • 이혼 법규가 등장하게 된 배경 : 당시 이혼은 어떤 방법으로 합법화 시켰는가? 모세가 이런 이혼증서를 써주어서 이혼을 허락했던 이유가 어디에 있는가?
- 5절 • 새로이 아내를 취한 자를 군대에 보내는 것은 너무 무정한 일이다. 만약 전쟁에 나가서 죽게 되면 후손도 끊어질 것이다. 따라서 아내를 즐겁게 하도록 군대에 가는 책임은 면제해 주었다.
- 6절 • 맷돌 같은 생활 필수품을 저당잡아서는 안된다. 그것은 남의 목숨을 빼앗는 일과 같기 때문이다.
- 7절 • 같은 동족을 부려먹거나 팔아먹을려고 유괴한 자는 죽여라.
- 8-9절 • 피부병이 발병했을 때 율법의 규정대로 잘 처리해라.
- 14-15 • 품삯은 바로 바로 주어라. 늦추는 것은 또다른 도둑질이다.
- 16절 • 아들이 아버지를 대신하여 죽는 일은 없어야 한다. 각 사람은 자기 죄에 죽임을 당할 것이다.
- 17-18절 • 객과 고아와 과부를 압제하지 말라. 얼마의 곡식은 이런 자들을 위하여 남겨두어라(19-22절).

25장 : 범법자 · 홀로된 여인 보호 · 아말렉 진멸

- 25:1-3 • 재판이 끝나고 잘못이 있어 매를 칠 경우에도 40번 이상은 때리지 말아라. 그의 인권까지야 무시할 수 없지 않은가! 바울은 복음을 전한다는 이유로 40에 하나 감한 매를 다섯번이나 맞았다(고후 11:24).
- 4절 • 곡식 떠는 소의 입에 망을 씌우지 말라. 비록 말 못하는 짐승이라도 자비를 베풀 것을 말씀하신다. 사도 바울은 하나님의 일을 하는 사람들에게 마땅한 배려가 있어야 할 것을 말하면서 이 구절을 인용했다(고전 9:9).
- 5-10절 • 계대혼인법(5-10절) • 싸움에 부적절한 개입을 금함(11-12절)
  • 정직한 추와 되를 사용해야 한다(13-16절)
  • 아말렉의 과거 사건을 기억해라(17-19절)

사회 정의 실현

▲ 사회는 늘 가난하고 병들고, 힘없는 자들이 있어왔다. 그것은 하나님 앞에 죄를 지은 결과로 오는 인류의 모습이었다. 그러나 성경은 이들에게 지극한 관심을 가질 것을 명령하고 있다. 하나님을 잘 섬긴다는 것은 바로 이런 사람들을 얼마나 잘 위하며 보살피는가에서 나타나게 될 것이다.

▲ 그러나, 믿는 사람들은 소리없는 실천보다는 요란한 구호와 외식에 아주 익숙해져 있다. 말들은 아주 잘한다. 그래서 신앙생활 오래한 사람일수록 고집만 자란 경우가 많다. 겸손함 보다는 교만과 독선과 외식만을 보게 된다. 복음으로 변화되어 마음속에서 저절로 나타나는 삶이 아니라 종교생활에 아주 익숙해져 있기 때문이다. 이 일을 도대체 어찌할꼬?

▲ 적어도 내가 누구 누구를 구제하고 있다는 사실을 어떻게 해서라도 사람들에게 알려야 할텐데! 신문보다 TV가 더 낫지 않을까? 하늘의 상급은 저만치 도망갔는 줄도 모르고!

가정의 중요성

▲ 가정은 한 사회를 구성하는 가장 작은 단위이다. 가정의 평안은 곧 사회의 건강으로 이어진다. 따라서 성경은 가정의 평강을 강조하고 있다.

이혼증서를 써서 그 손에 주고 (24:1~4)

24장의 핵심 : 이혼 증서를 통한 이혼 허락이 소개되었다. 물론 이혼을 장려하기 위해 쓴 것이 아님이 확실하다. 신혼인 경우에는 군대에 가는 것을 일년간 보류해주도록 했다. 기타 생활에서 일어날 수 있는 잡다한 규례를 설명하고 있다. 저당, 유괴, 피부병, 품삯, 고아와 과부 등에 대한 문제를 언급하고 있다.

1. 이혼에 대한 법규가 처음 등장하고 있다. 왜, 이런 법규가 제정되었을까 배경을 살펴보라.

24:1-4

(1) 이혼은 그 당시 이방 사회에서는 아주 흔한 일이었다. 그들은 그것을 크게 죄악시하지 않았다. 이스라엘이라고 다르지 아니했음을 본다. 자연히 이혼으로 인한 병폐가 생겨났음은 당연한 일이다. 이혼 후에 어떤 병폐들이 나타났을까? 아마 당시의 사회구조로 보아 이혼 당한 여자는 생계에 위협도 받았을 것이고, 또한 사회의 냉대도 받았을 것이다.

여기서의 이혼 사유는 아내를 데려온 이후에 수치 되는 일이 발견되었기 때문이라고 했다. 그런데 "수치스러운 일"이 무엇인지 언급이 없어 모호하다. 그래서 유대인 율법 학자들간에도 서로 이견을 보이고 있다.[1]

(2) 구약 성경은 이혼을 어떻게 생각하고 있는가? 말라기 2:16을 읽어보고 말해 보라.

"이스라엘의 하나님 여호와가 이르노니 나는 <이혼하는 것>과 학대로 옷을 가리우는 자를 미워하노라 만군의 여호와의 말이니라 그러므로 너희 심령을 삼가 지켜 궤사를 행치 말지니라."

(3) 하나님의 백성이 이방인들처럼 생각하고 행동해서는 안 된다. 그것은 곧 창조주 하나님을 배반하는 악행이기 때문이다. 이혼에 대한 예수님의 책망을 보라(마 19:4,5). 이런 행위를 궤사를 행하는 일이라고 정죄하고 있다.

(3) 어쨌든 모세는 아내에게 수치되는 일이 있을 때에는 이혼할 수 있는 여건을

1)
- 힐렐 학파 : 신체적인 결함 같은 혐오스러운 것이라고 했다. 이들 학파는 아내가 밥을 태우는 일로도 이혼 사유가 된다고 주장한다.
- 샴마이 학파 : 지도자적 위치에 있던 율법 학파로서 이들의 주장은 간음한 일 외에는 이혼을 금지하였다. 정조가 없고 음란한 것을 가리킨다고 하였다. 만약 이 일이 간음을 말한 것이라면, 이 법을 정하는 근본 의도와는 맞지 않는다. 왜냐하면 그런 경우에는 사형에 처하여야 하기 때문이다.

허락하되 이혼증서를 주라고 했다. 이렇게 함으로써 이혼한 여자가 보호받을 수 있었다. 이 이혼증서는 그 여자가 자유하다는 증거이기 때문에 그 여자는 다른 곳으로 시집갈 수 있었다.

(4) 그런데, 만약 그녀가 재혼을 했는데, 그 재혼한 남편이 그녀와 이혼을 하거나 죽게 되었을 경우, 그녀는 첫 번 남자와 다시 결혼할 수 없었다. 왜냐하면 그녀가 이미 더렵혀져 있기 때문이라고 했다. 다시 첫 번째 남편과 결혼하는 일은 하나님 보시기에 "가증한 일"이라고 했다.

2. 왜, 그러면 모세는 이혼증서를 써주라고 했을까?

이 법의 목적은 경솔한 이혼을 방지하려는 데 그 목적이 있었다. 당시에 함부로 이혼하는 관습에 제동을 거는 규례로 주었을 것이고, 또한 이혼 당한 여자에게 이혼증서를 써줌으로써 다시 재혼할 수 있는 길을 열어 놓기 위한, 즉 당시 완악한 이스라엘 백성을 위한 특수 조치였을 것이다.

3. 이 구절을 잘못 이해하고 바리새인들은 예수님을 걸고 넘어졌다. 예수님을 시험하기 위한 증거 구절로 택했다. 이에 대해 예수님은 어떻게 해석해 주셨는가?

마 19:3-11 결혼한 후에는 음행한 연고 외에는 이혼불가, 이혼증서의 의미를 재해석 하심

(1) 물론 바리새인들은 예수님을 올무에 걸리게 할 수 있는 아주 좋은 자료였기에 이 문제를 들고 나왔다. 이런 바리새인들의 질문에 대해 예수님은 어떤 말씀을 하셨나? (마 19:4, 5) 주님은 "율법에 능하다고 자처하는 너희들이 창세기 1:27, 2:24도 읽어보지 못하였느냐"라고 책망하신다.

(2) 결혼 제도는 누가 설정한 것인가? (창 2:18, 20-23) 결혼 제도는 타락 전에 이미 설정된 것이었다. 창세기 2:24은 하나님의 명령이다. 그런데, 이혼은 왜 생기는가? 본래 하나님의 뜻은 무엇인가? (마 19:6)

(2) 아, 그랬더니 예수님의 답변이 끝나기도 전에 바리새인들은 다시 한번 공격을 한다. 자, 이들의 질문은 무엇이었나? "아, 그렇다면 모세는 왜 이혼을 허락했습니까?"라고 따져 물었다.

결혼과 언약

▲ 말라기는 결혼을 언약, 즉 상대방을 향한 사랑에 세워졌으나 법적인 형태, 즉 숭엄한 언약(covenant)으로 표현했다(말 2:14). 당시 이스라엘의 남편들은 아내를 학대하고도 그것을 죄로 깨닫지 못했고, 큰 죄로 알지도 못했다. 그로므로 하나님은 그들의 죄물을 어찌 받겠느냐고 반문하신다. 왜냐하면 "아내는 짝이요 너와 맹약한 아내"이기 때문이다. 결혼은 하나님의 숭엄한 언약이요, 그의 증인 또한 하나님이라고 하셨다(창 31:50). 말라기 2:14에서도 이 일에 "여호와께서 증거하셨다"고 말씀하신다. 잠언 2:17에도 "소시에 짝을 버리는 자는 하나님의 언약을 잊어버린 자"라고 했다. 물론 이 일을 미워하신다(말 2:16). 결혼의 언약을 버리는 것은 곧 하나님의 언약을 버리는 것이다(잠 2:17).

▲ 구약에서 이스라엘과 하나님의 관계는 출애굽기(출 19-24장)와 신명기에서 언급한 바와 같이 언약적인 것이었다. 이 언약 관계를 깨뜨리는 것을 마치 결혼 관계를 깨뜨린 것과 같았다. 이런 관계는 에스겔서에서 생생히 비유되었다(겔 16, 23장, 렘 2:2, 사 50:1). 신약에서는 에베소서 5:21-33에서 묘사되었다.

가정(家庭)은 인간 사회에 처음 나타난 최초의 사회적 집단이다. 그리고 이러한 가정 속에 국가와 교회의 원형(原形)이 나타나 있다.

또 어떤 경우에 이혼이 가능했는가? (신 24:1-4*) 그것은 명령인가, 허락인가? 모세의 근본 의도는 어디에 있었나?

예수님은 이혼이 허락되었던 것은 완악한 남자로부터 여자를 보호하기 위해서라고 지적하신다. 아내를 멸시하는 남편으로부터 아내를 보호하기 위하여 반드시 이혼증서를 주어야 했던 것이다. 그러므로 이혼증서는 전적으로 여자를 위한 것이었다. 이혼증서를 받은 여자는 재혼할 수 있었다(신 24:2). 남자의 욕심을 채우기 위하여 제정한 것이 아니다. 바리새인들이 주장하는 것처럼 마음대로 재혼할 수 있는 근거로 이 구절을 합리화시켜서는 안 된다.

(3) 그러나, 한 가지 이혼이 가능한 경우가 있다고 했다. 어떤 경우인가? (마 19:9)

음행의 경우 : 음행(淫行)이란 성적인 범죄, 결혼한 여자의 부정 또는 간음을 말한다. 남자가 여자에게 이혼을 청구할 수 있는 유일한 합법적 이유는 여자의 음행[1]의 경우라는 것이다(마 5:31-32). 만약 여자가 음행을 저지르지 않았는데도 이혼하거나 재혼한다면 그는 간음을 행하는 것이 된다.

4. 가정은 어떤 면에서 중요한가?

(1) 가정(家庭)은 인간 사회에 처음 나타난 최초의 사회적 집단이다. 그리고 이러한 가정 속에 국가와 교회의 원형(原形)이 나타나 있다. 가정이 존재하는 목적은 육신적으로는 자녀를 낳는 것이며, 도덕적으로는 보다 더 고등한 사회 집단에서 적응하기 위해 인격을 수련하는 곳이다. 따라서 교육도 일차적으로는 학교나 국가의 관심 사항이 아니고 가정의 관심 사항이다. 따라서 가정의 파괴는 그 사회의 부패로 이어진다.

(2) 그런데, 이혼이 '허용'이라는 이름 하에 남용되었다. 신약성경에서 이혼의 문제는 주님의 교훈 속에 취급되어졌다(마 5:31, 32, 19:3-9, 막 10:2-12, 눅 16:18). 여기서 한 남자가 그 아내를 버릴 수 있는 유일한 근거는 그 여자가 간음한 경우뿐이라고 했지만 예수님은 "서로의 죄를 고백하며"(약 5:16, 엡 4:25-27) 용서와 화해를 말씀하신다. 원리적으로는 부부는 죽음 외에는 헤어질 수 없는 언약적 연합이다(창 2:24, 룻 1:14). 다른 이유는 그 어떠한 것도 비합법적인 것을 알 수 있다. 여기에서 이 문제를 다루기에는 너무 방대한 주제

1) 신 24:1-4 "사람이 아내를 취하여 데려온 후에 수치되는 일이 그에게 있음을 발견하고 그를 기뻐하지 아니하거든 이혼 증서를 써서 그 손에 주고 그를 자기 집에서 내어보낼 것이요 그 여자는 그 집에서 나가서 다른 사람의 아내가 되려니와 그 후부도 그를 미워하여 이혼 증서를 써서 그 손에 주고 그를 자기 집에서 내어 보내었거나 혹시 그를 아내로 취한 후부가 죽었다 하자 그 여자가 이미 몸을 더럽혔은즉 그를 내어 보낸 전부가 그를 다시 아내로 취하지 말지니 이 일은 여호와 앞에 가증한 것이라 네 하나님 여호와께서 네게 기업으로 주시는 땅으로 너는 범죄케 하지 말지니라."

이다.

「성경적 가정사역」

정정숙 저, 「성경적 가정사역」, 도서출판 베다니, 520면.

5. 최근에 결혼한 남자는 군복무를 어떻게 해야 할까?

24:5 "사람이 새로이 아내를 맞이하였으면 그를 **군대로 내보내지 말 것이요** 아무 직무도 그에게 맡기지 말 것이며 그는 **일 년 동안** 한가하게 집에 있으면서 그가 맞이한 아내를 즐겁게 할지니라."

(1) 한창 신혼의 단꿈에 젖어 있는 데 전쟁터로 보내는 것은 너무 지나친 처사가 될 것이다. 만약 그러다가 전쟁에서 남편이 죽음을 당한다면 보통 문제가 아니다. 새 아내는 말할 것도 없고 그들의 후손도 없게 될 것이다. 그래서 군 복무 외에도 강제 노역이나 세금 면제 등의 특혜가 주어졌다(1년간).

(2) 하나님은 결혼의 신성함과 동시에, 그 가정에서 아름다운 꽃이 피도록 격려해 주신다. 병역의 의무도 반드시 필요한 일이지만, 그것 못지 않게 가정의 중요성도 강조되고 있음을 본다. 이 둘이 분리되어서는 안 된다.

잠 5:18 "네 샘으로(네 샘터가 - 공동번역) 복되게 하라
네가 젊어서 취한 (아내)를 즐거워하라."

적용도우미

• 급증하는 이혼, 무엇이 문제인가? 하나님의 명령은 명령이고, 말씀대로 사는 것은 또다른 문제인가? 한 사회가 무너지려면 나타나는 현상들 중의 하나가 이혼의 급증 현상이다. 물론 청소면 비행 문제도 이런 일로 인한 결과의 하나이다. 어쨌든 여러 가지 이유를 대지만 결국은 이런 일들은 하나님의 창조 질서를 어기는 일이다. 그것은 비극이다.

• 그리스도인의 가정은 사탄의 공격의 안전지대인가? 가정의 파괴는 곧 사회의 혼란으로 이어지며, 그것은 바로 사탄이 원하는 바이다. 가정을 파괴하려는 사탄의 궤계에 도전하라. 그렇지 않고는 우리 집도 안전지대라고 할 수 없다.

인도적 규례들 (24:6-25:4)

잠 깐

스웨덴의 제니 린드라는 여인은 오페라 가수로 대성공을 거두었습니다. 그녀는 엄청난 돈을 벌었습니다. 그러나 그녀는 최상의 노래를 할 수 있는 때인데도 무대를 떠나서 다시는 돌아오지 않았습니다. 그녀는 돈과 명성과 수천 관중의 갈채를 잃었을테지만 자기만의 삶에 만족했습니다.

언젠가 어느 영국 친구가 그 무릎에 성경을 놓고 찬연한 황혼을 응시하며 바닷가의 어느 계단에 앉아 있는 그 여인의 모습을 보았습니다. 영국인 친구가 이렇게 물었습니다. "오, 여사님, 성공의 정상에서 무대를 떠나시다니 왜 그러셨나요?" 그녀의 대답은 이러했습니다. "날마다 이 말씀(성경에 손을 얹으며)을 덜 생각하게 되고, 또 저것(황혼을 가리키며)은 생각하지 않게 되었으니 달리 어떻게 할 수 있었겠어요?" 세계적인 명성을 탐내지 않기를 빕니다. 그것은 내게 생명의 면류관으로 보상될 것입니다!

<골짜기의 샘물>에서

1. 우리가 사는 이웃에는 얼마나 많은 가난하고 불쌍하고 빈약한 자들이 있는가?! 그에 대한 하나님의 사랑은 어떻게 나타나고 있는가 살펴보라.

이스라엘 백성들이 광야의 생활을 하는 동안에는 가난하다는 말은 적용이 되지 않았다. 왜냐하면 모두 동일한 환경과 조건 속에서 있었기 때문이었다. 그러나 가나안 땅에 들어가 정착하게 되면 여러 가지 이유로 가난하고 빈약한 자들이 생겨질 것이다. 그것은 하나님께 불순종으로 인한 징계에서 올 수도 있겠고, 왕들의 잘못된 정치, 또는 부자와 관리들의 착취로서 올 수도 있다. 어쨌든 하나님은 이 가난한 자들에 대한 배려가 특별함을 성경 전편에서 볼 수 있다.

(1) 맷돌을 저당 잡지 말라 :
맷돌은 당시 생활 필수품이었다. 그러므로 부채 때문에 이들로 식량을 마련할 수 없게 할 수는 없다. 그런 일은 남의 생명을 저당 잡는 일이기 때문이다(典執 - 법전, 잡을 집). 겉옷 등 생활 필수품은 전당잡아서는 안 된다는 것이다(출 22:26-27 참고).

(2) 사람을 납치하지 말라(7절) :
사람을 유괴하는(kidnapping) 일은 그때나 지금이나 마찬가지 인가보다. 당시 이방인의 법전에도 그에 대한 언급이 나오고 있음을 보아 아마, 그런 일이 흔했던 모양이다. 유괴하여 노예로 부리거나 팔았기 때문에 이런 사람은 사형에 처하라는 것이다. 이런 악행은 뿌리째 뽑아 버리라는 것이다. 특히 어린이 유괴범, 이런 자들은 극형에 처해야 한다.

(3) 문둥병자에 대하여 (8-9절) :
광범위한 피부병을 가리킨다. 이 부분은 동교재 레위기 14장(145면)을 참고해 보라.

(4) 빈궁한 자에 대하여 (10-13절) :
담보물을 받는데 너무 가혹하게 말라. 그리고 생활에 꼭 필요한 것일 경우 해 지기 전에 돌려주어라. 가난한 자가 자기 옷을 담보물로 잡혔다면 채권자는 해지기 전에 돌려주어야 한다. 왜냐하면 밤에 그것으로 이불을 삼아야 하기 때문이다(출 22:26-27). 가난한 자에게 형제처럼 사랑으로 대하라는 것이다.

(5) 품삯을 줄 때(14-15절) :
고용하고 있는 사람에게 너무 인색하거나 꾸물거리지 말고 품삯을 줄 것을 말하고 있다. 품삯을 늦게 주는 것은 또다른 압제이기 때문이다.

(6) 사람마다 자기 죄값을 자기가 당할 것(16절) :
오직 공의의 하나님만이 죄의 형벌을 가족에게 확대시킬 수 있다(출 20:5). 그러므로 세상의 재판장은 개인의 지은 범죄 그 이상의 문제를 판결할 권한이 없다(왕하 14:6*). 고대사회에서는 한 사람의 잘못으로 전 가족이 해를 당하는 경우가 많았다. 우리나라에서는 역적 음모일 때 3족을 멸하는 피흘림이 있었다.

그러면 출애굽기 20:5*의 문제는 어떻게 되느냐고? 그러나 그것은 복과 화의 문제이지, 죄의 처벌 문제가 아니었다. 아들이 사형에 해당한다고 그 부친이 죽임을 당할 수는 없다는 것이다. 또 반대로 아비의 죄 때문에 아들이 화를 당할 수는 없다는 것이다(렘 31:30*).

(7) 나그네와 과부를 억울하게 하지 말라(17-22절) :
사람들은 힘없고 약한 자 앞에서 거만하기 쉽다. 전에 어려움에 처했었을 때를(애굽에서 종 되었던 일) 기억하고 이들에게 은혜를 베풀어야 할 것을 명하신다.

곡식과 감람 열매나 포도 등을 추수할 때 조금 남겨 두어 객과 고아와 과부에게 도움을 주도록 했다. 만약 이런 제도가 되어 있지 않다면 거지들이 더욱 많아 사회 전체가 조화를 가져오지 못했을 것이다. 결국은 하나님의 공동체가 하나로 되어 건전한 사회가 되도록 하시려는 것이다. 가난하고 외롭고 힘없는 사람들을 돕는 것을 기쁨으로 알고 감사할 줄 아는 사회, 그 사회가 건강한 사회이다. 더욱이 각박해져만 가는 현대 사회에 이 명령은 계속 음미해야 할 내용이다.

(8) 40번 이상은 때리지 마라(25:1-3) :
재판이 끝나고 잘잘못을 가린 후에 잘못한 자를 매로 벌을 가할 때에라도 40번 이상은 때리지 말라. 비록 잘못은 했지만 그의 인권까지도 무시당해서

1)
• 왕하 14:6 "왕을 죽인 자의 자녀들은 죽이지 아니하였으니 이는 모세의 율법책에 기록된 대로 함이라 곧 여호와께서 명령하여 이르시기를 자녀로 말미암아 아버지를 죽이지 말 것이요 아버지로 말미암아 자녀를 죽이지 말 것이라 오직 사람마다 자기의 죄로 말미암아 죽을 것이니라 하셨더라."

• 렘 31:30 "신 포도를 먹는 자마다 그의 이가 신 것같이 누구나 자기의 죄악으로 말미암아 죽으리라."

• 출 20:5 "그것들에게 절하지 말며 그것들을 섬기지 말라 나 네 하나님 여호와는 질투하는 하나님인즉 나를 미워하는 자의 죄를 갚되 아버지로부터 아들에게로 삼사 대까지 이르게 하거니와"

'고엘'의 의미

① 첫째, 이 단어는 빚 때문에 팔린 재산의 소유권을 다시 획득하는데 사용된다(레 25:25).

② 둘째, 자손이 없어 죽은 사람의 이름을 회복하여 보존시키는데 사용했다. 이때 죽은 자의 형제가 그 죽은 자의 아내를 취하여(嫂婚) 자녀를 낳아줌으로써 죽은 자의 이름을 이스라엘에게 잊혀지지 않게 하는 제도였다(창 38:8).

룻기에 나오는 보아스의 경우가 이 경우이다(룻 3:13). 이 경우에는 '고엘'이라는 말은 친족이라는 뜻이다. 죽은 친척이 진 빚을 가장 가까운 친족이 지불하는 것(민 5:8), 가난에 쪼들린 친척이 판 땅을 그가 살았을 때(레 25:25) 혹은 그가 죽은 이후에(렘 32:7이하) 도로 사는 것, 혹은 가난한 친척을 구속하여 내는 일(레 25:48) 등이다. 여기서 "고엘"은 그 가족이 어떤 방식으로든 해를 당치 않도록 보호해 주는 자를 가리킨다.

③ 셋째, 살인의 경우 : 살인이란 그 사람이 지상의 친척과 재산으로부터 단절되는 것을 의미하기 때문에 피살자의 친척이 살인자에게 복수하는 것이 의무였다. 이 경우에 '고엘'은 '피의 보수자'를 의미하며, 오늘 본문이 다루고 있는 것이 이 경우라고 보통 해석을 한다(민35:12-34, 신 19:1-3).
④ 나머지, 고엘의 가장 큰 의미는 고엘이라는 단어가 하나님께 대하여 "구속자"라는 뜻으로 쓰이는 경우이다. 하나님은 사람을 영육간에 죽음에서 구속하시는 주권을 가지진 분이시다.

이 "구속자"(고엘)란 말은 이사야 40-66에서 가장 많이 나온다. 욥 19:25 "내가 알기에는 나의 구속자가 살아 계시니"

는 안되기 때문이다. 바울도 복음을 증거하다가 40에 하나 감한 매를 다섯 번이나 맞았다고 했다(고후 11:24 참조). 또한 재판장은 재판을 공정히 해야 하며, 그에 상응하는 형벌 또한 정확해야 함을 말하고 있다.

(9) 곡식 떠는 소의 입에 망을 씌우지 말라(4절) :
하나님이 우리에게 주신 모든 피조물도 잘 건사해야 한다. 바울은 이 구절을 인용하면서 어떤 뜻으로 설명했는가? (고전 9:9, 10)

계대(繼代) 혼인법 (25:5-10)

1. 계대 혼인법(수혼법, 嫂婚法)이란 어떤 제도인가?

(1) 그 당시에는 기업을 이어가는 것이 중요한 일이었다. 아들 없이 죽은 형이나 동생을 위하여 그 형제 중 누군가 그 미망인을 취하여야 한다. 이 제도는 그 당시 흔한 제도였다. 창세기 38장에서 유다와 다말의 이야기를 보라. 유다의 아들 오난은 이 의무를 거절하다가 죽임을 당했다(창 38:8-10). 오난은 만약 형수의 자식을 낳는다면 아버지에게서 자기에게로 돌아오는 재산이 나누어지기 때문에 그리한 것 같다. 이 일이 하나님 보시기에 악했던 것이다.

(2) 이것은 족보가 끊어지지 않게 하기 위해서였다. 이 법은 선행 조건이 있다. 두 형제가 함께 살고 대가족의 의무를 갖고 있어야 한다. 그리고 과부는 법적인 재산 상속자인 아들이 없어야 한다. 그래서 "그 여인의 첫 아들로 그 죽은 형제의 후사(後嗣)를 잇게 하여 그 이름을 이스라엘 중에서 끊어지지 않게" 해야 한다(6절). 물론 둘째 아들부터는 모두 자기 것으로 했다. 이렇게 죽은 형제의 후사를 낳아줌으로써 그 가문이 끊어지지 않게 했다. 또 그 가문의 기업이 지파 내에서 영구히 보존될 수 있었다. 그렇지 않을 경우 그 과부는 타지파에게로 가게 될 것이고, 그 죽은 남편으로부터 받은 재산도 타 지파로 넘어갈 수 있기 때문이었다. 또한 홀로 된 여인을 보호하기 위한 사회의 보장제도였던 것이다. 어쨌든 이런 제도를 통해서 그 공동체가 온전히 유지될 수가 있었을 것이다.

2. 만약, 그 형제가 거절한 경우에는 어떻게 했는가? (7-10절)

거절하게 되는 이유가 있을 것이다. 형수가 싫든지, 아니면 재산 문제 때문에 그럴 수 있을 것이다. 그러면 성읍의 장로들(재판관)을 불러 그 진의를 물은 후 그것이 확인되면 그에게 창피를 주는 행사를 한다. 어떻게?

- 형수가 나아가 신을 벗기고 : 신을 벗기우는 것은 그가 형제의 의무를 수행하기를 포기하는 것을 의미한다고 한다(룻 4:7)

- 얼굴에 침을 뱉으며 : 큰 모욕을 주는 행위이다(민 12:4, 사 50:6). 이 집은 "신 벗기운 자의 집"이라고 불림을 받는다.

3. 계대혼인법의 신학적 의의

(1) '고엘'이라는 말은 여러 가지 뜻이 있지만 자손이 없어 죽은 사람의 이름을 회복하여 보존시키는데 사용되었다. 즉, 죽은 자의 형제가 형수를 취하여(嫂婚, leviate marriage) 자녀를 낳아줌으로써 그 죽은 자의 이름을 이스라엘에서 잊혀지지 않게 하는 경우였다(창 38:8 참조). 이때에 **고엘**이라는 단어는 '친족'을 의미한다.

(2) 또 '고엘'이라는 말은 하나님께도 사용되었다. 하나님은 생명의 구속자이시라는 의미에서 사용되었다(사 40-66장, 욥 19:25). 이렇게 기업을 이어가는 것은 아주 중요한 일이었다. 신약시대의 이 기업은 그리스도 안에 있다. 마가복음 12:1-11에서 그리스도는 하나님의 상속자라고 주장되어 왔다. 로마서 8:17에서는 그리스도 안에 있는 자들이 그리스도와 함께 한 상속자임을 보여준다.

(3) 그가 독생자라는 점에서 유업이 바로 그분의 것인 반면에 은혜로 인하여 그를 믿는 자는 그 유업을 소유하게 되는데, 이는 그가 그리스도 안에서 아들로 택함을 받았기 때문이다. 신약에서 기업(유업)이라는 말은 물론 영생과 하나님의 나라에 참여할 수 있는 것을 가리킨다(엡 1:18, 골 1:12).

기타 규례법 (25:11-19)

1. 남편을 도와 불의한 행동을 했을 때(11-12절)

(1) 두 사람이 싸우고 있는데, 자기 남편이 불리해졌겠지. 옆에서 보고 있던 부인이 상대편 남자의 물건을 쥐고 늘어졌다고 하자. 아, 이건 보통 일이 아니다. 물론 아픈 것은 말할 것도 없고 잘못하면 물건(?)이 상해서 자녀 생산에도 문제가 발생한다. 이는 비도덕적인 문제일 뿐만 아니라 남녀간의 윤리 문제 또한 클 것이다.

(2) 이런 여인은 그 손을 찍어 버리라는 엄명이다. 물론 싸움을 말리기 위한 비상수단으로 음낭을 잡았겠지만 이는 여성의 품위를 봐서도 용납 안되는 일이다. "그러니까 싸우지덜 말어" "그렇다고 붙잡을 걸 붙잡아야지. 안 그래?" "맞아"

믿는 사람도 마찬가지?

그리스천들은 설마 이런 눈속임은 안하겠지? "모르는 소리 말아요. 못 믿을 사람들이 예수 믿는 사람들인데." 설마 이런 소리는 듣지 말아야지. 예수 믿는 사람들이 물건 살 때도 더 까다롭단다. 그리고 얼마나 깎아 대는지. 그리고 나중에 집사님, 권사님, 할렐루야 어쩌고저쩌고. '아, 나도 들은 얘기야.'

2. 공평한 도량형을 가질 것 (13-16절) / 레 19:35-36

(1) 세상에 몹쓸 놈 중의 하나는 저울 눈 속이는 놈이다. 그 당시에도 상행위에서 도량형을 속이는 놈들이 많았다고 한다. 인간이 사는 곳에서는 어느 사회에서든지 다 그런가보다. 그러니까 물건을 구입할 때는 추를 큰 것을 사용하고, 반대로 물건을 팔 때는 작은 추를 사용하여 엄청난 이득을 챙겼다는 것이다. 물론, 소를 잡고 근수 늘리기 위해 물 먹이는 행위도 마찬가지이다.

(2) 도량형이 정직하게 사용되어지는 사회가 건강한 사회이다. 그러니까 정직하게 살면 그 사회를 축복해 주시겠다는 것이다. 어쨌든 상거래 현장은 하나님의 공의가 실현되는 장이 되어야 한다는 말씀이다. 그런데 의외로 크리스천들 중에도 상거래를 하는데 거짓말을 아주 잘하는 분들도 있단다. '주위에 있는 사람들이 믿는 사람인줄 다 아는데, 글쎄 어지간히 거짓말을 해야지! 물론 교회 안에서는 할렐루야 어쩌고 그러겠지.' '어이구, 너나 잘 해!!'

3. 아말렉을 진멸하라(17-19절). 왜?

(1) 출애굽기 17:8-16를 참조해 보라. 다윗 때에 아말렉을 쳐부셨으나(삼하 1:1), 이 명령은 히스기야 왕 때 성취되었다(대상 4:43 참조). 아말렉은 늘 하나님의 백성을 괴롭히는 비겁한 놈들로 역사에 등장했다.

그 당시 흔히 볼 수 있었던 곡식 떠는 광경

(2) 도대체 아말렉은 어떤 족속인가?

아말렉은 에서의 손자, 아말렉의 후손들이다(창 36:12,16). 이들은 막 출애굽하고 나오는 이스라엘을 대적하고 괴롭힌 족속이었다(출 17:8-16, 민 24:10, 신 25:17-19, 삿 3:13 등). 따라서 하나님은 이 족속을 하나님의 백성의 원수로 알아 천하에서 멸절키로 하셨다(출 17:14). 이렇게 아말렉은 여호와의 백성을 대적하여 일어나는 모든 적대 세력의 모형이 되었다. 하나님은 이 뜻을 사울에게서 이루시고자 하셨다. 그러나 사울 왕은 하나님의 뜻을 철저하게 순종하기에는 너무 교만했다.[1] 그는 완전한 순종을 하지 않았다.

1) **아말렉 진멸 명령**

▶ 사울 왕은 아말렉을 진멸하라는 전투 명령을 받고 출전했다. 물론 이스라엘의 대승리로 끝났다. 사울은 아말렉 왕 아각(Agag)을 사로잡고 모든 백성들을 진멸했다. 그러나 사울은 하나님의 명령에 절대 순종하지 않는다.

▶ 사로잡은 아각 왕을 살려두고(물론 이 왕은 후에 사무엘에게 죽는다, 삼상 15:33) 또 양의 가장 좋은 것들은 그대로 두고 가치 없는 것들만 진멸했다. 아마 사울은 패전국의 왕을 사로잡아옴으로써 자신의 영광을 드러내려 했을 것이다.

▶ 그 당시 열국의 왕들이 흔히 하는 행동처럼 자신의 전공(戰功)을 높이려 했을 것이다. 거기다가 한술 더떠서 갈멜에다 자기의 승전비를 세우고 내려왔다. 훗날 아각 왕의 후손 중에서 하만이라는 자가 태어난다(에스더 9:10). 결국 사울 왕은 하나님께 버림을 당한다.

적용도우미

- 우리의 신앙은 사회생활에서 검증되어야 한다. 교회 안에서야 다 믿음이 좋으니까 교회 안에서의 태도를 보아서는 참다운 모습을 알 수 없다. 위에서 살펴본 모든 조항들을 실생활에서 잘 실천하고 있는지 점검해 보아야 한다.

- 하나님은 가난하고 힘없는 대상에게(고아와 과부 등) 관심을 가지라고 말씀하신다. 우리가 늘 관심을 가져야 할 대상은 누구인가? 리스트를 작성해 보고 구체적인 실천 계획을 수립해 보자. 하나님이 나에게 원하시는 것은 아주 작은 일에 관심을 갖는 것부터임을 알라. 세계 선교, 사회 개혁, 끝도 없는 캠페인 다 좋은데, 우선 내 주위에 있는 사람부터 챙기자. 큰소리 치는 사람치고 제대로 사는 사람 못 봤어. 그치?

신명기 24-25장 정리하기

요약질문

구체적 법규들 : 12-26장

24 • 이혼에 대한 법규가 등장하고 있다. 이에 대한 성경의 교훈과 명령은 무엇인가? 성경은 이혼을 어떻게 다루고 있는가?
- 모세는 왜 이혼증서를 써주라고 했는가?
- 이혼이 허락되는 경우가 있는데, 어떤 경우인가? (마 19:3-11)
- 결혼을 언약적 관계에서 설명해 보라.
- 가정은 어떤 면에서 가장 중요한 곳인가?
- 최근에 결혼한 남자는 군복무를 어떻게 얼마 동안 면제해 주는가? 그 이유는 무엇인가? (24:5)
- 우리가 사는 세상에는 마땅히 지켜야 할 일반적인 규례들이 있다. 그 중에서 '맷돌을 저당잡지 말라'는 규례의 의미는 무엇인가?
- 두 아내를 둔 가정에서 장자의 기업 문제는 어떻게 해야 하는가? (21:15-17)
- 유괴범은 어떻게 다루어야 하는가? (24:7)
- 빈궁한 자에게 대할 태도는? (24:10-13)

25 • 가축을 왜 그리고 어떻게 보해해야 하는가? (25:4)
- 계대혼인법이란 어떤 제도를 말하는가? (25:5-10)
- 계대혼인법의 신학적 의의를 말해보라. (교재)
- '고엘'에 대한 여러 가지 의미를 설명해 보라. 우리의 궁극적 '고엘'은 누구인가? (교재)
- 여성의 불법적 폭력(남자의 음랑을 잡는 경우 등) 억제에 대해 설명하라(25:11-12, 레 19:16 참조)
- 공평한 도량형을 가질 것도 명령하고 있다(25:13-16). 왜 올바른 저울과 되를 사용해야 하는가? 우리가 사는 오늘날에도 이와 똑같이 지켜져야 구체적 규례는 무엇이 있는가?
- 왜 아말렉을 진멸하라고 명하는가? (25:17-19) 아말렉은 어떤 족속이며 어떤 잘못을 이스라엘에게 행했는가?
- 사회의 정의를 실현하기 위해 크리스천들이 지켜야 할 구체적 덕목들을 이야기 해보라.

Summary

Ratification; Curses and Blessing (chs. 27-30)

Deuteronomy

26-27장

약속된 땅에서의 삶 · 언약갱신

모세는 이제 두 번째 설교를 마무리한다. 두 번째 설교의 내용이 무엇인가? 그것은 이스라엘 백성들이 가나안에 들어가서 지켜야 할 규례와 법도였다. 이제 모세는 이 명령을 철저하게 지켜 갈 것을 권고하고 있다. 이들은 원주민들을 몰아내고 가나안에 입성하게 될 것이다. 그 땅에 들어가서 마땅히 하나님께 감사와 영광을 돌려야 한다. 우선 가나안에 들어가거든 소출의 첫 열매를 드리라고 명령하신다(26:1-11). 이런 근거를 과거 하나님께서 이스라엘에게 위대한 구원 역사에 두고 있다. 여호와와 이스라엘의 관계를 사랑스러우면서도 강한 관계로 설명하고 있다.

물론 하나님의 축복을 고백하고 난뒤에 하나님께 계속 은총을 간구해야 한다(26:12-15). 하나님의 말씀대로 순종하여 축복을 받을 것인가, 아니면 저주를 받을 것인가. 그것은 어디까지나 이스라엘 백성들의 선택 여하에 달려 있다. 이제 이스라엘은 하나님과의 언약 관계에 충실할 때에만 하나님이 함께 하실 것이요, 그로 말미암아 각양 축복을 받게 될 것이다. 그것을 확고히 하게 하기 위해서 가나안 땅에 들어가거든 에발산과 그리심산에서 언약 갱신 의식을 수행하라고 명하신다.

약속의 땅에서 어떻게 살아가야 할까? (26장)

1. 처음 열매를 바치는 예식(26:1-11)
2. 삼년 후 십일조를 드리는 예배(26:12-15)
3. 승리의 선언(26:16-19)
4. 가나안에 들어가서 율법을 기억하도록
5. 에발산에 제단을 세워라(27:1-10)

에발산과 그리심산의 선포(언약갱신, 27:11-26)

Third Address(chs. 29-30)

언약의 비준

- 지금까지 말한 율법을 얼마나 철저히 지키게 될까? 물론 지금은 다 지킬 것이라고 큰 소리를 치지만, 가나안에 들어가서는 그곳의 문화에 눈이 돌아갈 것이 분명하다.
- 그러니 가나안에 들어가거든 무엇보다 에발산(에발산과 그리심산은 마주보는 산이다)에 가서 제단을 쌓고 언약 갱신의식을 가지라고 명령한다.
- 이 명령대로 여호수아는 여리고와 아이성, 그리고 벧엘을 점령한 후 적진 깊숙히 있는 에발산을 (세겜 근처) 찾아가서 이 예식을 가졌다.

26장 : 하나님과의 언약 관계에 충실해라

- 1-11절 토지 소산의 첫 수확물을 드려라 : 가장 좋은 예물로, 광주리에 담아, 중앙 성소가 있는 곳으로 가서 신앙고백과 함께 드려야 한다. 이것은 지금까지 조상들에게 약속하셨던 그 언약을 지키신 하나님께 마땅히 드려야 할 감사이다.
- 12-15절
  - 둘째 십일조 : 매 3년마다 십일조 외에 고아와 나그네와 과부들을 위한 십일조가 있었다. 이 십일조는 성소로 가져오지 않고 집에서 가난한 사람들을 위해 쓰여졌다.
  - 14절 : 이런 고백을 하면서까지라도 하나님의 명령을 다 지키라는 것이다. 하나님의 약한 자들을 위한 특별한 배려임을 볼 수 있다.
- 16-19절
  - 거룩한 백성들이 되기 위해서는 규례와 법도를 행하라고 말씀하신다. 그것도 마음을 다하고 성품을 다하라는 것이다. 물론 순종할 힘도 주실 것이다. (쌍무적 언약의 형태로 말씀하고 있다)

27장 : 언약갱신(그리심 · 에발산에서)

- 1-4절 : 가나안에 들어가거든 에발산에 언약의 돌을 세워라. 가나안 땅은 지금까지 말한 율법을 기초로 세워져야 하는 하나님의 나라의 모형이 되어야 한다. 그러기 위해서는 언약을 철저히 지켜야 할 것을 약속해야 한다. 축복과 저주중 어느 것을 택해야 하느냐는 너희에게 달려 있다는 것이다.
- 5-8절 : 에발산의 제단은 어떻게 세워야 하는가? 이스라엘 장로들은 백성들과 더불어 거기에 기록된 율법을 다 지키겠다는 표시로 큰 돌을 세워야 한다.
- 그리심산과 에발산 : 이스라엘 백성 절반은 그리심산 앞으로 모여서게 했고, 나머지 절반은 에발산 앞에 서게 한후, 나머지 레위인들은 축복과 저주를 말하기 위해 두 산 사이에 서게 했다(수 8장 참조).
- 14-26절 : 가나안족들이 범한 패륜적인 죄악 목록들이 나온다. 만약 여기에 기록된 죄를 짓는 자는 저주를 받을 것이다. 백성들은 여기에 마멘으로 응답해야 한다.

모든 소산의 만물을 거둔 후에 (26:1~11)

▶ **26장의 핵심** : 여기 26장까지가 두번째 설교(4:44-26:19)의 끝이다. 두번째 설교 부분의 마지막 부분인 26장의 내용을 주의 깊게 보라. 무엇보다 이들이 들어가게 될 땅은 선물로 주신 곳임을 잊지말라(1, 2, 9, 11, 15). 따라서 약속의 땅에 들어가서 수확에 대한 감사의 예물을 가지고 오순절에 하나님 앞에 나아갈 때에 백성들이 지녀야 할 자세가 언급되고 있다. 그리고 제 3년의 십일조 규례를 언급하면서 제 2설교를 마무리한다.

1. 이스라엘 백성들이 가나안에 들어가서 농사를 짓게 될 때, 농업에 종사하는 사람은 토지 소산의 첫 수확물을 하나님께 드려야 한다. 어떤 방법으로 드려야 하는가?

26:1-4 첫 수확물의 제일 좋은 열매로, 광주리에 담아, 중앙 성소가 있는 곳으로 가서 신앙고백과 함께 드려야 한다.

(1) 신명기는 어떤 책인가? 신명기는 약속의 땅 가나안에 들어가서 어떻게 살아가야 할 것인가를 밝히고 있는 책이다. 26장에서는 첫 수확의 기쁨을 감사하는 자들이 어떤 자세를 가져야 할 것인가를 잘 드러내 주고 있다. 따라서 오늘 배우게 되는 신명기 26장에서는 언약 갱신이 나타내고자 하는 주요 내용을 아주 개괄적으로 잘 드러내 주고 있다.

(2) **중앙 성소** : "자기 이름을 두시려고…그 거하실 곳" 하나님은 자기 자신의 이름으로 백성들에게 나타나시며, 백성들은 하나님의 이름을 부름으로 관계를 갖는다. 이 선택된 장소는 처음에는 <실로>였다. 가나안 정복 이후 실로에 성막이 머물렀다(수 18:1). 다음에는 성전이 건축된 예루살렘이었다. 이 두 장소는 하나님께서 선택하신 곳이었다. "그 거하실 곳"이란 하나님의 거처인 성막이나 성전을 두고 한 말이다.[1)]

2. 백성들이 농산물의 맏물을 드릴 때, 어떤 신앙고백을 해야 했나? 그 내용을 간추려 설명해 보라.

26:5-11 하나님의 사랑에 대한 응답은 우선은 신앙고백 그리고 계명을 지키을 지키는 것

(1) 신명기 26장은 유월절 상황을 그 배경으로 하고 있다. 이 날에 순례자들은

• **"맏물"** : 가나안에 들어가서 첫 수확물의 열매를, 제일 좋은 것으로 드려야 한다. 이렇게 함으로써 가나안까지 인도하신 하나님의 은혜를 기억하게 될 것이다. 지나온 날들을 기억할 때, 가나안 땅에서의 첫 수확은 얼마나 기쁘고 감사한 일인가?! 감격이 넘치는 순간들이었을 것이다.

• 당시 제사장에게 : 제사장은 백성들이 가지고 온 첫 소산의 광주리를 받아 제단에 바친다.

1) 렘 7:12 "너희는 내가 처음으로 내 이름을 둔 처소 <실로>에 가서 내 백성 이스라엘의 악을 인하여 내가 어떻게 행한 것을 보라."

삼하 24:18 "이 날에 갓이 다윗에게 이르러 고하되 올라가서 여부스 사람 아라우나의 타작 마당에서 여호와를 위하여 단을 쌓으소서 하매."

첫 열매(firstfruits)

첫 수확물의 제일 좋은 열매로, 광주리에 담아…(신 26:1-4)

▲ 처음 익은 열매의 첫 것(출 23:19, רֵאשִׁית בִּכּוּרֵי) : 첫열매는 추수할 때마다 토지에서 생산되는 첫 수확물을 말한다. 모든 것이 여호와께로부터 왔다는 사실을 인정하고 더 풍성한 소산을 보장받기 위해(레 19:24-25) 추수를 하거나 가공한 것으로 그 첫 소산 중 가장 좋은 것을 선택하여(민 18:12 참조) 즉시 드렸다. '비쿠림'은 자연적 소산을, '레쉬트'는 가공된 생산물을 나타낸다.

▲ 신약에서 첫 열매의 개념은 비유적으로 자주 나타나고 있다. 바울은 그리스도를 처음으로 믿은 신자들을 '첫열매'로 표현했다(롬 16:5, 고전 16:15). 야고보와(약 1:18)와 사도 요한(계 14:4)도 그런 방식으로 말하고 있다.

▲ 바울은 로마서 8:23에서 이 용어를 이미 경험하고 있는 성령 곧 약속된 구속을 미리 예고해주는 성령을 가리키고 있다. 첫열매는 또한 죽은 자들 가운데서 처음으로 부활하신 그리스도 자신에게 적용하고 있다(고전 15:20, 23).

수확물을 허락해주신 하나님께 감사를 드린다. 그들은 먼저 열조에게 맹세하신 하나님의 신실하신 약속의 결과로 백성들이 무사히 가나안 땅에 도착했다는 고백을 한다(3절). 약속에 대한 실현은 하나님의 언약적 신실하심을 통해서 가능케 된다. 즉 이스라엘이 늘 잊지 말아야 할 사실이 하나 있는데, 앞으로 주어질 땅이 어디까지나 하나님의 선물이라는 것이다. 그 사실을 잊지 말라는 것이다. 이들이 드리게 될 십일조는 모든 것이 여호와께로부터 왔다는 사실을 고백하는 신앙적 행위이다.

(2) 애굽에서 노예생활, 그리고 연속되는 광야 생활, 이스라엘은 지칠 대로 지쳐 있다. 이제 가나안에 들어가거든 과거를 되돌아보며, 토지 소산을 여호와 앞에 가져와 경배하라는 것이다. 무엇을 기억하며? "여호와께서 강한 손과 편 팔과 큰 위엄과 이적과 기사로 애굽에서 인도하여 내시고 이 곳으로 인도하사 이 땅 곧 젖과 꿀이 흐르는 땅을 주셨음"(26:8-9)을 기억하라는 말씀이다. 즉 첫 열매를 드리는 행위의 근거를 지난 날 이스라엘을 위해 행하신 여호와의 위대하신 구원 사역에 두라는 것이다.

(3) 이런 백성들에게 하나님이 원하시는 것이 무엇일까? 곧 그것은 감사와 헌신이다. 그래서 첫 소출의 열매를 하나님께 드리라고 명령한다. 유리하던 아브라함, 그리고 애굽에서 노예생활, 그리고 구원, 계속되는 광야생활…. 그런데 그 방랑을 그치고 이제 "여호와께서 우리 열조에게 맹세하신 그 땅에 마침애 이르게 되었다"(3절)고 고백을 해야 한다는 것이다.

객과 고아와 과부에게 (26:12-15)

▶ 먼저 신명기 14:28-29절을 읽어보자. 둘째 십일조란 무엇인가? 가나안 땅에 정착한 후 삼년이 되는 해에는 첫 소출의 십일조를 먼저 중앙성소에 드리고(신 14:22-27), 레위인들을 포함한 가난하고 빈궁한 자들에게 주라고 명령하신다.

1. 하나님이 부어 주시는 축복에 이들은 어떻게 반응해야 할까?
자기 혼자만 배불리 먹어서는 안된다고 말씀하신다.

26:12-13 "셋째 해 곧 십일조를 드리는 해에 네 모든 소산의 십일조 내기를 마친 후에 그것을 (레위인)과 (객)과 (고아)와 (과부)에게 주어 네 성읍 안에서 먹고 배부르게 하라 13 ***그리 할 때에*** 네 하나님 여호와 앞에 아뢰기를 내가 성물을 내 집에서 내어 레위인과 객과 고아와 과부에게 주기를 주께서 내게 명령하신 명령대로 하였사오니 내가 주의 명령을 범하지도 아니하였고 잊지도 아니하였나이다,"

매 3년마다 드리는 둘째 십일조(신 14:28,29 참조)는 어떻게 사용했나? 매 3년마다 십일조 외에 고아와 나그네와 과부를 위해 십일조를 냈다. 다른 해에는 십일조를 바치지 않은 것이 아니라 제 3년에 특별한 용도로 드려졌던 것이다. 이것을 둘째 십일조라고 한다. 이 십일조는 성소로 가져오지 않고 집에서 레위인과 가난한 자들을 대접하는데 사용되었다. 하나님의 약한 자들을 위한 배려를 볼 수 있다.

2. 십일조는 하나님이 인정하시지 않는 다른 목적으로는 사용치 아니했다(14절).

(1) 이 십일조는 바치기 전에 당분간 집에 간수되어야 하였다. 따라서 그 십일조가 잘못 다루어져 다른 용도로 사용할 가능성이 있었다. 이 십일조를 잘못 다루지 않았다고 고백하라는 것이다. 그래서 다음과 같이 선언하라는 것이다.

(2) 신명기 26:14에서 "내가 <애곡하는 날에>[1] 이 성물을 먹지 아니하였고 <부정한 몸으로> 이를 떼어 두지 아니하였고 <죽은 자를 위하여>[2] 이를 쓰지 아니하였고 내 하나님 여호와의 말씀을 청종하여 주께서 내게 명령하신 대로 다 행하였사오니"라고 했다.

(3) 이와 같이 하나님의 명령을 다 지켰다고 고백하고(14절), 하나님의 축복을 비는 것이다(15절). 이 기도는 곧 시작될 농경력에 따른 새해를 비는 것으로 옮겨진다.

1) 애곡하는 날에~ 먹지 아니하였고: 렘16:7("슬플 때에 떡을 떼며 그 죽은 자를 인하여 그들을 위로하는 자가 없을 것이며 그들의 아비나 어미의 상사를 위하여 위로의 잔을 그들에게 마시울 자가 없으리라.")

▲겔 24:17도 참조해 보자. '애곡하는 자들의 떡'은 부정했다(호 9:4). 왜냐하면 시체가 그 집과 그 집에 들어 오는 모든 것을 7일간 부정하게 만들었기 때문이다(민 19:14).

2) "죽은 자를 위하여 이를 쓰지 아니하였고" : 이 말은 음식을 죽은 사람의 가족에게 가져가는 것을 가리킬 것이다. 아니면 음식을 무덤에 두어 가족에게 주는 관습인지도 모른다. 이런 관습이 후대 유대주의에서는 시행되나 고대 이스라엘에서는 행해졌는지 알 수 없다.(반즈주석, 신명기)

보배로운 백성으로 인정하시고 (26:16-19)

1. 이제 두 번째 설교를 마무리하면서 이스라엘의 거룩한 백성이 되기 위해서는 어떻게 해야 된다고 말씀하시는가?

26:16 "오늘날 네 하나님 여호와께서 이 (　　)와 (법도)를 행하라고 네게 명령하시나니 그런즉 너는 (마음)을 다하고 (　　　)을 다하여 지켜 행하라."

하나님의 한없는 축복을 받은 이스라엘 백성, 이제 이들이 해야 할 일은 무엇인가? 이제 하나님은 이스라엘 백성이 율법에 순종하도록 권고하고 있다. 또한 그 율법을 잘 순종할 수 있는 힘도 주시겠다고 하신다(18절). 이스라엘은 만민 중에서 택하심을 받은 족속이요, 하나님의 특별한 소유요, 거룩한 백성이다. 이 크나큰 영광과 특권, 그러나 이스라엘은 이 특권을 잘 유지하지 못한다.

2. 모세는 두번째 설교를 정리하면서 토라에 대한 강화를 언약적 용어들을 사용하여 강조하고 있다. 모세는 이제 일어난 바를 언약체결로 묘사하고 있다. 우선 하나님의 선언이 있고, 다음으로 이스라엘의 선언이 있다.

"네가…선언하였고(확언하였고), 여호와께서도 선언하셨다"(17절)라는 표현은 언약의 쌍방이 각자 상대편의 선언을 요청한다는 것을 의미한다. 17절에서 이스라엘의 하나님이 되시겠다고 동의하시는 하나님의 행동을 주된 관심으로 이야기 하고 있지만, 결국 하나님이 이스라엘에게 요구하시는 바는 백성들이 여호와의 길로 행하여야 한다는 점이 강조되고 있다. 17절은 이스라엘과 맺은 하나님의 언약을 갱신하는 데 사용되어진 언약적 용어이다.

3. 하나님과 이스라엘 백성간에는 언약이 이루어진다. 어떻게 할 때 "보배로운 백성"이라고 불리어지는가? (18절)

(1) 이스라엘은 하나님의 명령을 지키겠다고 약속하고, 하나님은 그들을 **"보배로운 백성"**[1]이라고 부르실 것이다. 보배로운 백성, 그것은 하나님이 명하시는 규례와 법도를 잘 지킬 때만이 가능하다.

1) 보배로운 백성 : 이와 동등한 구절이 그리스도인들에게도 쓰여졌다. 벧전 2:9 참조 ("오직 너희는 택하신 족속이요 왕 같은 제사장들이요 거룩한 나라요 그의 소유된 백성이니 이는 너희를 어두운 데서 불러내어 그의 기이한 빛에 들어가게 하신 자의 아름다운 덕을 선전하게 하려 하심이라."

출 19:5, 신 7:6, 14:2, 시 135:4, 말 3:17 참조

(2) 가나안 땅이 이스라엘의 유업으로 주어졌다. 그러나 이스라엘은 가나안 땅의 궁극적 소유권이 하나님께 있음을 인정해야 한다. 따라서 땅의 소산물로 하나님께 드리고, 풍성한 하나님의 축복에 감사드려야 한다. 이들에게 주어진 풍족한 소산물은 자기 혼자만 배불리 먹으라고 주신 것은 아니다. 그들은 이웃의 가난한 사람들을 돌보아야 한다. 그래야 하나님이 축복해 주실 것이다. 특별히 두 번째 십일조는 그 용도대로 잘 사용해야 한다.

(3) 만약 이런 것들이 제대로 지켜지지 않을 때, 이스라엘 백성이 비록 성민(聖民)이라 할지라도 가나안 땅에서 쫓겨나게 될 것이다. 하나님이 이스라엘 백성에게 제일 먼저 요구하신 것이 무엇인가? 그것은 하나님을 경외하는 것이었다(신 4:10). 물론 이스라엘 백성은 이것에 실패한 경험이 있다. 시내산에서의 우상 숭배 사건이 그것이다. 그래서 그것을 기억하라는 것이다.

(4) 그리고 하나님을 경외한다면 당연히 순종이 뒤따라야 한다는 것이다. 따라서 철저하게 순종하라고 권면하신다(신 6:12이하). 그렇게 할 때에야 비로소 축복된 삶을 유지할 수 있을 것이다. 하나님의 계명을 순종하느냐 하지 않느냐, 그것은 이스라엘이 축복을 받느냐, 아니면 저주를 받느냐의 시금석(試金石)이 될 것이다. 그런데 이상하게도 이스라엘은 불순종을 택하게 된다. 그 불순종의 이야기가 왕이 없던 사사시대에 적나라하게 펼쳐지고 있다. 물론 왕정시대라고 해서 별로 나은 삶이 아니었다는 것을 보게 된다.

4. 이 부분은 신약 베드로전서 2:9-12과 언어와 주제에 있어서 그 유사성을 볼 수 있다. 자세히 읽어보고 그 뜻을 설명해 보라.

• 벧전 2:9-12 "9그러나 **너희는 택하신 족속이요 왕 같은 제사장들이요 거룩한 나라요 그의 소유가 된 백성이니** 이는 너희를 어두운 데서 불러 내어 그의 기이한 빛에 들어가게 하신 이의 아름다운 덕을 선포하게 하려 하심이라
10너희가 전에는 백성이 아니더니 이제는 하나님의 백성이요 전에는 긍휼을 얻지 못하였더니 이제는 긍휼을 얻은 자니라
11사랑하는 자들아 거류민과 나그네 같은 너희를 권하노니 영혼을 거슬러 싸우는 육체의 정욕을 제어하라
12너희가 **이방인 중에서 행실을 선하게 가져** 너희를 악행한다고 비방하는 자들로 하여금 너희 선한 일을 보고 오시는 날에 하나님께 영광을 돌리게 하려 함이라."

▶ 다음 27-28장은 모압 광야에서 이스라엘 백성이 축복과 저주 중 어느 것을 선택해야 할 것인지를 생생하게 교육하는 장면이 등장된다.

원시(原始) 신앙고백 (26:5-9)

● 고백(Confessions)이란?
히, 야다, יָדָה
헬, 호몰로기아, ὁμολογία

▲ 예배와 결합된 하나의 선언. 그것은 시인과 신앙의 고백 모두를 의미한다. 히브리어 '야다'의 히필형은 '찬송하다, 자복하다'(창 49:8, 잠 28:13)로 번역되고 있다. 수 7:19에서는 '영광돌리다'로 왕상 8:33, 35에서는 '(죄를) 인정하다'로 번역하고 있다. 결국 이 단어는 회개의 상황, 고백의 상황에서 사용되지만 찬양의 요소가 배제되지 않고 있다.

▲ 모세 율법은 백성들이 죄를 지었을 때 죄를 고백하도록 규정하고 있다(레 26:40). 죄를 고백했을 때는 물론 하나님으로부터 용서를 기대했다(시 32:5).

▲ 죄의 고백과 찬양의 표현인 신앙 고백 사이의 연관성 : 시편 32편은 많은 사람들이 회개 시의 가장 좋은 본보기로 생각한다. 그러나 실제로는 감사의 시이다. 신약 공동체에서도 집단적으로 혹은 개인적으로 죄의 고백과 하나님과 찬양은 서로 연계되어 있다.

▲ 여기 신명기 26:5-10상반절은 "네 하나님 앞에서" 선언되어야 할 의식문을 소개하고 있다. 여기서도 하나님이 주신 축복들을 인정하면서 그 분을 찬양하는 성격을 지니고 있다. 고백문의 끝은 여호와 하나님께서 자신들에게 가나안, 곧 젖과 꿀이 흐르는 땅으로 인도하셨다는 것을 감사하면서 여호와께서 주신 땅의 소산물을 가져왔다는 선언으로 끝난다.

확대경(No.15)

▶ 과거를 돌아보는 일은 우리에게 아주 유익한 일이다. 더욱이 하나님이 우리에게 지금까지 행해 오신 일들을 기억한다는 것은 신앙생활에 반드시 필요하다. 5-9절까지 다시 한번 읽어보자.

1. 내 조상은 유리하는 아람* 사람으로서(5절) :

(1) 이스라엘 민족의 근원(根源)을 밝히고 있다. 이스라엘 조상 야곱은 누구인가? 그는 팔레스틴 출신이 아니라는 것이다. 야곱 일행이 애굽으로 내려가서 거기서 "크고, 강하고, 번성한" 민족이 되었다는 것이다. 우리의 조상은 유리하는 아람 사람이라는 말이다. 즉, 하나님께서 형편없는 데서 불러내셨다는 것이다. 아브라함에게 약속하셨던 것처럼 하늘의 별처럼 바닷가의 모래처럼 중다하게 되었고, 강성한 나라가 되었다는 것을 기억하라는 것이다. 그들 조상에게 약속하셨던 젖과 꿀이 흐르는 가나안 땅이 이제 그들에게 선물로 주어졌다(신 32:8 참조).

• **아람 사람** : 아브라함은 갈대아 우르에서 하란으로 전 가족이 이주해 왔다(창 11:28-32). 거기서 다시 하나님의 부르심을 받고 자기 조카 롯과 함께 가나안에 정착한다. 또한 야곱 역시도 하란으로 가서 라반(아람인)에게서 20여년간을 거주했고, 라반의 두 딸인 레아와 라헬을 아내로 맞이했다. 그가 아람 족속처럼 여러 지역을 다니며 유목 생활을 했기 때문에 이스라엘을 아람 사람이라고 한 것 같다. 아람 족속은 노아의 손자인 아람의 후손들을 가리킨다.

(2) 그러나 이 약속의 땅의 주인은 여호와라는 사실을 잊지 말라는 것이다. 그러니까 땅의 첫 소산물을 하나님께 드릴 때 감사할 뿐만 아니라 그들을 구속해 주신 과거의 역사를 되돌아보라고 권면한다.

2. 하나님이 강한 손과 편 팔로 구원하셨음(8절)을 고백 :

(1) "애굽의 종 되었던 집에서 구원해 주셨다"(7-9절)는 이 역사적 사건은 율법을 주실 때에도 그 서문으로 주셨던 내용이다(출 20:2, 신 5:6). 이 말은 그 후로도 계속하여 기회가 있을 때마다 언급되었다(렘 34:13, 암 2:10, 호 11:1 등). 이 역사의식을 새롭게 하는 것은 곧 그들의 신앙을 새롭게 하는 것이었다.

(2) 애굽에서 구원해 내셨다(출애굽 解放史). 그래서 강한 민족이 되게 하셨다. 이제 가나안 땅으로 인도하실 것이고, 가나안을 정복하실 것이다. 이 모든 것이 모두 다 "하나님의 은혜"였다는 것이다. 실제로 체험한 역사적 사건을 회상하며 신앙고백(信仰告白)을 하고 있다. 역사 의식이 어떠하느냐에 따라 그들의 신앙이 어떠함을 알 수 있다.

(3) 이들은 광야 40년을 지나오는 동안, 적진 깊숙이 들어가서 '강한 손과 편 팔'*로 그들을 구원해 내셨던 이스라엘 해방사에 대한 역사의식이 점차 희미해졌을 것이다. 우리 민족에게 8.15의 해방의 의미가 퇴색되어 있는 것처럼…. 따라서 이스라엘의 신앙고백에서는 이 출애굽 사건이 중심이 되어 강조되고 있다. 모세는 지나간 날의 하나님의 구속의 은총을 다시 기억하라고 권고한다.*] 그러한 신앙의 고백이 없는 감사는 의미가 없다. 이스라엘의 역사의식은 이렇게 그들의 신앙의 기초가 되었다. 기독교의 기초는 하나의 사색이 아니다. 역사 위에 기초한다. 이것이 기독교의 특색이다.

• 강한 손과 편 팔 : 하나님의 위대하신 능력과 권능을 말한다(출 6:6, 신 5:15 참조).

• 예수님의 생애를 보라. 그 자체가 그리스도에 관한 역사 고백이요, 신앙고백이다. 오늘 우리 믿는 자들의 신앙고백 역시 마찬가지여야 한다. 하나님의 어린양의 속죄와 구속을 감사하는 세례와 성만찬, 그것은 우리의 신앙고백의 핵(核)이다. 이는 위에서 말한 신앙고백의 영적인 발전이다.

3. 젖과 꿀이 흐르는 땅을 주셨나이다(9절) :

이스라엘을 강한 손과 편 팔로 애굽에서 이끌어 내신 하나님께서 이스라엘을 가나안 땅으로 책임지고 인도하실 것이다. 하나님의 도움 없이 이

들의 가나안 정복은 불가능했다. 하나님께서 이스라엘 전쟁에 친히 참전하셔서(聖戰, Holy War) 가나안을 정복하실 것이다. 족장들에게 주어진 그 약속이 지금 눈 앞에 성취되고 있다. 그것을 감사하라는 것이다.

4. 하나님께서 이렇게 역사하셨는데, 그렇다면 이제 백성들이(우리가) 할 일은 무엇인가? 이에 대해 이스라엘 백성은 어떻게 응답했나?

26:10-11 토지 소산의 맏물을 가져와 하나님 여호와 앞에 경배

(1) 신명기 26장에서는 하나님이 주신 가나안 땅의 소출에 감사할 뿐만 아니라 사회적으로 크게 혜택을 받지 못했던 객(客)과 과부와 고아에게도 관용을 베풀 것을 명하신다.

(2) 그래서 십일조를 어떻게 사용할 것인가에 대해 12-15절까지 설명하고 있다. 이스라엘은 하나님의 구속의 은총에 감사하면서 거기에 합당한 생활을 하라는 것이다. 물론 하나님의 은총에 대한 감사의 응답은 언제나 계명을 준수하는 것으로 나타나야 한다. 따라서 16절 이하부터 계명을 준수할 것을 요구하고 있다. (*)

큰 돌들을 세우고 석회를 바르라

신명기 27장은 신명기의 핵심장이라 고 할 수 있다. 27장을 읽은 다음에 여호수아 8:30-35을 꼭 읽어보라. 신 27-30장은 언약문서의 결론부이다. 이 부분에는 이스라엘이 하나님의 언약 백성이 되었음을 선언하고 있다. 모세는 이스라엘로 하여금 하나님과의 언약을 갱신하라고 지시하고 있다.

[내 용]

- 27:1-10 에발산에 제단을 세워라

27:4-8 "4너희가 요단을 건너거든 내가 오늘 너희에게 명령하는 이 돌들을 에발 산에 세우고 그 위에 석회를 바를 것이며 5또 거기서 네 하나님 여호와를 위하여 제단 곧 돌단을 쌓되 그것에 쇠 연장을 대지 말지니라 6너는 다듬지 않은 돌로 네 하나님 여호와의 제단을 쌓고 그 위에 네 하나님 여호와께 번제를 드릴 것이며 7또 화목제를 드리고 거기에서 먹으며 네 하나님 여호와 앞에서 즐거워하라."

- 27:11-26 에발산과 그리심산에서 언약 갱신
- 28:1-14 순종하면 축복
- 28:15-68 불순종하면 저주
- 28:25-41 전쟁의 참화

축복과 저주(27-28장)

1. 왜, 에발산(Eval Mt.)에 언약의 돌을 세워야 하는가? (27:1-4)

(1) 모세는 지금 모압 평지에 서 있다. 그는 이스라엘 백성들을 향해, 가나안 땅에 들어간 후 이들이 지켜야 할 규례와 법도를 설명하고 있다. 그는 과거를 기억하게 하면서 앞으로 가나안에 들어가서 말씀대로 살아야 할 것을 강력하게 "권고"하고 있다(27:1, 9-10).

(2) 모세는 가나안 땅에 들어가지 못한다. 지나온 과거를 되돌아보니 이스라엘 백성들이 약속의 땅에서 말씀대로 살아갈지가 걱정스러웠을 것이다. 이제부터 들어가는 가나안 땅은 새로운 언약의 땅이요, 하나님의 율법이 시행되어야 하는 "하나님 나라의 모형"이기 때문이다. 이제 이들이 모세가 설교한 하나님의 율법을 잘 준행하면 그들의 날이 장구하려니와 만일 불순종하면 거기에서 쫓겨나 유리하는 백성이 될 것이다. 즉, 나라를 세우기 전에 언약의 백성으로서 지켜야 할 기초가 필요했던 것이다.

(3) 하나님의 신실하신 약속과 놀라운 은혜로, 이스라엘은 언약을 통해 그분의 백성이 된다. 따라서 그분의 백성된 자들은 마땅히 그 분께 순종해야 한다(10절).

2. 이들이 에발산에 언약의 말씀(율법)을 기록한 돌단을 세우는 일은 매우 의미 있는 예식이었다. 에발산(Eval Mt.)과 그리심산(Gerizim Mt.)은 어떤 곳인가? (27:12, 13)

불모의 에발산, 어떤 학자들은 그것은 갈보리의 예표라고 주장한다. 저주가 선포된 에발산에 율법의 비가 세워졌다. 그렇다면 이는 갈보리에서 그리스도의 십자가의 복음이 선포될 것을 상징한 것이리라.

(1) 에발산은 저주가 선포된 곳이요, 그리심산은 축복이 선포된 산이었다. 그리심산은 숲이 욱어진 곳이었다. 그리고 에발산은 돌만 있는 산으로, 갈보리를 상징한다고 한다. 후에 이들은 가나안에 들어가 여리고와 아이와 벧엘을 점령한 후 모세를 통하여 지시한 곳, 즉 세겜 북쪽에 있는 에발산과 그리심산을 찾아갔다(수 8:30-35).

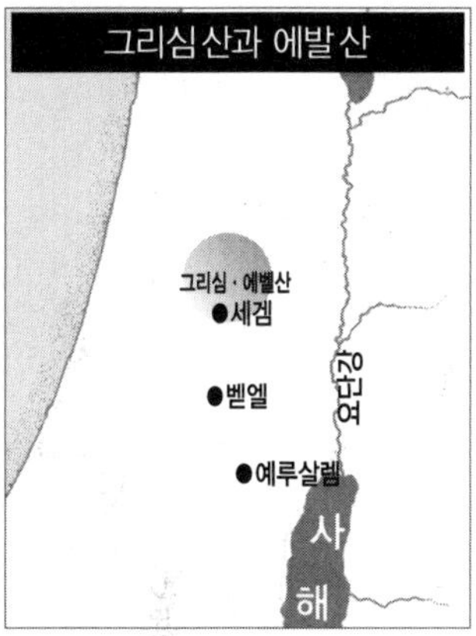

(2) 이스라엘은 아이 성을 이긴 후 잠깐 전투를 중지하고 북상해서 그리심산을 향하여 갔다. 에발산과 그리심산은 아이 성에서도 약 23km나 떨어진 사마리아에 위치해 있는 곳이다.

(3) 원수들을 점령하는 일보다 더 급한 일은 율법을 선포하며 하나님 앞에 제단을 쌓는 일이었다. 결국 예배가 강조되고 있다(5-7절). 이스라엘 백성이 가나안 입성의 궁극적인 목적도 가나안에 율법을 선포하며 하나님 나라를 세우는 것이었기 때문이다.

3. 에발산의 제단은 어떻게 세워야 하는가?

27:5-8

(1) 이스라엘 장로들은 백성들과 더불어 자기 자신들이 율법을 기꺼이 지키겠다는 표시로 에발산에 그 법이 기록된 큰 돌을 세워야 한다. 큰 돌을 세우고, 거기에 석회(石灰)를 바르고 그 위에 기록케 했다. 그렇다고 해서 율법 전체를 다 기록할 수야 없었을 것이고, 아마 상징적으로 요약된 형태로 기록했을 것이다. 그런데 왜, 그리심산(축복의 산)이 아니라 저주의 상징인 에발산에다 세우라고 하셨을까?

(2) 그 산기슭에 세겜 성읍이 있다. 하나님이 처음 아브라함에게 나타나셨던 곳이 바로 세겜이었고, 아브라함은 그곳에다 그의 첫 번째 제단을 쌓았다(창 12:6-7). 하나님은 아브라함에게 하신 약속에 신실하셨음을 강조하기도 했을 것이고, 주께 순종하기만 하면 그 약속들이 다 성취될 것이라는 암시도 있었을 것이다. 그러나, 또한 이스라엘의 역사에서 율법의 저주가 축복보다 현저할 것이라는 것을 암시해 주는 지도 모른다(31:16-17 참조).

▲ 모세는 모압 땅에서 이스라엘 장로들과 백성들에게 가나안 땅에 들어가게 되거든 에발산에 돌들을 세우고, 그리고 석회를 바르고 율법의 말씀들을 돌에 기록할 것을 명했다(신 27장).

▲ 이스라엘은 아이 성을 점령한 후, 정복전쟁을 잠깐 중지하고, 더 북상(北上)해서 에발산을 찾아간다(30절). 에발산은 상당히 북쪽이다. 그런데 그곳까지 가는데 가나안 족속의 저항이 없었을까? 에발산과 그리심산은 아이 성에서도 약 23km나 떨어진 사마리아에 위치해 있는 곳이다(세겜 근처). 벧엘이나 세겜이 정복되지 않았다면 에발산까지 갈 수 없었을 것이다. 성경은 이 정복 사건을 기록하지 않았을 뿐이다.

▲ 또한 당시 중부 고원 지대에는 많은 사람이 살고 있지 아니했음을 고고학은 설명한다. 가나안 족속들은 해안 지역과 평야 지대에 집중되어 살았다. 따라서 이스라엘은 쉽게 세겜까지 큰 저항 없이 갈 수도 있었을 것이다.

축복과 저주 (27:11-26)

▲ 이스라엘 장로들은 백성들과 더불어 에발산에 큰 돌을 세운다. 그리고 그 돌에다 석회(石灰)를 바르고 그 위에 율법을 기록케 했다. 그렇다고 해서 율법 전체를 기록할 수야 없었을 것이고 아마 상징적으로 요약된 형태로 기록했을 것이다.

▲ 돌 단을 쌓을 때, 철기를 대지 말라고 하신다. 왜? 그 당시 이스라엘은 철을 소유하지 못했다. 혹시 철을 사용하려고 이방을 의지하게 될지도 모르기 때문이었으리라. 또한 다듬지 않은 돌은 율법이나 희생 제도도 인간의 어떤 꾸밈을 원치 않는다는 것을 보여주시는 것일 것이다(출 20:25).

1. 어쨌든, 그들은 율법을 기록한 다듬지 않은 돌 단을 세우고 화목제와 번제를 드렸다(신 27:4-7, 수 8:30, 31 참조). 그리고 어떻게 의식을 행했는가?

27:11-13

(1) 언약궤를 멘 제사장 앞에 온 이스라엘을 정렬하여 서게 했다. 물론 이것이 행해져야 할 시기는 요단을 건넌 후에 할 일이다. 제단이 에발산 위에 세워진 후,

- 절반은(6지파, 야곱의 아내 라헬과 레아의 후손) <그리심산> 앞으로 모여 서게 하고(12절)

- 절반은(6지파, 4지파는 야곱의 첩 빌하와 실바의 후손, 그리고 두 지파는 르우벤 지파, 스불론 지파) <에발산> 앞에 서게 한 후(13절)

- 레위 사람은 축복과 저주를 말하기 위해 두 산 사이에 서게 했다. 법궤를 모신 사람 제사장들이 중앙에 서고, 나머지 레위인들은 그리심산 근처에 섰다. 이들은 서로 마주보게 했다(수 8:33). 어떻게 이 지파들을 축복과 저주로 배분했는지 알 수 없다. 저주산의 6지파는 첩들의 소생이고, 르우벤은 서모를 범한 일 때문에 장자의 명분을 잃었기 때문일 것이고, 스불론은 레아의 막내이었기 때문일 것이다. 어쨌든 6개 지파씩 나누어야 하니까 서자보다는 적자가 아우보다는 형이 앞선 것 같다.

(2) 그리고 여호수아는 축복의 말씀과 저주의 말씀을 율법책에 기록된 대로 하나도 빼놓지 않고 전부 백성들에게 낭독했다(수 8:33-35 참조).

2. 특별히 여기에 기록된(14-26절) 죄악들은 읽어보라.

이미 앞에서 언급되었던 내용들이다. 가나안 족속들이 범한 죄악으로 패륜(悖倫)에 속하는 음란의 죄악들이다. 가나안 족속들의 죄악이 얼마나 극심했는가를 알 수 있다. 여기에는 12개의 저주들이 등장하는데, 이는 열두 지파에 맞춘 숫자일 것이다. 이런 일을 행하는 자는 저주를 받을 것이라는 내용을 이해하고 "아멘"으로 응답해야 한다.

3. 여기 15-26절에는 저주의 12개의 저주를 다루고 있다. 간단하게 그 목록의 내용을 살펴보자.

(1) 여기서 12개의 계명을 사용한 것은 12지파의 숫자와 같은 숫자를 사용한 것이었을 것이다. 12지파가 이스라엘 전체를 상징하는 숫자라면 12개의 저주는 하나님의 백성으로 살아가는 모든 분야의 죄를 상징적으로 보여주는 것이리라. 여기 언급된 12저주를 역으로 시행하면 축복이 될 것이다. 저주라는 단어는 복이라는 단어의 반대 개념이기 때문이다.[1)]

(2) 12개의 저주 목록을 살펴보자. **(15절 - 종교적인 것 / 나머지는 윤리적인 것)**

① 15절 - 우상 숭배[2)] - 우상은 가증한 것 - 은밀히 만들어 세우는 자는 - 저주

② 16절 - 부모를 경홀히 여기는 자(출 21:17) - 저주

③ 17절 - 경계표(땅의 경계를 표시하기 위해 놓은 돌)를 옮기는 자(신 19:14) - 저주

④ 18절 - 소경으로 길을 잃게 하는 자(장애인 능멸, 레 19:14) - 저주

⑤ 19절 - 객(외국인)이나 고아, 과부 등 약자를 능멸, 또는 억울케 한 자(신 24:17 - 저주

[6번부터 9번까지는 성적인 죄]

⑥ 20절 - 자기 아버지의 아내(계모) 함께 자는 자(신 22:10, 레 18:8, 20:11) - 저주

⑦ 21절 - 짐승과 교합하는 자(출 22:19, 레 18:23, 20:15) - 저주

⑧ 자기 아버지의 딸이든지, 어머니의 딸이든지, 자기 누이와 함께 자는 자 - 저주

⑨ 장모와 함께 자는 자 - 저주

[10번부터 11번까지는 살인]

⑩ 24절 - 살인(남몰래 이웃을 죽이는 자, 신 19:11) - 저주

⑪ 25절 - 뇌물을 받고 죄 없는 사람을 죽인 자(신 신 16:19, 출 23:8 참조) - 저주

⑫ 26절 - 이 가르침의 말씀을 간직하고 따르지 않는 사람 - 총괄적인 저주

4. 위에서 살펴본 바와 같이 여기서는 저주 형식면을 선언하고 백성들은 다만 '아멘'으로 화답할 뿐이다. 여기서는 장로들이 백성을 대신하여 행동치 아니하

1) 김윤희, 그말씀(두란노, 2004, 4월호), 48면이하.

2) 신 5:8, 출 20:4 / 신 4:16, 9:12

• 여호와께 가증한 것 - 신 17:1, 18:12, 22:5

• 장인의 손으로 만든 것 - 신 4:28 참조

고 백성들 스스로(20세 이상의 남자들) '아멘'이라고 화답한다. 위의 마지막 것을 제외하고는 가장 중대한 죄악들을 경고하고 있다.

5. 그리심산과 엘발산에서의 갱신 의식이 가져다 주는 의미가 무엇인가?

모세가 가나안 입성을 앞에 놓고 가장 두려워 했던 점은 무엇일까? 그것은 과연 이스라엘 백성들이 가나안 땅에서 말씀대로 잘 살 수 있을까 하는 점이었을 것이다. 그래서 언약의 말씀을 지키는 것이 곧 축복이요 번영임을 재삼 강조하고 있다. 앞에서 저주 형식을 빌어 백성들은 스스로 '아멘'으로 화답했다. 언약을 끊임없이 되새기는 일은 자칫 타락해지기 쉬운 백성들을 여호와 앞으로 끌어낼 것이다. 말씀을 잊지 않고, 말씀대로 실천하고, 거룩한 삶을 살아간다면 가나안은 정말 젖과 꿀이 흐르는 동산이 될 것이다.

적용도우미

- 왜, 우리에게 신앙고백이 필요할까? 신명기 26:5-9에 나타난 "원시 신앙고백"을 의미를 살펴보고, 그것이 우리에게 주는 교훈을 정리 발표해 보라. 주일마다 예배 드릴 때 고백하는 신앙고백을 우리는 어떤 태도로 하는가? 그냥 예배의 한 순서이니까 아무 생각 없이 하고 있는 것은 아닌지?
- 가나안에 들어가서 첫 수확물에 대한 감사를 드릴 것을 명하신다. 나의 생활 속에서 적용해야 할 첫수확물은 어떤 것이 있을까? 직장에서의 첫 월급? 매일 매일의 첫 시간(새벽기도)? 어떤 분은 성경 말씀을 먼저 읽지 않고서는 아침 식사를 안하시는 분도 있다던데. 나는?
- 남을 구제하는 것도 훈련이 되어 있어야 한다. 우리는 보통 돈을 아주 많이 벌게 되면 남을 도와주어야지 하는 생각을 하게 된다. 그런 사람에게는 돈을 많이 벌게 될 기회가 주어지지 않을 것이다. 지금부터라도 가난한 이웃을 돌보는 습관을 들이자. 하나님은 그런 사람에게 축복해 주실 것이다. 당장 도와주어야 할 사람들의 우선 순위를 작성해 보라. 그렇다고, 전국에 있는 거지들을 다 도와주려다 당신이 먼저 거지가 되지 말고.
- 신명기에 기록된 언약 갱신이 주는 주된 관점은 무엇일까? 가나안에 입성해서 이스라엘 백성이 살아가야 할 삶의 태도를 기록한 것이 신명기이다. 모세는 신명기 전반에 걸쳐 처음부터 끝까지 이스라엘 백성에게 율법을 철저히 지킬 것을 강력하게 "권고"하고 있다. 주님을 영접한 후, 우리에게 요구하시는 하나님의 강력한 권고에 나는 어떻게 반응하고 있는가?
- 구약에는 몇몇 중요한 언약 갱신들이 있는데, 신명기는 바로 그 언약 갱신을 말하고 있는 것 중의 첫 번째의 것이다. 나의 삶에서 언약 갱신이 어떻게 이루어지고 있는가? 안식일, 성례식 때, 또는 절기 행사를 통해서 나를 되돌아보는 결단이 있는지? 그럴 때마다 하나님의 위대한 사역을 회상하며 헌신을 새롭게 다짐하는 결단이 있는가?

신명기 26-27장 정리하기

요약질문

세번째 설교 : 27-30장

Summary

26 • 가나안에 들어가서 제일 먼저 해야 할 일은 무엇인가? (1-11절)

• 백성들이 농산물의 맏물을 드릴 때 드리는 신앙고백은 무엇이며, 그 내용을 말해 보라. (원시 신앙고백이란?)

• 이스라엘의 민족의 근원은 어디로부터 유래했나(5절)

• 신앙고백할 때 특히 어떤 사실을 기억하라고 강조하고 있나? (8절)

• 이스라엘이 가나안에 들어간 것은 어디까지나 하나님의 신실하심 때문이다. 이 사실을 기록하고 있는 구절은 어디인가?

• 이스라엘의 구원과 가나안 진입은 전적으로 하나님의 은혜였다면 이제 백성들은 어떤 삶을 살아가야 하는가? 특히 누구를 돌아보라고 명령하시는가? (12-15)

• 두번째 설교를 마무리 하면서 모세가 강조하고 있는 말씀은 무엇인가? (16절)

27 • 세번째 설교는 어떤 부분인가?

• 신명기 27장은 신명기의 핵심이라고 불린다. 어떤 내용인가?

• 에발 산과 그리심 산은 어떤 곳인가? 왜 그곳에 가서 언약 갱신 의식을 행하라고 하시는가?

• 언약 갱신의 의미는 무엇인가? 특별히 에발신과 그리심 산의 언약의 의미는 무엇인가?

• 이곳 제단은 어떻게 세워야 하는가? 그 의미는 무엇인가?

• 이스라엘은 온 지파는 둘로 나누어 각각 마주보고 섰다. 어느 지파가 어느 산에 도열했는가? (12-13절)

• 레위 지파는 어디에 섰는가? 왜?

• 여호수아는 축복과 저주의 말씀을 율법에 기록된 대로 빠지지 않고 백성들에게 낭독했다. 여호수아 8:34을 읽어보자.

• 여기에 기록된 죄악의 목록을 말해보라(14-25절).

• 여기에 기록된 말씀을 듣고 실행치 아니하면? (26절)

Ratification; Curses and Blessing
(chs. 27-30)

세 번째 설교:
언약에 대해 순종하라
(신27-30장)

1. 순종하면 축복(28:1-14)
2. 불순종하면 저주(28:15-68)
전쟁의 참화(28:25-41)
3. 과거를 회고하고 약속을 지켜라(29:1-15)
4. 우상 숭배를 할까 두렵다(29:16-29)

Deuteronomy
28-29장

순종할 때와 불순종할 때

지난 장에서는 율법의 갱신 예식에 대해 언급했었다. 가나안에 들어가서 첫 번째로 할 일은 에발산에다 큰 돌기둥을 세우고 율법을 기록하라는 것이다. 에발산과 그리심산에 모여 율법의 갱신 의식을 가지라는 것이었다. 이 명령은 여호수아에 의하여 집행되었다. 이들은 아이성을 점령한 후에 곧바로 에발산에 가서 그 예식을 가졌다. 그리고 여호수아는 그 율법을 낭독했고 백성들은 아멘으로 화답했다. 28장에서는 순종할 때와 불순종할 때 거기에 따라는 축복과 화가 기록되어 있다.

여기서 말하는 주 내용은 이제, 이 명령을 순종하면 축복을 받을 것이요, 불순종하면 저주를 받을 것이라는 것이다. 만약 순종한다면 상상을 초월한만한 축복을 받을 것이다. 무엇보다 이스라엘을 세상의 모든 민족 위에 뛰어나게 하실 것이다(28:1). 지금 이스라엘이 처한 상황을 생각한다면 율법에의 철저한 순종으로 오는 축복은 메가톤급임이 틀림없다. 그러나 이와 반대로 불순종으로 오는 저주 역시 그들의 삶의 모든 영역에 적지 않은 파장이 미칠 것임을 보여주고 있다. 물론 이스라엘은 이미 엄청난 축복을 받은 민족이다. 다만 이에 따르는 자발적인 순종이 필요하며, 그러나 순종하는 일이 결코 쉬운 일이 아님을 불순종의 목록을 통해 대비적으로 보여주고 있다.

28장 : 순종하면 축복 불순종하면 저주

• 1-14절 • **순종하면 축복** : 말씀에 순종하면 나라 전체가 축복을 받게 될 것이다. 불순종하면 저주가 임할 것이다.

• 순종하면 받게 될 축복 : 물질의 복, 자손의 번성, 농작물의 풍성한 소출, 우양이 잘되고, 떡반죽 그릇이 복을 받고, 나가도 들어와도 복을 받는다. 물론 전쟁에서도 승리하고(7-10절), 절대로 만민의 머리가 될지언정 꼬리가 되지 아니한다. 이스라엘이 강국이 될 것이다.

• 15-68절 • **만일 순종하지 아니하면** : 그렇다면 위에 언급된 축복의 반대가 될 것이다. 악을 행하여 하나님을 잊은 자에게는 이로 인한 징벌을 내리실 것이다. 폐병, 열병, 상한, 학질, 한재, 풍재, 썩는 재앙 등, 그 외에 전쟁의 참화 등. 무엇보다 이방인의 침략을 당하게 될 것이고 더욱 나아가서는 이방으로 흩어짐을 당할 것이다. 어쨌든 이 저주의 내용을 읽어보아서는 차라리 말씀에 순종하는 것이 훨씬 낫다. 그런데 이상하다. 절대로 순종을 잘 하지 않거든!!

제 3설교 : 모압언약시 행한 설교 내용(29-30장)

29장 : 또 우상 숭배할가 걱정이다.

• 1-15절 • 이 언약의 말씀을 꼭 지켜 행하라. 과거 너희들의 잘못을 되돌아보고 안약의 말씀에 철저히 순종하거라. 그리하면 너희의 모든 일이 형통하게 될 것이다.

• 이제, 언약 갱신 의식을 치르기 위해 모든 백성들을 모이게 했다. 장로, 유사들, 남자들, 여자들, 유아들, 객들도, 종들까지도 모두 모두 모압 평지에 모여 섰다. 이들 한 사람도 빼놓지 않고 모두 언약의 대상자들이었기 때문이다. 이들에게 주신 언약의 핵심 내용은 과거 너희 조상들에게 맹세로 언약하셨던 내용과 본질이 같다는 것이다. 그리고 언약의 대상자들은 오늘 여기 모인 당대의 사람들에게만 해당하는 것이 아니고 오고오는 모든 후손들에게도 해당되는 것이다.

• 16-29절 • 그러나 저러나 또 우상 숭배할까 걱정이다. 모세가 가장 우려하는 것이 백성들의 우상숭배 문제이다. 이스라엘 적진을 앞에 두고서도 바알브올 사건을 만들어 낸 조상들이 아닌가! 만약 다시 한번 언약을 어기게 되면 열국 가운데로 흩으실 것이다. 그래서 소돔, 고모라, 아드마, 스보임이 망한 것과 같이 완전히 파멸시키실 것이다(22-23절).

"순종하면 축복, 불순종 하면 저주를 받을 것이다."

▲ 귀에 못이 박히도록 들은 말씀, 그러나 인간들은 좀처럼 순종하지 못한다. 물론 겉으로야 순종한다. 그러나 이스라엘 백성들의 삶은 늘 하나님도 섬기고 바알도 함께 섬기는 혼합주의에로 빠져들었다. 웬만큼 깨어 있지 못하면 자기 자신도 우상을 섬기고 있지 않다고 생각하는 것이다.

▲ 설교는 늘 듣지만, 그 말씀이 좀처럼 자기 자신에게 들려오는 하나님의 음성이 아니다. 언제까지나, 언제까지나 종교놀음만 부지런히 해대고 있는 것이다. 그리고 이런 일들의 반복이 곧 신앙생활이라고 착각하고 있다.

언약갱신이란?

▲ 왜 우리 생활에 언약의 갱신의 의식이 필요할까? 인간은 늘 불완전하다. 아무리 하나님 앞에 언약에 철저한 순종을 약속하지만 그리 오래 가지 못한다. 어제의 맹세가 오늘의 부도로 늘 처리되곤 했다. 그것이 타락한 인간이 보여준 모습이다.

▲ 하나님은 이런 사실을 너무나 잘 알고 계셨다. 수없이 말씀을 어기고 하나님께 대들던 철없는 이스라엘 백성들, 그것은 과거 40년 광야생활에서 철저하게 검증된 바였다.

축복과 언약과의 관계

▲ 축복, 말만 들어도 가슴이 뛰는 단어이다. 설교시간에 졸던 사람도 축복 이야기만 나오면 귀를 기울인다. 하나님은 인간에게 여러 가지 축복을 약속하신다. 축복은 수여자와 수혜자를 전제로 한다. 복을 얻고자 하는 소망은 전세계적인 인간의 소망인데, 성경에서는 육신적인 것에서부터 영적인 것까지 지상적인 것에서부터 천상적인 것들까지 그 범위를 가진다.

▲ 오늘 본문(신명기 28장)에 나오는 축복은 언약과 관계된 축복이다. 이러한 축복은 이미 아브라함의 부르심에서부터 소개된다(창 12:3 참조). 언약과 관계된 축복은 아래와 같이 5가지의 모티브가 들어 있다.

▲ 첫째는 하나님께서는 그의 언약을 지키는 자들에게 축복하시겠다고 하신 약속이다.

둘째는 언약의 축복은 조건적이다. 여기서는 백성들의 순종을 시험하는 부분으로서의 축복을 말한다. (신 28-30장).

셋째는, 그러므로 축복은 어떤 의미에서 순종에 대한 보상으로 간주된다.

그 모든 명령을 지켜 행하면 (28:1~14)

▶ **28장의 핵심** : 말씀에 순종하면 나라 전체가 축복을 받게 될 것이고 불순종하면 저주가 임할 것이다. 그 선택 여부가 이스라엘 백성에게 달려 있다. 이스라엘은 아직 요단강 앞에 있다. 이들은 무엇보다 가나안 입성이 급선무였다. 두려움이 있었을 이들에게 희망이 생겼다. 앞으로 가나안 땅에 들어가 하나님의 말씀에 충실하기만 하면 세계 모든 민족 위에 뛰어나게 하실 것이라는 메시지를 듣고 있기 때문이다.

1. 우선 1절과 15절을 비교해서 읽어보라. 서로 대조적으로 말하고 있다. 그리고 1,2,9,13-14절을 읽고 "행하면"이라는 말에 색연필로 칠해 보라.

- 1절 : (만약) 네가 네 하나님 여호와의 말씀을 삼가 듣고 내가 오늘날 네게 명령하는 <그 모든> 명령을 (   ) 행하면,
- 15절 : 네가 만일 네 하나님 여호와의 말씀을 순종하지 아니하여 내가 오늘날 네게 명령하는 그 모든 명령과 규례를 지켜 (행하지) (   ),

어쨌든 순종하면, 세계 모든 민족 위에 뛰어나게 하실 것이다. 그리고 그들의 소유가 풍성해질 것이고 세계 만민이 이들을 두려워 할 것이다.

2. 하나님의 말씀에 순종할 것을 계속하여 촉구하신다. 하나님의 말씀을 순종함으로써 받게 될 축복은 무엇인가? (3-6절)

여기에는 6가지로 축복을 표현했다. 물론 어디를 가든지 무엇을 하든지 형통할 것이라는 표현일 것이다. 복(福)을 받는 것이 어찌 물질뿐이겠느냐고 빡빡 우기시겠지만, 어쨌든 가시적인 물질의 복을 말씀하신다.

① 성읍에서도 들에서도 복을 받을 것이다(3절).
② 네 몸의 소생 : 자손이 번성할 것이다(4절).
③ 네 토지의 소산 : 농작물의 풍성한 소출(4절)
④ 네 짐승의 새끼와 네 우양의 새끼 (4절)
⑤ (   ) (5절)
⑥ (   ) (6절)

3. 자, 그것보다 더 큰(?) 축복은 무엇인가? 모세는 보다 더 축복의 내용을 소개하고 있다. (7-10절)

① 대적들의 패배(7절) : 한 길로 쳐들어 왔으나 일곱 길로 도망갈 것이다.
② (8절 :)
③ 이스라엘을 하나님의 성민(聖民)으로 삼으실 것이다(9-10절). 세계의 강국으로 만드실 것이다. 출 19:5-6을 참고로 읽어보실 것.

4. 또다시 국가적 축복을 언급하고 있다. 어떤 축복이 언급되고 있나? 또 이 축복은 어떻게 할 때 받을 수 있는 것인가?

28:11-14

(1) 자손 번창, 목축과 농업이 복을 받아 이스라엘이 강국이 될 것이다(11절). 그래서 이른비와 늦은비를 때를 따라 주실 것이다(12절). 복을 받아 부자가 됨으로써 다른 나라에게 꾸어 줄지언정 꾸는 일이 없어질 것이다.

(2) 머리가 되고 꼬리가 되지 않게 하실 것이다(13절). 우리가 기도할 때 많이 인용하는 성경 구절이다. '그런데 다 머리가 되고 꼬리가 되는 사람이 없다면 어떻게 할까?' '글쎄?'

(3) 위에서 살펴본 바와 여기서 언급하고 있는 축복관은 언약과 관계가 있다. 언약에 철저히 순종하면 복을 주시겠다는 약속이다. 더욱이 이들 이스라엘 백성이 처하고 있는 환경을 생각한다면 이런 축복의 약속은 매우 파격적이며 놀라운 은혜의 선포가 아닐 수 없다. 모세는 순종에 대한 결론적으로 다음과 같이 권면한다.

28:14 "내가 오늘 너희에게 명령하는 **그 말씀을 떠나** 좌로나 우로나 치우치지 아니하고 다른 신을 따라 섬기지 아니하면 이와 같으리라."

결국 모든 축복은 "그 말씀을 떠나 좌로나 우로나 치우치지 아니하고 다른 신을 따라 섬기지 아니할 때" 가능하다는 것이다. 즉, 축복을 받으려면 말씀을 청종하고, 계명을 지키고, 그의 길로 행하되, 좌로나 우로 치우치지 말 것이며, 특히 다른 신을 섬기지 말아야 한다는 것이다.

축복과 언약과의 관계

넷째로, 여기에 균형을 이루는 것이 은혜라는 주제이다. 축복이 순종에 대한 보상이기는 하지만, 하나님께서 그렇게 하시도록 이끄는 것은 어디까지나 순전한 하나님의 은혜이다. 모세는 하나님의 축복은 오로지 그의 사람의 결과라고 분명히 말하고 있다(신 7:6-16).

다섯째, 하나님께 불순종으로 초래되는, 즉 축복의 정반대의 것은 항상 불순종의 결과로 생기는 저주를 상정한다. 따라서 축복과 저주는 하나님의 섭리 속에서 한 동전의 양면과 같다(신 28장).

▲ **신약의 축복의 개념** : 구약의 축복 모티브 위에 세워진 신약의 축복 개념은 그리스도의 왕국에 속한 자들의 영적인 신분을 의미한다. **하나님의 축복의 중심 장소는 이제 더이상 택함을 받은 민족이 아니라 믿음을 가진 사람들이다.** 구약에서의 축복이 항상 물질적인 번영에 강조점을 두었던 반면에 신약에서의 축복은 전적으로 믿는 자들을 위하여 천상에 예비된 영적인 기업으로 이해되고 있다.

▲ 예수님은 산상보훈에서 어떤 자들이 복있는 자라고 말씀하시는가?

[성경이미지 사전, CLC]

온전한 순종

▲ 하나님께서 그의 백성들에게 요구하시는 순종의 수준은 어느 정도일까? 구약에 나오는 하나님께 대한 순종의 대표적인 예는 이스라엘 민족의 조상인 아브라함이다. 하나님께서 그의 백성들에게 요구하시는 순종의 수준은바로아브라함과같은수준의 순종이다.

▲ 사울의 여호와의 명령에 '온전히' 순종하지 않았다(삼상 15장). 따라서 하나님께서는 사무엘을 통해 이를 책망하신다.

"사무엘이 가로되 여호와께서 번제와 다른 제사를 그 목소리 순종하는 것을 좋아하심 같이 좋아하시겠나이까 순종이 제사보다 낫고 듣는 것이 숫양의기름보다나으니"(삼상 15:22).

▲ 그러나 순종을 위한 하나님의 요구는 피상적인 것이 아니라 하나님께서 복을 주시는 수단이 된다.

만일, 순종치 아니하면 (28:15-68)

1. 그러면, 위와는 반대로 말씀을 순종하지 아니하면 어떤 결과가 올 것인가? 순종치 아니할 때 받을 저주는 어떤 것인가? 먼저, 불순종한 개인이 받을 저주는 어떤 것인가?

28:15-19

이 저주의 내용은 앞에 언급된(1-5절) 축복의 내용과 반대라고 생각하면 된다.

2. 저주가 얼마나 무서운 것인가를 보여주고 있다. 어떤 질병이 임하게 될 것인가를 알아보자. 우선 보편적인 재앙의 모습을 살펴보자.

28:20 "네가 악을 행하여 그(나)를 잊으므로 네 손으로 하는 모든 일에 여호와께서 저주와 혼란과 책망을 내리사 망하며 속히 파멸하게 하실 것이며"

하나님께서 저주와 혼란과 책망(curses, confusion and rebuke)*을 보내실 것이라고 하신다. 누구에게? "악을 행하여 하나님을 잊는 자에게" 즉, 여호와의 말씀을 삼가 듣지 않고 그 명령을 지키지 않는 자들에게 이로 인한 징벌을 내리실 것이다.

- **혼란**(공구, 恐懼, 두려울 공 / 두려워할 구 = 공포) : 어떤 공포? 전쟁이나 재앙으로부터 오는 두려움이나 고통스러운 질병으로 인한 신적인 공포를 의미한다(삼상 5:9, 14:20 -自中之亂).
- **책망**(견책, 譴責, 꾸짖을 견 / 꾸짖을 책) : 하나님이 진노 중에 발하실 저주를 가리킨다.

3. 하나님이 내리시는 징벌은 구체적으로 어떻게 임하게 될까? 다음에 언급된 일곱 가지 질병(4가지는 사람에게, 3가지는 곡식에게)을 살펴보라.

28:21-22

① 폐병 ② 열병 ③ 상한(inflammation, 심한 염증으로 온 몸에 열이 나는 병) ④ 학질(말라리아, 일정한 시간이 되면 오한이 나고 발열하는 병 ⑤ 한재 : 극심한 가뭄 ⑥ 풍재(風災, 하늘에서 비가 내리지 않음으로써 먼지와 티끌로 덮인 상태) ⑦

썩는 재앙(mildew, 곰팡이, 백분병)

(1) 가나안에 정착한 후 말씀을 지키지 않을 때 받게 되는 저주를 가시적인 질병으로 종합적으로 설명했다. 말씀을 지키지 않는 것이 얼마나 무서운 일인지 모른다.

(2) 재앙은 또 있다. 어떤 것? (23절) : 하늘이 놋 같이 되고, 땅은 철 같이 될 것이다. 비가 내리지 않아 굳어지게 된 상황, 극심한 가뭄을 표현하는 말이다. 젖과 꿀이 흐른다는 가나안 땅은 이들의 불신앙으로 비 대신에 티끌과 모래가 내리는 황무한 땅으로 변할 수 있다는 것이다.

4. 위와 같은 극심한 자연 재해도 무서운 일이지만 더 무서운 전쟁의 참화일 것이다. 전쟁을 하게 되면 어떤 결과가 올 것인가?

28:25 "여호와께서 네 적군 앞에서 너를 패하게 하시리니 네가 그들을 치러 (한 길)로 나가서 그들 앞에서 (일곱 길)로 도망할 것이며 네가 또 땅의 모든 나라 중에 흩어지고 [26]네 시체가 공중의 모든 새와 땅의 짐승들의 밥이 될 것이나 그것들을 쫓아줄 자가 없을 것이며"

(1) 하나님의 말씀에 순종하면 28:7처럼 되는데, 불순종하면 물론 반대의 결과가 있을 것이다. 그 비참의 결과를 26절에 어떻게 표현하고 있나? 이런 재앙은 얼마나 무서운 일인가?! 그러나 이런 재앙이 역사상에 실제로 일어나게 된다. 물론 이스라엘의 불신앙 때문이었다(왕하 24:14-16, 대하 36:20, 왕상 14:11, 렘 7:33을 읽어보라).

(2) 재난은 또 있다 :

- 27절 : 종기, 치질, 괴혈병(악성 출혈병), 개창(심한 가려움증)
- 28절 : 미침, 눈멂, 경심증(사소한 일에도 깜짝깜짝 놀라는 병)
- 29절 : 백주(대낮)에도 더듬고 - 항상 압제와 노략을 당할 것이다.

아휴, 너무 많아서 다 적을 필요가 없네. 우선 27-46절까지만 읽어보자.

5. 자, 간단하게 요약 정리해 보자. 율법을 지키지 않게 되면,

(1) 죄로 인해 이방의 침략을 당하게 될 것이다(47-68절).

저주(Curse)

▲ 저주하다(아라르, ארר) : 신명기에서(신26-27장, 그리심산과 에발산에서) 백성들은 하나님의 언약을 철저히 지킬 것을 '아멘'으로 화답했다.

▲ 하나님 앞에서 언약을 철저히 지키겠다고 '아멘'으로 화답했지만 분명히 말씀대로 살지 못할 수 있다. 따라서 불순종에 대한 타당한 반응으로서 저주를 내리신다. 언약을 지키지 않는 자에게 하나님은 안전,, 자유, 건강과 축복을 빼앗아가실 것이다.

▲ 하나님은 자기 백성 이스라엘을 위하여 대적과 싸우시는 분이지만, 반대로 이스라엘이 죄를 지었을 때는 이스라엘을 대적하신다. 자기 백성을 대적하시는 것이 폐병, 열병, 극심한 가뭄 등으로 나타난다. '하나님의 진노'로 표현되는 언약의 저주의 모티브는 바벨론에게 포로로 끌려감으로써 가장 뚜렷하게 표현되었다. 그러니까 출애굽 때에 이스라엘을 위해 싸우셨던 언약의 하나님께서는 예루살렘이 신실치 못함으로 인하여 멸망할 때에는 "원수 같이" 되셨다(애 2:5)는 말이다.

▲ 신약에서는 궁극적으로 종말의 저주, 마지막 심판, 하나님의 구원을 거부한 자들이 하나님으로부터 분리되어 겪을 저주에 대해 말하고 있다.

불순종하기가 더 힘들다?

▲ 신명기 28장에 '축복'에 대해 언급한 것보다는 '저주' 항목이 훨씬 길게 언급되었다. 왜 모세는 저주에 대해서 이렇게 길게 언급하고 있는 것일까?

▲ 모세는 불순종의 길을 걸어가기보다는 순종의 삶을 사는 길이 결코 쉽지 않음을 역설하려고 했을 것이다. 이는 마치 예수님께서 좁은 길과 넓은 길의 비유를 통해(마 7:13-14 "좁은 문으로 들어가라 멸망으로 인도하는 문은 크고 그 길이 넓어 그리로 들어가는 자가 많고 생명으로 인도하는 문은 좁고 길이 협착하여 찾는 이가 적음이니라.") 하나님을 섬기는 길이 상대적으로 어렵고 힘든 점을 강조하신 것과 같다.

▲ 모세가 우려했던 바는 실제로 이스라엘 역사에 현실로 드러났다. 사사기와 열왕기에 기록된 이스라엘의 역사는 모세의 강조가 결코 겁을 주기 위한 선포가 아니었음을 확인할 수 있다. 언약에 대한 불순종의 극단으로 결국 이스라엘을 포로로 끌려가는 비운을 맞게 된다. 신 28:32, 36-37의 말씀은 현실이 되었다. 훗말 북이스라엘은 앗수르에 의해 멸망당했고(주전722), 남유다는 앗수르를 치고 일어선 바벨론에게 포로로 끌려가게 된다(주전586). 따라서 모세의 저주에 대한 경고는 결코 겁을 주기 위한 메시지가 아니었다.

(2) 하나님을 섬기지 않음으로써 원수를 섬기게 될 것이다(47-48).

(3) 원방(遠方)에서 강국이 쳐들어 올 것이다(49절).

(4) 참변을 당하게 될 것이다(50-57절).

(5) 모든 질병을 당할 것이고(60-61절)

(6) 이방으로 흩어짐을 당할 것이다(62-68절).

▲ 차라리 여호와의 말씀을 철저히 지키는 것이 훨씬 나을만큼 저주의 범위와 강도가 넓다. 축복과 저주의 내용을 비교해 보라. 축복의 풍성함에 비해 저주는 얼마나 끔찍한가? 그런데 이상하다. 이스라엘 백성들은 하나님의 율법에서 멀리 멀리 떠나게 된다. 때로는 왕이 먼저 부패하여 백성 역시 부패의 길을 걸어가기도 했고, 그 반대의 일도 있게 된다. 훗날 이스라엘 백성들의 역사는 이스라엘의 패역사(悖逆史)라 할만큼 죄악된 길을 걸어간다. 모세는 그때를 예상하면서 저주의 강도를 더해 선포했는지 모른다.

6. 신명기 28장의 기록 목적은 무엇일까? 단순히 축복받는 법과 그렇지 못할 때 저주를 당하게 된다는 내용일까?

(1) 신명기 28장에 나타난 축복을 받는 비결(?)은 우리를 흥분케 하기까지 한다. 축복이라면 자다가도 벌떡 일어나는 우리가 아닌가?! 이스라엘은 이미 하나님의 가장 큰 축복을 받은 백성들이다. 이스라엘은 하나님의 특별한 관심의 대상이었다. 시내산에 도열한 이스라엘 백성들에게 하나님은 다음과 같이 말씀하신다.

- 신 4:32-34 "네가 있기 전 하나님이 사람을 세상에 창조하신 날부터 지금까지 지나간 날을 상고하여 보라 하늘 이 끝에서 저 끝까지 이런 큰 일이 있었느냐 이런 일을 들은 적이 있었느냐 33어떤 국민이 불 가운데에서 말씀하시는 하나님의 음성을 너처럼 듣고 생존하였느냐 34어떤 신(하나님)이 와서 시험과 이적과 기사와 전쟁과 강한 손과 편 팔과 크게 두려운 일로 한 민족을 다른 민족에게서 인도하여 낸 일이 있느냐 이는 다 너희의 하나님 여호와께서 애굽에서 너희를 위하여 너희의 목전에서 행하신 일이라."

(2) 즉 하나님의 가장 큰 축복은 이미 이스라엘에게 임했다. 그렇다면 지금 신명기 28장에서 요구되는 순종은 축복을 받는 비법을 말하는 것이 아니다. 따라서 순종은 **이미 임한 하나님의 은혜를 입은 자들의 마땅한 반응이다.**

제 3 설교 (29:1–30:20)

축복과 저주가 네 앞에 놓여 있다. 언약에 순종하라.

이 언약의 말씀을 지켜 행하라 (29:1–15)

▶ **29장의 핵심** : 앞에서 살펴본 것처럼 신명기 28장의 축복의 목록은 축복받는 비결을 말하고 있는 것이 아니라 이미 엄청난 축복을 받은 이스라엘이 마땅히 지켜야 할 순종의 덕목들이다. 이제 모압에서 언약 갱신 때 행해진 설교의 내용이 29-30장에 나와 있다. 이제 과거를 회고하고 그 약속을 지킬 것을 말씀하시면서 모압 땅에서 하나님의 언약을 재확인시키고 있다. 모세는 훗날 이스라엘의 타락을 우려하고 있다.

1. 본문을 연구하기 전에 신명기의 큰 틀을 살펴보는 곳이 도움이 될 것이다. 신명기의 구조를 어떻게 보느냐는 학자들마다 다양하다. 다음의 도표는 신명기의 구조를 이해하는 데 크게 도움이 된다.[1)]

[A] 외곽	: 과거를 돌아보며 (신 1-3장)
[B] 내곽	: 위대한 연설 (신 4-11장)
[C] 중앙핵	: 언약의 법규들 (신 12-26)
[B′] 내곽	: 언약 제사 (신 27-30)
[A′] 외곽	: 미래를 조망하며 (신 31-34장)

설명 :

외부골격 ▲ [A]와 [A′] - 이스라엘의 **가까운 과거**(1:1-3:29)와 **아주 먼 과거**(4:1-43)와 관련된 사건을 통해 교훈을 준다. 즉 시내산에서 모압까지(1:1-3:29)의 여정을 회고한다. / 현재 백성들은 모세와 함께 모압에 서 있다.

4:1-43까지는 현재에서 시간을 거꾸로, 즉 현재, 모압(4:3)에서 호렙산(4:10)을 거쳐 애굽으로 간다(4:20). 거기서 더 과거로 올라가 열조의 시간까지(4:32), 더나아가서는 태초까지 소급한다(4:32).

내부골격 ▲ [B]와 [B′] - 이스라엘이 가나안에 들어가 살아야 할 역사적 삶이 현재를 다룬다. (아주 가까운 미래, 가나안 땅에서의 삶) 4:44-29:1은 신명기의 핵심을 이룬다. 이 부분은 다시 두 부분으로 나뉜다. A. 4:45-11:32까지와 B. 12:1-28:68이 동일한 내용의 반복이라고 한다.

중심핵 ▲ [C] - 여호와의 규례와 율법의 상세한 사항들을 다루고 있다. 신명기의 핵심은 모압(세겜) 언약이며 모압(현재)에서 언약의 법적인 요소를 모세가 마무리하고, 세겜(미래)에서는 언약의 제의적 요소를 여호수아가 완성할 것이라는 점이다.

1) D. L. Christensin의 견해, 송제근, 오경과 구약의 언약 신학, 335면에서 재인용. 이를 달걀의 구조로도 설명하기도 한다. 중심핵(12-26장), 그리고 이를 둘러싼 흰자에 해당하는 내부골격(4-11장, 27-30장)이 있고, 마지막 껍질에 해당하는 외부 골격(1-3장, 31-34장)으로 구성되어 있다. (김윤희, 그 말씀, 두란노, 2004년 4월호, 48면)

1. 모세는 이제 하나님의 나라로 갈 것이다. 요단을 건너기 바로 직전 모세는 주의 법을 반복, 또 반복하여 가르치고 있다. 이제 설교를 마무리하면서 강조하고 있는 것이 무엇인가?

29:2-8

(1) 앞페이지의 구조에서

▶ 1:1-4:43은 과거에 대해 언급하고 있음을 살펴보았다. 그러나 반대로

▶ 29:2-34:12은 미래에 대해서 언급하고 있다.

● 29:2-30:20 : 먼 미래의 관점에서 ⇔ 1:1-3:29 – 가까운 과거

● 31:1-34:12 : 가까운 미래의 관점에서 ⇔ 4:1-44 – 먼 과거

(2) 이처럼 29:2-30:20은 1:1-4:44(과거의 관점)과는 정반대 방향의 극적인 종말에 이른다. 이 언약이 영향을 미치는 것은 현재 모압 땅에서 언약을 맺는 세대(29:10-13)뿐만 아니라 먼 미래의 세대까지 이른다는 것이다(29:14-15).[1]

2. 이렇게 모세는 시내산 언약과 모압 언약, 첫 세대와 다음 세대 그리고 하나님의 은총과 이스라엘의 삶을 서로 연결시키고 있다.

29:1 "호렙(시내산)에서 이스라엘 자손과 세우신 언약 외에 여호와께서 모세에게 명령하여 (　　　　) 땅에서 또 그들과 세우신 언약의 말씀은 이러하니라."

(1) 모세는 우선 과거를 돌아보라고 촉구함으로써 그들의 미래를 설명해 나간다. 과거 하나님이 애굽에서 행한 일을 기억하라(비록 이 말씀을 듣고 있는 이전 세대들이 체험하긴 했지만). "곧 그 큰 시험(신 4:34 참조)과 이적과 큰 기사를 네가 목도하였느니라"(3절). 그렇게 친히 목도하였으면서도 그들의 완고함 때문에 하나님이 주시고자 하셨던 그 놀라운 은총을 잘 깨닫지 못했다는 것이다(4절, 사 6:9, 렘 5:21). 겸손치 않다면 하나님의 뜻을 읽을 수 없다는 것이다(렘 31:18-19 참조).

(2) 광야의 여정 가운데서도 하나님은 특별한 섭리로 이들을 인도해 오셨다(5-6절). 왜 그렇게 하셨는가? 그것은 "주는 너희 하나님 여호와이신 줄을 알게 하셨기" 때문이었다. 그래서 헤스본 왕 시혼과 바산 왕 옥을 섬멸하고, 요단 동편을 르우벤과 갓 므낫세 반 지파에게 기업으로 주셨다.

29:4은 무슨 뜻일까?

▲ 신 29:3 곧 그 큰 시험과 이적과 큰 기사를 네가 목도하였느니라

신 29:4 그러나 **깨닫는 마음**과 보는 눈과 듣는 귀는 오늘날까지 여호와께서 너희에게 주지 아니하셨느니라.

▲ 모세는 4절에서 이스라엘의 완고함에 부정적인 평가를 언급한다. 그 완고함 때문에 이스라엘은 하나님의 은총이 나타난 사건들을 바로 이해하지 못했다. "네 눈으로 네가 목도하였도다"(3절)라고 말씀하신다. 즉 저들은 보았으나 그 말들의 심오한 의미를 이해하지 못했다는 것이다(사 6:9, 렘 5:21 참조).

▲ '깨닫는 마음'은 문자적으로는 '아는 마음'(לֵב לָדַעַת)이다. 마음이 속사람을 나타낸다. 마음은 지각과 지식의 좌소(座所)이다. 여기서는 지성적인 의미가 아니라 여호와를 경외하는 마음을 가리킨다(신 5:29 참조). J. 리더보스, 신명기

▲ 그러나 4절의 해석의 어려움이 있다. 현세대에게 하나님은 깨닫는 마음을 주셨는가, 아니면 미래에 주실 것인가 하는 문제이다. 이 구절의 해석은 29:29의 말씀과 연관되어 설명되어져야 한다. 본문의 설명을 들어보자.

1) 송제근, 그 말씀(두란노, 2004년 4월호, 71면

3. 자, 그러니 이제 어떻게 해야 하겠는가? 모세는 언약에 관한 결론을 이끌어 낸다. 어떤 권면을 하고 있는가?

29:9 "그런즉 너희는 이 언약의 말씀을 (　　　　) (　　　　) 그리하면 너희가 하는 모든 일이 형통하리라."

비록 시내산 언약 및 신명기 언약이 영원한 언약으로 체결됐다 하더라도 그 언약은 늘 새로워져야만 하는 살아 있는 관계라고 말한다(W. Eichrodt). 또한 이스라엘이 수여받았던 언약은 개별적이며, 이해할 수 있으며, 지킬 수 있다고 말씀하신다(29:9-15).[1]

4. 이제 언약을 체결하기 위해 백성 모두가 하나님 앞에 도열해 있다. 누구까지도 하나님 앞에 섰는가?

29:10 "오늘 너희 곧 너희의 수령과 너희의 지파와 너희의 장로들과 너희의 지도자가 이스라엘 모든 남자와 [11]너희의 유아들과 너희의 아내와 및 네 진중에 있는 객과 너를 위하여 나무를 패는 자로부터 물 긷는 자까지 다 너희의 하나님 여호와 앞에 서 있는 것은"

(1) 모세가 온 이스라엘을 소집했다(2절). 물론 이들은 시내산 언약 시에는 태어나지 않았던 새로운 세대들이거나 20세 미만의 자들이었다. 따라서 언약을 갱신할 필요가 있었다. 출애굽의 사건이 남의 이야기로만 들리는 세대였다. 따라서 모세는 과거의 일을 다시금 회고케 하고, 이어서 하나님의 말씀을 철저하게 지킬 것을 강하고 권면하고 있는 것이다.

(2) 장로, 유사들, 남자들, 여자들, 유아들까지도, 그리고 객들도, 나무를 패고 물 긷는 종들까지도 모두 모두 모압 평지에 모여 섰다. 이들은 다 언약의 대상자들이었기 때문이다. 이들 모두가 하나님의 말씀을 지켜 가야 할 자들이었던 것이다.

5. 이들과 맺어야 하는 언약의 핵심 내용이 무엇인가?

29:13 "여호와께서 네게 말씀하신 대로 또 네 조상 아브라함과 이삭과 야곱에게 맹세하신 대로 오늘 너를 세워 자기 (백성) 을 삼으시고 그는 친히 네 (하나님)이 되시려 함이니라."

1) 폴 R. 하우스, 장세훈 역, 구약신학, 기독교문서선교회, 341면

출애굽 제2세대에게

▲ 과거를 생각하고

- 출애굽 사건(29:2-4)
- 광야의 여행(29:5-6)
- 헤스본 왕 시혼과 바산 왕 옥의 도전을 물리침(29:7)
- 땅분배(르우벤, 갓, 므낫세 반지파에게)

▲ 모압 땅에서 출애굽 제2세대와 언약 갱신의 식(29:10-10-13 / 현 시대에 사는 모든 언약의 공동체와 언약체결)

▲ 언약의 내용(13절)
"여호와께서 이왕에 네게 말씀하신 대로 또 네 열조 아브라함과 이삭과 야곱에게 맹세하신 대로 오늘날 너를 세워 **자기 백성을 삼으시고 자기는 친히 네 하나님이 되시려 함이니라.**"

(1) 이 언약은 이들 조상들, 아브라함과 이삭과 야곱에게 맹세로 언약하셨던 내용과 본질이 같은 것이다. 곧 이스라엘은 하나님의 백성이 되고, 하나님은 이스라엘의 하나님(왕)이 되신다는 것이다. 따라서 이들 백성들은 왕이 원하시는 방법대로 살아가야 할 의무가 있는 것이다.

(2) 그 하나님(왕)이 요구하시는 바가 바로 율법에 드러나 있다. 하나님은 거룩한 분이시니 이들 백성 역시도 거룩한 삶을 살아가라는 것이다. 그 생활 패턴이 이방 족속들과는 전혀 다른 것임은 앞에서 밝힌 바와 같다.

6. 이 언약의 대상자들은 오늘 여기 모압 평지에 서 있는 당대의 사람에게만 해당하는 것인가?

29:14 "내가 이 언약과 맹세를 **너희에게만 세우는 것이 아니라**
15오늘 우리 하나님 여호와 앞에서 우리와 함께 **여기 서 있는 자와 오늘 우리와 함께 여기 있지 아니한 자에게까지이니**"

(1) 물론, 아니다. 이 모압언약의 대상은 "오늘날 우리 하나님 여호와 앞에서 우리와 함께 여기 선 자와 <오늘날 우리와 함께 여기 있지 아니한 자에게까지>"[1] 도 해당되는 것이다. 즉 현재와 함께 미래까지 모두가 모압언약 대상에 포함된다는 것이다(계대적이다 - 대를 잇는 언약임).

(2) 신명기 5:2-3을 읽어보자. "우리 하나님 여호와께서 호렙 산에서 우리와 언약을 세우셨나니 이 언약은 여호와께서 우리 열조와 세우신 것이 아니요 오늘날 여기 살아 있는 우리 곧 우리와 세우신 것이라."

(3) 하나님은 시내(호렙)산에서 이들 조상들과 언약을 세우셨다. 이제 한 세대가 지나고 새로운 세대가 지금 여호와 앞에 서 있다. 언약갱신이라는 공적 행사를 하기 위해서이다.

(4) 만약, 우리가 그리스도 안에 있다면, 우리는 아브라함의 자손이기에 아브라함이 받았던 축복에 참여할 수 있다. 그렇다면, 모압 평지에 서 있던 백성들과 같이, 우리 역시도 하나님의 언약의 대상자로 서 있다. 물론 이 언약 백성에게 요구되는 삶의 방식이 당연히 오늘 나에게도 요구되고 있다.

모세가 기록된 율법을 장로들에게 전하고 있다.

또 우상 숭배할까 걱정이다 (29:16–29)

1. 하나님은 왜 이스라엘 백성들과 언약을 세우려 하시는가? 그것은 이스라엘 백성들로 하나님의 백성(자녀)으로 삼고 축복을 주시고자 함이이었다. 그러나 이들 과거 이스라엘의 행적에서 볼 수 있듯이 이들이 말씀대로 순종하게 될지 불안하다. 모세가 가장 우려하는 것이 무엇이었는가?

29:17-19

(1) 하나님을 사랑한다는 것은 단순히 말로만 그쳐서는 안 된다. 진정으로 하나님을 사랑해야 한다. 모세는 지금 이들이 우상 숭배의 죄를 지을까 봐 걱정하고 있다. 훗날 이스라엘은 과거의 광야의 조상들처럼 우상 숭배로 떨어질지 모른다.

- **젖은 것과 마른 것을 멸할지라도**(19절) : 속담 같은 표현으로, 여러 가지로 해석한다. '어쨌든 어떤 것으로 형벌을 내려도 나는 화를 당하지 않고 평안할 것이라는 생각' 을 말한다.

(2) 그들은 광야를 지나오면서 "가증한 것과 목석과 은금의 우상"을 보았던 것이다. 이런 우상 숭배를 하는 자들을 하나님은 멸하신다. 어떤 사람은 스스로 위안을 삼으면서 이렇게 말할지도 모른다 : 19절의 속담과 같이 "내가 내 마음대로 언약을 어겨도 나에게는 아무 일도 없으리라. 만사 형통할 것이다." 이렇게 경거망동한 자에게는 분명히 재앙이 임할 것이다. 이런 사람들은 하나님께서 이스라엘을 자기 백성으로 삼으셨으니까 어떤 심판에서도 자기는

평안할 것이라고 착각하는 자일 것이다.

(3) 이런 우상 숭배하는 자들은 "독초와 쑥의 뿌리"가 될 것이다. 성경에서는 이 쑥을 보통 사망과 파멸과 연관하여 사용했다(계 18:11 참조). 히브리서 12:15을 읽어보자. "너희는 돌아보아 하나님 은혜에 이르지 못하는 자가 있는가 두려워하고 또 <쓴 뿌리가 나서> 괴롭게 하고 많은 사람이 이로 말미암아 더러움을 입을까 두려워하고"

2. 그러나, 하나님은 이렇게 생각하는 자들을 어떻게 다루실까? (29:20-21)

20 "여호와는 이런 자를 사하지 않으실 뿐 아니라 그 위에 여호와의 분노와 질투의 불을 부으시며 또 이 책에 기록된 모든 저주를 그에게 더하실 것이라 **여호와께서 그의 이름을 천하에서 지워버리시되**"
21 "여호와께서 곧 이스라엘 모든 지파 중에서 그를 구별하시고 **이 율법책에 기록된 모든 언약의 저주대로** 그에게 화를 더하시리라."

3. 만약 이스라엘이 언약을 지키지 않아 또다시 우상 숭배에 빠지면 어떻게 될 것인가? (29:22-23)

소돔과 고모라가 멸망 당한 것 같이 너희가 거하는 곳을 뒤집어엎을 것이다. 그래서 열국 가운데로 흩어 버리실 것이다. <소돔>, <고모라>, <아드마>, <스보임>(창 14:2, 호 11:8)이 망한 것 같이 완전히 파멸할 것이다. 우상 숭배의 결과로 그 비참함이 어떠할 것인가를 보여주고 있다.

4. 훗날, 열방들이 도대체 왜, 너희 나라는 그렇게 황무하고 박토가 되었느냐고 물어 볼 날이 있을 것이다. 그러면 무엇이라고 대답해야 할 것인가?

29:24-28 하나님의 말씀을 어기고 우상 숭배의 결과로 이렇게 무서운 재앙을 받았소이다

"하나님이 우리와 세우신 언약을 버리고, 생판 알지도 못하고 하나님이 주시지도 아니한 다른 신을 섬겨서 그렇게 되었다오." "하나님이 우리에게 우상을 섬기면 율법에 기록된 대로 진노를 내리시고, 또 진노와 분한(憤恨)과 크게 통한(痛恨)하심으로 그들을 이 땅에서 뽑아내사 다른 나라에 던져 버리실 것이라고 하셨는데, 우리가 그것을 무시했거든요. 그래서 이런 심판을 받게 되었다우.

나타난 일은 영구히 우리와 우리 자손에게!

1. 29절을 읽고 그 의미하는 바를 설명해 보라.

29:29 "**감추어진 일**은 우리 하나님 여호와께 속하였거니와
나타난 일은 영원히 (우리와 우리 자손에게) 속하였나니
이는 우리에게 이 율법의 모든 말씀을 행하게 하심이니라."

(1) 오묘한 일은 하나님 여호와께 속하였다고 했다. 축복과 저주에 관한 모든 일은 하나의 미래사로, 하나의 숨겨진 일로 하나님의 영역에 속했다. 그러나 그 무엇이 하나님 안에 감추어져 있든 간에 그것은 우리와 우리 자손을 위한 것이라는 말이다.

(2) 반대로 '나타난 일'[1]은 모세를 통해서 율법 속에 담겨진 모든 것을 가리킨다(일차적인 뜻은 '모압언약'). 이런 모든 규례와 법도들은 이스라엘 백성들이 그것을 따라 살도록 자손에게 주신 것이다. 백성들은 그 나타난 뜻을 부지런히 배우고 되새겨서 그것을 지키면 된다. 그렇게 순종하면 신명기 28:1-14까지에 나와 있는 축복들을 자신의 것으로 소유할 수 있을 것이다. 물론 이 28장의 축복의 목록이 축복 받는 비결을 말하려고 한 것은 아니다. 이는 이미 엄청난 축복을 받은 백성들이 마땅히 지켜야 할 실천 목록이다.

2. 그렇다면 나타난 뜻을 알기 위해 어떻게 해야 하는가? 그 뜻을 알기 위해 하늘에 올라가야 하는가? 물론 그렇지 않다(신 30:12). 이미 그것은 우리에게 가까이 있어서 그것을 삼가 지키면 된다.

(1) 나타난 뜻의 근본 의미를 알기 위해 우리는 말씀을 배울 필요가 있다. 그것도 아주 부지런히. 그런데 좀처럼 말씀을 체계적으로 알려고 하지 않는다. '주일날, 빠지지 않고 교회에 잘 나가기만 하면 되지, 뭘' 하고 무관심한 사람들이 대부분이다. '성경을 많이 알아 봤자, 교만만 해질 것이니까!'

(2) 그래서 어떤 교회는 말씀을 가르치지 않으려 한다. 오히려 교만해진다는 이유 때문이다. 물론 성경 내용을 많이 아는 것이 전부가 아니다. 성경 속에서 우리는 하나님의 위대하신 인류를 위한 구원 사역을 보게 된다. 우리는 그 사랑과 은총 앞에 믿음으로 반응하는 것이다.

오묘한 일 / 나타난 일

▲ 오묘한 일(the secret things : 싸타르(råtðs) : 숨기다, 감추다, 조심스럽게 숨다

▲ 나타난 일(those things which are revealed; 갈라(hålð…g) : 덮개를 벗기다, 폭로하다, 옮기다

▲ 역사에서 우리가 이해할 수 없는 것은 결국 하나님의 영역에 속한다. 그러나 이스라엘이 체험하고 만질 수 있는 사건은 결국 이스라엘의 책임이라는 말이다. 즉 하나님의 초월의 역사는 영원히 하나님의 것으로서 우리가 알 수 없으나 우리편에서는 언약적 삶을 정직하고 성실하게 살아야 할 책임이 있다는 것이다(송제근, 그 말씀, 2004년 4월호, 77면).

▲ 신앙의 성장은 종교적인 생활에 익숙해 지는 것이 아니다. 말씀으로 나의 인격과 나의 가치관이 바뀌어야 한다. 그것이 신앙의 성장이다.

3. 왜, 율법(성경)을 배워야 할까?

(1) 말씀의 바른 이해는 우리로 하여금 복음의 사람으로 변모시킨다. 복음은 사람을 변화시키는 능력이 있다. 따라서 교회에서는 체계적인 가르침이 있어야 한다. '나타난 일'은 우리에게 속했다. 따라서 부지런히 배워야 할 책임도, 철저하게 지켜야 할 책임도 우리에게 있다. 우리에게 평생 복음화가 이루어져야 한다. 말씀이 나를 지배하게 해야 한다. 그렇지 않으면 종교적인 신자만을 양산할 것이다. 신앙의 성장은 종교적인 생활에 익숙해 지는 것이 아니다. 말씀으로 나의 인격과 나의 가치관이 바뀌어야 한다. 그것이 신앙의 성장이다.

(2) 이스라엘 백성은 광야에서 그들의 죄로 인해 모두 멸망당했다. 가나안에 들어가기 전 모세는 근심스런 마음으로 언약을 철저히 지킬 것을 권고하고 있다. 모세의 이런 간곡한 권고(설교)에도 불구하고 훗날 이스라엘은 죄악으로 치닫는다(사사시대, 왕정시대도마찬가지).

(3) 결국 바벨론 포로로 끌려가는 수치를 당하지만, 이스라엘은 늘 선지자의 책망을 듣는다. 마침내 주님이 오셨고, 은혜 위에 은혜가 넘치는 시대가 되었지만 그후에도 교회사는 죄악으로 점철된다. 교회사를 신학의 중요한 과목으로 채택하여 열심히 배우지만 좀처럼 역사에서 하나님의 음성을 듣지 못한다. '나타난 일' - 그것은 영구히 우리와 우리 자손에게 속했다고 했다. 언약적 삶을 성실하게 살아야 할 책임이 우리에게 있다는 말이다.

(4) 이스라엘 백성들을 다루시는 하나님의 역사는 바로 나 자신을 향한 경륜이기도 하기 때문이다. 우리는 이스라엘 백성들의 부패한 삶의 모습에서 또다른 나를 보게 된다. 내가 어찌 그 거룩하신 하나님 앞에 고개를 둘 수 있다는 말인가?! 그러나 우리의 하나님 여호와께서 나를 향해 손을 벌려 웃고 계시지 아니한가?! 어디 한번 안아 보자고 팔을 벌리고 계시지 아니한가!!

(5) 그런 사랑을 깨달은 자는, 나타난 뜻을 알려고(배우려고) 몸부림치는 일이 있겠거니와 그와 동시에 오묘한 하나님의 뜻 앞에 밤을 지새우는 기도가 있을 것이다. 밤을 지새우는 기도가…

4. 언약 파기자에게 임하는 저주는 어느 정도인가? (19-28절까지 읽고)

• 19절 – 저주의 말을 들으면서도 '나는 괜찮을 것이다'라고 사람은 모두가 망할 것이다.

- 20-21절 – 19절과 같은 사람은 여호와께서 용서치 않으실 것이다. 이 책에 적힌 모든 저주가 임할 것이다.

- 22절 – 언약을 어긴 자의 불행을 자녀가 볼 것이요, 먼 나라에서 온 외국인도 볼 것이다. 그들은 이 땅에 내린 재앙과 질병을 볼 것이다.

- 23절 – "이 땅은 온통 불타는 유황과 소금뿐이다. 아무것도 심을 수 없고, 아무것도 자라지 않고, 아무것도 돋아나지 않는다. 마치 소돔과 고모라와 아드마와 스보임같이"

- 24절 – 온 나라가 이렇게 물을 것이다. – "왜 여호와께서 이 땅에 이런 일(분노)을 하셨을까?"

- 25-26절 – 24절에 대한 대답이다. "너희가 따른 신을 섬겼기 때문이다. 여호와께서 허락하지 않으신, 알지 못하는 신들을 섬겼기 때문이다."

▲ "여기에 기록된 말씀을 철저히 지키시오 그래야 백성들이 복을 받을 것이요." – 나, 모세

▲ **결론**(29절) :

이렇게 하나님께서는 **언약 파기자에게 가장 심각한 저주**를 내리신다.
하나님의 은혜와 초월의 역사는 영원히 하나님의 것이지만
어떤 일들은 명확하게 우리에게 알려주셨으니(모압언약의 내용처럼)
우리 모두가 이 언약을 철저하게 지켜야 하지 않겠소!

적용도우미

- 우리 주위에서 볼 수 있는 "독초와 쑥의 뿌리"는 무엇인가? 교회 내에서 소위 "쓴 뿌리"는 무엇이라고 생각하는가? (히 12:15을 읽고)

- 우상 숭배가 얼마나 무서운 일이기에 그렇게 강조하는 것일까? 설마, 예수 믿는 사람이 보이는 우상이야 섬기지 않겠지! 그러나 좀처럼 보이지 않는 나의 우상은 무엇일까? 나 자신이 아주 겸손해지기 전까지는 결코 잘 나타나지 않는 나의 우상이 반드시 있다. 무엇일까?

- 출애굽의 엄청난 기사와 이적을 보고도 언약을 떡먹듯 배반하는 이스라엘 백성들. 어찌 그럴 수가 있을까 하고 생각하겠지만, 한번 우리 자신을 냉정하게 살펴보라. 별로 그들과 다르지 않을 것이다. 별로…

- 예수님은 바리새인들을 향해 왜 그렇게 질타하셨을까? 그들의 종교심을 따라갈 자가 있을까? 없을 것이다. 그런데 왜 책망을 하셨을까? 우리는 나의 그 알량한 열심을 가지고 하나님을 무마(?)시키려는 행동은 차마 하지 않겠지? 진정으로 하나님을 사랑하는가? 그렇다면 그런 생각은 버려라. 하나님은 우리가 진정으로 사랑하는 자녀이기에 관심을 가지시는 것이다.

- 성경을 어떻게 공부하고 있는가? 교회의 정규 모임에 참석하라. 혹시 외부의 성경공부 모임에 참석할 때는 반드시 담임 교역자님께 허락을 받고 참석하라. 꼭.

신명기 28-29장 정리하기

요약질문

세번째 설교 : 27-30장

Summary

28 • 신명기는 크게 세 개의 설교와 모세의 유언으로 되어 있다. 세번째 설교는 어디서부터 어디까지인가? 주 내용은 무엇인가?

• 모세는 하나님의 언약에 순종할 것을 명한다. 하나님의 말씀을 순종함으로써 받게 되는 축복은 무엇인가? (3-6절)
• 위의 축복보다 더 큰(?) 축복은 무엇인가? (7-10절)
• 국가적 축복을 언급하고 있다. 어떤 축복? (11-14절)
• 위의 축복들이 언약에 순종하면 주실 것이라는 말씀이다. 그렇다면 28:1-14까지는 축복받는 비결을 설명한 것인가? 진정한 의미는 무엇인가?
• 신약에서 축복의 의미는 여기서 말하는 축복의 개념과 어떤 점에서 다른가? 예수님께서 산상보훈에서 말하는 복의 개념과는 어떻게 다른가? 이 부분은 오늘을 사는 우리에게 어떻게 설명되어져야 할까?
• 순종으로 오는 축복의 목록(1-14절)보다 저주의 목록(15-68)은 훨씬 길다. 어떤 특별한 목적이 있는가?
• 신명기 29:4의 의미는 무엇인가? 29:29와 연계해서 설명해 보라.

29 • 시내산 언약은 무엇이며 모압언약(신 29:1)은 무엇인가? 이 두언약간의 차이점이 있다면 무엇인가?

• 신명기의 구조를 말해보고(서론 참조), 신명기 29:2-34:12의 위치를 말해 보라. 이 부분의 강조점은 무엇인가?
• 신명기 4장의 내용과 29-30장의 내용의 일치되는 강조점은 무엇인가? 신명기 4장의 특징은 이스라엘의 가장 먼 과거까지(창조까지, 4:32) 소급하고 있다. 반대로 29-30장은 어디까지 소언급하고 있는가? (교재)
• 모압 언약을 맺는 과정에서 언약의 대상은 누구인가? (14-15절)
• 언약 파기자에게 임하는 저주는 어느 정도인가? (19-28절까지 읽고 설명해 보라.)
• 29:29의 '오묘한 일'과 '나타난 일'의 의미를 설명해 보라.

Song of Moses(chs. 31:30-32:47)

Deuteronomy

30-32장

세 번째 설교:
언약에 대해 순종하라
(신 27-30장)

1. 포로로 끌려가게 되더라도 회개만 하면(30:1-14)
2. 생명과 복과 사망과 화(30:15-20)
3. 후계자 여호수아(31장)
4. 모세의 노래(32:1-32:47)
5. 모세의 유언(32:48-33:29)

느보산 정상의 불뱀의 모형

생명과 복과 사망과 화

가나안 땅에 들어가 하나님의 축복을 받으면서 살 것인가, 그렇지 않으면 저주를 받게 될 것인가? 그것은 이들이 하나님과의 언약을 얼마나 잘 지키느냐에 달려 있다. 그래서 하나님과의 언약을 맺기 위해 이스라엘 온 백성들이 모압 땅에 도열하고 있다. 모세는 이들을 향해 율법의 준수를 촉구하고 있다. 특히 우상 숭배에 빠지게 될까 봐 걱정하고 있다. 만약 이들이 하나님의 말씀을 어기고 우상 숭배에 빠진다면 이들에게 재앙을 내리시려니와 또한 이들을 이 땅에서 뽑아내사 다른 나라에 던지실 것이라고 경고하신다. 정말로 이 일이 일어난다면 그 비참함은 이루 말할 수 없을 것이다. 그러나 훗날 이런 우려는 실제로 일어나게 된다. 그러나, 이런 일은 어디까지나 징계의 한 수단이다. 하나님이 이스라엘을 영원히는 버리지 아니하신다. 비록 포로로 끌려가더라도 진정으로 회개만 한다면 다시 불러오시겠다는 것이다.

하나님은 우리가 하나님을 사랑하되 마음과 뜻과 힘과 성품을 다해 말씀에 순종하라고 요구하신다. 그러나 이스라엘이 언약을 어기고 배교했다고 해서 그것이 곧 그들의 종말은 아니다. 죄로 인해 열방으로 흩어진 후에도 회개하면 하나님은 다시 그들을 끌어안으실 것이라고 약속하신다.

Prosperity After Turning to the LORD (chs. 30)

생과 사 그리고 화와 복

▲ 세상의 달콤한 유혹 앞에 말씀은 늘 안개 속에 묻혀 있었다. 세상, 그곳은 보통 재미있는 곳이 아니었다. 오직 주님만 경배하라는 것은 세상에 빠져 있는 사람에게는 너무 가혹한 주문이었던가?!

▲ 우리가 만약 말씀대로 살아가려는 몸부림이 없다면 당신의 믿음은 희석된 믿음이다. 어찌 하나님이 토해 내지 아니하시겠는가?!

▲ 이스라엘 백성은 참 한심한 사람들이었구나 하고 착각하지 말라. 그들에게는 최소한 우리들보다는 나은 경건함은 있었다. 이스라엘 백성의 이야기들이 꼭 남의 이야기로만 들림은 어찜인가?

인간은 가지만

▲ 인간 모세는 죽음을 예고한다(48-52절). 왜 그가 가나안 땅에 들어가지 못하는가? 바로 므리바 사건 때문이었다(민 20장). 그러나 그는 그의 소임을 다한 것이다. 그렇다고 하나님 나라의 구속역사, 그 역사는 중단되지 않는다.

▲ 그 다음의 일은 다음 사람에게 맡겨진 또 하나의 일이다. 따라서 하나님은 이스라엘 백성을 끌고 들어갈 위대한 지도자를 키우고 계셨던 것이다. 그가 바로 여호수아였다.

30장 : 생과 사, 그리고 화와 복, 그것은 너희 선택 여하에

• 1-14절

• 잘못해서 포로로 끌려가게 되면 영원히 회복치 못할 것인가? 물론 아니다. 다시 철저히 회개한다면 다시 본토로 돌아오게 하실 것이다. 즉 상처를 싸매 주시고 먼저번보다 더욱 보살펴 주실 것이다.

• 그렇다면 하나님의 명령은 지키기가 아주 어려운 것인가? 천만에!!(11절을 보라)

• 이스라엘이 말씀대로 잘 살게 될까? 말씀에 청종하면 생명과 복이 있을 것이고, 불순종하면 죽음과 화가 임할 것이다. 수없이 외치고 다짐을 받았지만 세상의 환락 앞에 그것은 더 이상 살아 계신 하나님의 음성이 아니었다.

• 15-20절 `

• 무엇이 생사화복의 문제를 결정하는가? 하나님을 사랑하고, 그의 길로 행하고 명령과 규례와 법도를 지키면 형통하고 복을 받을 것이다.

• 반대로 마음을 돌이켜 불순종의 길을 택한다면? 그것은 반드시 화를 당할 것이다. 이제 선택의 여지는 너희들에게 달려 있다는 것이다. 생명을 택하라고 수없이 권고하지만 이상하게도 이스라엘은 생명보다는 죽음을 택하게 된다. 신명기에서 그렇게 외쳐대던 율법에의 순종은 공허한 메아리로만 들리고, 이들은 마침내 바벨론 포로로까지 끌려가게 된다.

결 론 (31:1-34:12)

31장 : 모세의 후계자 여호수아

• 31:1-8 후계자 여호수아의 등장. 여호수아에게 닥친 중차대한 일은 무엇인가? (4절)

• 31:9-13 율법을 백성들에게 가르쳐라. 모세는 이들에게 율법을 써 주었다. 이 율법을 부지런히 백성들에게 가르치라는 것이다. 물론 대학입시 암기과목처럼 가르치라는 것이 아니고 생활 교육을 시키라는 것이다. 그 배움의 대상은 남녀노소, 타국인까지 배워야 한다.

• 31:14-23 하나님이 모세와 여호수아에게 나타나셨다. 그래서 율법의 내용을 노래로 만들어 가르치라고 말씀하신다.

철저히 회개만 한다면 (30:1~14)

▶ **30장의 핵심** : 훗날 이스라엘이 부정적으로 진행되어 포로로 끌려갔을 경우를 전제로 하고 선포한 말씀의 내용이다. 포로로 끌려가더라도 진정으로 회개만 한다면 다시 돌아오게 하시겠다는 하나님이 약속이 있다. 그리고 이전 보다 더욱 번영하게 될 것이다. 자, 생사화복이 네 앞에 있으니 어떻게 할 것인가? 선택은 너희가 하라. "이 일이 기억나거든"(1절)이라는 말은 즉 "하나님의 징계가 자신들의 불순종의 결과임을 깨닫게 되거든"이라는 뜻이다.

1. 비록 이스라엘 백성이 포로로 끌려가더라도 회개만 한다면 다시 본토에 돌아오게 하실 것이다. 단 어떻게 한다면?

30:2 "너와 네 자손이 네 하나님 여호와께로 돌아와 내가 오늘 네게 명령한 것을 온전히 따라 **마음을 다하고 뜻을 다하여** 여호와의 말씀을 (청종)하면."

마음과 뜻을 다 하고 성품을 다하여 하나님의 말씀에 순종하면 그리하시겠다고 약속하신다(2절). 포로지에 가서 모세의 말이 기억나거든, 철저히 회개하라는 것이다. 그렇게만 한다면 다시 본토로 돌아오게 하시겠다고 약속하신다. 하나님은 비록 그들이 사랑하는 백성(아들)이라고 해도 죄에 대한 형벌은 반드시 치르신다. 하나님의 자녀로서 제일 중요한 일은 그의 말씀에 순종하는 것이다. 그 외에 다른 것은 없다.

2. 그래서 철저히 회개하고 바로 산다면 어떤 축복의 결과가 있을 것인가?

(1) 먼저, 이스라엘 백성들을 긍휼히 여기실 것이다(3절)
(2) 그리고, 너를 다시 모으실 것이다(4절). 아무리 멀리 포로로 끌려가게 되더라도 반드시 불러모으실 것이다. (그 어떤 불가능하게 보이는 환경에서도.)
(3) 그들의 조상보다 더 번성할 것이다(5절하).
(4) 심령에 은혜를 주실 것이다(6절).
(5) 너희들의 원수가 패망할 것이다(7절). 너를 미워하고 저주하려던 자에게 오히려 패망이 임하며 저주가 임할 것이다.
(6) 이제는 그전과 같지 않고 하나님께 순종하게 될 것이고(8절)
(7) 거기다가 풍성한 물질의 은혜까지 받게 될 것이다(9-10절).

바벨론 포로

▲ 지난 장에서 살펴본 것처럼(신 27-28장) 모세는 아브라함에게 약속한 땅을 상실할 우려가 있음을 백성들에게 경고하고 있다. 사사시대와 왕정시대를 거치면서 포로의 가능성이 점차 나타나기 시작했다. 훗날 이사야와 예레미야(7:1015), 에스겔(20:1-49), 아모스(2:4-5, 6:1-7), 미가(3:120, 하박국(1:5-11) 및 스바냐(1:4-13) 선지자는 바벨론 유수(왕하20:12-21 참조)를 예언했고, 결국은 주전 586년 이스라엘은 실제로 바벨론 포로로 끌려가는 비운을 맞는다.

▲ 시편에서는 바벨론 포로는 이스라엘의 언약 파괴의 절정으로 묘사하고 있다(시89-90편). 물론 시편 90-150편에서는 이 중대한 사건의 영향들을 어느 정도 극복하는 데 집중한다. 예레미야는 예루살렘의 파멸을 애도한다(예레미야애가). 그는 이스라엘의 악행과 그 우상숭배로 말미암아 바벨론 포로로 끌려갈 것이라고 선언했다(렘 44:20-30)

▲ 선지서와 성문서는 한결같이 바벨론 유수에 대해 이렇게 논증한다. "바벨론 유수는 이스라엘의 (언약에 대한)불성실에 대한 납득할만한 심판이다."

바벨론 유수는 영구적 형벌인가?

▲ 바벨론 포로, 그것은 다윗 왕조의 영원한 멸망을 의미하는가? 물론 바벨론 유수는 영구적인 형벌로 볼 수 없다. 바벨론 유수는 흩어진 이스라엘 백성들이 회개할 수 있는 기회로 묘사되고 있다.

▲ 사 35:1-10까지 읽어보자. "광야와 메마른 땅이 기뻐하며 사막이 백합화같이 피어 즐거워하며 무성하게 피어 기쁜 노래로 즐거워하며 레바논의 영광과 갈멜과 사론의 아름다움을 얻을 것이라 …그 때에 소경의 눈이 밝을 것이며 귀머거리의 귀가 열릴 것이며 그 때에 저는 자는 사슴같이 뛸 것이며 벙어리의 혀는 노래 하리니 이는 광야에서 물이 솟겠고 사막에서 시내가 흐를 것임이라."

▲ 예레미야 23:1-8 및 에스겔 34:11-16도 읽어보자. 여기서는 하나님의 백성들이 여호와의 구속의 위대함을 선포하기 위애 그 땅으로 다시 귀환할 것임을 선언한다. 신실한 여호와께서는 거룩한 족속을 위해 출애굽을 창조하실 수 있는 기회로서 묘사하고 있다 (사 40: 1-11).

▲ 포로기 후 예루살렘에서 활동했던 학개, 스가랴, 말라기, 에스라 및 느헤미야 역시 예루살렘의 회복을 말한다. 하나님의 긍휼로 이스라엘은 다시 회복될 것이다. 예루살렘의 몰락이 저주를 나타낸다면 가나안 땅으로의 귀환은 언약의 축복을 강조한다.

3. 그렇다면 하나님이 명하시는 규례와 법도는 이스라엘 백성들이 지키기 아주 어려운 것인가?

30:11 "내가 오늘 네게 명령한 이 명령은 네게 (어려운 것)도 아니요 먼 것도 아니라."

(1) 모세는 이 언약을 믿고 순종하는 일이 그리 어려운 일이 아니라고 말한다. 마땅히 지킬 수 있는 것이기에 주신 것이다(신 30:8). 만약 지키지 못할 규례라면 무엇하러 이들에게 율법을 주셨겠는가?! 모세는 결코 이 명령과 규례가 지킬 수 없는 불가능한 요구가 아니라고 강조하고 있다.

(2) 물론 그 명령을 지키기 위해 하늘에 올라갈 필요도 없고(12절), 그렇다고 바다 건너가서 가져와야 할 것도 아니다(13절). 하나님의 명령은 지식이 많은 사람만 깨달을 수 있는 난해한 법조문도 아니다. 그 말씀은 우리와 "심히 가까운" 지식이다. "오직 그 말씀이 네게 심히 가까워서 네 입에 있으며 네 마음에 있은즉 네가 이를 행할 수 있느니라"(14절).

즉, 지킬 마음만 있다면 누구나 지킬 수 있는 법조문이라는 것이다. 그리고 이것을 지키는 것이 바로 생명의 길이요, 축복 받는 길임을 강조하고 있다.

4. 그러나 훗날 이스라엘은 패역을 거듭한다. 여호수아와 그 동시대의 장로들이 살아 있는 동안에는 그나마 언약을 지키려는 몸부림이 있었지만(수 24:31), 이들 지도자들이 죽자 이들은 언약을 어기고 급속히 파멸의 길로 들어선다. 이른바 사사시대, 이미 암흑이 지배하고 있었다.

(1) "죄(배교) - 심판 - 부르짖음 - 구원 - 평안 - 또다시 배교"의 패턴을 그리면서 끝없이 추락했다. 열방과 같이 왕이 그랬다고 했지만 왕정시대가 도래해도 언약을 어기기는 마찬가지였다.

(2) 그들의 죄악으로 남북이 갈린 것은 고사하고 하나님 앞에서 창찬을 받은(다윗의 길을 걸어간) 왕은 손가락을 꼽을 정도였다. 왕이 등장해서 통치를 해도 패역하기는 마찬가지였다. 언약을 지키기 위해 몸부림친 왕들도 있지만 전체적으로 패역의 길을 간다. 결국 바벨론 포로라는 비극을 맞는다.

확대경(No.16)

내가 오늘 네게 명령한 이 명령은 네게 어려운 것 도 아니요 먼 것도 아니라

신명기 30:11-14 과 로마서 10:6-11의 관계

1. 사도 바울은 로마서 10장에서 이 구절을 인용하면서 어떤 뜻으로 설명했는가? 우선 로마서 10:5-13까지 읽어보고 무슨 설명을 하기 위해 이 신명기 30장을 인용했는지 알아보자.

2. 바울은 지금, 율법으로 의롭게 되는 것과 믿음으로 의롭게 되는 방법에 대해 비교 논쟁을 하고 있다. 그래서, 로마서 10:5에서는 (A) "율법으로 말미암는 義"에 대하여 설명하고 로마서 10:6-11에서는 그와 반대로 (B) "믿음으로 말미암는 義"를 설명하고 있다.

(A) **율법으로 말미암는 의** : 여기에서 율법과 믿음의 차이를 보여준다. 율법은 "~하라"고 명령한다. 율법을 우리에게 주신 목적은 무엇인가? 율법은 구원의 방편으로 주신 것이 아니다. 이는 앞에서 여러번 언급된 내용이다. 그러나 지금까지 논쟁에서(로마서) 율법을 다 지킬 수 있는 사람은 단 한 사람도 없다고 증명했다(롬 3장). 그 이유는 아담의 범죄로 인해 모든 사람이 죄를 지었기 때문이라는 것이다(롬 5장). 만약 우리가 이 율법의 조항을 100% 다 지켰다고 하자. 그렇다고 해서 구원(영생)이 인간의 공로로 치부될 수 없다. 영생은 어디까지나 하나님의 은총으로 우리에게 주어진 것이기 때문이다.

(B) **믿음으로 말미암는 의** : 그러나 '믿음'은 구원을 얻기 위해 인간이 할 일이 없다고 말한다. 그리스도께서는 이 일을 이미 다 성취하셨기 때문이다. 이제 하나님이 요구하시는 전부는 예수님을 나의 "구주"로 인정하여 고백하고 하나님께서 죽은 자 가운데서 살리신 것을 믿으라는 것뿐이다. 구원이 인간의 초자연적인 노력을 통해서가 아니라 사람이 단순히 입으로 시인하며, 마음으로 고백하는 믿음으로써 얻어진다고 말하고 있다(롬 10:9, 10).

2. 바울은 그렇게 하면서 오늘 신 30:11-14절을 (B)의 방법을 논증하기 위해 인용하고 있다. 즉, 마음으로 믿고, 이를 고백하면 된다는 것이다. 이것을 지키기 위해 하늘에 올라갈 필요가 없으며, 바다를 건너가서 그 명령을 가지고 와야 할 일도 없다는 것이다(신 30:12,13). 구원은 그렇게 얻는 것이라는 것이다. "사람이 마음으로 믿어 의에 이르고 입으로 시인하여 구원에 이르느니라"(롬 10:10).

성경은 마음이 인간의 존재와 생명(지, 정, 의)의 중심이라고 말하고 있다(잠 4:23). 먼저 그 마음 속에는 믿음이 있어야 한다. 마음속에 믿음이 있다면 입술을 통한 고백이 있어야 된다는 것이다(시 107:2). 따라서 '신앙'과 '고백'은 병행되어야 한다(눅 12:8, 요 12:42, 딤전 6:12, 요일 4:15 참조). 그런데 이 칭의는 유대인이나 헬라인이나 모든 사람에게 동일하게 주어졌다. "누구든지 '주의 이름'을 부르는 자는 '구원'을 얻으리라." 물론 믿음은 거기에 따르는 행함이 있어야 한다. (※)

네게 명한 이 명령은 어려운 것이 아니다 (30:15-20)

1. 그렇다면 도대체 무엇이 생사화복(生死禍福)의 문제를 결정하는가? 어떻게 해야 복을 받는 삶을 살 수 있는가?

30:16 하나님을 사랑하고, 그의 길로 행하고 명령과 규례와 법도를 철저히 지키면

"보라 내가 오늘 생명과 복과 사망과 화를 네 앞에 두었나니"(15절) 이 선택의 문제는 간단히 아무렇게나 선택할 문제가 아니다. 이 문제는 생명과 죽음간의 선택의 문제이기 때문이다. 하나님의 말씀을 전심으로 순종할 때 지금 이 땅에서도 복을 받는다는 것이다.

따라서 가나안 땅에 들어가서 생존하며, 번성하려면 어떻게 해야 할 것인가? 16절과 같이 행동하라. 그것이 생명이요, 복을 얻는 길이다.

2. 반대로 마음을 돌이켜 듣지 아니하고 유혹을 받아 다른 신을 좇으면?

30:17-18

이제, 이 언약의 최종적인 것은 언제나 백성에게 있다. 만약 그들이 말할 수 없는 고통 속에 있다면, 그것은 하나님의 말씀을 순종하지 않은 결과인 것이다. 만약 불순종한다면 반드시 망한다(18절). 저주와 화가 임할 것이라는 말은 단순한 엄포가 아니라는 것이다.

1) 신 30:20 부종(附從)하라 : "밀착하라" - 하나님을 사랑하고 말씀에 순종하여 그의 율법을 철저히 준행하면서 그에게 밀착하여 살아가라.

- 신 30:19 "내가 오늘 하늘과 땅을 불러 너희에게 증거를 삼노라 내가 **생명과 사망과 복과 저주**를 네 앞에 두었은즉 너와 네 자손이 살기 위하여 생명을 택하고"
- 신 30:20 "네 하나님 **여호와를 사랑하고 그의 말씀을 청종하며** 또 그를 의지하라 그는 네 생명이시요 네 장수이시니 여호와께서 네 조상 아브라함과 이삭과 야곱에게 주리라고 맹세하신 땅에 네가 거주하리라."

3. 이들이 이 명령에 순종하여 산다면 대대로 축복을 받으며 살아가게 될 것이다. 그러나 인간은 얼마나 나약하고 간사한 존재인가?! 아무리 철저하게 맹세를 했더라도 믿을 수 없다. 그것은 광야의 선조들이 그 증인이었다. 그들은 패역

의 산 증인이었다. 만약 하나님의 끝없는 인내와 인애가 없었다면 광야에서 전부 멸절당할 족속이었다.

제 2세대 역시 크게 다르지 않았다. 따라서 모세는 설교를 통해서 율법 준수를 강력하게 권고하고 있는 것이다. 따라서 신명기의 기본 테마를 '권고'라고 할 수 있는 것이다. 그래서 모세는 백성들을 모압 평지에 모아 놓고 언약을 갱신하고 있는 것이다.

> "제발, 부탁한다. 가나안 땅에 들어가거든 다른 신들을 좇지 말고 하나님의 규례와 법도를 지켜라. 그 길만이 생명의 길이요 축복의 길이다."

그의 마지막 설교가 이제 끝을 맺는다. 그는 이제 머지 않아 그의 힘든 여정을 마치고 하나님의 나라로 갈 것이다. 그런데, 아직까지도 젖먹이 어린애를 물가에 나두고 떠나는 심정이다. "과연 가나안 땅에 들어가서 잘 살게 될까?! 여호수아가 있기는 하지만…"

아침이 하루의 전체를 좌우합니다.

▲ 하루에 가장 좋은 시간 / 아침에 하나님을 만났으니 / 당신의 현존하심이 돋는 해의 영광인양 / 내 가슴에 떠올랐습니다
▲ 온종일 떠나지 않으시고 / 온종일 나와 더불어 머무셨으니 / 우리는 드세게 요동이는 바다 위로 / 지극히 잔잔하게 항해를 나섰습니다.
▲ 다른 배들은 바람에 날려 부서지고 / 참혹하게 아픈 괴로움에 상했으나 / 그러나 그들을 떠밀던 그 바람이 우리에겐 평화와 안식을 주었습니다.
▲ 그리하여 나는 마음 아픈 회한에 잠겨 / 다른 날의 아침을 생각하였습니다 / 나 또한 당신을 뒤에 두고 / 항구를 떠나왔던 그 아침을
▲ 무수한 괴로움의 항로를 겪어 / 이제 나는 비밀을 깨달았나 봅니다. / 종일토록 하나님을 보기를 원한다면 / 아침에 하나님을 찾아야 한다는 그 비밀을.

<랄프 쿠쉬만>

적용도우미

• 물론, 이 말씀은 오늘을 사는 우리에게도 똑같이 적용되는 하나님의 말씀이다. 오늘 모세가 다시 살아와서 우리에게 간곡한 메시지를 전한다면 무슨 내용을 전할까? "참 한국교회는 열심이 대단하구나!! 참으로 축복 받은 나라구먼" 그럴까? 어림없는 소리일 것이다.

• 다음은 어느 주간지에서 읽어볼 수 있었던 한국 사회를 풍자한 글이다.
직장엔 '명퇴(명예퇴진)' 칼바람, 거리엔 '공주병' 광풍 / '천년의 사랑' 등 전생환생 신드롬, '애인 열풍'에 전국이 들썩 / '섹스숍' 개업, 性을 팔고…고개 숙인 아버지 거리서 운다. / 자옥이병, 왕자병, '나홀로 잘난' 청춘들, 정치는 오른 쪽 날개로만 날고, 남편은 목잘릴까 전전긍긍, 아내는 애인 찾기 혈안…아! 뒤죽박죽 병자년.…그런데도 성도들은 잠만 잘 것인가?!
– '너나 잘하라고!' '???'

• 한국교회에 대해서는 무엇이라고 해야 할까?
낙심하지 말자. 우리에게는 신명기 30장과 같은 하나님의 약속이 있다.

이스라엘의 가나안 땅에서의 풍성함,

확대경(No.17)

비록 신명기가
대개 법규들로 구성되어 있지만
그 법규들은
구원사(救援史)라는
틀 안에 놓여 있다.
그러므로 이 언약은
은총에 기초한
'구원'의 언약이다.

신명기는
율법 준수를
감사의 마음에서 하는
행위로 묘사하고 있다.

신명기는 율법의 순종 여부가 곧 이스라엘의 복과 저주의 관건이라고 강조하고 있다. 잘못하면 이스라엘에 대한 야웨 하나님의 은총을 약화시킬 수 있다. 그러므로 이 순종은 하나님의 은총에 근거해서 순종해야 한다는 사실을 기억해야 한다.

1. 모세 율법에는 많은 수의 "명령들, 법도, 규례들"이 구체화되어 있다. 백성들은 물론 이 모세의 법을 잘 지켜야 한다. 이스라엘의 생명과 행복은 바로 이러한 율법의 의무를 잘 이행하느냐, 그렇지 않느냐에 달려 있다고 했다. 왜냐하면 이 율법의 모든 영역에서 하나님의 뜻이 드러나 있기 때문이다.

(1) 모세는 신명기에서 출애굽 제1세대는 끝없는 반역과 불순종으로 인해 가나안에 들어가지 못했음을 상기시킨다(신 1장). 따라서 새로운 세대에게는 그런 불신앙을 답습하지 말고 규례와 법도를 잘 지키라고 권면한다(4:1을 보라).

"너희가 이 모든 법도를 듣고 지켜 행하면 네 하나님 여호와께서 네 열조에게 맹세하신 언약을 지켜 네게 인애를 베푸실 것이라" (신 7:12).

(2) 이렇게 언약의 형태가 쌍무적인 성격, 즉 주고받는 관계로 표현되고 있다(26:17-19를 참고).

"네가 오늘날 여호와를 네 하나님으로 인정하고 또 그 도를 행하고 그 규례와 명령과 법도를 지키며 그 소리를 들으리라 확언하였고 여호와께서도 네게 말씀하신 대로 오늘날 너를 자기의 보배로운 백성으로 인정하시고 또 그 모든 명령을 지키게 하리라 확언하셨은즉 여호와께서 너의 칭찬과 명예와 영광으로 그 지으신 모든 민족 위에 뛰어나게 하시고 그 말씀하신 대로 너로 네 하나님 여호와의 성민이 되게 하시리라"(신 26:17-19)

2. 신명기에서는 특히 **순종하면 축복 / 불순종하면 저주**의 관계가 강조되어 나타난다. 특히 27-29장, 30:15-20을 보면 이 관계가 잘 나와 있다. 그러나 축복보다는 저주가 현저하게 드러난다. 신명기 말미에는 축복은 저주로 완전히 가려지는 느낌마저 든다.
3. 그러나, 이 법적인 것은 신명기의 한 측면일 뿐이다. 다른 측면, 즉 하나님과 이스라엘간의 관계를 구원 관계로 묘사되어 있다. 신명기는 하

그것만이 이스라엘을 향한 유일한 목적인가?

나님과 이스라엘의 관계의 출발점을 '구원'으로 시작하고 있다(5:6). 비록 신명기가 대개 법규들로 구성되어 있지만 그 법규들은 구원사(救援史)라는 틀 안에 놓여 있다. 그러므로 이 언약은 은총에 기초한 "구원"의 언약이다.

물론 이 구원이 갖는 지상적이고 현세적인 축복들이 신명기에서는 현저하게 강조되었다. 그러나 이스라엘이 가나안에 들어갈 수 있음은 바로 하나님의 은총 때문이지 저들의 의로움 때문이 아니라는 것이다(9:5을 보라). 즉 은총이 먼저이고, 순종은 그 은총에 근거한 순종이어야 한다.

따라서, 지상적인 것이 이스라엘에게 주어진 축복 전부가 아니라는 것이다(8:10). 야웨께서 이스라엘의 하나님이라는 진리가 거듭 강조되고 있다. 신명기는 율법 준수를 감사의 마음에서 하는 행위로 묘사하고 있다.

4. 그러므로 구약 전체가 그러하듯이 신명기가 백성들에게 요구하는 것은 무엇보다 첫째로 '믿음'이다. 출애굽 제 1세대는 이 믿음이 없어서 가나안 땅에 들어갈 수 없다고 말한다. 그러므로, 비록 신명기에서는 저주가 더 지배적인 것 같으나 저주가 최종의 조처가 아니라는 사실을 또한 강조한다.

따라서 이스라엘이 범죄하여 열국 중에 흩어졌을지라도 다시 불러모으실 것이다(4:28이하). 이렇게 시내산에서 주어진 언약은 율법적인 선언들이 지배적이지만 다른 한편에서 부각되고 있는 사상은 은총의 언약으로서의 언약의 불변성이다. 다음 구절을 읽고 비교해 보라.

(1) 갈 3:12, 레 18:5 = 이런 것들을 행하는 자가 살리라

(2) 갈 3:10, 신 27:26) = 이 율법의 모든 말씀을 실행치 아니하는 자는 저주를 받을 것이라.

- 갈 3:10 무릇 율법 행위에 속한 자들은 저주 아래 있나니 기록된 바 누구든지 율법 책에 기록된 대로 온갖 일을 항상 행하지 아니하는 자는 저주 아래 있는 자라 하였음이라

(3) 이러한 구절들은 "의인은 믿음으로 말미암아 살리라"는 원리와 상충되지 않는가? 따라서 바울은 율법을 가리켜 우리를 "그리스도에게로 인도하는 몽학선생"이라고 했다. 그러나 성경 전체의 원리로 볼 때, 언약은 그 모든 단계들에서(시내산 언약도 포함) 궁극적으로 그리고 본질상 <은총의 언약>이다.

5. 그렇다면, 율법에 대한 모든 순종의 행위들은 결국 신앙의 표현이라고 할 수 있다. 곧 율법의 모든 조항들에 순종하는 것은 언약의 은총을 굳게 잡는 신앙의 표현이라는 말이다.

야고보가 말한 것처럼 행위에 근거한 칭의(약 2:20-24)는 결국 믿음에 의한 칭의이다. 이 의(義)는 율법적인 것이 아니라 본질상 은총의 삶이다.

"아아 허탄한 사람아 행함이 없는 믿음이 헛것인 줄 알고자 하느냐 우리 조상 아브라함이 그 아들 이삭을 제단에 드릴 때에 행함으로 의롭다 하심을 받은 것이 아니냐 네가 보거니와 믿음이 그의 행함과 함께 일하고 행함으로 믿음이 온전케 되었느니라 이에 경에 이른 바 아브라함이 하나님을 믿으니 이것을 의로 여기셨다는 말씀이 응하였고 그는 하나님의 벗이라 칭함을 받았나니 이로 보건대 사람이 행함으로 의롭다 하심을 받고 믿음으로만 아니니라"(약 2:20-24). (*)

결 론 (31:1-34:12)

31장의 핵심 :

후계자 여호수아가 등장한다. 여호수아의 지도 하에 담대하게 가나안으로 들어가라고 명한다. 이스라엘 백성의 타락을 예견하면서 모세는 두 가지를 경고한다.

① 율법책을 법궤 곁에 보관할 것이며,
② 타락에 대한 예언을 노래로 써서 가르쳐라.

그 노래가 32장의 내용이다. 32장은 다음 과에서 별도로 공부하자.

모세가 율법을 기록하여 전하고 있다.

후계자 여호수아의 등장 (31:1-8)

1. 모세는 출입하기가 능치 못하게 될 것이다. 그는 육체적으로 강건했지만, 그 백성들과 가나안에 들어가는 것이 금지되었다(신 34:7 참조). 그는 그의 후계자 여호수아를 불러 권면한다. 어떤 권면을?

31:1-8

(1) 위대한 이스라엘의 지도자 **모세** : 그는 이제 그에게 맡겨진 모든 일을 충성스럽게 마치고 하나님께로 간다. 그는 더 이상은 가나안에 갈 수 없기 때문이다. 이 지도자가 없다면 누가 이 엄청난 민족을 이끌고 아낙 자손이 산다는 가나안에 진입할 것인가?

(2) **여호수아** : 모세는 이미 여호수아를 후계자로 임명했다(신 1:38, 3:28). 만약 이런 중대한 시기에 지도자가 없다면 보통 문제가 아니다. 지금 이들이 머무르고 있는 곳은 바로 적진을 코앞에 두고 있는 요단 동편 모압 땅이다. 만약 갑자기 지도자가 없어지고 바로 이어지는 후계자가 없다면 순간적으로 동요를 가져올 것이고 적에게 이 사실을 알려진다면 나라의 위기를 가져올 수 있기 때문이다.

(3) 여호수아가 아무리 모세 옆에서 그 지도력을 키워 왔다고 해도 이 수많은 이스라엘 백성들을, 그것도 적진 앞에서 인도한다는 것은 결코 쉬운 일이 아니다. 따라서 모세는 여호수아를 불러 "강하고 담대하라"고 용기를 주고 있다.

2. 당장 여호수아에게 닥친 중차대한 일은 무엇인가?

31:4 현재 가나안에 살고 있는 가나안 7족을 멸하는 것이 무엇보다 큰 일이었을 것이다.

(1) 이스라엘이 요단 동편에 진입하자, 그 앞을 가로막고 나선 족속들이 있었다. 헤스본왕 시혼과 바산왕 옥이었다(민 21장). 그러나 이들은 어떻게 되었는가? (민 21:34-35)

(2) 이와 같이 가나안 7족속도 하나님께서 멸망시키실 것이다. 그러니 제발 두려워하지 말고 용기를 가지라고 계속 당부한다(신 4:31, 20:3). 여호수아가 이스라엘 백성들을 이끌고 가나안을 진입할 때도 하나님은 그에게 용기를 주셨다. 그때에도 하신 말씀이 "강하고 담대하라"는 것이었다(수 1:7).

3. 여호수아에게 주시는 하나님의 명령은 구체적으로 무엇인가?

(1) 긍정적 명령(6, 7절) : "마음을 강하게 하고 담대하라."

- 강하게 하라(חִזְקוּ) - 하자크(חזק)의 칼동사 명령형 : "너는 마음을 강하게 하라." 70인경에서는 "남자처럼 행동하라"는 의미이다.
- 담대하라(אִמְצוּ) - 아메츠(אמץ)의 칼동사 명령형 : "너는 담대히 하라."

(2) 부정적 명령(6, 8절) : "두려워 말라, 놀라지 말라."

(3) 이미 오래 전에 여호수아는 군대의 지휘자가 되었다(출 17:9). 이제 여호수아는 모세의 권한의 일부를 부여받았다(민 27:18-23).

- 출 17:9 "모세가 여호수아에게 이르되 우리를 위하여 사람들을 택하여 나가서 아말렉과 싸우라 내일 내가 하나님의 지팡이를 손에 잡고 산 꼭대기에 서리라 10여호수아가 모세의 말대로 행하여 아말렉과 싸우고 모세와 아론과 훌은 산 꼭대기에 올라가서."
- 민 27:18 "여호와께서 모세에게 이르시되 눈의 아들 여호수아는 그 안에 영이 머무는 자니 너는 데려다가 그에게 안수하고 19그를 제사장 엘르아살과 온 회중 앞에 세우고 그들의 목전에서 그에게 위탁하여 20네 존귀를 그에게 돌려 이스라엘 자손의 온 회중을 그에게 복종하게 하라."

후계자 여호수아(31장)

▲ 1-8절: 모세를 이를 지도자로 여호수아를 세움

▲ "모세가 여호수아를 불러 온 이스라엘 목전에서 그에게 이르되 너는 마음을 강하게 하고 담대히 하라 너는 이 백성을 거느리고 여호와께서 그들의 열조에게 주리라고 맹세하신 땅에 들어가서 그들로 그 땅을 얻게 하라."(7절)

▲ 14-15절, 23절 - 여호수아를 모세의 후계자로 삼음

백성에게 율법을 가르쳐라 (31:9-13)

▶ 9-29절까지는 다음과 같이 분석해 볼 수 있다(왕대일, 그말씀, 2004년 4월호, 86면).

A. 교훈으로 삼아야 하는 율법책(9-13절)
B. 여호수아를 후계자로 정함(14-15절)
C. 이스라엘 자손에게 가르칠 노래(16-21절)
C′. 이스라엘 자손에게 노래를 가르침(23절)
B′. 여호수아를 후계자로 정함(23절)
A′. 교훈으로 삼아야 할 율법책(24-29절)

1. 모세는 레위 자손들과 이스라엘 백성의 장로들에게 무엇을 명하는가?

31:9-13

(1) 모세는 이들에게 율법을 써 주면서 이 하나님의 율법을 백성에게 가르치라고 명한다. 그래서 매 칠 년마다 모세가 기록한 율법을(9절) **초막절***에 백성들 앞에서 엄숙히 낭독해야 한다. 모세는 모세 오경 전체를 써 주었을 것이다. 이 또한 적지 않은 작업이었을 것이다.

(2) 이렇게 하여 이스라엘 백성들에게 끊임없이 율법을 가르치도록 명했다. 계속해서 말씀을 가르치고 들려주고, 그것을 배우는 일을 게을리 해서는 안 된다는 것이다. 그러나 어쩌면 좋으랴. 훗날 이들은 여호수아와 그와 동시대의 지도자들이 죽은 다음에 이 일을 게을리 했다. 율법을 가르치고 배우는 일은 무시했다. 그로 인한 영적 암흑은 너무 상상을 초월하는 황폐함을 가져다 주었다. 그 시대상을 우리는 사사기를 통해서 접하게 될 것이다.

2. 그 율법을 배워야 할 대상은 어디까지인가? (31:12-13)

율법을 배우고 가르치는 일은 어느 특수 계층만 해야 하는 일이 아니었다. 백성의 남녀와 유치(幼稚, 아이)와 성안에 우거하는 타국인들까지도 배워야 한다. 이스라엘 사회 전체가 이 율법을 배우며, 그 명령대로 실천해야 할 일이었다. 여기서 우리는 우주적인 보편성을 볼 수 있다. 누구나 율법 교독의 대상에 포함되었다.

절기와 교육

▲ '초막절'은 장막절, 수장절이라고도 한다(출 23:16, 34:22, 레 23:34-43, 민 29:12-40, 신 16:13-15 참조).

- 장막절 : 이 명칭은 종려 나무나 다른 나무 가지들로 만든 장막들에서 유래한다(레 23:40). 이스라엘 백성들이 광야에서 장막에 거주했던 일을 상기시켜준다(레 23:43-44).
- 수장절 : 이 명칭은 거두어 드리는 절기라는 뜻이다(출 23:16, 24:22).

▲ 신명기 16:13에서는 "너희 타작 마당과 포도주 틀의 소출을 수장한 후에 칠일 동안 초막절을 지킬 것"을 명했다. 이 기간 동안 모든 사람은 종려 나무 가지 등으로 초막을 짓고 그곳에 거하여야 한다. 이 기간 동안 온 가족이 일을 하지 않고 광야 생활을 회상한다.

▲ 이 초막절은 7월(=지금의 9, 10월) 15일에 시작되어 1주간 계속된다. 7일간 초막을 짓고 살면서 광야의 장막 생활을 기념한다(레 23:43). 1년동안 수고한 곡식 거두기를 마치는 절기이므로 수장절이라고 한다. 여기서 3절기(유월절, 오순절, 초막절)는 이스라엘 백성들로 하여금 하나님의 섭리를 기억케 하는 것이 되었다. 성인 남자들은 매년 세 번씩 곡식과 짐승의 예물로 회막에서 제사를 드려야 한다.

▲ **하나님은 절기를 통해서도 이스라엘을 교육시키셨다.** 절기를 통해 언약을 다시 기억나게 하셨다. 초막절에 모세가 기록한 율법을 낭독케 했다.

모세야, 여호수아야! (31:14-23)

1. 하나님이 모세와 여호수아에게 나타나셨다. 이 언약 갱신의 현장, 모세가 이 땅 위에 있을 동안의 마지막 대면의 말씀을 주신다. 우선 모세에게 무엇을 명하시고 계신가?

31:14-22 아무래도 이 백성을 못 믿을 것 같다. 그러니까 노래로 써서 그것으로 가르치거라.

여호와께서 구름 기둥 가운데서 장막에 나타나셨다. 하나님이 모세에게 말씀하신다.

"얘, 모세야, 너는 이제 너의 열조와 함께 자게 되겠지만, 이 백성들은 가나안에 들어가게 되면 이방신을 좇아 그들을 음란히 섬길게 불을 보듯 뻔하구나. 그렇게 되면 내가 이들에게 진노하고 반드시 내 얼굴을 숨기게 될 것이다."

"그러니 너는 율법의 내용을 노래로 써서 그것을 백성들에게 부르게 하거라. 비록 여호와에 대한 신앙이 타락하더라도 이 노래가 그들의 입에 남아 회개의 증인의 역할을 하게 될 것이다."

2. 이스라엘이 지금 어떠한 약속을 한다 하더라도 그것은 믿을 수 없는 일이다. 이스라엘은 하나님을 배반하고 부패해 질 것이다. 지금까지 그들은 계속 하나님을 배반해 왔기 때문이다(27, 29절). 이런 그들에게 재앙이 있을 것은 너무 분명한 일이다. 이렇게 하나님은 이스라엘 백성이 배반할 줄 아시면서도 그들을 가나안 땅으로 인도하시겠다고 약속하신다(20, 21절).

이제는 책을 읽고 배우며 따라라

▲ 모세는 이스라엘에게 어려움과 위기가 닥칠 때 직접 전면에 나서서 백성을 이끌었다. 그러나 그는 이 세상이 모든 것을 접고 하늘나라로 그 거주를 옮겨야 한다. 따라서 이제는 모세의 음성을 직접 들을 수 없다.

▲ 이제 이스라엘은 책을 읽고 배우며 따라야 한다. 따라서 모세는 "율법을 써서 여호와의 언약궤를 메는 레위 자손 제사장들과 이스라엘 모든 장로에게" 주었다(31:9).

▲ 이제 이 율법은 "매 칠년 끝해 곧 정기 면제면의 초막절에 낭독하여 온 이스라엘로 듣게 해야" 한다(10-11절). 물론 앞으로 태워나는, 즉 이 말씀을 알지 못하는 자녀로 듣고 여호와 경외하기를 배우게 해야 한다(13절).

모세의 노래 (32:1-47)

이 시(詩)는

▲ 이시는 과거 시제로 되어 있다. 35절에 가서야 미래 예언을 볼 수 있다. 이런 점을 들어 어떤 비평가들은 이 노래가 훨씬 후대에 작성된 것이라고 주장하기도 한다. 그러나 신명기 31:19-22의 말씀을 읽어본다면 잘못된 주장일 것이다.

▶ **32장** : 전장에서 말한 모세의 노래이다. 이스라엘 백성들은 지금까지 걸어온 길을 보아 틀림없이 언약을 어기고 배반할 것이었다(타락을 예견하면서). 그렇다고 율법 전체는 길고 복잡하기에 백성들이 쉽게 숙지할 수 없었다. 그래서 모세는 율법에 곡(曲)을 붙여 민요처럼 노래로 부를 수 있게 했다. 누구나 쉽게 숙지할 수 있도록 하기 위해서였다.

1. 모세가 교훈하려는 말씀은 어떤 풍요함이 있다고 말하는가? (2, 3절)

'내 교훈'[1]은 비처럼 내리고 내 말은 이슬처럼 맺히나니
연한 풀 위의 가는 비 같고
채소 위의 단비 같도다

모세는 하늘과 땅에게 자기 말을 들으라고 호소한다(1절). 지금 노래하고자 하는 내용이 그만큼 중요하다는 것이다. 만약에 이 말을 듣고 순종하는 자는 채소 위에 내리는 이슬 같고, 단비 같을 말씀으로 인해 풍성한 열매를 맺게 될 것이다. 이 말씀을 듣는 자는 생명이 소생하게 될 것이다.

1) 내 입의 말, 나의 교훈은 물론 모세의 말이다. 그러나 31:9, 11의 말씀을 보면 궁극적으로는 하나님의 말씀이다.

- 신 31:9 "모세가 이 율법을 써서 여호와의 언약궤를 메는 레위 자손 제사장들과 이스라엘 모든 장로에게 주고"
- 신 31:11 "온 이스라엘이 네 하나님 여호와 앞 그가 택하신 곳에 모일 때에 이 율법을 낭독하여 온 이스라엘로 듣게 할지니."

2. 그러면 하나님의 신실하심과 이스라엘의 패역을 비교해 볼까? 하나님은 어떤 분이신가?

(A) 하나님은(32:4) :
- 그는 반석이시니 (15, 18, 31, 37절, 시 18:2 참조)
- 그의 하신 일이 완전하고
- 그 모든 길이 ( ) / 진실하고 (거짓이 없으신) 하나님이시니
- 공의로우시고 (바르시도다)

하나님의 하신 일(행위)은 완전하고(삼하 22:31 참조), 그가 행하시는 역사는 만인 앞에 공평하시다. 하나님은 한마디로 신실하신 분이시다.

(B) 이스라엘은(5-6절) :
- 여호와를 향하여 ( )을 행하니
- 흠이 있고 삐뚤어진 세대로다

이와 반대로 인간은 신실하신 하나님 앞에서 신의가 없이 행동하였다. 이스라엘은 신실하신 하나님을 져버렸다. 이들은 더이상 하나님의 자녀가 아니라 "사악한" 종자라는 것이다.

6. "어찌하여 너희들은 하나님께 이같이 보답하느냐?" "야, 이 무지몽매한 녀석들아 하나님이 어떤 분이신지 자세히 말해 볼까?!"

(A) 하나님의 지극한 사랑(7-14절)

- 옛날을 기억하라. 역대의 연대를 기억하라. 선조 대대로 지나온 과정들을 더듬어 보라는 말이다. '잘 모르겠거든 너희 아버지에게, 또는 노인들에게 물어보라.'

- 하나님은 모든 나라들의 연대를 정하시고, 거주의 경계를 한하신 분이시다(행 17:26). 모든 민족의 흥망성쇠가 인간의 의지대로 되어지는 것 같지만 사실은 하나님이 주관하신다. 이스라엘의 역사도 그런 섭리에 의해 애굽의 바로 밑에 있다가 출애굽 하여 지금 이곳에 이르른 것이다.

- 여러 민족들 중에서 이스라엘은 특별히 하나님이 택하신 민족이기에 그 험난한 광야를 지나오는 동안 눈동자 같이 사랑하셨다는 것이다. 독수리가 자기 새끼를 훈련시키는 과정이 지나치리만큼 혹사하는 것같이 보이지만 그것은 강한 독수리로 키워내시려는 훈련 과정이다. 이스라엘의 광야의 고된 역정은 결국 그 독수리의 훈련 과정이었던 것이다. 그러나 그 과정에서 먹을 것도 풍성히 주셨다는 것이다. 이 모든 과정을 기억하라. 그 과정이 어린 자녀를 키우는 부모의 보살핌처럼, 사랑과 은혜였다는 것을 기억해야 한다.

(B) 그런데 **여수룬**이 살찌매 발로 찼도다(15-19절)

- '여수룬'은 이스라엘을 가리킨다. 33:5, 26, 사 44:2을 참조해보라. 그런데 이 여수룬이 살이 찌고 여유가 있어지자, 주인을 발로 차는 고집이 센 소와 같이 되었다는 것이다. 먹을 것이 풍성하게 되니 잘 믿을 것 같았지만 오히려 정반대의 결과가 나타났던 것이다. 자기를 지으신 하나님을 버리고, 자기의 반석이신 구세주를 배척하였다.

여수룬이 발로 찼도다

▲ 여수룬은 '의로운 자' '올바른 자'란 뜻으로 이스라엘의 이상적 성격을 묘사하는 상징적 명칭이다(신 33:5, 사 44:2). 히브리어 예슈룬(יְשֻׁרוּן)을 음역한 것이다. 이스라엘을 여수룬이라고 부른 것은 물론 하나님의 사랑을 받아 의로운 자가 된 것을 말해 준다.

▲ 오늘 신명기 32:15에서는 그런 여수룬이 타락하여 하나님을 배반했다는 말이다. 비실비실하던 놈을 데려다가 곱게 잘 길렀더니만 그 은공을 모르고 주인을 발로 차는 살찐 소와 같이 되었다는 것이다.

- 15절 : 여수룬(Jeshurun) : 시(詩)에서만 사용되는 다른 이름으로, 그 어원의 의미를 정확히 알 수 없으나, 의로운 자, 사랑하는 자, 훌륭한 자, 경건한 자 등의 뜻으로 해석한다. 아마, "의로운 자"라는 뜻이 가장 가까운 뜻인 것 같다.

▲ 사 44:1-2 "나의 종 야곱, 나의 택한 이스라엘아 이제 들으라 2 너를 지으며 너를 모태에서 조성하고 너을 도와줄 여호와가 말하노라 나의 종 야곱, 나의 택한 여수룬아 두려워 말라."

▲ 여수룬이라는 말은 이사야 44:2에서도 쓰였다. 어떤 의미로 사용되었을까? 하나님은 자기 백성을 포로에서 해방, 구원시키실 것이다. 하나님은 자기 백성 이스라엘은 다음과 같이 부른다.

- 나의 종 야곱
- 나의 택한 이스라엘
- 모태에서 조성

▲ 이런 자기 백성을 바벨론에서 본토로 귀환하게 하실 것이다. 이때 자기 백성을 '여수룬'이라고 부른다. 이스라엘 백성에 대한 詩的인 명칭이다. 즉 사랑하는 이스라엘이라는 말이다.

▲ 이들을 어떻게 번성시키실 것인가? -시냇가의 버들 같이 (사 44:3, 4) / 그러므로 어려울 때도 도우실 것이다. 이스라엘은 우상을 좇아갔다. 우상은 말못하고, 보지 못하고, 알지도 못한다. 이들은 이런 우상을 좇아갔다. 하나님은 우상숭배의 어리석음을 강력하게 탄핵하신다(사 44:6-20).

▲ 그러나 여호와는 어떤 분이신가? 여호와는 스스로 존재

- 어떤 방법으로 주인을 찼을까? 이들은 그들의 열조들이 알지 못하던 신들을 좇아갔다. 그것은 하나님의 질투를 일으키는 행동이었으며, 결국 심판을 받게 될 것이다.

7. 이렇게 은혜를 잊어버리고 배은망덕하는 자에게는 어떻게 하시는가?

32:19-25

(1) 물론 당연한 심판이 있을 것이다. 이제 아무리 하나님을 소리쳐 불러도 하나님은 얼굴을 숨기실 것이다(31:17-18). 하나님의 은총을 거두시겠다는 말이다. 진실이라고는 털끝만큼도 없는 세대들, 변덕이 죽끓듯 하는 세대, 이들은 우상을 섬김으로써 여호와의 노를 촉발시켰다.

(2) 어떤 형벌을 내리실까? 24-25절을 보라. 무기를 다룰 줄 아는 남자들은 칼에 망할 것이고, 여인들이나 아이들은 자신들을 섬긴 집에서 공포에 죽임을 당할 것이다.

8. 자, 그렇다고 하나님은 언제까지나 이들을 이런 상태로 내버려두실 것인가?!

32:26-43 결국 이스라엘은 회복될 것이고, 이들을 압제한 자들은 처벌을 받게 될 것이다.

(1) 하나님은 하나님을 배신한 이스라엘을 징벌하실 때 이방 민족을 들어 징벌하셨다. 비록 이스라엘은 하나님 앞에 매를 맞을 수밖에 없는 행동을 했지만, 그렇다고 영원히 버리시지는 아니하실 것이다. 그들은 어쨌든 하나님의 자녀들이기 때문이다. 그러나 열방들은 하나님의 의도를 이해하지 못한다. 이들은 잠시 동안만 이방의 참화 속에서 맡겨 두셨던 하나님의 섭리를 이해하지 못하고 소돔과 고모라처럼 악을 행했던 것이다.

(2) 물론, 하나님은 이들의 악행을 묵과하지 아니하실 것이다. 그 대적에게 책임을 물으실 것이며, 그들이 행한 대로 악을 갚을 것이다(41, 43절).

(3) 이제, 하나님은 이방인들의 우상 종교가 얼마나 헛된 것인가를 말씀하신다(37, 38절) : "그래, 너희들이 그렇게 좋아하고 좇아다니던 너희 신이 어디 있느냐?

너희들이 피하던 반석이 어디 있느냐? 우상을 보고 우리의 신이라 하면서 좇아다니던 그 신이 지금은 어디 갔느냐 말이다. 이 놈들아!!" 이스라엘 백성들도 함께 들으라고 외치시는 말씀이다.

느보산의 모세 기념비

(4) "이제는 나 곧 내가 그인 줄 알라." (39절) 하나님만이 오직 유일한 분이시라는 것을 깨달아라. 하나님과 비교할 만한 신은 없다. 너희들이 좇던 신들은 다 우상들이기 때문이다. 그러니까, "너희 열방들도 까불지 말고, 그러다가 낭패 당하지 말고 이스라엘과 화평하는 것이 더 나을 것이다."(43절)

(5) 모세의 노래를 별도로 정리해 보자. 32장이 끝난 다음에 실었다.

9. 모세는 여호수아를 불러 이 경고의 말씀(노래)을 백성에게 낭독하라고 말한다. 그리고 재차 백성에게 순종하라고 권고한다.

신 32:46 그들에게 **이르되**
/[너희는] ── 모든 말을 너희의 마음에 두고
/내가 오늘 너희에게 증언한
└ 너희의 자녀에게 **명령하여**
/이 율법의 모든 말씀을 지켜 행하게

47 //이는(이유, for)
[그것이] ── 너희에게 헛된 일이 아니라
└ 너희의 생명이니
//(이유, 계속)
너희가 ── 너희의 날이 장구하리라
/요단을 건너가 차지할 그 땅에서
/이 일로 말미암아

☞ 32장은 별도로 자세히 취급했다. 다음 장을 보자.

하시며, 스스로 충만하신 분이시다. 여호와는 이스라엘을 결코 잊지 아니하신다. 여호와는 이스라엘의 왕이요, 구속자이시다. 처음이요, 마지막이시다. 오직 그만이 하나님이시다. 그러므로 다른 신에게 소망을 둘 필요가 없다.

▲ 이런 여호와께서 이스라엘을 잊지 아니하신다. 여호아의 종 이스라엘을 모든 죄에서 구원하신다. 허물을 빽빽한 구름의 사라짐 같이, 안개의 사라짐 같이 없이하실 것이다. "그러므로 하늘아 노래하라." - 이사야 44장의 내용이다.

◀ 모세는 지금 이스라엘의 타락을 예견하면서 율법의 내용을 노래로 만들어 부르게 하고 있다. 아무리 언약을 철저히 지키겠다고 약속해도 믿을 수 없다. 틀림없이 부패의 길을 걸어가게 될 것이다. 모세는 지금 설교를 듣고 있는 부모들의 세대가 얼마나 철저하게 부패한 백성이었나를 체험했기 때문이다.

◀ 무엇보다 우상 숭배는 이스라엘을 하여금 열방으로 쫓겨가는 불운을 가져올 것이다(37-38절). 모세가 살아 있을 때에도 그렇게 패역했는데, 하물며 모세가 죽은 후에라야 오죽하겠는가! (신 31:27 "내가 너희의 패역함과 목이 곧은 것을 아나니 오늘날 내가 생존하여 너희와 함께 하여도 너희가 여호와를 거역하였거든 하물며 내가 죽은 후의 일이랴."

◀ 그래서 그는 노래를 지어 부르게 하여 율법의 정신을 잃어버리지 말 것을 신신당부하고 있다.

모세의 유언(32:48-33:29)

인간은 가지만 (32:48-52)

미리바 사건

▲ 민 20:10-13

10 모세와 아론이 회중을
그 반석 앞에 모으고
모세가 그들에게 이르되
반역한 너희여 들으라
우리가 너희를 위하여
이 반석에서 물을 내랴
하고

11 모세가 그의 손을 들어
그의 지팡이로
반석을 두 번 치니
물이 많이 솟아나오므로
회중과 그들의 짐승이
마시니라

12 여호와께서 모세와
아론에게 이르시되
너희가 나를 믿지 아니하고
이스라엘 자손의 목전에서 내 거룩함을 나타내지 아니한 고로
너희는 이 회중을
내가 그들에게 준 땅으로 인도하여 들이지 못하리라 하시니라

13 이스라엘 자손이
여호와와 다투었으므로
이를 **므리바 물**이라 하니라
여호와께서 그들 중에서
그 거룩함을 나타내셨더라

1. 모세의 죽음을 예고한다(48-52절). 그는 가나안 땅에 들어가지 못하고 느보산에서 죽을 것이라고 예고하신다. 왜? 가나안에 못 들어가는가?

32:51 그 이유는 므리바 사건(민 20:10-13) 때문이었다. 그는 하나님께 가야할 영광을 가로챘다.

(1) 모세, 그는 이스라엘을 애굽에서 인도하여 낸 위대한 지도자였다. 이제 그는 그의 소임을 다하고 그의 조상에게로 돌아간다. 인간은 가지만 그렇다고 해서 하나님의 위대한 구속의 역사가 중단되지는 아니한다. 다만, 인간 모세는 하나님의 구속사의 선에서 굵은 획을 그은 인물일 뿐이다. 그는 하나님이 그에게 맡겨주신 사명을 충실히 준행했다.

(2) 그 사명은 아무나 감당할 수 있는 일이 아니었다. 그래서 하나님은 모세를 불러 궁중에서 40년, 광야에서 40년을 키우셨다. 그는 마침내 하나님이 맡겨주신 일을 다 끝내고 우리들이 결국은 돌아가야 할 본향을 바라보고 있다. 그 뿌듯함, 그것은 일을 열심히 한 자에게서만 오는 기쁨이리라.

2. 하나님께서는 새로운 중보자를 세우신다. 이제 새로운 중보자 여호수아, 그는 또 그가 맡은 일이 있다. 따라서 그에게도 모세에게 주었던 똑같은 능력과 권위를 부여하신다.

(1) 여호수아, 모세를 뒤이을 지도자가 준비되어 있다는 것은 얼마나 다행스러운 일인가! 하나님은 오래 전서부터 한 인물을 준비하셨다. 하나님의 계획은 얼마나 치밀하신가. 지금 이스라엘은 전시(戰時) 체제였다. 이들이 서 있는 곳은 바로 적진 앞이 아닌가.

(2) 우리가 앞으로 공부하게 되겠지만 여호수아는 미디안 초토화 작전에 군사령관으로 출전한 경험이 있는 장군이었다. 그는 치밀한 작전 계획을 수립, 하나님의 인도하에 가나안 땅을 점령하게 된다.

(2) 그도 한때 가나안 공격에 앞서서 두려움이 있었지만 하나님의 위로와 용기를

얻고 가나안 진입 작전을 수행했다. 이스라엘 백성들이 하나님께 순종했을 때, 믿음으로 그를 신뢰했을 때, 하나님은 그들의 용사가 되셔서 직접 싸움에 참여하셔서 마침내 조상들에게 약속하셨던 가나안을 쟁취케 하셨다.

3. 모세의 노래가 말하고자는 핵심은 무엇인가? (32:1-43)

(1) 하나님 홀로 열방을 지으시고 유지시키신다(6-8절)

(2) 하나님 홀로 이스라엘을 부르시고 구속하셨다(8-14절).

(3) 하나님 홀로 심판하시며 사유하신심을 고백한다(15-36절)

(4) 기록된 말씀처럼 영원한 이 같은 증거는 여호와 앞에 다른 신이 없음을 인정한다(39절). 다른 신은 사신(邪神)에 불과하다(15-18, 21절)

(5) 백성들은 하나님이 정직하시며, 선하신 분임을 고백한다(4절)

(6) 이스라엘은 이같은 고백이 그들에게 생명을 가져다줄 것임을 깨닫는다(47절).[1]

1) Paul. R. House, 구약신학, 장세훈 역, 기독교문서선교회, 343-344면

Moses to Die on Mount Nebo
(chs. 32:48-52)

적용도우미

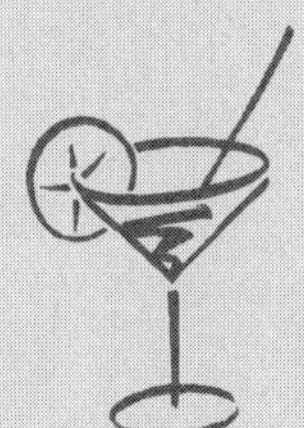

- "이 율법을 낭독하여 온 이스라엘로 듣게 할지니" (31:11) 왜, 우리는 하나님의 말씀을 끊임없이 읽고, 배우고, 암송해야 하는가? 오늘서부터라도 성경 구절을 암송해 보는 것이 어떨까? 네비게이토에서 나온 암송카드가 있던데.

- 온 이스라엘을 대상으로 율법을 낭독한 적이 여러 번 있다(수 8:35, 대하 17:6-9, 대하 34:29-33, 느 8장). 교인 전체를 대상으로 율법(성경)을 낭독하는 시간을 가져 보면 어떨까? 성경 전체를 읽을 수 없다면, 모세오경 등 부분적으로라도. 물론, 느슨해진 신앙생활을 다시 조율해야 겠다는 전교회적 각오가 있은 후에 실시해야 할 것이다. 그러기 위해서는 지도자가 모세와 같은 안타까운 마음이 먼저 있어야 할 것은 당연한 일. 전 교인이 금식하고… 너무 힘든 요구인가?!

- 왜, 노래를 지어 부르게 했을까? 민요처럼 부르게 해서 쉽게 숙지하고 오랫동안 잊지 않게 하기 위해서 였을 것이다. 그 당시가 지금처럼 율법책(성경)이 흔했을 리 없고, 지도자들이 (대제사장이나 왕들) 부패하면 율법은커녕 온 백성이 말씀에 굶주렸을 것이고, 영적 암흑이 끝도 없이 계속 되었을 것이다. 그런데, 요사이는 굴러다니는 것이 성경책인데, 잘 읽지도 연구하지도 않는 것 같다. 큰 글씨, 작은 글씨, 수많은 종류의 성경책들… 너무 흔해서 그런가?! 성경이 보고 싶어 통곡하는 성도들이 있는데… 이북의 지하 교회의 모습들. 우린 너무 배불렀어. 그래서 신 32:15과 같은 상황인가보다.

신명기 30–32장 정리하기

요약질문

30 • 신명기 30:1-10은 어떤 경우를 가정하고 말씀하신 내용인가?.
• 30:1에서 "이 일이 마음에서 기억나거든"이라는 말에서 '이 일'이란 어떻게 된 내용을 말하는 것인가?
• 바벨론 포로, 그것은 다윗 왕조의 영원한 멸망을 의미하는가?
• 만약 백성들이 범죄하여 이방인에게 포로로 끌려가게 될 경우 그 해결책은 무엇인가? (2절)
• 그래서 철저히 회개하면 어떤 결과들이 올 것인가? (3-7절)
• 신명기 30:11의 내용은 무슨 뜻인가?
• 신명기 30:11-14과 로마서 10:6-11의 상관성을 설명해 보라.
• 신명기 30:14의 말씀의 의미를 설명해 보라.
• 생사화복의 문제를 결정하는 것은 무엇인가? (15-20절)

31 • 신명기 31:1-34:12은 결론 부분이다. 주 내용이 무엇인가 교재를 보고 설명해 보라.
• 모세는 여호수아를 그의 후계자로 임명한다. 위기의 상황에 지도자의 중요성을 말해보라. (리더자의 중요성)
• 모세가 여호수아에게 권면한 내용은 무엇인가? (31:1-8) 긍정적인 권면과 부정적인 권면은? (교재)
• 모세는 이스라엘 백성의 장로들에게 율법을 써주면서 무엇을 강조하고 있는가? (9-13절)
• 율법을 배워야 할 대상은 누구인가?
• 모세는 더이상 이들과 동행하지 못한다. 그렇다면 무엇을 기준으로 살아야 할까? 기록된 율법의 중요성과 이를 배우고 순종하는 일에 대해 설명하라.

32 • 왜 모세는 율법의 내용을 노래로 만들어 부르게 했을까?
• 하나님은 어떤 분이시고(4절) 이에 비해 이스라엘은 어떤 존재였는가? (5-6절)
• '여수룬'이란 무슨 뜻이며, 그 이름의 뜻과는 반대로 살아가는 이스라엘 백성의 삶을 말해 보라.

Summary

The Song of Moses

모세의 노래
(하나님의 신실하심과 백성들의 불신앙)

모세가 전하는 율법은 바로 이스라엘 백성들이 꼭 지켜 나가야 할 생명의 법이었다. 그런데 이 내용을 어떻게 늘 기억할 수 있을까? 율법은 너무 방대하고 복잡하지 않은가! 그렇다면 이것을 노래로 부르게 하면 어떨까? 하나님은 모세를 불러 노래로 지어 부르게 하셨다. 시에다 곡을 붙였다. 이 시가(詩歌)는 민요처럼 쉽게 배울 수 있고, 그래서 대대로 전승되기도 쉬웠을 것이다. 이제, 하나님은 모세를 통해, 노래로 부르게 함으로써 장차, 이스라엘 백성이 하나님의 언약을 어기고 배반하게 될 때(틀림없이 그렇게 되기 쉬울 것이다. 왜냐하면 과거 이스라엘 조상들의 삶을 볼 때, 십중 십이 그럴 것이다) 이 노래가 증거가 되며, 경고가 되어서 다시 하나님께로 돌아오게 될 것이다. 자기 백성 이스라엘을 끔직이도 사랑하시려는 하나님의 배려를 볼 수 있다.

이스라엘 백성들에게 이렇게 노래를 지어부르게 한 것이 과연 얼마나 효과가 있었을까? 율법 교육은 반복적으로 해야 한다. 그래서 과거를 돌아보게 한다. 지나온 과거에 역사적 교훈이 너무 많기 때문이다. 항상 말씀이 생활 속에서 떠나지 않게 하기 위하여 모세는 특별 암기 교육을 시키고 있는 셈이다. 이 율법을 지키는 것이 곧 생명의 길이기 때문에 그는 특별히 신경을 쓰고 있다. 가나안 땅을 바라보는 모세, 그는 지금 어린 아이를 물가에 놓고 떠나가야 하는 부모의 심정이리라. 그만큼 이스라엘 백성은 가나안 땅에 들어가서 죄를 지을 수 있는 가능성이 많았다.

The Song of Moses(chs. 32)

A. 이스라엘의 배은망덕 : 그래서 처벌당할 것이니(1-25절)
B. 이스라엘은 건짐을 받고 / 압제자들은 처벌받을 것이다(26-43절)

하나님의 신실하심과 백성들의 불신 (1-6절)

1 하늘이여, 귀를 기울이라
내가 말하리라
땅은 내 입의 말을 들을지어다

2 내 교훈은 비처럼 내리고
내 말은 이슬처럼 맺히나니
연한 풀 위에 가는 비(이슬비) 같고
채소 위에 단비(소나기처럼) 같도다

◀ 1-2절 : 모세는 자기의 가르침을 신적인 계시에 근거한 지혜를 담은 것으로 묘사한다.

3 내가 여호와의 이름을 전파하리니
너희는 우리 하나님께 위엄을 돌릴지어다
(Oh, praise the greatness of our God!)

4 그는 반석이시니(Rock)
그가 하신 일(works)이 완전하고
그 모든 길이 정의롭고(just)
진실하고 거짓이 없으신 하나님이시니
(faithful God)
공의로우시고 바르시도다

◀ 3-4절 : 야웨의 위대성 강조

▶ 1-2절:이 노래는 하늘에서 내리는 비와 이슬과 같으니 지금 모세가 전하는 말씀은 이것을 듣는 자들에게 생명을 주며 소생시키는 역할을 하게 될 것이다. 시편 72:6을 보라. 가뭄 때에 비는 얼마나 소중한 것인가. 비가 잘 오지 않는 이곳에서 이슬 또한 농작물에 적지 않은 도움을 준다.

단비(showers)는 가물 때에 내리는 소나기로 아주 반가운 비다. 그러니 제발 내 교훈에 귀를 기울이고 그것을 지켜 행하거라. 이 교훈은 하나님께로부터 온 말씀이기 때문이다. 모세는 영원히 변치 않는 하늘과 땅에다 호소하고 있다(마 24:35).

▶ 3-4절 : 내가(모세) 하나님의 이름을 찬양하겠으니(전파하리니), 너희는 하나님께 위대하심을 돌려라. 즉 찬양하라는 말이다. 그리고 모세는 하나님의 위대성을 묘사하고 있다. 하나님의 공의와 신실성을 보라. 그 분은 우리가 의지할 반석이시다(시 18:2).

따라서 우리의 피난처시다(시 19:14, 31:3-4). 또한 하나님은 하시는 일이 완전하시다. 모세는 하나님의 신실하심(미쁘심)을 계속 전하고 있다. 그는 그의 생애 전반에 걸쳐서 무엇보다도 "하나님의 신실하심"을 체험했던 것이다.

더욱이 하나님은 인간의 역사를 다루시는데 무엇보다 공의롭고 공평하시다는 것이다. 이방인들의 신은 종종 변덕을 부리는 것으로, 인간들이 늘 그의 비위를 맞추어야 했다. 물론 우상을 그들의 신이라고 믿고 있지만.

이 배은망덕한 자식들아! (5-18절)

5 그들이 여호와를 향하여
악을 행하니
하나님의 자녀가 아니요
흠이 있고 삐뚤어진 세대로다

6 어리석고 지혜 없는 백성아
여호와께 이같이 보답하느냐

◀ 5-6절 : 하나님은 저들을 자기 자녀로 삼으셨는데(신 14:2) 이제는 더 이상 자녀로 인정치 않으시겠다고 선언하신다(호 2:1, 3 참조)

5-6절 :
자, 보라. 하나님의 신실하심에 비해 너희들은 어떤가? 이건 삐뚤어져도 한참 비뚤어졌구나?! 흠이 없는 자식들이었는데, 이제는 흠이 있는 사곡한(邪曲, 마음이 악하고 행동이 왜곡된, warped and crooked) 자들이 아닌가?! 야웨 하나님이 누구냐?! 너희 아버지가 아니냐?!

신명기 14:2을 보라. "너희는 너희 하나님 여호와의 자녀니" 그런데 이제는 자녀가 아니라고 하신다. 그들의 사곡함 때문이다. 이 무지몽매(無知蒙昧)한 자식들아, 너희들이 아버지 되신 여호와를 그렇게 대접할 수 있는

어디 한번, 하나님의 크신 은혜를 더 말해볼까!! (7-14절)

그는 네 아버지시요 너를 지으신 이가 아니시냐
그가 너를 만드시고 너를 세우셨도다

7 옛날을 기억하라
역대의 연대(지나간 세월)를 생각하라
네 아버지에게 물으라
그가 네게 설명할 것이요
네 어른들에게 물으라 그들이 네게 말하리로다

◀7절 : 역대의 연대 - 과거 전체를 생각해 보라.

8 지극히 높으신 자가 민족들에게 기업을 주실 때에,
인종(아담의 후손)을 나누실 때에
이스라엘 자손의 수효대로
(그 분이) 백성들의 경계를 정하셨도다

9 여호와의 분깃(몫)은 자기 백성이라
야곱은 그가 택하신 기업이로다

10 여호와께서 그를 황무지에서,
짐승이 부르짖는 광야에서
만나시고 호위하시며 보호하시며
자기의 눈동자 같이 (그를) 지키셨도다

◀10절부터는 여호와께서 이스라엘을 위하여 행하신 모든 좋은 일에 대해 개괄하고 있다.

11 마치 독수리가
자기의 보금자리를 어지럽게 하며
자기의 새끼 위에 너풀거리며
그의 날개를 펴서 새끼를 받으며
그의 날개 위에 그것을 업는 것 같이(출 19:4)

12 여호와께서 홀로 그를 인도하셨고
그와 함께 한 다른 신이 없었도다

13 여호와께서
그가 땅의 높은 곳을 타고 다니게 하시며

거냐?! 그분이 누구인가? 너를 지으시고, 세우신 너희 아버지가 아니냐?!

- 7-8절: 그 옛날, 너희 조상들이 애굽에서 종살이하던 때를, 그리고 40여 년간의 생활을 돌이켜 보아라. 잘 모르겠거든 너희 부모나 이웃 어른께 여쭤보려므나. "하나님은 모든 나라들의 연대를 정하시고 거주의 경계를 한하신"(행 17:26) 분이시다(창 11장을 생각해 보라).

물론, 이스라엘도 그 섭리 중에 인도함을 받은 것이다. "이스라엘 자손의 수효대로" : 70인경에서는 '천사의 수효를 따라' 라고 번역되었다. 모든 사람에게 그의 수호 천사가 있다는 히브리 개념으로 그렇게 번역한 것 같다. 만약 여호와께서 과연 우리의 창조자였나 하고 의심이 생기거든 과거를 한번 돌아보라는 것이다.

- 9-10절 :그런데 이스라엘 백성들은 누군가? 이들은 하나님이 특별히 사랑하사 선택하여 부르시고 그의 기업으로 삼으신 백성이라는 것이다. 그런데 이들을 어디서 불렀는가? 광야에서 부르셨다. 물론 애굽에서 불러내셨다.

- 그러나, 어려움과 의지 없는 상태, 곧 광야에서 만났다고 말씀하신다. 메마른 광야와 젖과 꿀이 흐른다는 가나안 땅은 극적인 대조를 이룬다. 어쨌든 이들을 눈동자 같이 지켜 오셨다는 것이다(시 17:8).

- 11-12절 : 하나님의 인도하심의 과정은 어떠했는가? 눈동자 같이 아끼심이 있었을 뿐만 아니라 또한 훈련을 통해 강한 자녀로 키우셨다. 그들에게 환난과 어려움은 바로 이런 독수리의 훈련 과정이었던 것이다(출 19:4, 독수리 날개로 업어 인도하셨다. 출 13:21, 15:13 참조).

- 자, 이런 은혜를 그 어느 신에게서 발견할 수 있단 말인가?!

밭의 소산을 먹게 하시며 반석에서 꿀을,
굳은 반석에서 기름을 빨게 하시며

14 소의 엉긴 젖(크림이나 혹은 버터)과 양의 젖과
어린 양의 기름과 **바산에서** 난 숫양과 염소와
지극히 아름다운 밀을 먹이시며
또 포도즙의 붉은 술(붉은 포도즙)을
(너희가) 마시게 하셨도다

- 이스라엘은 가나안 땅에서의 생활이 메마른 광야와 비교해 볼 때 얼마나 축복 받은 일인가?! 바산(Bashan)은 광대한 목초지로 유명하다, 겔 39:18 참조)

- 13-14절 : 이제 13절서부터는 모세는 이스라엘 백성이 마치 가나안 땅에 들어가서 정착한 것으로 묘사한다. 이 시(詩)는 과거 시제로 되어 있다. 따라서 어떤 비평가들은 이 노래가 훨씬 후대에 작성된 것이라고 주장하기도 한다. 그러나 신명기 31:19-21의 말씀을 읽어보라. 그렇다면 문제될 것이 없을 것이다.

- "그러므로 이제 너희는 이 노래를 써서 이스라엘 자손에게 가르쳐서 그 입으로 부르게 하여 이 노래로 나를 위하여 이스라엘 자손에게 증거가 되게 하라 내가 그들의 열조에게 맹세한 바 젖과 꿀이 흐르는 땅으로 그들을 인도하여 들인 후에 그들이 먹어 배부르고 살찌면 돌이켜 다른 신들을 섬기며 나를 멸시하여 내 언약을 어기리니"

그런데, 나를 발로 차다니?! (15–16절)

15 그런데
여수룬이 기름지매 발로 찼도다
네가 살찌고 비대하고 윤택하매
자기를 지으신 하나님을 버리고
자기를 구원하신 반석을 업신여겼도다

16 그들이 다른 신으로
그의 질투를 일으키며
가증한 것으로(이방신을 섬김으로)
그의 진노를 격발하였도다

17 그들은 하나님께 제사하지 아니하고
귀신들에게 하였으니
곧 그들이 알지 못하던 신들,
근래에 들어온 새로운 신들
너희의 조상들이
두려워하지 아니하던 것들이로다

18 너를 낳은 반석을(하나님을)

- 15-16절 : 아, 그런데 여수룬이 배가 부르니까 발로 주인을 걷어찼던 것이다. 축복을 받았으면 감사할 일인데, 감사는커녕 도리어 하나님을 버렸던 것이다. 여수룬(Jeshurun)은 이곳 말고는 신 33:5, 26절 그리고 사 44:2에만 나오는 말로서 '의롭다' 는 뜻이 있다(의로운 자, 사랑하는 자, 훌륭한 자, 경건한 자 등의 뜻으로 해석하기도 한다). 여기서는 비실비실 하는 놈 데려다가 곱게 잘 길렀더니만 나중에 그 은공을 모르고 주인을 배반하는, 마치 살찐 소가 주인을 발로 차듯이, 이스라엘이 하나님을 배반하였다는 것이다. 그러니까 이스라엘은 고집이 센 살찐 소였다.

- 배반하였다니, 뭘? 이스라엘의 배반은 곧 우상 숭배를 말한다(16절). 그것은 하나님의 질투를 유발하는 일이었다. 물론, 그 질투는 무서운 징계로 나타난다. 가나안 땅에 들어가서 그 풍요로움에 감사하는 대신 다른 신을 섬길 것이라는 것이다. 이스라엘은 자기를 낳은(18절) 하나님을 버렸던 것이다. 왜, 하나님은 이들을 질투하시는가? 하나님은 이스라엘을 야웨와의 결혼 관계로 묘사했다.

- 17-18절 : 이들은 하나님도 아닌 귀신을, 그것도 생전 듣지도 보지도 못한 신들을 섬겼던 것이다. 물론 신이라고 했지마는 결국, 우상들인 것이다. 이들 신들이 이스라엘을 축복하고 번영시켰던 것이 아니다. 이들 이스라엘 백성들은 자기를 낳아주신 부모를 버린 것과 같이 여호와를 버리게 될 것이다.훗날 이들은 정말 하나님을 버렸던 것이다.

네가 상관하지 아니하고
너를 내신 하나님을 네가 잊었도다

이제, 내가 너를 때려줄(징계) 것이다 (19-25절)

☞ 이스라엘 백성들은 참으로 한심한 자녀들이라는 것이다.

19 여호와께서 보시고 미워하셨으니(경멸하셨으니)
그 자녀가 그를 격노하게 한 까닭이로다

20 그가 말씀하시기를
내가 내 얼굴을 그들에게서 숨겨
그들의 종말이 어떠함을 보리니
그들은 심히 패역한 세대요
진실이 없는(信義가 없는, 믿음이 없는)
자녀임이로다

21 그들이 하나님이 아닌 것으로
내 질투(시기)를 일으키며
허무한 것으로(무가치한 것=우상)
내 진노를 일으켰으니
나도 백성이 아닌 자로
그들에게 시기가 나게 하며
어리석은 민족으로 그들의 분노를 일으키리로다

22 그러므로 내 분노의 불이 일어나서
스올의 깊은 곳까지 불사르며
땅과 그 소산을 삼키며
산들의 터도 불타게 하는도다

23 내가 재앙을 그들 위에 쌓으며(재앙 위에 재앙을)
내 화살이 다할 때까지 그들을 쏘리로다
(전쟁의 참화).

24 그들이 주리므로 쇠약하며

• 19-21절: 하나님께서 보시니 참으로 한심한 자녀들이 아닌가?! 하나님이 그들을 보고 "미워하셨다." 한 마디로 실망하고, 혐오를 느끼신다는 말이다. 따라서 하나님은 그들에게서 얼굴을 돌리실 것이다. 자, 이제 너희들이 장차 어떻게 되는가 두고 보겠다. 변덕이 죽끓듯 하는 세대, 진실이란 털끝만큼도 없는 자들아! (공동번역).

• 헛된 우상을 섬겨 내 속을 썩여 주어 나의 질투를 일으켰으니, 나 하나님도 너희에게 질투하며, 진노하신다는 것이다. 당연히 심판이 있겠다는 것이다. 물론 이 과정은 그의 택한 백성을 우상에게 빼앗기지 않으려 하시기 때문이다. 더 이상 말을 듣지 않는다면 더 이상 권고하지 않으신다. 그래서 "나의 백성이 아닌 자들"을 불러서 그들에게 은혜를 주심으로써 그들로 하여금 시기나게 하신다는 것이다(바울은 롬 10:19에서 이 부분을 인용하여 이방인에 대한 구원 역사를 언급했다).

• 하나님은 이스라엘 백성들의 망나니 같은 삶을 언제까지나 눈감아주실 것인가? 천만에!! 하나님은 자녀들의 파멸을 지켜보실 것이다. 무엇이 여호와를 노엽게 만들었는가? 이스라엘은 말도 못하는 우상을 자기의 신이라고 좇았던 것이다. 이스라엘은 '가치도 없는 것을 선택했기에 하나님께서도 우준한 민족(이스라엘과 비교해서 전혀 가치없는 족속들)을 이스라엘을 때려주는 몽둥이로 사용하실 것이다.

• 22-25절 : 이제, 여러 가지 재앙으로 회개치 않는 이스라엘 백성을 벌하시겠다고 말씀하신다. 그 징벌의 내용을 보라. '분노의 불' 은 그 진멸할 대상을 찾아 음부(여기서는 무덤, 혹은 죽음을 의미)에 까지 갈 것이다. 그는 화살을 쏘실 것이다.

• 이는 전화(戰禍)를 가리키는 말이다. 이 화살을 쏨으로써 나타나는 일들은 무엇인가? 기근, 굶주림, 흑사병, 역병, 더위, 염병, 야수들, 해충, 독사들, 전쟁의 참화 등이다. 또 남자들은 전쟁터에서 죽게 될 것이고, 성 안에 남아 있는 자들도 그 전쟁의 영향으로 죽을 것이

불 같은 더위와 독한 질병에 삼켜질 것이라
내가 들짐승(野獸)의 이와
티끌에 기는 것의 독을 그들에게 보내리로다

25 밖으로는 칼에,
방 안에서는 놀람공포)에 멸망하리니
젊은 남자도 처녀도 백발 노인과 함께
젖 먹는 아이까지 그러하리로다
(다 죽임을 당하리로다)

다(왕하 6:24-29, 렘 9:20-21 참조).

• 진노의 불(22절) : 그의 진노의 불은 어디까지 퍼져나갈 것인가?! 그 심판의 무서움은 인간의 상상을 초월한다. 물론, 그 심판은 이스라엘의 심판을 넘어서 마지막 대심판을 가리키기도 한다. 그러나, 우선 이스라엘의 징계로 나타날 것이다.

• 22-25절 : 설마, 하나님께서 사랑하는 백성에게 그렇게 무자비한 재앙을 내리실까 하고 착각하지 말라. 훗날 이스라엘 백성들은 이런 경고에도 불구하고 끊임없이 우상숭배와 물질문명의 현람한 속으로 빠져들어간다. 그리고 이방인화 되어간다. 하나님이 보시기에 도대채 어느 놈이 배 백성인고 하게 되었다. 따라서 그들에게 형벌은 필연적인 것이었다.

그렇다고 너희(이스라엘)를 완전히 버리지는 아니하실 것이다(26–43절)

26 내가 그들을 흩어서(산산조각 내서)
사람들 사이에서
그들에 대한 기억이 끊어지게 하리라 하였으나

27 혹시 내가 원수를 자극하여
그들의 원수가 잘못 생각할까 걱정하였으니
원수들이 말하기를
"우리의 수단이 높으며
여호와가 이 모든 것을 행함이 아니라 할까"
염려함이라

• 26-27절 : 이스라엘 백성들은 열방들 때문에 완전히 파멸당할 것이다. 그렇다고 해서 하나님이 이스라엘 백성을 완전히 버리셨는가? 그렇지 않다는 것이다. 하나님은 이스라엘의 패역으로 일시적으로 징계하신 것인데, 그래서 대적들을 붙이신 것인데, 원수들이 생각하기를 자기 자신들의 힘으로 이스라엘을 멸한 것이라고 자랑할 것이기에 하나님은 이스라엘을 완전히 파멸치 않으시겠다는 말이다.

• 따라서 하나님의 이스라엘에 대한 심판(징계)은 최후적인 것이 아니다. 결국, 자기 백성 이스라엘을 구원하신다는 것이다. 그러므로 그 심판을 중지하실 것이다(26-33절).

• 그래서 이스라엘이 먼 곳으로 포로로 끌려가 완전히 흩어지고, 세상 사람들의 생각에도 기억하지 못하고 잊어버리게 하려 했다마는, 그러나 대적들이 하나님의 이스라엘에 대한 징계를 오해하고, 자기들이 전술을 자랑하며, 이 모든 것이 하나님이 행하신 일이 아니라고 할 것이기에 이스라엘에 대한 진노를 거두시겠다는 것이다.

문제점이 있다. 어떤 문제점?

여기서 "모략이 없는 국민"은 과연 누구를 가리키는가에 대한 학자들간의 의견 차이가 있다. 즉 이 구절이 '이스라엘 백성'을 가리키는가, 아니면 '대적들'을 가리키는가 하는 문제이다. 28절은 "왜냐하면"(for)이라는 말로 시작하고 있다.

(A) 만약 '이스라엘'로 볼 경우는, 이스라엘 백성은 모략이 없고, 지식이 없으며 옳은 소리에 귀를 기울이지 않은 백성이라는 것이다. 만약 이들이 모략이 있고 지식이 있었다면 더 영원한 것을 사모했을 것이다. 그리고 지혜가 있어 하나님께 순종했다면 대적에게 패배 당할 리도 없었다는 것이다. 한 사람이 천명을 이기고, 두 사람이 만 명을 이길 것인데, 대적들에게 쫓김을 당하다니 왠말인가?! 이는 하나님이 이스라엘을 대적들에게 팔고 내주었기 때문이라는 것이다.

(B) 위의 견해와는 정반대로 '모략이 없는 국민'을 '대적들'로 보는 학자들이 있다. 이럴 경우에는 위의 설명과 반대이다. 즉, 다음의 구절들이(34-36절) 이스라엘의 원수들에게 내리는 심판을 언급하고 있다는 것이다. 28-34의 말씀도 원수들의 죄악을 언급한 것이라는 것이다.

(※) 따라서, 지금부터의 설명은 (B)의 경우를 설명한 것이다. 물론 (A)의 주장을 하는 분도 많다.

28 (왜냐하면)
그들은 **모략이 없는 민족**이라
그들 중에 분별력이 없도다

29 만일 그들이 지혜가 있어 이것을 깨달았으면
자기들의 종말을 분별하였으리라

30 그들의 반석이(여호와께서)
그들을(이스라엘) 팔지 아니하였고
여호와께서
그들을 (적에게) 내주지 아니하셨더라면
어찌 (敵軍의) 하나가 천(명)을 쫓으며
(적군) 둘이 만(명)을 도망하게 하였으리요

31 진실로 그들의 반석이(대적들이 믿는 반석 =우상)
우리의 반석(야웨 하나님)과 같지 아니하니
우리의 원수들(이스라엘의 원수들)이
스스로 판단하도다

32 이는 그들의(대적들의) 포도나무는
소돔의 포도나무요

• 28-30절 : 그렇다면 28절의 "모략이 없는 국민"을 이스라엘의 대적들로 보고 이스라엘과 비교할 때, 대적들은 지혜가 없는 형편없는, 우준한 백성들이라는 것이다. 29절은 28절의 내용을 더 자세히 설명하고 있다. 만약 그 대적들이 지혜가 있었다면 다음과 같은 사실을 알아차렸을 것이라는 것이다. : 즉, "이스라엘의 멸망이 자신들의 힘 때문이 아니라, 결국 하나님의 진노하심 때문이었다는 점을" 그래서, 이들이 지혜가 있었다면, "자기 자신들이 하나님의 심판을 초래한다는 점"을 알았을 것이다.

• 다시 20절을 읽어보자. 20절은 무엇을 말씀한 것인가? 그것은 이스라엘 백성들이 하도 한심해서 하나님이 매를 드시겠다는 내용이다. 자, 그런데 여기 29절에서는, 이스라엘에게 몽둥이 역할을 했던 대적들이, 자기들의 종말을 깨닫지 못했다는 것이다.

• 그러니까 이스라엘은 왜 대적에게 쫓기게 되었는가? 즉, 한명의 대적에게 이스라엘 백성 천명이, 대적 두 사람에게 만 명이 쫓기는 꼴이 되었는가 말이다. 대적들이 보기에는 자기들이 힘이 있어서 그런 줄 알고 있는데, 천만의 말씀이라는 것이다. 그것은 하나님이 이스라엘을 원수들의 손에 붙이셔서 그리되었던 것이다. 즉, 하나님은 이스라엘 백성의 반석이셨지만(4절) 저들을 적에게 파셨던 것이다.

• 31-33절 : 대적들은 말하기를, 자기들이 섬기는 신(우상)을 반석이라고 생각하고 있는 모양인데, 어림도 없는 소리마라. 저들의 반석(우상)은 우리 이스라엘의 반

고모라의 밭의 소산이라
그들의 포도는 독이 든 포도이니(대적들의 행위)
그 송이는 쓰며
(즉, 다른 이들을 해롭게 하고 악하다는 말이다)

33 그들의 포도주는
뱀의 독이요
독사의 맹독(poison)이라

석이신 야웨 하나님과는 비교도 안된다는 것이다. 지금 이들 대적들은 마치 소돔과 고모라의 거민들과 같다는 것이다. 저들이 만들어 내는 포도, 즉 저들의 행위는 유독하며, 다른 사람을 해롭게 하는 것이다. 특히 훗날 앗수르와 바벨론의 악행은 그 도를 넘어선 악행을 저질렀던 갓이다. 몽둥이 주제에.

이스라엘을 압제한 열방에게는 심판을, 이스라엘에게는 구원을!! (35-36절)

34 이것이 내게 쌓여 있고
내 곳간에 봉하여 있지 아니한가

35 그들이 실족할 그 때에
내가 보복하리라
그들의 환난날이 가까우니
그들에게 닥칠 그 일이 속히 오리로다
(보응과 보수, 하나님의 심판은 내 것이라)

36 참으로 여호와께서
자기 백성을 판단하시고(공의를 시행하다)
그 종들(이스라엘)을 불쌍히 여기시리니
곧 그들의 무력함과 갇힌 자나
놓인 자가 없음을 보시는 때에로다

37 또한 그가 말씀하시기를
그들의 신들이 어디 있으며
그들이 피하던 반석이 어디 있느냐

38 그들의 제물의 기름을 먹고
그들의 전제의 제물인

- 34-36절: 내가 이제까지 숨겨 놓고 있다. 무엇을? 원수들의 부패와 저들의 부패한 행위들을 말이다(34절). 왜 지금까지 그것을 곳간에 봉해 두었는가? 이제 그 악한 원수들을 보복하고 앙갚음하기 위해서였다. 그들이 실족할 때가 곧 다가올 것이다. 인간이 볼 때에는 그 보수(報酬)의 시간이 오래 걸리는 것처럼 느껴질지 모르나 곧 도래할 것이다.

- 그러나, 원수들이 심판을 받는 그 다른 국면에는 이스라엘의 구속을 보게 될 것이다.

- 35절이 열방에 대한 심판을, 그리고
- 36절이 이스라엘 백성의 구원을 언급하고 있다. 자기 종들, 즉 이스라엘을 긍휼히 보시고 구원을 베푸신다. 갇힌 자나 놓인 자, 즉 이스라엘 전체 민족들이 모두 무력해졌기 때문이다. 아주 망해버렸다. 하나님은 그 때 서야 구원을 시작하신다. 그것은 이스라엘에 대한 하나님의 긍휼하심 때문임을 알아야 한다.

- 37-39절: 하나님은 신들과 그 신들을 경배했던 자들을 비웃으신다. 처음에 이스라엘에게 말씀하신다. 하나님은 이스라엘을 격려하시고, 이스라엘로 하여금 여호와 하나님을 신뢰하도록 가르치시기 위해 열방들에게 말씀하신다. 너희 이스라엘 백성들아 들어봐라.

"도대체 너희들이 그렇게 우리의 신이라고, 반석이라고 하던 너희 신이 어디 있으냐?"

포도주를 마시던 자들이 일어나
너희를 돕게 하고
너희를 위해 피난처가 되게 하라

39 이제는(그런즉) 나(만이) 곧 내가 그인 줄 알라
나 외에는 신이 없도다
나는 죽이기도 하며 살리기도 하며
(나는) 상하게도 하며 낫게도 하나니
내 손에서 능히 빼앗을 자가 (아무도) 없도다

40 이는 내가 하늘을 향하여
내 손을 들고 말하기를
내가 영원히 살리라 하였노라

41 내가 내 번쩍이는 칼을 갈며
내 손이 정의를 붙들고
내 대적들에게 복수하며
나를 미워하는 자들에게 보응할 것이라

42 내 화살이 피에 취하게 하고
내 칼이 그 고기를 삼키게 하리니
곧 피살자와 포로된 자의 피요
대적(또는 장발한)의 우두머리의 머리로다

43 너희 민족들아
주의 백성과 즐거워하라
(이는) 주께서 그 종들의 피를 갚으사
그 대적들에게 복수하시고
자기 땅과 자기 백성을 위하여
속죄(정케)하시리로다

• 어디 그 신들더러 일어나 우리의 피난처가 되어 달라고 구해 봐라. 어떤 대답을 하나"

• "자, 이스라엘 백성들아. 내 말을 들어라. 이 세상에 신은 없다. 이방인들이 바라는 신들은 결국 우상이다. 죽이기도 하시며 살리기도 하시는(삼상 2:6, 왕하 5:7), 상하게도 하시고 낫게도 하시는 분은 오직 나밖에 없음을 알라."

• 39절 : 이제, 결론을 내려보자. 이스라엘 백성들아 과연 누가 진정한 신이더냐? 너희들이 그렇게 좇던 대적들의 신들이 진짜 하나님이더냐?! 너희들이 좋아하며 좇던 신들은 다 우상이었음을 이제야 알겠느냐?! 나 외에 다른 신은 없다. "내 손에서 능히 건질 자가 없도다"(사 43:13).

• 40-43절 : 이제, 나를 미워하는 원수들에게 반드시 보응할 것이라고 맹세하신다. 번개처럼 번쩍이는 칼을 가지고 열방들을 보응하러 오실 것이다. 하나님은 칼뿐만 아니라 화살도 사용하실 것이다.

• 자, 열방들아 이제 너희들도 더 이상 까불지 말고 이스라엘과 화평하는 것이 나을 것이다. 하나님은 하나님을 멸시하던 자들에게 언제까지나 참으시는 분이 아니시다. 하나님은 헛된 맹세를 하지 않으실 것이다. 반드시 심판하실 것이다. 그 심판은 역사의 현장에 나타날 것이다.

• 대적의 장관의 머리를 쳐서 없애버릴 것이다. 긴머리털을 하고 자신만만해 하는 원수들을 박살내실 것이다(42절).

• 43절(결론) :
자, 이제 이스라엘의 징계도 끝났고, 그 이스라엘을 압제하며 후려치던 몽뭉이에 대한 징벌도 끝이 났구나!! 하나님의 공의의 심판을 바라보는 열방들아! 너희들도 구원받은 이스라엘과 함께 즐거움에 참여하려므나!! 이 망나니 이스라엘 백성아, 너희들은 꼭 그렇게 얻어맞고서야 정신을 차리느냐?!

오늘을 살아가는 성도들이여,
설마, 이스라엘의 잘못을 반복치는 않겠지?!
그런데, 이상하다. 꼭 삐딱하게 가는 사람들이 많으니,
나 원참.

Moses Blesses the Tribes(ch. 33)

모세의 축복(33장)
모세의 죽음(34장)

1. 모세가 죽기 전에 각 지파에게 축복함(33:1-25)
2. 모세의 여호와 찬양(33:26-29)
3. 모세의 죽음(34장)
   약속의 땅 관찰(34:1-4)

   모세의 죽음과 여호수아의 계승(34:5-9)

Deuteronomy

33-34장

모세의 죽음

모세는 가나안 땅을 바라보면서, 이스라엘 백성들을 향해, 하나님이 주신 규례와 법도를 철저히 지킬 것을 권고했다. 혹시나 그 말씀들을 불순종하게 될까 봐 노래를 지어 부르게 했다. 그 노래는 이스라엘의 타락을 예견하면서 지어 부르게 한 것으로 그 노래를 통해 하나님의 은총을 기억케 하려 했던 것이다. 하나님의 신실하심에 비해 이스라엘은 얼마나 패역된 삶을 살아왔는가를 대조시키면서, 옛날 광야 생활을 되돌아보라고 말씀하신다. 결국 이스라엘 백성들은 하나님의 은총을 잃어버리고 하나님을 배반하게 될 것이다. 이런 배은망덕한 자에게 하나님은 이방 족속들로 하여금 전쟁을 통한 어려움을 겪게 하실 것이다. 그러나 결국은 이스라엘을 구원하실 것이고 이스라엘을 괴롭혔던 몽둥이를 분질러 버릴 것이다. 이것이 노래의 내용이다.

모세는 재차 이스라엘 백성에게 순종을 요구한다. 마지막으로 그는 12지파를 불러 축복을 내린다(33장). 그리고 그의 지상 임무를 다 마치고 느보산에 올라 가나안을 바라본다. 그곳은 그가 꼭 가보고 싶던 안식의 땅이었다. 그러나 그의 임무는 여기서 끝난다. 그는 이제, 세상을 떠나 하나님 나라로 들어갈 준비를 해야 한다. 천사가 영접하는 하나님의 나라로… 그의 마지막 모습을 지켜보자.

모세의 축복 · 모세의 축복

33장 : 모세가 12지파를 축복함

- 33:1-5 • 모세는 죽기 전에 이스라엘 자손을 위하여 축복한다. 그는 족장들이 가졌던 것과 유사한 특권을 가졌다(창 27:7, 10; 50:16). 모세는 하나님의 현현을 시내산으로부터 오시는 것으로 묘사하고 있다. 하나님은 이 백성들에게 그의 언약과 율법을 주시기 위해 오셨다.
- 33:6-25 • 모세는 각 지파를 축복한다. 이는 창세기 49장의 방식을 따른다.
- 33:26-29 • 33장의 결론으로 아무도 위대함과 선함에서 여수룬의 하나님과 같은 자가 없다고 고백한다. 이를 구름을 타시고 하늘을 나시는 분으로 표상하고 있다(26절). 더욱이 여호와께서는 이스라엘이 모든 위험으로부터 숨을 수 있는 피난처라고 말한다(27절). 이들이 들어가 안주할 가나안은 새포도주와 이슬이 풍성한 곳이다(28절). 이렇게 이스라엘은 모든 열방들 위에 뛰어나게 축복을 받았다(29절).

34장 : 모세의 죽음

- 34:1-3 • 하나님은 모세를 인도하여 느보산에 올라 여리고 맞은 편 비스가산 꼭대기로 데려가신다. 그리고 약속의 땅을 보여주신다.
- 5-8절 • 모세의 묘를 아는 자가 없더라고 했다. 이에 대한 해석이 구구하다. 여호와께서 친히 장사 지냄으로 이스라엘의 목전에서 자기의 종을 존귀케 하셨다.
- 9절 • 모세가 여호수아에게 안수하였으므로 그에게 지혜의 신이 충만했다. 그의 임무를 잘 수행하기 위해서였다(삼상 16:13 참조).
- 10-12절 • 이후 모세와 같은 선지자가 일어나지 못할 것이다. 모세는 하나님이 친히 대면하시던 자였다(10절).

영원한 본향으로

▲ 모세는 노래를 모인 백성들에게 공포하면서 또다시 율법에의 순종을 거듭 당부한다. "내가 오늘날 너희에게 증거한 모든 말을 너희 마음에 두고 너희 자녀에게 명하여 이 율법의 모든 말씀을 지켜 행하게 하라. 이는 너희에게 허사가 아니라 너희의 생명이니 이 일로 인하여 너희가 요단을 건너 얻을 땅에서 너희의 날이 장구하리라"(32:46-47).

▲ 모세는 이 말을 전하면서 이 권고가 결코 허사(빈말, idle words)가 아니라 바로 생명(life)임을 강조한다.

"다시 부탁한다. 제발 규례와 법도를 지켜다오. 그길만이 살길이니까!!"

▲ 그리고 모세는 그 노래를 낭독한 당일, 느보산에 오른다. 영원한 본향으로 돌아가기 위해서다. 천국에서는 천군 천사가 몹시 바빴을 것이다. 환영준비 하느라고. 그치?!

일만 성도 가운데 강림하셨고 (33:1~25)

▶ 33장의 핵심 : 모세의 예언적 축복. 모세는 죽기 전에 이스라엘 자손을 위하여 축복한다. 지금까지 모세는 이들을 인도하여 왔기 때문에 각 지파별 특성을 잘 알고 있었다. 그는 선지자의 원형(原形)으로서(18:15, 34:10) 앞을 내다보고 하나님께서 그에게 계시하신 내용을 말해 줄 수 있었다. 이러한 경우는 창 9장과 49장에서 그 모형을 볼 수 있다.

1. 모세는 여호와의 임재를 어떻게 설명하고 있는가?

33:2 여호와께서 시내에서 오시고 (　　　　) 산에서 일어나시고 (　　　　) 산에서 비취시고 (　　　　　　) 가운데서 강림하셨고 그 오른손에는 불같은 율법이 있도다

(1) 시내산은 하나님께서 자신의 백성 이스라엘에게 자신을 계시하신 산이다. 여기서 시내산을 그 분의 거처로 묘사하고 있다. 모세는 하나님의 신현(神顯)을 시내산에서(시내산으로부터) 오시는 것으로 묘사하고 있다. 또 세일산(에돔 족속의 땅)과 바란산(시내산과 세일 사이, 가데스 바네아의 남방 바란 광야의 고원지대?)을 거쳐오시는 것으로 표현했다. 사사기 5:4[1)]을 읽어보자.

(2) '비취시고', '일어나시고' 등의 표현은 하나님께서 영광 중에 오심을 말한 것이다(하박국 3:3-4을 읽어보라). 하나님이 "일만 성도 가운데서" 임하셨다고 했다. 이 말은 "거룩한 자들의 무리로부터"라는 말로 해석된다. 수많은 천군 천사의 옹위 가운데서 강림하셨다는 말이다(왕상 22:19[2)]을 참조해 보자). 상징적인 거처인 시내산 외에 하나님의 참 거주지를 하늘로 보고 있다.

2. 이렇게 하나님은 성도(이스라엘 백성) 가운데 오셨다. 왜 오셨는가?

33:3

(1) 하나님은 이들 백성에게 그의 언약과 율법을 주시기 위해 오셨다. 이 언약과 율법들은 모든 백성들의 축복이다. 이제, 시내산에서 복을 베푸신 하나님께서 이스라엘 각 지파에게 복을 베푸실 것이다. 여호와께서 여수룬[1)]의 왕이 되시기 때문이다. 그 여수룬의 왕이 시내산에서 이스라엘에게 율법을 주

하나님의 사람, 모세

▲ 하나님의 사람 (אִישׁ הָאֱלֹהִים)이라는 칭호는 선지자를 부르는 칭호였다. 모세는 하나님의 사람이라고 불렸다(수 14:6, 시편 90편 참조).

▲ 모세는 죽기 전에 이스라엘 자손을 위하여 축복을 한다(신 33:1). 야곱은 창세기 49장에서 그의 아들들에게 손을 얹고 축복한다. 모세 역시 족장들이 가졌던 것과 유사한 축복권을 가졌음을 본다. (창 27:7, 10)

▲ 창 27:10 "네가 그것을 네 아버지께 가져다 드려서 그로 죽기 전에 네게 축복하기 위하여 잡수시게 하라."

1) 삿 5:4 "여호와여 주께서 세일에서부터 나오시고 에돔 들에서부터 진행하실 때에 땅이 진동하고 하늘이 물을 내리고 구름도 물을 내렸나이다."

2) 왕상 22:19 "미가야가 가로되 그런즉 왕은 여호와의 말씀을 들으소서 내가 보니 여호와께서 그 보좌에 앉으셨고 하늘의 만군이 그의 좌우편에 모시고 서 있는데."

셨다.

(2) "백성들의 수령들이 모였을 때"는 호렙(시내)산에서 백성들이 모였을 때를 가리킨다(출 19:17 참조).

3. 각 지파별에게 내려 주신 축복의 내용을 아주 간략하게 살펴보라.[2]

(1) **르우벤** : "죽지 아니하고 그 인수가 적지 않기를 원하노라."(6절)
창세기 49장에서는 그의 서모를 범한 일로 그의 죄가 규탄되었음을 본다. 그러나 지금 모세는 그 지파가 축복 받기를 위하여 복을 빌고 있다. 어쩌면 재앙이 그들에게 미칠 수도 있었을 것이기 때문이다.[3] "너는 탁월치 못하리라"(창 49:4)는 야곱의 선언을 기억해 보라. 모세는 르우벤 지파가 지파로서 남기를 기원하고 있음을 본다.

(2) **유다** : "그 대적을 치기를 원하는도다"(7절) :창세기 49:8-11의 축복과 내용이 같다. 머지 않아 왕다운 지파가 되기를 원하고 있다. 유다 지파는 언제나 선두에 섰기 때문에 전쟁에서 하나님의 도우심이 있기를 위하여 축복하고 있다. 그래서 장자 다음으로 축복을 언급하고 있는 것 같다.

(3) **레위** : 영적 지도자의 축복을 언급하고 있다. "둠빔과 우림"은 대제사장의 흉패 안에 넣어 둔 것으로 하나님의 뜻을 분간할 때 사용했다. 모세 역시 레위 지파였다. 이들은 맛사 또는 므리바에서 충실했다(출 17:7, 신 6:16 참조). 금송아지 사건 때에도 레위지파는 여호와 편에 서서 일함으로써 후한 점수를 많이 받았다(출 32:25-29). 이들은 또한 이스라엘 백성들에게 하나님의 율례와 법도를 가르쳐야 했고, 성막 예배를 인도해야 했다.

(4) **베냐민** : 안전과 평안을 누리기를 빌고 있다(창 44:20 참조). 아버지가 아들을 양 어깨 사이에 업고 다니는 것과 같이 하나님의 보호와 사랑이 있기를 위하여 기도한다.

(5) **요셉** : 물질적 번영 축복을 빈다. 요셉 지파의 땅은 가나안 중에서도 곡식이 잘 되는 지역에 거주하게 된다. 이 지파는 (5) 므낫세와 (6) 에브라임 지파로 나뉘었다. 이들은 북쪽 지파들 중에서 가장 컸다.

(7) **스불론** (8) **잇사갈** : 스불론은 해운의 축복을, 잇사갈은 목축의 축복을 받았었

1) 이스라엘을 나타내는 명칭이다. '의로운 자'라는 뜻이다.

2) 이들에게 내려진 축복들은 창 49장의 야곱의 축복과 그 짝을 이룬다. 모세는 죽기 전 중보자(Mediator)로서 야곱이 그의 아들들에게 복을 빌었던 것처럼(창 49장). 주의 이름으로 이스라엘을 축복하려 한다. 이제 이 복은 이스라엘 전체의 역사에 걸쳐 영향을 미치게 될 것이다.

시므온 지파는 언급도 없다. 창세기 49:7에 의하면 이 지파는 다른 지파 중에 흩어질 것이라고 했다. 여호수아 19:2-9에서는 시므온 지파가 유독 유다 영지에 여러 도성을 받는다. 따라서 시므온 지파는 이스라엘에서 독자적인 위치를 취득하지 못하였을 것이다.

3) 르우벤, 길르앗, 단 그리고 아셀 지파들은 시스라와의 전쟁에 참여하기를 거절했었다. 드보라의 부름과 바락의 나팔소리를 듣고도 전쟁에 응하지 않았기에 책망을 받고 있는 내용이다. (삿 5:15-16 참조)

다(창 49:13-15 참조).

(9) **갓** : 야곱의 축복의 내용과 같다. 용맹성 강조, 호전적. 이들은 사방에서 공격을 당해 왔다(미디안족, 암몬, 아라비안). 그러나 갓 족속은 이들을 잘 격퇴하였다. 이 지파는 먼저 요단 동편에서 기업을 얻었다(민 32:2-5).

(10) **단** : 야곱은 길의 뱀으로 묘사했으나(창 49:16-18), 모세는 "새끼 사자"에 비유했다.

(11) **납달리** : 풍요의 축복을 말함. "은혜가 족하고 여호와의 복이 가득하다"(창 49:21 참조).

(12) **아셀** : 아셀이라는 이름이 '복, 행복'이라는 뜻이다. 이들은 갈멜산 북쪽에 거하였다. 기름진 땅의 축복을 말하고 있다. 이들은 형통할 것이다. 놋과 철로 된 문빗장으로 군사적인 안전을 보장받게 될 것이다.

4. 이렇게 각 지파를 축복하고 나서 모세는 여호와 하나님을 찬양한다. 하나님을 어떤 분으로 찬양하고 있나?

33:26-29

• 능력 : 하늘과 궁창에서 위엄을 나타내시는 분으로 이스라엘이 어떤 곤경에 처할지라도 구원하실 수 있는 하나님으로 묘사하고 있다.

• 영원하신 팔 : 어떤 재앙이 다가와도 이스라엘의 대적을 물리치실 것이며, 이스라엘을 보호하실 것이다.

자, 이제 무엇이 두려울 것인가?! 가나안에 비록 아낙 자손들이 산다 할지라도 만일, 이스라엘 백성들이 전적으로 하나님만을 신뢰한다면 천하무적의 나라가 될 것이다. 이스라엘이여, 너는 참으로 복받은 자로구나!!

33:29 "이스라엘이여
너는 행복한 사람이로다
여호와의 구원을 너 같이 얻은 백성이 누구냐
그는 너를 돕는 **방패시요**
네 **영광의 칼**이시로다
네 대적이 네게 복종하리니
네가 그들의 높은 곳을 밟으리로다." 이 구절을 암송하라.

The Death of Moses(ch. 34)

여호와의 종, 모세의 죽음 (34:1-12)

1. 모세가 여호와의 말씀대로 모압 땅에서 죽는다. 하나님은 그를 느보산에 오르게 하신다. 왜?

34:1-3

(1) 하나님은 모세를 인도하여 가나안이 내려다보이는 느보산(Nebo Mt.)에 올라 여리고 맞은편 비스가산(Pisgah) 꼭대기로 데리고 가신다. 그리고 모세에게 그 약속의 땅을 보여주신다. 아마 초자연적으로 2, 3절에 언급된 땅을 보여주셨을 것이다. 아, 얼마나 가고 싶던 땅인가?! 그러나 모세는 이 땅을 보는 것만으로 만족해야 했다.

(2) 비록 모세는 죽지만 하나님은 새로운 지도자를 세우신다. 가나안 땅에 들어가는 일은 새로운 지도자에게 맡기시려는 것이다. 그리하여 족장들에게 약속하셨던 땅을 그들 자손들에게 주실 것이다.

2. 모세는 비록 그의 불신앙적 행위 때문에(민 20:1-13) 가나안 진입의 축복을 못받았지만 그는 하나님 앞에 얼마나 큰 일꾼이었던가?! 그는 어디에 장사되었는가?

34:6 (   ) 맞은편 (   ) 땅에 있는 골짜기에 장사되었고 오늘까지 그의 묻힌 곳을 아는 자 없느니라

3. "오늘까지 그 묘를 아는 자가 없더라"라는 말에 대해 해석이 구구하다. 유다서 1:9의 설명을 참조해 보자.

(1) 유다서 1:9 "천사장 미가엘이 모세의 시체에 관하여 마귀와 다투어 변론할 때에 감히 비방하는 판결을 내리지 못하고 다만 말하되 주께서 너를 꾸짖으시기를 원하노라 하였거늘"

- 유다서 1:9의 기사는 외경 "모세의 승천기"에서의 인용으로 모세가 죽어 그

비스가(Pisgah)

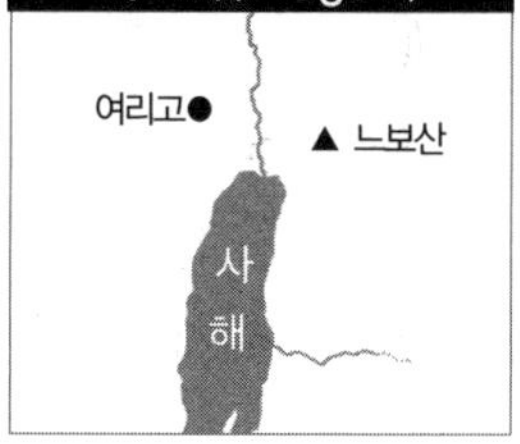

▲ 비스가 : 여리고 맞은편이다(신 34:1). 사해 근처(수 12:3, 13:20 참조)에 있던 모압의 산. 모압 왕 발락은 비스가산 꼭대기에 일곱 개의 단을 쌓았다(민 23:14). 모세는 이곳에서 약속의 땅을 내려다보았다(신 3:27). 모세는 이 산에서 죽는다(신 34:1-5).

▲ 비스가의 위치는 여리고 남동동쪽 27km지점의 '라스 에스-시아가'로 추정한다. 어떤 학자는 아버림 산맥에 느보산과 비스가산이 있다고 주장한다.(아가페 성경사전)

▲ 본문에서는 여호와의 명령에 따라 모세는 죽기 위하여 느보산에 올라갔다고 했다. 느보산은 여리고 맞은 편에 위치했다고 기록하고 있다. 비스가산은 아바림 산지의 북단 지역인(32:49, 민 27:12 참조) 비스가 산지의 가장 높은 봉우리이다.

☞ 조금 자세히 연구하실 분은 홍창표, "중간 상태 : 에녹, 엘리야, 모세의 승천", 「신학정론」(제 10권 1호, 92년 3월호, 합동신학교), 88-114면을 참고해 보라. 에녹과 엘리야와 모세의 승천 문제, 예수님의 음부에 내려가셨다는 문제 등을 다루고 있다.

영은 하늘에 오르고, 하나님이 시체의 장례를 천사장 미가엘에게 명하셨다는 것이다. 미가엘이 무덤을 파고 있을 때, 마귀가 나타나 자기는 물질계를 맡으므로 그 시체를 내어 달라고 요구하였다. 미가엘은 "주께서 너를 꾸짖으시리라, 하나님의 영이 세상과 모든 인류를 창조하셨느니라" 하며 거부하였다.

다음으로 마귀는 모세가 살인한 것을 들고 나왔다(거기 대한 직접적인 회답은 없다). 이때 마귀가 모세의 시체를 요구한 것은 단순히 그 시체를 능욕하려던 것인지, 그 시체로 놋뱀(민 21:9, 왕하 18:4)처럼 우상을 만들려는 지는 알 수 없다. <이상근, 신명기 주석, 415면 참조 인용>

(2) 아마, 하나님은 그의 천사의 손을 빌어 모세를 장사하였던 것 같다. 하나님과 모세, 하나님은 모세의 장사(葬事)에 인간의 접근을 불허하셨다. 그의 친밀함이 특출했기 때문이었다. 모세가 죽었을 때에도 그의 눈이 흐리지 아니했다고 기록하고 있다. 그의 나이 120세였다(34:7). 이스라엘 자손들은 그의 죽음을 애도하여 30일을 애곡했다. 모세는 훗날 엘리야와 함께 그리스도의 변형 사건 때(변화산)에 나타난다. 마태복음 17:1-3을 보라.

4. 이제, 모세와 같은 선지자가 일어나지 못할 것이다. 왜? 모세는 어떤 사람인가?

34:10 "그 후에는 이스라엘에 모세와 같은 선지자가 일어나지 못하였나니 모세는 여호와께서 대면하여 아시던 자요"

(1) 모세는 하나님이 친히 대면하시던 자였다(10절). 다른 선지자들은 예언이 있기는 했지만 주로 모세로 말미암은 계시를 그대로 파수하며 해석하는 역사를 했을 뿐이다. 이제 언젠가 모세와 같은 선지자 하나를 일으키실 것이다.

(2) "네 하나님 여호와께서 <너의 중 네 형제 중에서>" 그 선지자를 보내실 것이다(신 18:15 참조). 물론 모세와 같은 '수준'을 말하는 것이 아니라, 모세와 같은 '하나님의 대표자'라는 의미에서 "모세와 같은 선지자"를 보내 주실 것이다. 그 분이 곧 그리스도라는 사실을 우리는 이미 신 18장에서 배웠다.

Moses went up from the plains of Moab unto the mountain of Nebo

비스가산(Pisgah Mt.) 꼭대기에서 가나안 땅을 바라보는 모세

▲ 모세, 그는 지금 눈을 들어 젖과 꿀이 흐른다는 가나안을 바라보고 있다. 그러면서도 그는 영원한 본향을 바라보고 있었을 것이다. 그의 나이 120세, 아직은 눈이 흐리지 아니하였고 기력이 쇠하지 아니했다고 했다. 실로 그의 생애는 위대했다. 이제 때가 되어 하나님께로 간다. 그러나, 그의 죽음은 하나님 품으로 들어가는 과정이었을 뿐이다. 모세, 그는 얼마나 뿌듯했을까?! 그의 맡은 사명을 충성스럽게 마치고 떠나가니 말이다. 죽지 않고 승천했을 것이라는 주장도 있기는 하나 확실치 않다. 성경은 "모압 땅에 있는 골짜기에 장사되었고 오늘까지 그의 묻힌 곳을 아는 자가 없느니라"고 기록되어 있을 뿐이다. 이제, 하나님은 또다른 일꾼을 부르실 것이다. 하나님의 구속의 역사는 중단될 수 없기 때문이다.

1. 하나님으로부터, 천국행 티켓을 받아 든 모세(민 27:12,13 참조),
지나간 40년의 광야의 생활이 필름화 되어 뇌리를 스친다.

그의 웅지를 높이 드러낼 수 있었던 애굽의 화려한 궁전,
친아들처럼 그를 사랑했던 하트셉스트.
그러나 그는 자신의 정체성(Identity)을 찾고
자기 민족 이스라엘 백성을 돕기 위해,
벽돌을 굽는 현장 고센 땅으로 간다.
그의 피끓는 열정은 오히려 살인을 불러왔고,
결국 그는 보이지 않는 하나님의 손에 이끌려 광야로 가게 된다.
거기서 40년 동안 겸손함을 배워 간다.

이제는 조용히 여생을 마치려는 모세에게
하나님이 나타나셨다. 그를 불러,
노예 생활로 울부짖는 이스라엘 백성을 이끌어 내시겠다는
하나님의 출정(出征) 통보.
모세는 있는 힘을 다해 출정할 수 없다고 발버둥을 쳤지만
하나님 앞에서는 소용없는 일이었다.
80세의 노병(老兵) 모세.
그는 마침내 적진 깊숙이 들어가 바로 앞에 서게 된다.
그의 형 아론과 함께.

2. "내 백성을 보내라."
이 어이없는 것 같은 통보에 바로는 강퍅으로 맞선다.
10번의 시소게임.
바로 왕 자신의 장자로부터 애굽의 모든 초태생이
다 죽는 엄청난 포화를 맞고 마침내 바로는 항복한다.
애굽의 전무후무한 곡성을 들은 후에야.

3. 첫 번째 유월절,
이 날은 이스라엘의 해방의 날이었다.
민수기 33:1은 그 날의 구원을 이렇게 표현했다 :
"모세와 아론의 인도로
대오를 갖추어 애굽을 떠난 이스라엘 자손의
노정(路程)은 이러하니라."

70여명의 야곱 군단이 애굽에 거주한지 430년,
이제는 거대한 민족이 되어 출애굽을 한다.
이들은 "여호와의 군대"가 되었다(출 12:41).

얼마나 많은 역경과 고난이 있었는가!
홍해를 앞에 두고 뒤쫓아오는 애굽 군대를 보고 어린애들처럼
울어대는 이스라엘 백성들. 아직은 영적 미숙아(未熟兒).
그러나 기적적인 구원을 받고 하나님을 노래한다.
이제, 이스라엘 백성들은 '야웨' 하나님의 실존을 체험한다.

4. 그러나,
뜨거운 태양볕,
모래 먼지가 눈을 뜰 수 없게 했던 황량한 들판,
마실 물이 없다고, 먹을 것이 없다고
울부짖는 백성들.
매일 먹는 것이 어째 이 만나뿐이냐고 투정하는 백성들,
고기가 먹고 싶다고 그리고 부추가 파가 참외가 먹고 싶어
애굽으로 되돌아가자고 떠들어대던 철없는 이스라엘 백성들.

"하나님! 내가 이 백성을 낳았습니까?"
그러나, 이런 과정 가운데서도
하나님의 백성으로서의 자질도 배워 간다.
그들은 어린아이에서 차츰 장년으로 성장해 간다.
하나님의 백성으로서 살아가야 할 헌법도 수여 받는다.
그리고 하나님과 참다운 교제가 무엇인가도 배워 간다.

5. 그러나 마침내 가나안 땅을 눈앞에 두고
결정적 배반(민 14장).
우리는 가나안 땅을 점령할 수 없다는 것이었다.
그곳에 사는 거민들이 너무 크고
우리는 메뚜기처럼 초라하다는 것이었다.
백성들은 밤새 통곡했고,
모세는 목숨까지 위협 받는다.
이들은 하나님의 전능하심을 무시했다.
이들에게는 하나님은 무능한 분이었다.

백성들에게 크게 진노하시는 하나님
이 모든 백성을 포기하고, 모세로 하여금
새로운 민족을 만드시겠다는 폭탄적 선언.
모세는 하나님께 탄원했고,
하나님의 영광을 위해 부르짖는다.

하나님은 결국 이들을 용서하셨지만
이스라엘 백성들에게 내려진 형벌은 결코 가벼운 것이 아니었다.
그래서 이들은 38년을 더 광야에서 배회하게 된다.
출애굽 제1세대 중 여호수아와 갈렙을 제외하고는,
아무도 가나안 땅에 들어가지 못할 것이다.

6. 고라당의 반역, 에돔의 도전, 미디안의 도전,
발람의 이스라엘 저주 사건 등
수많은 안팎으로의 도전들.
그러나, 모세는 결코 낙망치 않았다.
하나님의 공동체를 무너뜨리려는 그 어떤 공작도,
하나님의 구속 역사를 가로막지 못했다.
40년의 굴곡 많았던 여정(旅程),
그 고비 고비마다 몹시도 괴롭고 힘들었던 모세.
그는 그 때마다 하나님께 엎드려 기도했다.
하나님은 모세를 '나의 친구'라 부르셨다.

40년간의 긴 광야 생활이 끝난 후…

1. 모압 땅, 적진 앞에서
온 이스라엘 백성을 모아 놓고
마지막 설교를 한다.

"제발, 가나안 땅에 들어가거든
과거 너희 부모들의 패역한 삶을 본받지 말고,
하나님의 신실하심을 기억하고
하나님의 규례와 법도를 지켜라."

2. 지금은 비스가산 꼭대기,
가나안 땅을 바라보는 모세.
그는 지금 무엇을 회고하고 있을까?
끝도 없는 불평과 반역,
시도 때도 없는 백성들의 요구 사항들,
그러나 끝까지 인내하시는 하나님의 사랑
인자와 긍휼이 풍성한 하나님.
그는 그 모든 여정을 되돌아보며
무엇보다 "하나님의 신실하심"을 기억했을 것이다.

3. 이제, 모세는,
하나님께로 간다. 그의 소임을 다 마치고…
천국에서는,
천군 천사가
그의 하나님 나라의 입성을 준비하기 위해 바빴을 것이고
인류를 구원하시려는 하나님의 열심은
모세가 이 땅에서 없음에도 불구하고
그 템포를 늦추지 아니하실 것이다.

4. 나는, 지금,
이 구속 역사의 어느 지점, 어느 곳에서
무엇을 하고 있는가!
망나니 같은 이스라엘을 끌어 안으시려는 하나님,
그리고 그 하나님의 명령을 충실히 지켰던 모세.
그 모세의 족적(足跡)을 좇아가면서,
오늘을 기뻐할 수 있음은
그 구속 역사가 진행되는 어느 지점에서
하나님 나라의 아주 작은 일을 하고 있다는
즐거움 때문이리라.

밤은 깊었고,
적막만이 흐른다.
지금은 새벽 2시.

백투더바이블 출간 계획(구약)

1-1 창세기(상)
1-2 창세기(하)
2 출애굽기
3 레위기
4 민수기
5 신명기

6 여호수아
7 사사기
8 룻기
9 사무엘상
10 사무엘하
11 열왕기상
12 열왕기하
13 역대상 · 하
14 에스라 · 느헤미야

15 욥기
16-1 시편(상)
16-2 시편(중)
16-3 시편(하)
17 잠언
18 전도서
19 아가서 · 에스더

20 이사야
21 예레미야
22 에스겔
23 다니엘

24 호세아
25 요엘 · 아모스
26 오바댜 · 요나 · 미가

27 나훔 · 하박국 · 스바냐
28 학개 · 스가랴
29 말라기

▶ 2017. 6월 현재 고딕은 출간 완료

▶ 출간 순서와 번호가 바뀔 수 있습니다.

백투더바이블(신명기)

1997년 9월 20일 초 판 발행
2017년 6월 30일 수정판 2쇄 발행

저 자 • 장 종 길
발행인 • 조 경 혜
발행처 • 도서출판 그리심
07030 서울시 동작구 사당로2길 72 인정 B동(B01호)
등록번호 • 제 7-258호(1998. 4. 23)
출 판 사 • 전화 523-7589 팩스 523-7590
홈페이지 • http://grisim.biz
전자우편 • grisimcho@hanmail.net

ISBN 978-89-5799-111-6 94230
ISBN 978-89-88291-07-7 94230(세트)

값 : 책 뒷면에